書院造と数寄屋考

鈴木 亘

中央公論美術出版

本書は、独立行政法人日本学術振興会平成二十六年度科学研究費補助金（研究成果公開促進費）の交付金の助成による。

目次

序

日本住宅史の様式区分について、寝殿造および書院造という名称をあげて説明したのは、江戸時代の学者沢田名垂である。名垂は天保十三年（一八四二）に『家屋雑考』という日本住宅の概説書を著し、平安時代の公家住宅を寝殿造、江戸時代の武家住宅を書院造と称している。

戦前の建築学会では、寝殿造と書院造の中間にある中世の武家住宅について、主殿造（武家造）という様式が提唱されていた。しかし、書院造と主殿造の様式区分は限界がきわめて曖昧であった。それに対して、堀口捨己博士は、日本住宅全体を分類して、寝殿造と書院造の定義を定めた上で、日本住宅の様式を古代の寝殿造、近世の書院造及び数寄屋造の三様式に分けることを提案された。そして、中世の主殿造は一つの独立した住宅様式とみなすべきほどのものではなく、寝殿造から書院造へ至る過渡期の形態であるとした。また、書院造と数寄屋造の成立年代について、室町時代は書院造の発生と初期の完成時代、次の桃山時代は書院造の大成時代であり、江戸時代は書院造から生まれ出た数寄屋造が完成した時代である、とされた。(1)

戦後、太田博太郎博士は堀口説を継承し、日本住宅史を古代の寝殿造、近世の書院造の二大様式として捉え、中世住宅はその過渡的段階であるとした。そして書院造の基本形として、慶長十三年の『匠明』に載せる主殿や広間を中心に構成された武家住宅をあげ、二条城二の丸御殿は書院造の代表の一つであるとされた。(2)これは学会の通説になっている。

この説の特徴は、書院造は寝殿造が変化・発展して成立したとすることである。しかし、それは推論であり、それをもとに様式的に最も完成した二条城二の丸御殿を書院造の代表としたのである。それ故、二条城二の丸広間を書院造とする根拠及び書院造の定義が曖昧であるのは否めない。

一方、近世住宅の研究を纏めた平井聖博士は、近世武家住宅の主要殿舎は大書院―小書院―御座間―居間・寝所で構成されていたこと、その形式が普及したのは江戸では明暦大火以後であることを明らかにされ、これを書院造の基本形と考えられている。そして、主殿を中心とする中世武家住宅の様式を主殿造と呼ぶことを改めて提唱された(3)。

この両説に共通するのは、書院造は寝殿造が変化・発展して成立したとする考え方である。しかし、書院は中世禅宗寺院における奥向の書院に発祥し、寝殿及び主殿と建築の系統を異にすると考えられる。いうまでもなく、中世の武家住宅は、鎌倉時代から室町時代に中国から招来された禅宗とその建築の影響下に発達した。けれども、中世五山禅宗寺院における方丈および奥向書院の建築については、資料が少ないこともあって研究が遅れている。以上の観点から、書院造に関する従来の通説を批判的に検討し、書院造の基本形式とその発達過程を明らかにする。

先述のように、堀口捨己博士は数寄屋造を日本住宅様式の一つとして定義された。けれども、現在、数寄屋造及び数寄屋風書院の定義は諸説があり一定しない。また、数寄屋の意味も曖昧であり、数寄屋風書院といわれる建築の特色及び発達過程も明確でない(4)。これは日本住宅を考える上で大きな欠陥となっている。そこで、数寄屋造及び数寄屋風書院の様式について、従来の諸説を再検討し、数寄屋の意味を明らかにするとともに数寄屋風書院といわれる建築の形式とその発達過程を究明する。

近世初期に成立した書院造と数寄屋造及び数寄屋風書院の関係を批判的に再検討し、それらの発達過程と様式上の特色とを明らかにすることは日本の住宅文化を知る上で喫緊の課題である。

本書は前編と後編よりなる。前編では室町時代後期の上層住宅における主要殿舎の構成について纏めた。室町時代後期の武家住宅における主要殿舎は主殿と会所であり、主殿は常御所を兼ねていた。『匠明』の「昔主殿の図」によると、主殿は六間に七間の規模で、南広縁に面して中央に対面所、その西側に常御所、東側に公卿間を並べ、公卿間の南に中門を張出す形式である。常御所は西面に押板と違棚、北面に帳台構を備え、その内を納戸（寝所）とする。会所は池庭に面して立ち、御成御殿とも称された。会所は自由な意匠を凝らし、その座敷飾は押板と付書院が中心であった。

室町時代後期の相国寺方丈と塔頭は表向に方丈（塔頭は本坊）があり、その奥に住持（もしくは塔主）の住房として書院を設けていた。書院は表向に客殿と礼の間、内向に居間書院と眠蔵（寝所）を配する。居間書院は付書院と書棚及び炉を備えていた。室町時代末から近世初頭になると立花および茶の湯が普及し、上層住宅の奥向に書院あるいは小座敷と呼ばれる建物が発達する。書院や小座敷は付書院と畳床を備え、炉を設けた例もある。

後編では書院造の基本形式と「数寄屋風書院」について論じた。近世初期の将軍御所をはじめとする武家住宅における主要殿舎の構成は室町時代後期の将軍邸及び管領邸に比べ大きく変容した。その主な点をあげると主殿に代り広間あるいは対面所と呼ばれる大型の建物が現れたこと、正式な入口である玄関（車寄）を持つ遠侍が整備されたこと、広間と御座間との中間に新たに奥向書院が設けられたことである。広間は主殿を大きく広く作った建物といわれる。武家住宅における奥向書院の早い例は豊臣秀吉の大坂城本丸表御殿の黒書院である。黒書院は南方に書院（茶室）を付属する。天正二十年頃になると茶の湯の流行に伴い武家住宅に奥向書院を設けることが一般化した。奥向書院は私的接客座敷であり、室町時代末の茶会記などにみえる奥向の書院に相当する建物である。

近世初期の幕府関係居城における主要殿舎の構成は江戸城本丸の広間、小広間（白書院）、黒書院、御座間が正規の形式であった。表向の対面と接客座敷である広間及び小広間は上段の間の座敷飾に押板と違棚、付書院及び帳台構を備える。この座敷飾は主殿の常御所における座敷飾を継承し、それをより発展させた形式である。一方、黒書院は将軍の私的接客座敷であり、上段の間の座敷飾に畳床と違棚及び付書院を備える。

慶長末年の大名屋敷の主要殿舎は表から奥へ広間、対面所、書院、御座間を配した構成である。対面所は小広間もしくは大書院とする例がある。寛永末年になると大名屋敷では広間が造られなくなり、それに代って小広間あるいは大書院が正式の対面座敷になった。また、明暦以後の大名屋敷では書院（大書院）、小書院、御座間の構成が普及した。小広間は広間を簡略化した建物であるのに対して、大書院は奥向書院より発達した建物である。大書院は梁間三間の母屋を上段の間と次の間に分け、その周囲に入側縁をめぐらした一列系の単純な平面で、上段の間は正面に畳床と違棚、床と矩折れに付書院を備えるのが一般的である。書院造の基本形は大書院―小書院―御座間の構成とする平井聖説が妥当であるとした。

千利休は天正十四年頃の「わび数寄」の茶湯座敷を「数寄屋」と呼んだ。川上貢博士は千利休によって完成された新茶湯座敷の意匠や手法が、日常生活の場所である居間・書斎の組み立てにとり入れられて、広間や対面所とちがった住居のつくりに仕上げられたのが数寄屋風の書院である、とする。数寄屋風書院の意味は「わび数寄」の意匠や手法をとり入れた書院とするのが妥当と思われる。

注

1　堀口捨己「書院造りについて――様式的特徴とその発達」『清閑』第15冊、一九四三年。同著『書院造りと数寄屋造りの研究』鹿島出版会、一九七八年所収。

2 太田博太郎『図説日本住宅史』彰国社、一九四八年。太田博太郎著、文化史懇談会編『日本美術史叢書5 書院造』東京大学出版会、一九六六年。

3 平井聖『日本近世住宅の殿舎平面と配置に関する研究』私家版、一九六一年。平井聖「書院造について」太田博太郎博士還暦記念論文集『日本建築の特質』中央公論美術出版、一九七六年。

4 武家住宅における数寄屋風書院の平面と機能について論じたものに、北野隆「近世武家住宅における数寄屋風書院について——大名屋敷の数寄屋風書院の平面と機能——」(『日本建築学会論文報告書』第267号、一九七八年六月)がある。また、公家住宅の数寄屋風書院について論じたものに、後藤久太郎「曼殊院と公家の数寄屋風書院」(『日本古寺美術全集』9、集英社、一九八一年)がある。

前編　室町時代後期の上層住宅における主要殿舎の構成

第一章　室町時代後期の武家住宅における主要殿舎の構成

室町時代後期の武家住宅については、資料が少なく不明な点が多い。この時期の武家住宅は、近世初期に成立した書院造の住宅様式を考える上で重要な研究課題である。室町時代後期の武家住宅については堀口捨己、川上貢、宮上茂隆各氏の研究がある。(1)第一章ではそれら先学の研究をもとに、室町時代後期の武家住宅における寝殿もしくは主殿を中心とする主要殿舎の構成について考察する。

第一節　足利将軍邸

Ⅰ　足利義政の御所

一　烏丸殿

足利義政が最初に御所(2)（将軍邸）とした烏丸殿は高倉小路東、武者小路北の方一町の地を占めていた。ここはもと日野資任の亭があったところで、義政はそこに将軍邸を造営した。烏丸殿の造営は、足利義教が造営した室町殿（花御所）より寝殿、御門などを移築することにはじまり、それが出来た文安六年（一四四九）三月十一日に、義政は移徙した。そして、同年四月二十九日、義政は烏丸殿寝殿において将軍宣下を受けた。烏丸殿は高倉小路に面して四足門を立てた西を晴とする御所であり、これは義教の室町殿と同じである。寝殿を中心とする表向建物の構成も室町殿とほぼ同じで、寝殿の西方に公卿座、中門廊、西中門、殿上、随身所、車宿を配していた。その後、文安六年十一月に会所が出来、康正二年（一四五六）に常御所が新造された。会所は内向の対面あるいは遊宴の施設であり、常御所が造営される以前は、会所が常御所を兼ねていた。常御所は御座間（居間）と寝所のある将軍の居所であり、寝殿の奥向にあったと推定される。寝殿は、義教の室町殿と同様、北面に居室を設けていたと推察されるが、そこは将軍の常御所（御座所）ではなく、常御所は別棟に建てられた。烏丸殿では、このほか奥向の園池に臨んで持仏堂、仏護堂などがあった。

二　室町殿

足利義政が次に営んだ室町殿は、足利義教の室町殿と同じ場所である。義政は、長禄二年（一四五八）十一月、上御所（室町殿）新造のことを諸大名に命じた。室町殿の造営では、表向の寝殿、公卿座、西中門、殿上、随身所、車宿などを烏丸殿より移築したらしく、新造の常御所も出来たので、翌三年十一月に義政は室町殿に移徙した。その後、長禄四年（一四六〇）に会所と泉殿を造営、寛正四年（一四六三）十二月には新造泉殿が完成した。会所と泉殿は奥向の泉水に沿って建てられた。義政の室町殿には、このほか奥向に観音殿、厩、泉の西殿、持仏堂・仏護堂（烏丸殿より移築）があり、また、寝殿の北方に夫人の御所である小御所や対屋などが建てられたことが明らかにされている。

室町殿は西を晴とし、室町小路に四足門（南）と棟門（北）を開く。寝殿は公的儀式を行う施設であること、会所は公武・僧衆の参賀、対面および遊宴に用いられたことは烏丸殿と同じである。常御所は将軍の御座間（居間）および寝所のある建物である。

三　小川殿

小川殿は、もと細川勝元の別邸であった。その位置は現宝鏡寺の地と推定されている。細川勝元亭と道をはさんでその西北にあり、小川小路に東面して正門（大門）を開く。文明八年（一四七六）十一月十三日、室町殿が焼失したので、足利義政は小川殿に移住、夫人日野富子も同宿した。翌九年四月、夫人の居所である常御所（西御所）が造立された。小川殿は寝殿がなく、常御所（東御所）が寝殿と会所を兼ねていた。それ故、東御所は「主殿」ともいわれた。小川殿には、このほか持仏堂、北向亭などが奥向の園池に沿って立っていたと推察される。

小川殿東御所については、相阿弥筆『君台観左右帳記』を主な資料とした川上貢氏による考察があり、また、宮上茂隆氏により復原平面図が提示されている(3)（図1）。それによると、東御所は桁行七間、梁行五間の規模で、南向東側に「五間」（間口二間、奥行二間半）の御対面所があり、その西側に同じ「五間」の御鬢所（蚕の間）が続いていた。御対面所は北面に二間の押板、東面北に一間違棚を備える。また、御対面所の東側は間口一間、奥行二間半の公卿座である。

文明十八年七月二十九日、足利義尚の任右大将拝賀があり、小川殿東御所が出立所となった。その時の記録によると、東御所は公卿座と中門があり、公卿座は東御所の南面東端間にあったことが知られる。[4] 御鬢所の西側は「五間」の大名間であったらしい。川上氏は、大名間は茶湯道具を置いていたので、御湯殿上（女官の候所）と推定されている。これらの南側に広縁が付き、東端に中門が張出していた。相阿弥の『君台観左右帳記』によると、御鬢所の北に御寝所があり、床の上に御服台を置いていた。また、御寝所の次（西）「三間」の座敷は西北隅に一畳の床があり、床の上西に一間の付書院、北に半間の違棚を設けていた。この座敷は将軍の御座の間（居間）であろう。御対面所の北は東の落間であり、その西北に一間茶湯棚を置いていた。

小川殿の東御所（常御所）で注意されるのは、常御所が寝殿と会所を兼ね、「主殿」と呼ばれたことである。東御所は御殿から直接中門を張出す主殿の形式である。これは将軍御所としては異例の形式であり、東御所がもと細川勝元亭の建物であったことによると思われる。「主殿」の表向対面所は北面に二間の押板、東面北に一間違棚を備えていた。

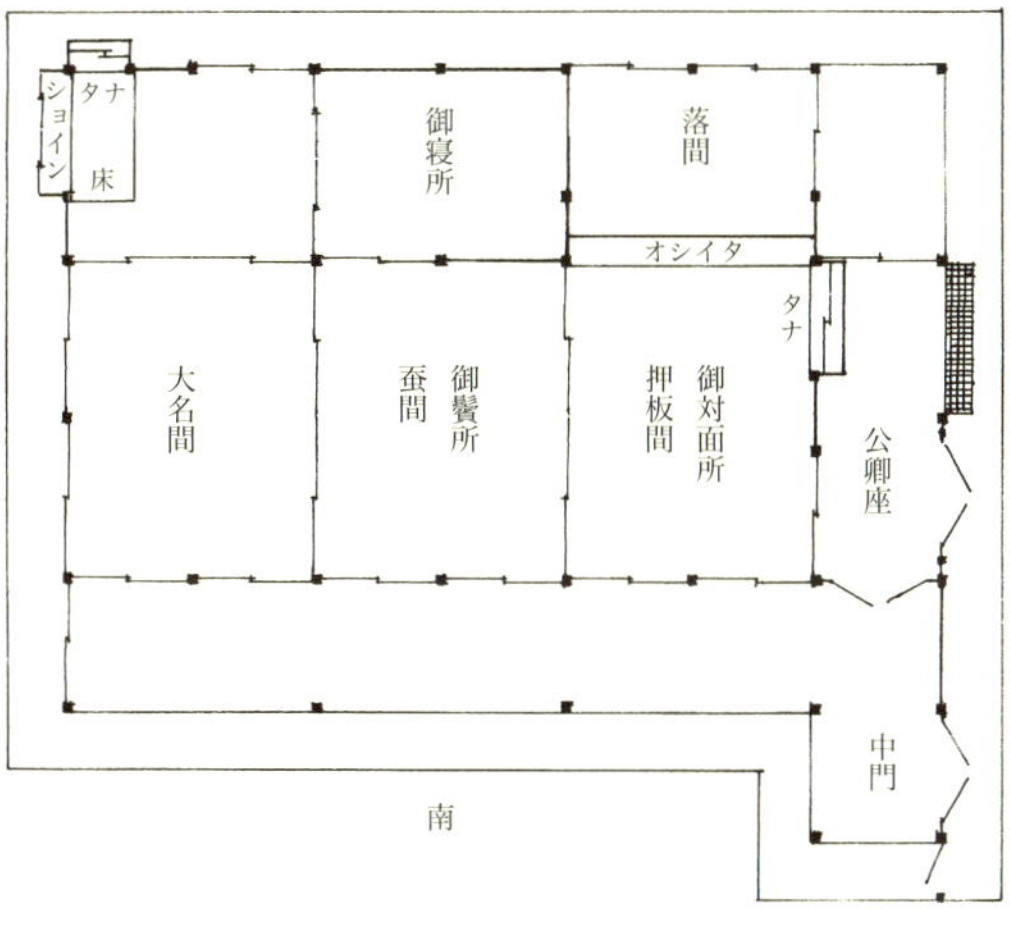

図1　小川殿東御所（主殿）復原平面図（宮上案）

四　東山殿

足利義政は、文明十四年（一四八二）に東山浄土寺の旧跡に山荘（隠居所）として東山殿を経営し、没する延徳二年（一四九〇）正月まで造営を続けた。東山殿では、常御所と台所関係の施設が最初に造営され、文明十五年（一四八三）六月にひとまず完成して移徙が行われた。

東山殿は寝殿がなく、常御所は寝殿を兼ねたので「主殿」とも呼ばれた。常御所の平面は、幾つかの復原図が提案されている。[5] 図2は、川上貢氏による復原平面である。常御所は桁行・梁行とも六間の規模で、東北部に二間に三間の張出しをもつ。主屋は南面広縁に面して中央と東脇に各「四間」の耕作間と八景間を並べ、西脇に「六間」を配する。耕作間と八景間は襖障子に耕作絵と瀟湘八景絵が画かれていた。主屋北側の諸室のうち耕作間の北にあるのは「三間」の寝所であり、室内の障壁画

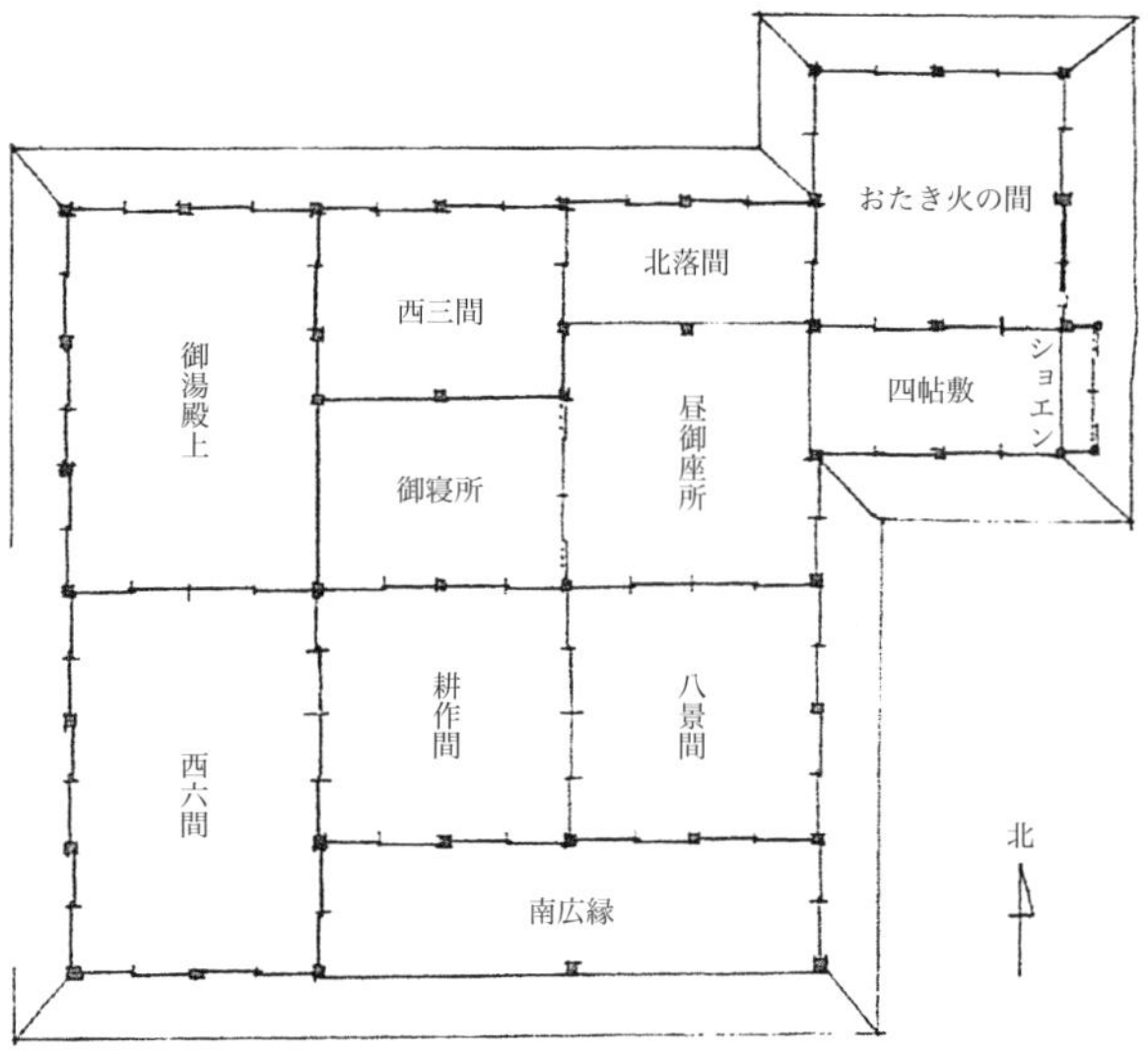

図2　東山殿常御所復原平面図（川上案）

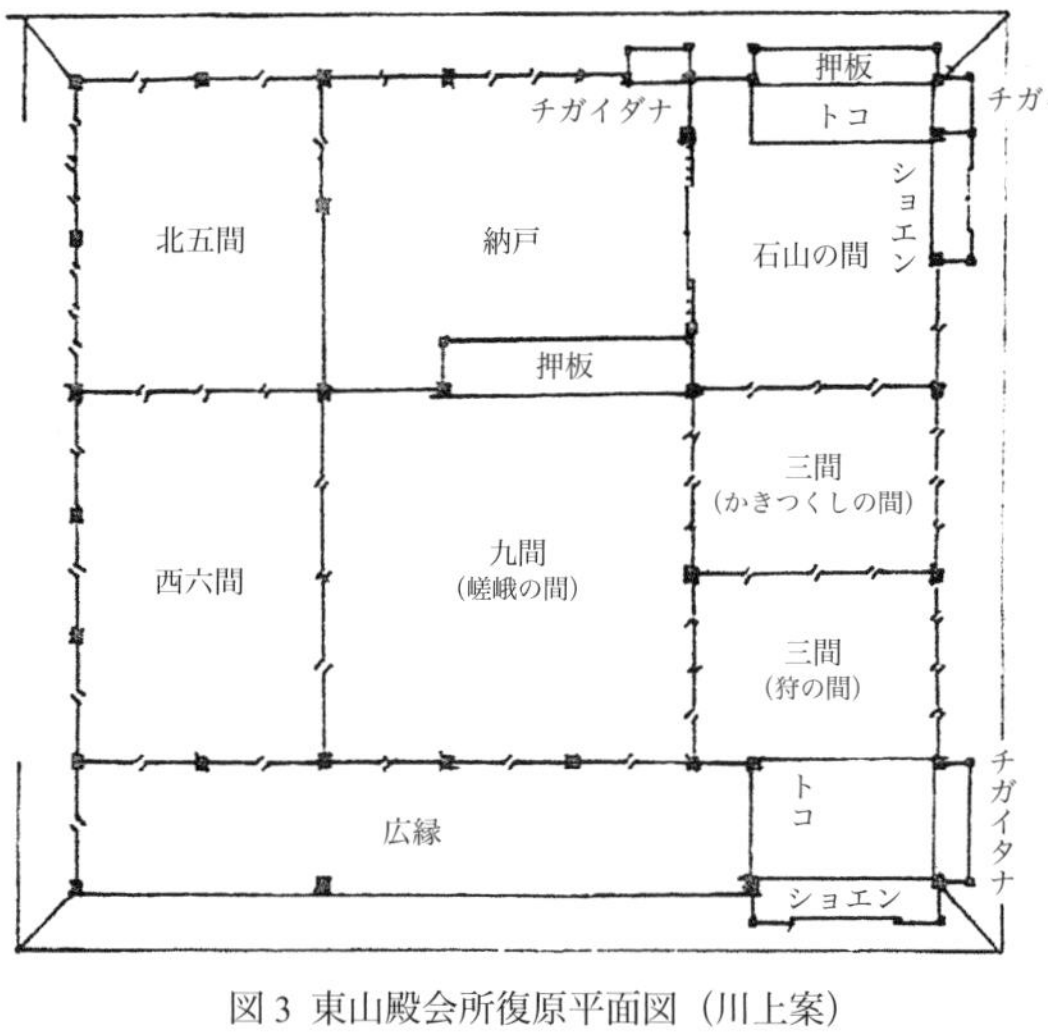

図3 東山殿会所復原平面図（川上案）

に山水画を描いていた。寝所の東側にある昼御座所は寝所境に納戸構を設けていた。昼御座所は将軍の御座の間であり、その東側に張出して四畳敷の書院があった。南面中央の耕作間は「対面所」といわれ、年末年始の諸老（相伴衆）対面などに用いられた。[6] これは会所が未だ造営されていなかったので、常御所がそれを兼ねたのである。八景間は昼御座所の南にあり、内輪の接客などに使われた。常御所は寝殿あるいは会所を兼ねたが、表向の耕作間と八景間および御座の間である昼御座所に座敷飾を設けず、四畳敷書院にのみ付書院と棚を設けていた。これは常御所が本来、将軍の常居所であったためと推察される。

東山殿では、文明十七年四月に西指庵が完成し、持仏堂（東求堂）は同十八年には出来ていた。その後、長享元年（一四八七）十一月に会所と泉殿が完成し、同月四日に移徙があった。会所は常御所の東南に位置し、その東北に持仏堂、東南池の対岸に泉殿が建てられたらしい。東山殿には、このほかに観音殿、超然亭、釣秋亭などが建てられた。

図3は川上貢氏による東山殿会所の復原平面である。[7] 会所は南に広縁を持つ桁行七間、梁行六間半ほどの規模で、南面は中央に「九間」の嵯峨の間、その東脇南と北に各「三間」の狩の間と「かきつくし」の御間を並べ、西脇に「西六間」を配していた。中央の嵯峨の間は対面所であり、北面東に二間の押板を備える。また、狩の間は南広縁に張出して三畳敷の床（上段）を設け、床上南に一間

半の付書院、東に一間の違棚を備えていた。北面諸室のうち、東北隅にある石山の御間は居間書院に相当する部屋であり、北東隅に一間半の床（畳敷）を設け、床上北に押板、東に半間の違棚、その南床下に付書院を備えていた。石山の御間は襖障子絵に石山から瀬田大津までの景色を描いていた。石山の御間の西面に一間半の納戸構があり、その奥は納戸御間である。納戸構の建具は狭間の腰障子に萌黄の紗をはり、その内に赤地段子の帳を懸けていた。納戸御間の壁に馬遠様の花鳥絵が画かれていた。

以上、足利義政の烏丸殿と室町殿は方一町の敷地を占め、西面南に四足門、北に棟門を開く。表向施設は寝殿を中心に公卿座、殿上、中門廊、中門、随身所、車宿などをそれぞれ独立して建てる。この形式は、足利将軍家では三代義満の室町殿で成立し、義政の室町殿まで継承された将軍御所の盛期形式と言われる(8)。寝殿北方に将軍家族の居所である小御所、北対、台所などが建てられた。また、寝殿の奥向に園池が形成され、それをめぐって常御所、会所、泉殿、持仏堂、観音殿、厩などが配置された。

義政の小川殿はもともと細川勝元の別荘であり、東面に大門を開く。敷地は狭小であったようで、寝殿を欠き、常御所である東御所が寝殿と会所を兼ね「主殿」とも呼ばれた。東御所は御殿から直接中門を張出し、殿内に公卿座を設けた主殿の形式であった。表向対面所は北面に二間押板、東面北に一間違棚を備えていた。

足利義政が山荘として営んだ東山殿は、常御所が寝殿を兼ね、常御所は「主殿」とも称された。東山殿は奥向に会所、泉殿、持仏堂、観音殿などが庭池をめぐって配置されていた。会所は対面、遊宴の場、仏事などに用いられた。会所の表向にある対面所は北面に二間押板を備える。また、東北隅にある石山間（居間兼書院）は北東隅に設けた一間半の床（畳敷）の上北に押板、東に半間違棚、その南床下に付書院を備え、西側納戸間の東面に納戸構を設けていた。

II　足利義植と足利義晴の御所

足利義材（後改名義植）は、延徳二年（一四九〇）七月五日、管領細川政元邸において将軍宣旨を受けた。当時、義材は三条の通玄寺を仮御所としていたが、狭小であったので管領邸を用いたのである。明応二年（一四九三）四月、細川政元は、将軍足利義材を廃し、清晃（義高・義澄）をたてた。

足利義高は明応三年十二月二十七日に将軍宣下を受け、管領細川政元邸を御所に充てた。(9)しかし、永正四年（一五〇七）六月二十三日夜、細川政元は家人により殺害され、翌五年四月、前将軍義植を擁した細川高国が上洛したため、将軍義澄（義高）は近江に没落した。永正五年六月八日に入洛した前将軍義尹（義植）は一条室町にある吉良邸を仮御所とし、七月朔日に将軍宣旨を受けた。

一　足利義植の三条御所

足利義尹は、三条坊門にあった旧御所三条御所を将軍御所として再興するため、永正十年七月に事始めを行った。永正十二年六月に三条御所の造営始めあり、同十二月二日に義植（義尹改名）は新造三条御所に移徙した。この時期に造営されたのは対面所と台所、番所、門（唐門）、厩などが知られ、常御所は未だ出来ていなかった。(10)翌永正十三年正月五日、新造御所にて御笙始めあり、八日に諸家参賀があった。将軍は対面所で参賀を受けたと思われる。その後、永正十五年（一五一八）七月に三条御所普請事始めを行い、同年中に常御所などが新造された。(11)しかし、永正十八年（一五二一）三月七日、将軍義植は、管領細川高国の専横を怒り、密かに淡路に出奔した。

その後、故足利義澄の遺子義晴は、大永元年（一五二一）七月六日、播州より入洛して岩栖院を仮御所に充てていた。同年十二月二十四日、三条御所にて元服し、翌二十五日、同御所にて将軍宣下と禁色勅許を受けた（時に十一歳）。そして二十六日から二十八日にかけて三条御所にて御祝があった。二十五日の将軍宣下と禁色勅許は寝殿（対面所）で行われたと考えられる。『後鑑』大永元年十二月二十四日条に引く「公廣記」義晴御元服御祝之次第によると、二十六日の御祝は管領より参り、三条御所の会所において行われた。会所に立てたという二対瓶子一具は会所の押板に立てられたと推察される。会所での式三献、御斗熨の後、常御所へ御成りになり、供御并御肴三献があった。翌日の御祝は畠山殿より参り、二十八日御祝は武衛より参り、ともに初日と同じく会所と常御所で供された。

足利義植が造営した三条御所の主要建物は寝殿（対面所）、会所、常御所より構成されていた。

二　足利義晴の上御所（柳原御所）

足利義晴は、大永二年の年始以後、三条御所より岩栖院に還御した。(12)

『後鑑』大永四年（一五二四）正月二十八日条に引く「御作事日記」によると、伊勢守貞忠と大館常興は三条御所の建物を上京へ引移すことを殿中（岩栖院）において管領細川高国に申し入れ、高国はそれに賛同したという。この申し出は、三条御所が上京の管領亭や伊勢守亭と離れていて不便であり、殆ど使用されなかったためと考えられる。翌二月五日、三条御所移築について殿中対面所において評定始があり、伊勢守と常興よりその要脚事ならびに御在所の事の説明があった。要脚は国役と棟別銭の事、御在所は花御所跡、高倉御所跡、伊勢亭近辺新地の三案が言上された。その後、三月十二日、国役は今日仰出さるべきこと、総奉行として畠山尾州が上洛有るべきこと、棟別事は斟酌すべきことが議定された。四月十九日付で、幕府より越前朝倉孝景宛に「来年御所御造作要脚事。為越前国役。如先規千貫文。来十月以前。被致其沙汰者。可為神妙之由。所被仰下也。仍執達如件。」という書状が出されている。(13)また、翌五年四月二十日の御作事評定において、御在所の敷地は上京にある香川以下四・五人の跡地に決定した。この御所は柳原にあり国立歴史民俗博物館蔵洛中洛外図屏風（町田家本）に描かれた細川典厩亭の北側にある公方様（柳原御所）と考えられている。(14)

（1）上御所（柳原御所）の殿舎

上御所は、大永五年四月二十六日に普請事始、八月三日に三条御所の建物を移築して御末、番衆所などの立柱があった。『二水記』によると、同八月七日、諸家参賀（立柱御礼）が岩栖院で行われたので、会所なども移築されたと思われる。また、八月二十七日には常御所など諸殿が上棟された。(15)義晴は十一月二十八日、相国寺万松軒へ方違し、十二月十三日、同軒より上御所に移徙した。義晴が上御所を御在所としたのは大永七年二月十二日までの一年二ヶ月程である。同二月十二日、柳本弾正忠の兵が丹波より上洛したため、将軍は六条本国寺に御動座、翌日の桂川合戦に京方が敗れたので、十四日に将軍、管領以下京勢は近江坂本に出奔した。義晴は天文三年に帰洛したが、上御所には入らなかった。

（2）「洛中洛外図屏風」（町田家本）の公方様

「洛中洛外図屏風」（町田家本）に描かれた公方様（柳原御所）（図4）は方一町の敷地に築地をめぐらし、その東北隅に東向の鎮守八幡社を祀っていた。門は東面南に唐門、北に四脚門、西面南に冠木門を開く。唐門を入った広庭は南面と西面を土塀で画し、正面の西土塀に向塀中門を建てる。殿舎はそれより内側にあり、入母屋造建物四棟、切妻造建物二棟（ともに桧皮葺）、屋根形式不明一棟の計七棟が描かれている。そのうち南向中央にある入母屋造の建物は寝殿（対面所）と考えられる。この建物は向塀中門の西方にあって、塀中門との間に玄関風の輿寄（切妻造り妻入の小建物）を付属する。寝殿の西南にあって、寝殿とともに南池に臨む建物（入母屋

図４　足利義晴柳原御所（公方様）・「洛中洛外図屛風」（町田家本）

造カ）は会所であろう。また、寝殿の北側やや西寄りにある大型の南向入母屋造建物は記録にみえる将軍の常御所と考えられる。なお、常御所の西方に二棟の入母屋造建物があり、それらの東・西・北三面を竪板塀で囲う。そのうち、北方にある南北棟建物の東濡縁に二人の女性を描く。これらは将軍夫人などの御殿であろうか。このほか、東向四脚門の内に相対して切妻造妻入、横羽目板壁の厩侍と推定される建物があるが、台所などの付属屋は省略されているらしい。

以上、義晴の柳御所は寝殿（対面所）、会所、常御所を主要殿舎としていたと考えられる。寝殿は中門廊を張出した形式でなく、玄関風の輿寄を付属することは注意される。

三　足利義晴の室町殿

先述のように、足利義晴は天文三年（一五三四）九月三日に近江坂本より帰洛し、南禅寺に渡御した[16]。天文五年四月二十六日、義晴は南禅寺門前の新造御所に移り、同五年（一五三六）十二月十一日、南禅寺第より伊勢守亭に移った[17]。伊勢守は伊勢貞忠（天文四年十一月二十四日卒）の跡を継いだ貞孝である。

（1）室町殿の殿舎

天文八年（一五三九）二月三日、公方御所室町殿の作事始があった。公方御所（室町殿）は伊勢守宅の西側にあった。『親俊日記』によると、天文八年二月三日、公方御所作事始、四月二十六日、御殿を棟上、閏六月には竣工した。『大館常興日記』同年閏六月一日条に、御殿を建てたが、御座敷を庭から見透かされない様、はた板または塀を立てることについて訊ねられたので、作るよう申し上げたとある。この頃、御所の造営は塀垣に及んでいたことが分かる。天文九年四月二十八日条に、右京兆（細川晴元）および播州（同元常）が御所の築地を築いた功を賞することについて、義晴は内談衆左衛門佐（大館尚佐）に諮ったことが見えるので、この頃には外構も竣工したと推察される。

以上のように、天文八年造営の公方御所・室町殿は翌九年四月には出来ていたと推察される。『大館常興日記』によると、天文十年二月十日、殿中の御対面所において連歌会が催された。人数は十八人、執筆一人、御前に御簾を懸け、その前の一方座頭に播州（細川元常）、一方座頭に常興が坐し、そのほかは執筆のうしろのとおりにひしと祗候したという。連歌の後、同じ座敷で食籠にて御酒があった。連歌会は室町殿の寝殿（対面所）で行われたのではないだろうか。なお、その後、天文十年十一月、木沢長政の反乱により、将軍家は坂本に出奔した。そして、乱が静謐した翌十一年三月二十八日に両御所は帰洛し、相国寺法住院を以って仮御所に充て、公方は四月八日に室町御所に還御、若公は十一日に同御所に移徙した。天文十一年閏三月から四月に行われた本御所（室町殿）の堀と庭普請の件は還御に先立ち仮御所で仰出されたのである。

（2）「洛中洛外図屏風」（上杉家本）の公方様

天文八年に造営された公方御所・室町殿は東京国立博物館蔵洛中洛外図屏風（東博模本）に描かれた「はなの御所」であると考察されている。[18] なお、東博模本の「はなの御所」は南北を取り違えて描かれたので、図の北は南である。一方、上杉家蔵洛中洛外図屏風（上杉家本）は東博模本の「はなの御所」と同じ位置に「公方様」（図5）を描く。上杉家本の「公方様」は殿舎の構成など東博模本の「はなの御所」に類似する。[19] 両図によると、義晴の室町殿は方一町の敷地に築地をめぐらし、その東北隅を欠いて東向に鎮守八幡社を祀っていた。また、南庭の南側に土塀を築き、南面築地との間に設けた空地に松樹を植えていた。そこは犬追物をする場所であろうか。外門は西面室町通りに面して南に四脚門、北に平唐門を開き、東面に冠木門、北面に棟門を建てる。西表向両門の位置は柳原御所と異なり、平唐門が北にある。邸内殿舎は入母屋造建物四棟、切妻造建物三棟、計七棟あり、ともに桧皮葺である。平唐門の内は中心建物の西面を画する土塀が西面から南・北両面にめぐり、その西面中央に向塀中門が立つ。向塀中門の内にある南向入母屋造の中心建物は寝殿であろう。寝殿と塀中門との間にある切妻造妻入の小建物は柳原御所の寝殿にみられた玄関風の輿寄を描いたと推察される。寝殿は南東に池に臨んで廊を張出す。東博模本は西南に廊を張出して描く。その廊の南西に続く南向入母屋造建物は池に臨むので会所の可能性が大きい。一方、寝殿の北にある南向入母屋造建物は公方の常御所もしくは夫人御殿であると推定される。

図5　足利義晴室町殿（公方様）・「洛中洛外図屏風」（上杉家本）

また、その東方に廊で繋いだ南向入母屋造の御殿がある。この建物は東・南・北三面を板塀で囲い、その西南に切妻造り小建物を付属する。この御殿と板塀は、『大館常興日記』天文八年閏六月一日条にみえる御殿とはた板塀と考えられている。東博模本はこの両建物の濡縁に居る武士と僧侶の姿を描くので、東方の御殿は公方の常御所を示すのかもしれない。それに対して、寝殿の北方にある建物は夫人御殿と考えられる。上杉家本によると、寝殿の北方にある二棟の切妻造建物のうち東棟は棟の上に煙出しと思われる小屋根をあげるので、台所と推定できるからである。台所西の建物は若公御殿であろうか。

以上、足利義晴の室町殿の主要殿舎構成は柳原御所とほぼ同じであり、表向に寝殿、内向に会所と御座間のある常御所および寝殿北方に夫人御殿と台所を配する構成であったと推察される。寝殿の用例は未詳であるが、天文十四年正月朔日の参賀における両御所と公家および武家の対面は寝殿で行われたと考えられる[20]。

Ⅲ　足利義輝と足利義昭の御所

一　足利義輝の二条御所（近衛御所）

足利義輝の二条御所は武衛陣御所あるいは近衛御所とも言われた。その位置は烏丸通西、近衛通南の方一町の地と推定されている[21]。

足利義輝は、天文十五年（一五四六）十二月十八日、将軍足利義晴とともに東山慈照寺より東坂本常在寺に移り、翌十九日に坂本樹下宅において六角定頼を加冠役として元服、二十日に将軍宣旨を受けた。その後、大御所と将軍父子は帰洛しても短期間の滞在であり、近江坂本の陣にいることが多かった。この間、天文十六年二月五日に将軍は新御所に移徙したと伝えられる。これは『後鑑』同日条に引く「或記」にみえる。同じ天文二十一年正月二十八日条に引く或記に「天文二十一年将軍家三好筑前守長慶ト和睦。正月二十八日公方衆江州朽木谷ヲ立セ給ヒ御帰洛。元ノ如二条ノ御所ニ入御。」と記す。しかし、この時期の二条御所についてはよく分からない。

一方、『言継卿記』永禄二年（一五五九）十月二十六日条に「今日武家御所御小座敷立柱上棟云々、」と記す。当時、義輝は二条本覚寺を御所に充てていたので、小座敷は同御所に造営されたとみることもできる。しかし、翌三年六月に新造の近衛御所へ遷御したので、そのための造営とみるのが妥当であろう。小座敷は近衛御所に存在したことが知られるからである。すなわち、山科言継の『言継卿記』永禄六年（一五六三）正月一日条に「参武家、倉部同道、（中略）、於御小座敷御対面、（後略）」とある。小座敷で対面を賜ったのは公家が広橋大納言以下八人、外様摂津掃部頭、御供衆大館十郎以下七人、御部屋衆、申次番方など七十人計であり、申次は大館伊與守であった。小座敷は奥向の対面座敷と考えられる。二条御所にはまた、将軍の居所である常御所があった。『言継卿記』永禄六年五月二十二日条に「久不参之間参武家、賀二位依召祗候云々、申次大和宮内大輔、於常御所御対面、御庭之菊可見申之由被仰之間廻覧、一段見事驚目之由申之、種々御雑談移刻、次慶寿院殿、御台に参申入了、（後略）」とあり、常御所は親しい人との対面、雑談などに用いられた。小座敷は奥向の対面座敷であり、足利義輝以前の公方御所にみえない新しい建築として注目される。

二条御所はその後、永禄七年冬の初めより御殿の造営が始められた[22]。造営は御館の四方に深堀と高塁を築き、長関堅固の御作事であったという[23]。しかし、翌八年五月十五日、御門の扉以下が未だ出来ていなかった時に三好長逸、松永久秀の率いる兵が二条御所武衛陣の構へ押寄せ、殿中に乱入したため、将軍は御自害、母堂慶寿院も御生害、御供衆など多数が討死した。御殿は放火により焼失、春日殿も焼け、慶寿院の御殿のみ残ったという[24]。これによると、永禄七年十月から翌年にかけて行われた造営は二条御所の規模を拡張する工事であったと考えられる。永禄六年正月元旦の公卿などの対面を小座敷で行ったことを考慮すると、永禄七年に造営を始めた御殿は表向の対面所であった可能性がある。なお、『言継卿記』永禄八年七月九日条によると、慶寿院御殿のうち対面所は相国寺広徳院（光源院）へ移築、同じく小座敷、茶湯所、風呂などは嵯峨鹿王院へ、蔵と雑舎等は本国寺へ移築された。慶寿院御殿の対面所は表向御殿であり、小座敷は常御所と対面所の間にある奥向の接客座敷と考えられ、それに茶湯所が付属することは注意される。

二条御所における小座敷の性質を考える上で、同じ『言継卿記』にみえる小座敷の例が参照される。

天文元年（一五三二）十一月七日条

小座敷にゆるりあけさせ候了、田中孫三郎塗事誂候了、

これは言継家の小座敷であり、囲炉裏を設けていた。なお、天正四年八月七日条に、

面小座敷柱戸以下洗之、沢路隼人・亀千世・松若・与二郎など計也、

とあり、小座敷の奥に御座間（常御所）があったらしい。

天文十三年十月三日条

四過時分藤黄門令同道入江殿へ参、先日藤黄門へ御樽被遣御礼云々、方丈、同御喝食御所御見参、御盃参了、奥之御小座敷にて御茶被下候了、八過分帰宅了、

入江殿にて方丈、同喝食御所に見参した後、奥向の小座敷でお茶をもてなされた。

天文十八年十二月十九日条

大乗院殿へ予、中御門、葉室令同道参、葉室杉原〈十帖〉、扇〈一本〉、持参也、御見参、三献及数盃了、次奥之御小座敷にて前摂取院〈門跡御姉公也〉見参、又一盞有之、次以南院内々承候、（後略）

これは興福寺と東大寺の確執を尋聞するため、山科言継等が南都に下向、大乗院で門跡に見参した時の記事である。見参は表向の客殿で行われたと考えられる。その後、奥の小座敷で門跡の姉公に見参、一盞有った。

これらの記事によると、小座敷は天文から永禄頃の公家、寺家、武家の住宅において、奥向の接客あるいは茶湯座敷として作られたことが知られる。小座敷は囲炉裏を設けることもあった。また、後述のように大永から天文頃の立花伝書によると、小座敷は床（畳床）を備え、柱花瓶を飾ることがあった。このように、小座敷は天正年間の武家住宅にみられる奥向の書院と類似した性質を有する点で注目される。

二　足利義昭の二条御所（勘解由小路室町邸）

足利義昭は永禄十一年（一五六八）十月十八日に将軍宣下を受けた。

織田信長は永禄十二年（一五六九）二月初めより二条御所の石垣普請と御殿の造営を始め、同年四月十四日には御殿が落成したの

で、将軍義昭は同御所に移徙した。『言継卿記』同四月十四日条に、

巳刻、武家勘解由小路室町へ被移御座云々。自今日石蔵積之云々、尾州、濃州、勢州、江州、伊賀若州、城州、丹州、摂州、河州、和州、泉洲、播州、少々悉上洛、石持之、先西之方云々、

と記す。足利義昭の二条御所について、『言継卿記』永禄十二年二月二日条に、

勘解由小路室町真如堂、如元武家御城に近日普請云々

とあり、また、同年四月二日条に、

織田弾正忠所へ罷向之処、留守之間普請令見物罷帰了。磊三重悉出来之上、又南巽之だしの磊出来、只今東之だし沙汰之、少々出来、近衛之敷地悉奉公衆之屋敷に成了。不運之至也。

と記す。これによると、新造二条御所は旧二条御所をもとに石垣を築き、さらに南東と東に張出して石塁を築いたらしい[25]。『安土日記』には、尾張、三濃以下十四ケ国の衆が集められ、二条御所の古き構堀を広げ、四方に石垣両面に高く築き上げたという。また、御殿の御家風は尋常に金銀を鏤め、庭前に泉水、遣水、築山を構え、洛中洛外の名石名木を集め眺望を尽くした。馬場には桜を植えて桜馬場と号した。その上、諸侯の衆は御構の前後左右に、思い思いの普請をしたという。二条御所の構普請は元亀元年（一五七〇）四月十四日に終わり、この日御祝言の能が催された。しかし、その後、足利義昭と織田信長の間に隙が生じ、元亀四年（一五七三）七月三日、義昭は二条城より槇島の城に移り、同七月十二日、信長は二条城の破脚を命じた。『兼見卿記』同七月十三日条に「御城御殿等、洛中洛外取次第也、当所者堅申付不出一人、」と記す。

足利義昭の二条御所の殿舎構成は未詳である。『言継卿記』元亀元年九月二十四日条および『兼見卿記』元亀四年三月六日条に二条御所の常御所で将軍と対面したことがみえる[26]。また、『兼見卿記』元亀四年四月九日条に「参武家御所、盆・硯〈紫石〉、進上之了、槇嶋披露也、於奥御殿御対面、今度在所奇特之由仰也、忝迷惑仕之旨、委細申入了、」とある。この奥御殿は常御所あるいは奥向の接客座敷と考えられる。

まとめ

室町時代末期の将軍邸は寝殿、会所のほか奥向きに別棟の常御所、および御上方などの御殿があり、ほかに台所などを付属してい

た。永禄三年に足利義輝が移徙した二条御所は常御所の前に奥向の対面座敷として新たに小座敷を設けていた。小座敷は天文から永禄頃の武家、公卿、寺家の住宅に例がある。永禄七年十月から翌年にかけて行われた二条御所造営により、新たに対面所が建立されたと推定される。また、将軍母堂慶寿院殿の御所は表向に対面所、その奥に小座敷と茶湯所および風呂があり、また、御殿（常御所）の存在も推定される。足利義輝の二条御所にみられる対面所と小座敷は天正年間の武家住宅に表われる対面所と奥向書院の関係に類似し、注目される。

注

1 堀口捨己「君台観左右帳記の建築的研究」、同「洛中洛外屏風の建築的研究」共に、同著『書院造りと数寄屋造りの研究』鹿島出版会、一九七八年に収録。川上貢『中世日本住宅の研究』[新訂]第五編足利将軍御所の研究、中央公論美術出版、二〇〇二年。宮上茂隆「細川勝元造小川殿の主殿について」日本建築学会『学術講演梗概集』一九七七年、同「東山殿の常御所・会所と近世の対面所」同『学術講演梗概集』一九六七年。

2 足利義政の御所は、注1の川上貢『日本中世住宅の研究』によるところが多い。

3 宮上茂隆「細川勝元造小川殿の主殿について」（前掲）。

4 川上貢『日本中世住宅の研究』第五編第六章三、小川殿の項。

5 川上貢『日本中世住宅の研究』第五編第六章四、東山殿の項。鈴木充「御飾書の考察」『建築史研究』第33号、一九六三年。中村昌生「金閣と銀閣」『京都の歴史』三、学芸書林、一九六八年。宮上茂隆「東山殿の常御所・会所と近世の対面所」（前掲）。

6 『蔭涼軒日録』文明十六年十二月晦日、同十九年正月十一日条。

7 川上貢『日本中世住宅の研究』第五編第六章四（前掲）。

8 川上貢『日本中世住宅の研究』結論（前掲）。

9 『宣胤卿記』文亀二年正月十日条。

10 『後鑑』永正十三年七月条に引く「永正十三年記」。

11 『二水記』永正十六年正月十一日条。

12 『後鑑』大永元年十二月二十七日条に引く『菅別記』に「大樹参賀也。如例。（中略）。自御元服日。三条御所有御座。仍今日御礼等参。

下御所年始迄可有御座之由有沙汰者也。」とある。
13 『後鑑』大永四年四月十九日条。
14 堀口捨己「洛中洛外屏風の建築的研究」『畫論』第一八号、一九四三年二月。武田恒夫「洛中洛外図とその展開」『洛中洛外図』京都国立博物館編、角川書店、一九六六年七月。
15 『二水記』大永五年八月二十七日条に「室町殿常御所、今日御上棟云々、」とある。
16 『御湯殿上日記』。
17 『続史愚抄』天文五年十二月十一日条。
18 堀口捨己「洛中洛外屏風の建築的研究」（前掲）。
19 足利義晴の室町殿は天文十五年九月に義晴父子が東山に動座して以後、将軍御所として用いられなかった。上杉家本は天正二年（一五七四）以降に描かれたと考えられているので、それより前の資料を用いて「公方様」を描いたと思われる。
20 『大館常興日記』天文十四年正月朔日条。
21 川上貢「上杉家蔵洛中洛外図屏風と京の町屋」同著『日本建築史論考』中央公論美術出版、一九九八年所収。
22 『後鑑』永禄七年十月是月条に引く『総見記』および『細川両家記』。
23 『足利季世記』。
24 『言継卿記』、『足利季世記』。
25 『言継卿記』永禄十二年正月二十七日条に「先勘解由小路室町真如堂、光源院御古城又御再興、」とある。真如堂は義輝の二条御所跡に移転されていた。
26 常御所での将軍との対面は、『言継卿記』元亀二年正月二十五日、同年六月朔日、同年十一月十九日条にみえる。

第二節　細川管領邸及び典厩邸

Ⅰ　管領細川政元邸

一　細川政元本邸の位置

細川政元（幼名聰明丸）は管領細川勝元の子息である。勝元は文明五年（一四七三）五月十一日に没した。同年八月二十八日、八歳の聰明丸は始めて御所に出仕し、家督を相続した。そして、文明七年（一四七五）七月廿日、聰明丸は本邸に移った。『長興宿禰記』同日条に、

　今日、細川聰明丸被帰移元屋形。親故京兆自乱初被住別陣屋、多年人々彼屋形構陣所、赤松以下令借住。近日加修理、如元今日被移住了。

と記す。細川勝元は、応仁の乱以来、別の陣所に住み、細川屋形は多年人々が陣所を構え、赤松政則などが借住していたが、文明七年に細川の本邸として修理を加え、この日、聰明丸は移住した。後に、明応二年（一四九三）四月二十六日、細川政元は足利義遐（後改名義高、義澄）を将軍に立てることを奏聞し、翌日義遐を細川政元の本邸に移御せしめた。翌明応三年十二月二十七日、足利義高は政元本邸において元服、将軍宣旨を受け、それ以来、細川政元本邸は将軍御所に充てられた。

細川政元の本邸は、小川通北つめ、上立売通北にあり、洛中洛外図屏風（町田家本）に描く公方様（柳原御所）の南、管領細川殿および右馬頭典厩を合わせた地にあったと推定される。つぎに、その理由をあげる。

①　細川政元の養子六郎澄元は永正三年（一五〇六）四月二十一日、西国より上洛し、二十六日に安富の宿所に移った(1)。安富は細川政元の被官安富筑後守元貞である。この澄元の在所は将軍御所（細川政元邸）の北隣にあった。『宣胤卿記』永正四年六月二十四日条に、

　去夜半細川右京大夫源政元朝臣〈四十二歳、天下無双之権威、丹波摂津大和河内山城讃岐土左等守護也、〉、為被官〈竹田孫七、〉被殺害、京中騒動、今日午刻彼被官〈山城守護代、〉香西又六、同孫六、彦六、兄弟三人、自嵯峨率数千人、押寄細川六郎澄元〈政元朝臣養子、相続分也、十九歳、〉在所、〈将軍家北隣也、〉終日合戦、申斜六郎敗北、在所放火、（後略）

と記す。『細川大心院記』永正四年六月二十四日条には、この日の合戦について、京都に居た香西又六の弟心珠院、香川満景、安富元顕などは室町を上り、柳原口東より澄元居所である安富筑後守の私宅に押寄せたとあり、澄元の在所、旧安富の私宅は柳原にあった。将軍御所の北隣、柳原にある安富の私宅は、後に柳原御所が営まれた所である。すなわち、柳原御所の敷地は「香西以下四五人の旧跡」と伝えられる[2]。香川、安富は細川政元の被官であり[3]、政元は本邸の北隣にそれら被官を住まわせたと推察される。

②『宣胤卿記』文亀二年正月十日条によると、将軍足利義高の御在所（細川政元宿所）は南御所と咫尺の地にあった。南御所は足利義政御女の御所で、柳原御所の西向いにあった。また、同日条に、

次各行政元〈細川右京大夫、〉方、〈将軍御在所隔垣〉、自旧冬在真木嶋云々、次参南御所賜盃、（後略）

とあり、この頃、細川政元は将軍御所と垣を隔てた敷地に居住していたらしい。『蔭凉軒日録』長享二年（一四八八）七月七日条に、細川政元私第に南庭があったことが見えるので、政元本邸の主要建物は上立売通り側の方一町の敷地に営まれたと考えられる。文亀二年（一五〇二）頃、政元は将軍御所の北隣、後の典厩邸の敷地に住居を営んだのであろう。

二　細川政元邸の主要殿舎構成

文明十年（一四七八）二月二十八日、足利義政・義尚両御所および御台所は細川聡明（政元）邸へ御成りになった。『後鑑』同日条に引く「伊勢家書」によると、はじめに両御所は寝殿に渡御して式三献あり、終って中門の内公卿座において進上御馬を御覧になった。その後、両御所は会所へ入御、そこにて三献と供御があった。聡明丸は幼少のため、当日のことは典厩細川政国が成敗したという。寝殿は中門と内に公卿座を備えた主殿形式であり、寝殿より奥向に会所があったことが分かる。

延徳二年（一四九〇）七月五日、左馬頭足利義材は管領細川政元邸において将軍宣下および昇殿・禁色等宣下を受け、今出川殿（父足利義視）も同邸にて准后宣下を受けた。当時、今出川殿父子は三条通玄寺を仮御所にしていたが、狭小であったので管領邸において行ったのである。

『延徳二年将軍宣下記』[4]にのせる将軍宣下及び禁色宣下の記事によると、管領政元邸は東面に開く大門を入ると正面に南向の寝殿[5]（主殿ともいう）があり、その南向「九間」で将軍宣旨と禁色宣下の儀式が行われた。寝殿は南面に広縁を持ち、東南に中門廊を張出した主殿形式の建物である。将軍宣旨を受ける式で、官長者雅久が掃部頭政親に宣旨を渡したという中門内廊について「御眼路也」

と注記する。御眼路は塀中門を入った中門廊南端の縁のことらしい。(6) 将軍宣旨式の記事で注意されるのは、政所執事代貞通が返礼の金包を御硯蓋に据え持って向い、「御座之間広縁」で政親に渡したとすることである。この「御座之間」は寝殿の南向「九間」の西側にある常御座間と解せられる。将軍宣旨の式が終わり、義材は御座を立って大御所の御前に参った。大御所は「内々」(7)（別之間、別座敷ともいわれる）において准后宣旨を受けたので、将軍宣下は寝殿で行われたとみるのがよいと思われる。将軍宣旨に先立って、管領政元は会所北（十二間口）より出て、広縁を経て御前に参入したとあり、会所は寝殿の西南方にあった。会所「十二間」は南向の座敷である（後述）。

明応二年四月、細川政元は将軍足利義材を廃し、十五歳の足利清晃（義高、義澄）をたてた。足利義高は、翌明応三年（一四九四）十一月二十四日、正五位下の位記と左馬頭の口宣を管領細川政元邸において受けた。『後鑑』に引く「御元服聞書」同日条に、東向大門の内、正面に立つ建物を「主殿」と記す。大門は東面南側に開き、その北側に小門があった。(8) 同記に位記請渡しの式について、位記を持参した大内記は（主殿）透廊車寄の沓脱を経て縁に上り、御所詰めの高倉永康が透廊妻戸より縁に出てそれを受取った。永康は妻戸を入って公卿座南妻戸の御簾外から内に居る高倉局に位記を渡した。局はそれを受取り、「常御座所」に持参して上臈に渡した。上臈は位記を留め、その箱の蓋に金包一を入れ、門前にいる高倉局に渡した。局からそれを受けた永康朝臣は、以前の如く西（東カ）にてそれを内記に渡したという。叙位の式は常御座所で行われたのである。足利清晃（義高）は、明応二年四月二十七日に政元邸を御在所としたので、この間、将軍御所として新たに常御座所が造営されたと考えられる。

明応三年十二月二十七日、同じ管領邸（将軍御所）で義高の元服と御祝があり、元服後、将軍及び禁色宣下、御判始、評定始の儀式があった。「御元服聞書」同日条によると、元服は御座敷「十二間」で行われた。この座敷について「管領屋形、殿西御座敷なり、」の注記がある。「十二間」の座敷があるのは会所である。後述の評定始があった御座敷は泉殿西御座敷といわれるので、会所は泉殿の西にあり、その座敷「十二間」で元服式が行われたと考えられる。「十二間」は畳を撤去して畳を回りに敷き、板敷の上に円座を三枚（各新冠御座、理髪御座、加冠御座）置いた。三条西実枝の『三内口決』（天正四年）に、元服の座敷は悉く畳を徹し、その殿の中央奥に円座一枚敷く（冠者の座）、その左の座頭に畳一帖敷く（加冠の座）、中央冠者の円座前に円座一枚敷く（理髪の座）とあり、元服の時、座敷の畳を徹するのが例であった。元服式が終ると、義高は曹子間（会所北向きの部屋）に入り御装束を着がえた後、「十二間」の中央御座において八幡宮を遥拝した。次に南向の座に着座、管領以下も着座して式三献の御祝あり、その後、常御所に座を移して御祝があった。

将軍宣下式は元服の間である会所で行われた。終って、将軍は常御所に入御した。次に禁色宣下は常御所で受けた。「御元服聞書」に「次禁色宣下。局務師富朝臣。束帯持参。高倉右兵衛督永康朝臣請取之。於公卿被渡高倉局。其様者自御叙位之時同前也。於常御所之義也。」と記す。次の御判始と御評定始は会所で行われた。「同聞書」に、評定始の座席について、

次御評定始〈御座敷同。東西三間所。北三間半ヒ。細川殿泉殿西御座敷也。〉問注所元康未着座也。依不着殿上之座。一主殿煖士之前。御座敷用殿上。以屏風料理之。評定衆。経車寄之履脱。入自透廊之南脇。被着彼座。管領者。自内々御参之間。無此所之御着座。同以公卿座。為奏事鬮子役之座着座也。問注所者奏事座之北方ニ雖構申。不定座被居了。

着座次第

御出南向　次管領〈北向〉　次酒掃〈南向〉

次加州〈北向〉　次元定〈西向〉

各持扇子参着了。

と記し、指図を載せる（図6）。指図の書入に「曹子間。御元服以後懸簾。女中見物也。」とあり、元服と同じ座敷である。指図右上に「泉殿」の書入があり、この座敷が泉殿の西にあることを示す。元服の行われた座敷は「十二間」であり、評定始の記事に、その座敷を「東西三間、南北三間半」と記すのは不審である。指図によると、座敷の南北は三間である。東西は四間あるが、そのうち西側三間の廻りに畳を敷いている。東辺畳の東側にある黒丸は半間毎にあるので、これが座敷東面を仕切る柱とは考えられない。「十二間」のうち西側方三間に座を敷いたのではないだろうか。会所

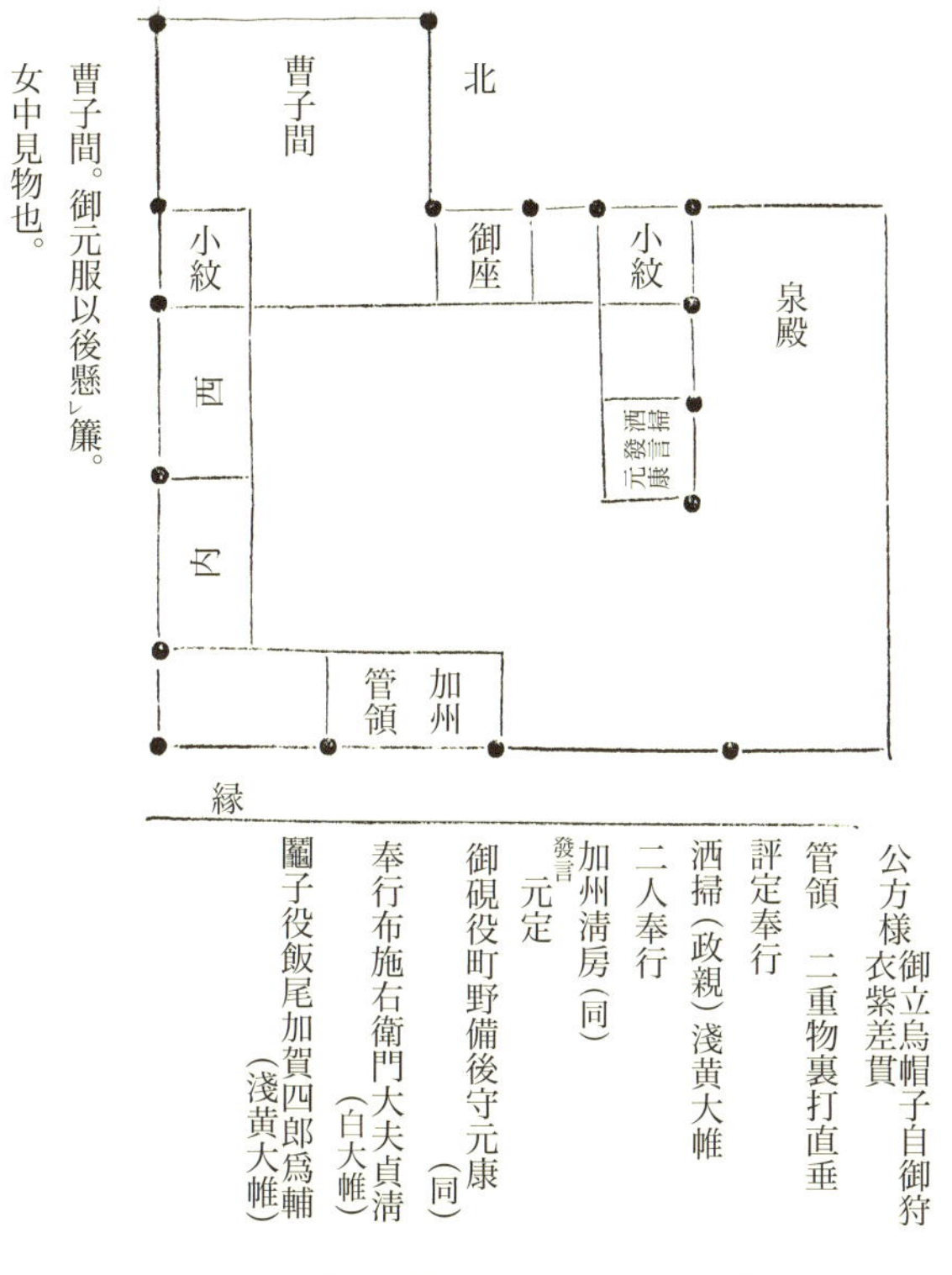

図6　管領細川政元邸会所（『後鑑』明応 3.12.27 条「御元服聞書」）

は南向十二間が主座敷で、北面に曹子間などがあり、南面に広縁がなく、小縁を付けていた。後述の細川高国邸の御成座敷（会所）の例からすると、十二間の西側には御座間があったと推定される。

上記によると、殿上は主殿との中間にある座敷を用いたが、その位置は不詳である。評定衆は主殿透廊の南脇より入り殿上に着座したので、仮の殿上は主殿と泉殿泉殿の中間にあったかもしれない。なお、『後鑑』明応三年十二月十九日条に引く「御元服聞書」に、畠山聰勝殿（八歳）は元服後、始めて御所へ出仕したが、公方様御不例の故、常御所において御対面、三御盃とあり、常御所は奥向の対面に用いられた。景徐周麟の「日渉記」明応九年正月十六日条に（『鹿苑日録』第一巻所収）、この日、周麟は公府における大般若看経に赴き、看経の後、相公に招かれその寝室の囲炉裏で相話し、その後、対面所に就いて挙盃、看経僧は皆席に会したという。周麟が招かれたのは常御所であり、宴会があった対面所は看経の行われたところで、寝殿の南向「九間」であろう。

以上、将軍御所に充てる以前の細川政元邸は東向に大門を開き、大門の内正面に南向の寝殿（主殿）があり、寝殿の西南に南池に臨んで会所と泉殿があった。また、寝殿の奥向に別御座敷があった。寝殿は南面中央に「九間」の対面所、その西側に常御座間、東側に公卿座を設け、南広縁の東端に中門を張出した主殿形式である。後述の細川高国などの管領邸は主殿が常御所を兼ねたと推察されるので、細川政元邸の寝殿（主殿）も同じ形式であった可能性がある。政元は妻帯しなかったので、将軍御所とするにあたり常御所は新造されたのではないだろうか。会所は南向「十二間」が主室で、北面に曹子間などの部屋を設け、南面に広縁がなく、小縁を付けていた。寝殿（主殿）と会所は元服、将軍宣下、評定始などに用いられ、常御所は禁色宣下や奥向の祝宴、対面などに用いられた。

Ⅱ　管領細川高国邸と典厩細川尹賢邸

一　細川高国邸

永正四年（一五〇七）六月に細川政元が没した後、同年七月八日に政元の養子澄之は家督を継いだが、八月朔日の合戦に敗れ、戦死した。その後、同じ政元の養子澄元が管領職に就いたが、翌永正五年四月十日、軍勢を率いて細川高国が上洛したため、澄元は前日の九日に、被官三好之長等とともに坂本へ逍走し、また、将軍足利義澄も四月十六日に近江に没落した。そして、前将軍義尹（義稙）は六月八日に入洛、一条室町の吉良邸を仮御所とし、七月朔日、将軍に重任された。[9] 高国は同五年に管領に任ぜられた。永正八年八月十六日、細川澄元側の細川政賢（右馬頭）、山中左衛門以下が京都を攻めたので、将軍義尹、細川高国（右京大夫）、大内義興（左京大夫）などは、一時丹波へ逃れたが、二十四日に兵を立て直して上京し、大内勢は船岡山の合戦で澄元方を攻め破った。九月朔日、高雄山に陣を構えていた将軍と高国は帰洛、将軍は二条西洞院にある妙本寺を仮御所に充てた。[10]

（1）細川高国邸の殿舎

永正九年（一五一二）四月十六日、将軍足利義尹は細川高国邸へ御成りになった。この時の御成座敷について相阿弥の書いた「細川殿御餝」が伝えられている。[11] 堀口捨己氏はそれをもとに座敷の平面を復原された。[12] それによると、表向にある御座の間（御成の間）は「七間半」（十五畳敷）の座敷で、北面に二間半の押板を備えていた。御座の間の西に続く「次の間」は部屋の大きさはわからないが（「六間」、十二畳ほどか）、西南隅に三帖敷の床（上壇）があり、床上西に一間半の押板、南に一間の付書院を備え、北に狭間障子を立てていた。また、その北に「官女の間」があった。官女の間は西から北へ矩の手に床があり、床上西に二間の押板、同北に一間半の納戸構を設けていた。納戸構の前、南向き西脇に硯文台、東脇に唐の枕を飾るので、その奥は寝所（納戸）であろう。官女の間は「四間」ほどの座敷で、納戸構前に一帖半の床を置き、納戸東脇に間中の違棚、東面に一間の押板を設けていたらしい。

「細川殿御餝」には、また、貝の間、兵庫の間の飾りが記され、堀口氏により兵庫の間の平面が復原されている。[13] それによると、兵庫の間は御成御殿にある部屋ではなく、それに付属する建物にあったと推察される。御成御殿の全体平面は未詳であるが、表向の御座の間に押板を設け、西次の間に三畳の床を造り、床上に押板、付書院を設け、そこに唐物飾りをするのは東山殿以来の伝統である。御成御殿は御座の間が中心であって、床（上段）のある部屋を次の間というので、東山殿の会所と同じ性格の建築であったと推察される。

細川政元邸の会所は南向に「十二間」の座敷があり、その北側西面に「四間」の曹子間を設けていた。高国の会所はそれと異なり、西向二室合わせて「十三間半」の座敷であり、また、座敷飾りを多く設けている。この御成御殿は、永正九年（一五一二）四月の将軍御成り座敷として新造されたのかも知れない。

（2）「洛中洛外図屛風」（町田家本）の細川殿

洛中洛外図屛風（町田家本）に描かれた細川殿は管領細川高国邸、その北隣にある典厩は従弟の細川尹賢邸と考えられている。[14] 高

図7　管領細川邸「洛中洛外図屏風」（町田家本）

国邸は旧細川政元邸と同じ敷地であり、その政元邸は永正五年四月まで将軍義澄の御在所であった。細川政元の旧屋形がその後の合戦でどのようになったか不明である。高国はそれを管領屋形とするに当り、少なからず改修を加えたことが予想される。洛中洛外図屏風（町田家本）によると、大永五年頃の管領細川殿は方一町の敷地の四周に築地をめぐらし、外門は東面南に正門である上土門、北に棟門、西面南と北に棟門を開く（図7）。敷地の南向に園池を作り、唐破風をもつ屋形橋をかけている。細川殿の殿舎は入母屋造五棟、切妻造二棟が描かれている。各建物の屋根はすべて板葺であり、将軍御所の桧皮葺屋根との違いを良く表わしている。東向の上土門を入ると、主殿が正面に立つ。南向入母屋造の主殿は、南面東端より南に三間の中門を張出す。主殿東庭は南・北両面と西面中門先を土塀で画し、中門先の塀と北面塀に塀中門を建てる。主殿東庇車寄の軒唐破風および中門を含めた東面の建具構は中世を通じて整えられた形式であるが、同図屏風では細川殿の主殿のみ中門と軒唐破風を付けた形式に描かれている。主殿の西南にある南向入母屋造建物は御成の間のある座敷と考えられている。[15] 御成御殿の東南、庭に臨んで建つ南向入母屋造の小建築は泉殿であり、また、敷地の西南にあって会所との間を渡廊下で繋ぎ、南池に東面する切妻造建物は厩である。一方、主殿の西側にある入母屋造の建物は夫人御殿であろうか。主殿の北側にある入母屋造建物は不詳である。主殿の東方、東面の棟門を入った正面にある東妻壁を横板張りとした切妻造建物は遠侍であろう。

二　細川尹賢邸

（1）細川尹賢邸の殿舎

細川尹賢が高国邸の北隣に屋形を営んだ時期は未詳である。『実隆公記』大永三年（一五二三）十二月二十二日条に「右馬頭寝殿一昨日移徙云々、同遣金覆輪、」とあり、前日の二十一日、尹賢は寝殿に移徙した。翌四年三月六日、将軍義晴は尹賢邸に御成りになった。その時の「細川亭御成記」(16)に、その年の正月に寝殿を新造したので御成を申し上げたとある。当日は東の小門より御成りになり、寝殿の妻戸より入り、そこで式三献があった。その後、進上する御馬を御目にかけ、終って寝殿にて初献から始まり十三献までの宴が持たれた。喝食などは奥の番所の奥にある桟敷で湯漬、点心を召し、寝殿の相伴に参らなかった公卿と外様衆および御供衆は交替で納戸の北の「四間」並びに奥「六間」にて湯漬、点心参るという。納戸、納戸の北「四間」、奥「六間」は寝殿の北向の部屋であろう。寝殿に納戸（寝所）があること、納戸の北に奥向の部屋があることは、寝殿が常御所を兼ねていたことを示唆する。次に観世太夫の能十五番と田楽があり、これは寝殿にて御覧になったと思われる。その後、尹賢の衆九人が御礼を申し、御太刀一腰などを進上した。「御成記」に「右御太刀一腰〈金〉、千疋宛進上、勢州披露、有御通、有御酌。日野殿、公方様は、公卿の間南折妻戸きはに、乾向に御座有、各御礼申所ハ、九間の乾ノ角細戸の前の西よりなり、」と記す。「九間」は寝殿南向中央間で、式三献のあった部屋である。常御所はその西側にあり、常御所の北側に納戸があったのであろう。公卿座は南向九間の東側にあり、南面に折妻戸を立てていた。

（2）「洛中洛外図屏風」（町田家本）の典厩

洛中洛外図屏風（町田家本）に描かれた典厩尹賢邸は細川殿の北隣にあり、敷地は南北が狭く、一町の三分の二ほどの広さである。南面は細川殿と築地で隔て、ほかの三方も築地をめぐらす。東面に棟門を開き、敷地の南向に池庭を作る。棟門を入ると正面に中門廊前の広庭があり、その南面を画する土塀は中央に塀中門を立て、西端で北に折れて中門廊東側柱に取り付く。殿舎は入母屋造二棟、切妻造一棟、ともに板葺で、ほか不明のもの二棟ある。梁間二間の中門廊は東面に装束妻戸と剥上連子、妻戸および遣戸を立てるが、車寄の軒唐破風がなく、また、中央南向の寝殿と思われる入母屋造建物と独立した屋根を架けているようにみえる。これは描写の誤りで、寝殿は主殿形式であったと思われる。寝殿の北側にある南向入母屋造建物は夫人御殿と考えられる。先述のように、寝殿は納戸があり、納戸の北の部屋を振舞座敷に充てているので、常御所を兼ねていたと考えられるからである。図によると、寝殿の西側に建物が続くらしく、寝殿の濡縁が西南隅で少し北に入り、西に折れて別の建物南面の濡縁を描く。南面の建具は遣戸である。この建物は屋根を描かないので、どのような用途か不明であるが、池に臨むので会所かもしれない。夫人御殿と推定した建物の西方に切妻造建物があるが、その用途は不明である。

Ⅲ　管領細川晴元邸と典厩細川晴賢邸

細川晴元は細川澄元の嫡子である。『後鑑』天文五年（一五三六）正月七日条に引く「大館御内書案」に、この日、右京大夫（晴元）は新春の御内書を賜ったことを記す。梅叔法霖の「日録」（『鹿苑日録』第一巻）によると、同年九月二十七日、細川晴元は御所（当時、伊勢守亭）に出仕した。三好、仙熊、波多野、木沢が各騎馬で御供をしたという。翌日、梅叔は右京兆上洛の礼に晴元の屋形を訪れたので、晴元は上洛後、二十七日に始めて御所に出仕したのである。これは、細川晴元が細川高国没後（享禄四年（一五三一）六月八日自害）、細川の家督を継ぎ、細川政元以来の細川本邸に入ったことを示唆する。

一方、右馬頭細川晴賢は、天文七年（一五三八）二月十七日に在国より上洛、三月三日、細川晴元とともに御所へ出仕した。細川尹賢は享禄四年（一五三一）七月二十四日、摂州において生害に及んだので、晴賢は尹賢の邸に入ったと推察される。

洛中洛外図屏風（東博模本）に描かれた細川殿と典厩は管領晴元邸と典厩晴賢邸に推定されている。(17) また、洛中洛外図屏風（上杉家本）に描かれた「公方様」は足利義晴の室町殿と考えられるので、細川殿と典厩は管領細川晴元邸もしくは氏綱邸と典厩細川晴賢邸もしくは藤賢邸を描いたことになる。東博模本と上杉家本に描かれた細川両第の位置は町田家本のそれと同じで、敷地の大きさもほぼ同じである。しかし、町田家本と上杉家本では、両邸の建物配置及び形態に異なる点が認められる。また、町田家本と異なり、上杉家本の典厩は東北隅の築地を欠いて、東向に鎮守を祀る。一方、東博模本に描く細川殿と右馬頭典厩の建物配置及び形態は上杉家本に類似する。

一　管領細川晴元邸と同細川氏綱邸

(1) 細川晴元邸の殿舎

天文七年(一五三八)七月二十九日、将軍足利義晴は管領細川晴元邸に御成りになった。この時の『細川亭御成記』に載せる御成役者日記に大門役、小門役、裏門役、楽屋奉行、御成門、官女間、兵庫間、御対面所、御主殿、十八間、三間、塀中門番などについて、それぞれ役者名を載せる。このうち官女間と兵庫間は、永正九年(一五一二)四月の「細川殿御飭」に見えるので、細川晴元第は細川高国第の建物を継承したと考えられる。上記のうち「御成門」は、大門役、小門役が別に記されるので、「御成間」の誤記と考えられる。御成間は「細川殿御飭」にみえる「御座の間」と同じ御成御殿の主室であろう。また、対面所は主殿の表向にある座敷と考えられる。「十八間」と「三間」は主殿北向の部屋であろうか。この部屋は御供衆などの振舞座敷に充てられたと思われるが未詳である。

(2)「洛中洛外図屏風」(上杉家本)の細川殿

「洛中洛外図屏風」東博模本と上杉家本に描く細川殿は町田家本のそれと同じ方一町の地を占め、周囲に築地をめぐらす。南の園池、外門(東・西に各二門)、邸内の門塀の配置は町田家本とほぼ同じである。殿舎の棟数は東博模本の細川殿は七棟(入母屋造五棟、切妻造二棟)、上杉家本は七棟(入母屋造四棟、切妻造三棟)であり、町田家本と同じであるが、建物相互の位置関係はやや異なる表現がみられる。屋根材は東博模本、上杉家本ともすべて板葺である。東面の上土門を入ると入母屋造の南東に中門を張出した主殿が正面に建つ。主殿東面の建具構は軒唐破風を付けた車寄に装束妻戸、その南に剥上連子、次妻戸、南端に片開戸、車寄北三間蔀戸であり、武家住宅における主殿形式が成立していたことが推察できる。

東博模本は主殿の西南に南向入母屋造建物を池に面して描く。その東南にある小建築は池に臨む泉殿、同じく西南にあって片庇廊で結ばれた東向切妻造建物は厩である。これを町田家本に描く細川殿(高国亭)の寝殿(主殿)、御成御殿、泉殿、厩と比較すると、主殿西南にある入母屋造建物は御成御殿(会所)の可能性が大きい。主殿の西方やや南寄りにある南向入母屋造の御殿は奥向にある常御所もしくは夫人御殿と推定される。この建物は西・北両面を土塀で画し、北庭を作っている。また、主殿の北、土塀の内側にも入母屋造建物が描かれている。

一方、上杉家本(図8)では、主殿の西南にある御殿の北、西寄りに切妻造の棟に小屋根をのせた台所と考えられる建物を描き、

図８　管領細川邸・「洛中洛外図屏風」（上杉家本）

主殿北は土塀の内側を庭とする。主殿西南にある御殿は座敷の内に二人の女性を描き、北側に台所を配するので、夫人御殿と考えてよいかもしれない。すると、上杉家本では別棟形式の常御所を欠くことになる。この点は東博模本については未定である。ただし、次章に述べるように、『三内口決』および『匠明』所収の「東山殿屋敷ノ図」によると、室町時代末の上層武家住宅は主殿が常御所を兼ねていたと推察できるので、主殿西南にある御殿は夫人の御殿とみた方がよいと思われる。なお、上杉家本は、その御殿を南に寄せて描いたため、御成御殿（会所）と主殿の繋がりが分からなくなっている。会所の東南にある入母屋造の建物は泉殿である。主殿の東北、東面北の棟門に対する位置にある切妻造建物は東面壁を横板張りとする。これは遠侍かもしれない。

二　典厩細川晴賢邸と同細川藤賢邸

「洛中洛外図屏風」東博模本と上杉家本の典厩は東面と北面の築地に棟門を開く。上杉家本は東北隅の築地を欠いて鎮守を祀る。殿舎の数は東博模本三棟（入母屋造二棟、切妻造一棟）、上杉家本四棟（入母屋造二棟、切妻造一棟、不明一棟）、屋根は板葺である。両本とも東面棟門を入ると、正面に大型の切妻造厩侍が建つ広庭があり、南面土塀で南池と画している。東博模本は土塀を南面より西面厩侍東南隅の濡縁まで矩の手にまわし、その西面に主殿に通じる塀中門を建てる。

上杉家本はそれとやや異なり、厩侍東南隅の濡縁より東に土塀を延ばし、その南面に主殿に到る塀中門を建てている。主殿は東庇より南に中門を張出し、東庇の車寄に軒唐破風を付ける。主殿東面の建具構は管領細川殿に類似するが、装束妻戸の北側三間の建具は遣戸である。上杉家本によると、主殿の西南に腰高障子を立て、東・南二面に濡縁をまわした建物がある。これは南池に臨むので会所かもしれない。主殿の西方にある入母屋造建物は夫人御殿であろう。

以上、室町時代後期の管領細川邸は方一町の敷地の東面に上土門と棟門、西面と北面に棟門を開いていた。主要殿舎は主殿を中心に南池に臨んで会所（御成御殿）、泉殿、厩があり、奥向に夫人の御殿、台所などがあったと推察される。この時期の主殿は常御所を兼ねていたと思われる。細川政元邸は夫人の御殿がないので、それを公方御所に用いるにあたり、常御所が新造されたと推察される。

同時期の典厩細川邸は三分の二町ほどの敷地で、東面正門に棟門を開く。主要殿舎は主殿（常御所兼用）と会所、および夫人御殿である。管領邸と異なる点は泉殿を別棟にしないこと、東面棟門の内に大型の厩侍を建てることである。

注

1 『宣胤卿記』永正三年四月二十六日条。
2 『後鑑』大永五年四月二十日条に引く「御作事日記」。
3 『親長卿記』文明五年八月二十八日条。
4 『後鑑』延徳二年七月五日条に引く。
5 『後鑑』明応三年十一月二十四日条に引く「御元服聞書」。
6 『元長卿記』文亀四年正月十日条に「今日宰相中将殿御参内也、(中略)、西斜御参御前、三献畢、右京大夫政元朝臣被召出御眼路、賜天盃、(中略)、於常御所北面簀子、三盃傾之取之退出、」とあり、『宣胤卿記』同日条に「今日大樹御参内、(中略)、内々御参、一献之時、細川右京大夫源政元朝臣被召常御所之御縁、被下天盃云々、」と記す。
7 『蔭涼軒日録』延徳二年七月五日条、『松田家記』同日条。
8 『後鑑』文亀三年正月十四日条に引く「拾芥記」。
9 『後鑑』永正五年是年条。

10　『実隆公記』永正八年九月一日条。
11　『大日本史料』永正九年四月十六日条に収める「岡本文書」四。
12　堀口捨己「洛中洛外屏風の建築的研究」四の六「細川管領邸と鎌倉御所図について」『書院造りと数寄屋造りの研究』所収（前掲）。
13　注12に同じ。
14　堀口捨己「洛中洛外屏風の建築的研究」（前掲）。
15　注12に同じ。
16　『続群書類従』第662所収。
17　堀口捨己「洛中洛外屏風の建築的研究」（前掲）。

第三節　『三内口決』と『匠明』「東山殿屋敷ノ図」にみる殿舎構成

Ⅰ　『三内口決』にみる公家と武家の殿舎

三条西実枝（天正七年・一五七九逝去）が北畠具房に書き遣わした『三内口決』に公家と武家の「殿並家作等事」について記す。それによると、主要殿舎は主殿、対ノ屋、会所であり、ほかに階蔵、随身所、殿上、障子上、厩などがみえる。

主殿について「主殿ハ七間四面〈南面通法候〉。」とあるのは七間四方の意に解釈できるが、未詳である。慶長十三年に編まれた大工家平内伝書『匠明』殿屋集にのせる「昔主殿」は間口七間、奥行六間（南広縁を含む）の規模である。『三内口決』は、主殿について、

面七間の中、妻戸二有り〈一は公卿座の中なり、これは主人の妻戸、すなわち平生は開かず、貴人等出入の路となすなり。中門車寄この所に相兼ねて作る、家々有り、輿等この妻戸より寄せるべく候なり〉、その次の妻戸、平生の客人の通路なり、その道広縁に出る、〈透連子なり、白壁の中なり、その次落縁開戸有り、これは奏者の仁、また雑人等の通路なり〉、

と記す。すなわち、中門を含めた主殿東面柱間は七間であり、そのうち二間は中門分で、内一間は広縁であるので、主殿奥行は広縁を含めて六間である。これは『匠明』の「昔主殿之図」と同じ規模である。上記の次に、

その広縁の西面にまた妻戸、これ公卿座の入口なり、公卿座四畳敷なり、〈或は六畳敷なり、清花の御所の公卿の座、六畳敷なり云々〉、この間置物有り、硯一面、脇息、灯台等なり、公卿の間の妻戸、翠簾巻く〈釣丸を懸ける、客来なき時は垂れる〉、

と記す。広縁の西面は東面の誤りで、公卿座南面の妻戸であろう。公卿座は四畳または六畳敷である。『匠明』・「昔主殿図」は公卿間六畳敷である。次に、

本主殿の間に、帳台構有り〈南面〉。公卿座との間襖障子二間〈中央を左右へ路を開く〉、客は座末の障子より入り、主人に謁す、この対面所の後の座敷、押板有り、〈主人常住安座の所なり〉、この外間々名有り、これを記す遑あらず、

と記す。帳台構（南向）がある座敷は常御所であり、帳台構の北側は納戸（寝所）である。この常御所は、「主人常住安座の所」と言われる座敷と考えてよいであろう。すなわち、対面所は主殿表向の中央間で、西側に常御所があり、その西面に押板を設けていたと推察できる。常御所の北側にある納戸は南向に帳台構を備えていた。対面所東の部屋は公卿座である。

主殿北向の部屋は帳台構の後に納戸が推定されるほか不詳である。

『三内口決』には別棟の常御所が見えない。『三内口決』に記す住宅では、主人の日常生活する常御所は主殿の内に設けられたと考えられる。これは、室町時代後期の管領邸や典厩邸における主殿にもうかがえる。(1) ここにみる主殿は室町時代末の上層住宅の一般的形式を記したと思われる。なお、この主殿形式は、元来月卿諸邸の寝殿の系譜を引くと考えられている。(2)

『三内口決』は、つぎに、

凡主殿は、両中門、廊有り、車寄〈別棟なり、縁の板敷残り候、その形右の如し〉、

と記す。主殿は、両中門、廊有り、とあるのは不詳である。両中門は、『匠明』・「昔主殿之図」にのせる中門と主殿背面に張出した色代をいうのであろうか。

対屋については、

対の屋二〈東を一対と号し、西を二対と号す、主殿の北方東西行に鳥翼の如くこれを作る、対と云うは主殿に対する儀なり、武士の家に奥屋と称す、これ故実なり、堂上の諸家は対屋と号すなり〉、

と記す。対屋は主殿の北方東・西に二棟あると言う。対屋は、堂上諸家で女房の局を意味し、(3) 足利義政の室町殿に「小御所」と「一対」があった。小御所は夫人御所、一対は女房局と考えられる。武士の家では対屋を奥屋と称すという。これも夫人の居所であろう。

会所については、

押板、書院等、常の如し、〈庭有り、或は池有り、〉座敷手使等主人の好む所に随うべし、すなわち定の様なし、

とある。会所は庭池に面して立ち、自由な意匠を凝らし、押板、付書院などの座敷飾りを備えていた。なお、建物の作りについて、

凡対屋作には、角木入れず、狐戸なし、主殿作、会所山庄など皆角木を掛け、狐戸を入れる、侍の家には、破風棟木等別様なり〈法譜大工分別せしむ者なり、〉

とある。主殿、会所は入母屋造であるが、洛中洛外図屏風によると、武士の奥屋（夫人御殿）は切妻造ではなく、入母屋造であったらしい。

厩については、

（前略）、諸家に表向きに厩立てず候、武士は守護為すに依り、弓馬を以って業と為す、然間表向きに必ず厩を立つ、これ公武の差別なり、二間三間は、諸人通法なり、五間七間以上は、分国の多少によりその員有り、すなわち細川家は、十三ケ国の拝領という、これに依り十三間の厩規模の由承り及び候、

と記す。武士の厩は表向にあったが、室町時代末の管領細川邸に十三間厩があったか否か未詳である。

II　『匠明』殿屋集の「昔主殿之図」と「東山殿屋敷ノ図」

平内政信が慶長十三年に著した『匠明』五巻のうち殿屋集に「昔六間七間ノ主殿之図」（以下、「昔主殿図」と略す）（図9）と「東山殿屋敷ノ図」（図10）を載せる。このうち「東山殿屋敷ノ図」が足利義政の東山殿の屋敷でないことは、先学の指摘される通りである。(4)この「東山殿屋敷ノ図」の資料としての評価は二つに分かれる。

1　「東山屋敷ノ図」は室町時代末期の足利義輝や義昭邸などの言い伝えや、細川管領邸の図などをもとにして、後に創り出した図であろう。この意味で、この図は室町時代の住宅の資料にはなりえない。（堀口捨己説）

2　「昔主殿図」ならびに「東山殿屋敷ノ図」は遠い昔にあたる東山殿に仮託して、室町時代のきわめて末期の上層邸宅にみる施設構成の規範を記したものと考えられる。したがって、この図は室町時代末期の住宅をうかがう上に参考になりうる。(5)（川上貢説）

つぎに前節までの考察を踏まえて、改めて「東山殿屋敷ノ図」の内容を検討する。

一　敷地広さと屋敷門

敷地広さは東西七十間、南北六十間、四周に築地をめぐらす。南面に「御犬ノ場々有」と記す。方一町の敷地の南面に犬追の場を持つのは洛中洛外図屛風では室町殿にみられる。

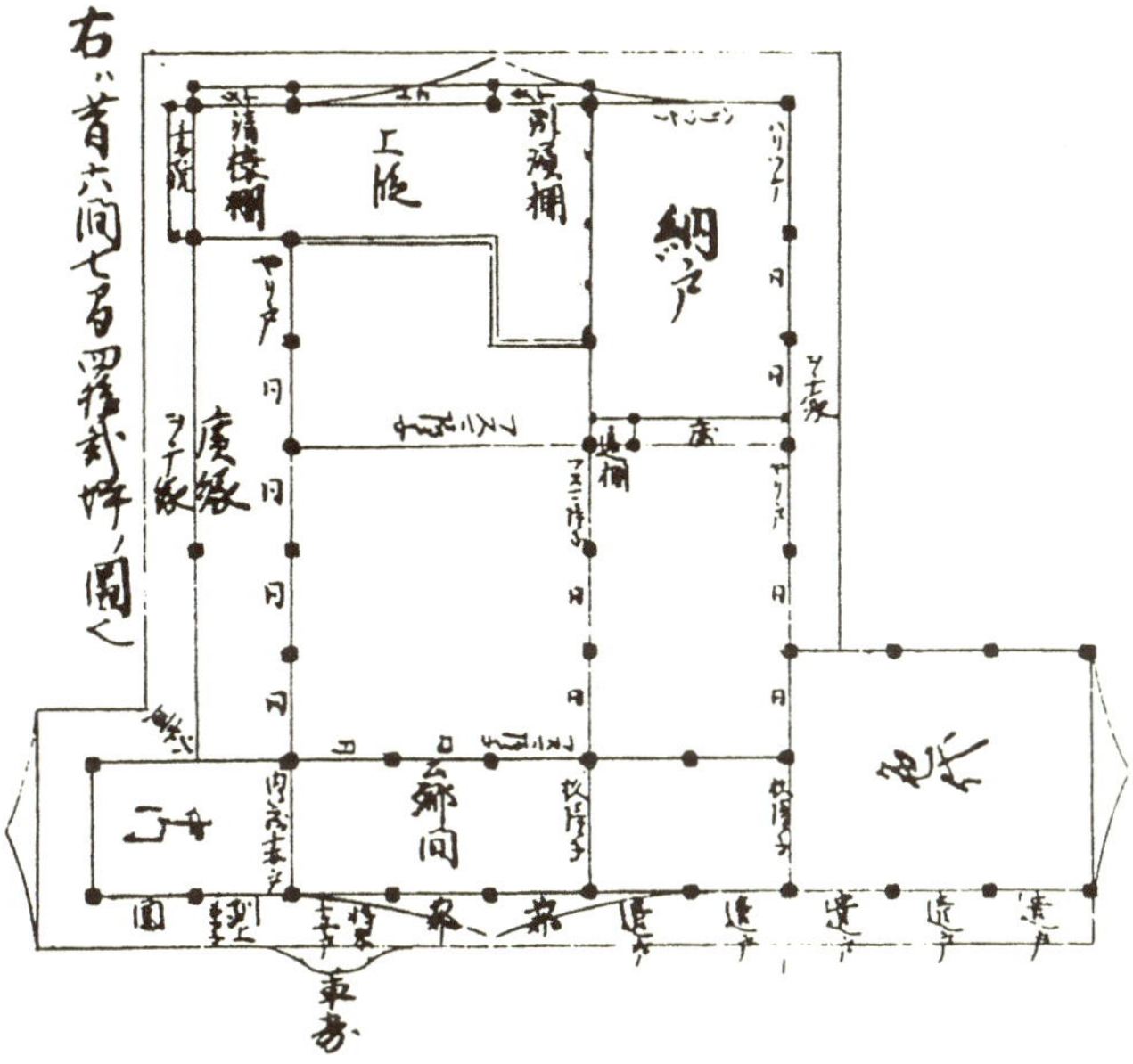

図 9　昔主殿図・『匠明』殿屋集

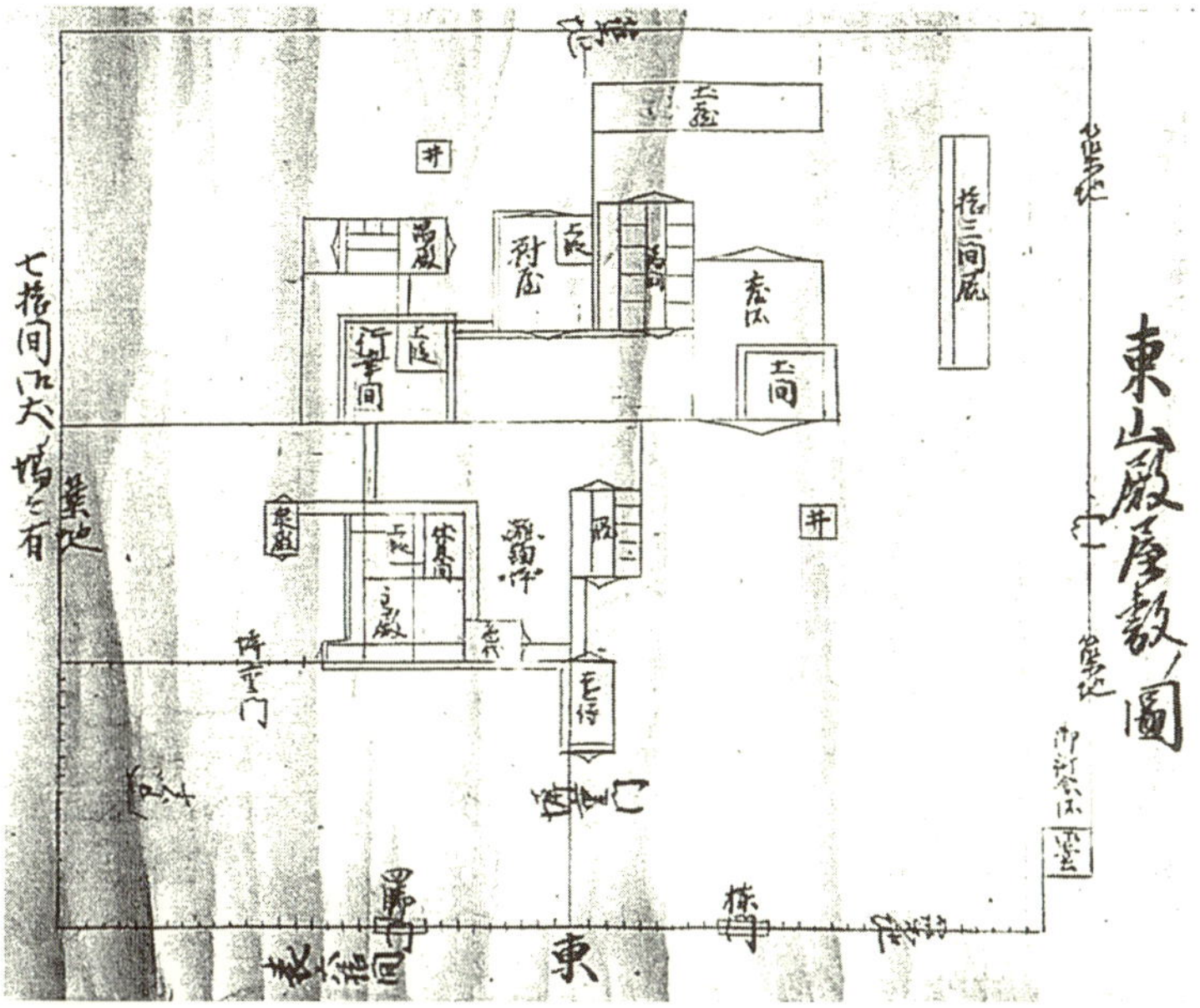

図 10　東山殿屋敷ノ図・『匠明』殿屋集

屋敷門は東面南に四脚門、同北に棟門、北面に門を開く。西門を記さないのは不審である。方一町の敷地の正門を四脚門とするのは大臣、親王の邸宅に許されたことで、武家では将軍御所のみである。敷地東北隅の築地を欠いた入隅部に御堂を祀る。鬼門に鎮守を祀るのは、室町時代の武家では将軍邸と典厩亭にみられる。

二　殿舎の配置

屋敷内殿舎は、主殿、行幸間、対屋をそれぞれ中心とする三ブロックに分かれる。

主殿は四脚門を入った正面に立ち、その前に広い庭がある。前庭は西面を主殿中門より南に延びる土塀、北面を遠侍より東に延びる土塀で画し、それぞれに塀重門を開く。前庭の南方に「アヅチ」を描く。主殿は、『匠明』殿屋集の「昔主殿図」と同じ桁行七間、梁行六間の規模と考えられ、南面東端より南へ中門を張出す。主殿の西面南側に「上段」、その北側の部屋に「休息間」の書入れがある。主殿の平面については後述する。主殿の西面より南に延びる廊は泉殿に到る。また、主殿北面東端より北に色代を張出し、その北に延びる廊は遠侍と主殿北方の五間厩とを結ぶ。主殿北面の庭に「蹴鞠坪」の書入れがある。主殿の南奥向に泉殿、同北表向に遠侍を配置するのは室町時代末の管領邸にみられる。

主殿の西方にある行幸間は、公方御所の会所に相当する建物であり、主殿との間に廊を渡す。また、行幸間に付属してその西側に湯殿がある。行幸間の西北隅の部屋に「上段」の書入れがある。室町時代の会所で奥向に御座の間を設けた例は足利義政の東山殿石山の御間が知られる。石山の御間は上段間ではないので、行幸間（会所）の奥向き御座の間を上段とする例が室町時代末の公方御所にあるかどうかは検討を要すると思われる。

行幸間の西北にある対屋は行幸間との間に南北の廊を渡す。対屋の北側に「局間」が隣接し、局の東北に接して大型の台所を描く。『三内口決』に、対の屋は主殿の北方に二棟、東・西に作るとあるが、「東山殿屋敷図」は対屋を行幸間の北方に描く。対屋は北側に局間と台所が続くので、夫人居所と考えられる。対屋の西北隅の部屋に「上段」の書入れがあるが、これも行幸間と同様、問題になると思われる。台所は主殿および行幸間と連絡できる近い位置になく、それに替わる料理間もないのは、近世初期の武家住宅の殿舎配置と異なる点である。対屋、局の近くに台所を置くのは、応永度造営の内裏や足利義政の室町殿に類例があり、室町時代後期の形を伝えると推察される。東面北の棟門は、『洛中洛外図屏風』（上杉家本）の細川管領邸にみられ、門内に遠侍と思われる切妻造りの建物があり、それより東に延びる土塀に塀中門を開くのは、「東山殿屋敷ノ図」と類似する。棟門は平常の通用門であり、そこより塀中門を通って主殿あるいは色代に到ることもあったと考えられる。なお、台所北方に十三間厩がある。『三内口決』に、細川家は十三ケ国を拝領していたので、十三間厩を持っていたと伝える。

三　主殿の平面

「東山殿屋敷ノ図」に描く主殿は、おなじ『匠明』に「昔六間七間ノ主殿之図」として詳しい平面図が示されている（図9）。この主殿平面について二つの解釈がある。

一つは、主殿の平面は南北中央の間仕切によって南のハレと北のケに大別される、とする川上貢氏の解釈である。これは興福寺仏地院の主殿（文明十七年）との比較によるもので、南側三室を晴の空間、北側三室を私的空間と考えられている。[6]これに対して、平井聖氏は、「昔主殿図」の平面は「ほかに居間、寝所が存在して始めて理解出来るものである。平面の北半部は居間、寝室の私生活をいれるものではなく、納戸はすでに形式的に名称が残されているだけであり、次の六間は色代から通された客の控の間と解した方がよい。」とされている。[7]

両説に共通するのは南を晴向の空間とすることである。先述のように、室町時代末の公方御所は寝殿と常御所が別棟であったので、寝殿の北側諸室を公方の私的空間に用いる必要はなかったであろう。一方、『三内口決』によると、室町時代末の上層住宅は主殿、対屋、会所を主要殿舎として別棟形式の常御所を欠くので、常御所を兼ねた主殿が一般的であったかもしれない。その例は室町時代後期の管領邸および典厩邸の主殿にうかがえる。また、これは「東山殿屋敷ノ図」に常御所を描かないことに通じる。「東山殿屋敷ノ図」および「昔主殿図」に描かれた主殿が常御所を兼ねたとすると、『三内口決』にみえる主殿の記載と対比して、主殿は、南向公卿座西の「九間」を対面所、その西上段のある「九間」を常御所とみて、常御所北の納戸を寝所とする解釈も可能である。

以上、「東山殿屋敷ノ図」は、図の名称および方一町の敷地と東面の正門に四脚門を開くこと、行幸間（会所）があることなどから、室町時代後期における公方の御所を参考にしたと考えられる。一方、室町時代後期の公方御所は寝殿と別棟形式の常御所を備えていたが、「東山殿屋敷ノ図」の主殿は常御所を兼ねていたと考えられる。この主殿の形式は室町時代後期の管領邸、典厩邸に見られるものである。このように、「東山殿屋敷ノ図」は内容的に矛盾する点が認められる。しかし、主要殿舎の構成や主殿の平面は室町時代後期の武家住宅をうかがう資料になり得ると思われる。それは、太田博太郎氏が指摘されたように『匠明』殿屋集の木割が「昔主殿図」や「厩之図」をもとに記述されているからである。(8)

まとめ

三条西実枝の『三内口決』・「殿並家作等事」および平内伝書『匠明』に載せる「東山殿屋敷ノ図」は主殿が常御所を兼ね、奥向に会所（行幸間）、対屋（奥屋）、局、台所、厩などがあった。これは室町時代末の細川管領邸と同じである。これにより、室町時代末の一般武家住宅は別棟形式の常御所を持たず、主殿がそれを兼ねていたと推察できる。「昔主殿図」の平面は南向中央「九間」を対面所とし、その西側にある上段と床（押板）、違棚、納戸構を備えた「九間」を常御所に充てたと考えられる。常御所は南西広縁に上々段を張出し、その南に書院、西に清楼棚を設ける。常御所北の納戸は寝所に充てられたと推定される。南向「九間」の東側は公卿座であり、その南に二間中門廊が突出する。

対面所北の「六間」座敷は西面に床と違棚を備え、東入側を介して色代に通じるので、客の控間や諸行事に用いる部屋ではないだろうか。室町時代後期における武家住宅の会所は御成御殿に充てられ、また、文芸的会合に用いられたと推察される。『三内口決』によると、会所は押板と付書院を備えていた。

注

1　永禄四年の『三好亭御成記』によると、三好義興亭の主殿は西向桁行七間、梁行五間の規模で、西向中央に「九間」座敷、その南脇に「六間」座敷、北脇に「四間」の三室を並べていた。「九間」は東面に二間押板を備え、また、南脇間東側の御成間「四間」座敷は東面に一間半押板と半間の違棚を設け、北面に納戸構があった。納戸構の内は寝所、その北側に休息所、四畳半茶湯間があり、また東北隅の「六間」は御末であったらしい。これによると、三好亭主殿は常御所を兼ねていたと考えられる。

2　川上貢「「海人藻芥」と「三内口決」の家作の検討」同著『日本建築史論考』中央公論美術出版、一九九八年所収。

3　川上貢『日本中世住宅の研究』第四編第三章二、伏見宮御所について、中央公論美術出版、二〇〇二年。

4　堀口捨己「室町殿と平内伝書の東山殿図について」同著『書院造りと数寄屋造りの研究』四の五、（前掲）。川上貢『日本中世住宅の研究』

結論一、中世住宅の概観。

5　太田博太郎説も同じで「この図はある特定の屋敷というよりも、東山殿に名を借りて、室町末の上層邸宅の一般的な配置図を描いたものとみてよかろう。」とされる。太田博太郎『書院造』Ⅵ　書院造はどのように発展したか（下）、東京大学出版会、一九六六年。

6　川上貢『日本中世住宅の研究』結論二　中世寝殿平面の史的発展過程の考察。

7　平井聖『日本近世住宅の殿舎平面と配置に関する研究』、私家版、一九六一年。

8　『匠明』殿屋集は昔主殿の木割をもとに記し、その中で当世広間の木割に触れている。これは慶長年間にも六間に七間主殿の木割が用いられていたことを窺わせる。

第二章　室町時代の住宅における押板と床及び床間

第一節　押板と床及び床間

中世住宅の座敷飾として知られる押板、床、床間の語は十四世紀末頃から文献に認められる。これらの語は中世を通じて様々な意味に用いられたので、個々の文脈の中でその意味を吟味せねばならぬことは言うまでもない。中世における押板、床、床間の語の意味とそれら相互の関係、あるいはそれらの語のもつ意味の時代による変遷などについては先学による多くの論考があり改めて考察するところは少ないが(1)、床間の意味とその変遷および押板と床の関係について、近年通説と異なる解釈が提示されている。つぎに、太田博太郎著『書院造』により、押板、床、床間の意味に関する通説を紹介し、それに対する新説について検討する。

一　押板、床、床間の意味に関する通説

太田博太郎著『書院造』により通説をまとめると、つぎのようである。

1　室町時代末の天文頃には、まだ、押板、床、床間はそれぞれ別の意味をもっていた。

2　押板の古い形は置押板である。作りつけの押板は十四世紀末から十五世紀初頭に発生した。押板は三幅一対など懸軸をかけ、三具足などを飾るところである。押板という厚い板を畳から二〇～三〇㎝ぐらい上に入れ、押板と畳との間に小壁を作る。室町時代の押板は奥行が狭く五〇㎝以内で、間口が一間より広いものが多く、二間、三間といったものがある。

3　室町時代の床は上段を意味した。

4　床間は上段の間である。床間は、また寝所を意味することもあった。この場合も、寝所のユカが一段高いのでそこを床間といった。

5　桃山時代に押板をトコと呼ぶようになる。一方、茶室のトコは框を用いた畳床であり、古くから「床（トコ）」と呼ばれていた。書院造の押板が「トコ」と呼ばれるようになるのは茶室の影響である。

堀口捨己氏の説はこれとほぼ同じである。[2] 堀口氏は、「床は後にいう上段で、押板は懸物をかけ、餝とする場所であったが、室町時代中期以後に茶室はその二つを兼ねさせ、なお書院餝までする床を持つようになって、桃山時代に入り、押板と床の区別はなくなってしまった。」と述べている。ここに、茶室の床は上段の役を兼ねるもの、いいかえると上段の間（床間）の縮小されたものとする説がうかがえる。これは大変魅力的な説であり、現在広く通用している。この説については後に考察する。

上記の3に関して、太田氏は、床は板敷、畳敷の差異を示すのではなく、ユカの高さの状態を示す言葉と考えられる、とされている。それとともに、それとやや異なる川上貢氏の説を紹介している。川上氏は、文明二年十二月二十六日、後花園院が仮御所にあてていた足利義政の室町殿で崩御された時の御在所泉殿について、『山賤の記』に「いづみどの、とこの三間の御ざしき」とある「とこの三間の座敷」を問題にされた。そして、この「とこ」について、注釈において大要つぎのように述べている。[3]「とこ」または「床間」はたんに畳を敷きつめたところの意味にもとれる。つまり室内がすべて畳を敷き詰めるようになるまでの過渡期において、板敷を基本としたところから、畳を恒常的に敷き詰めた部屋が発生し、これを板敷から区別するために「床」または「床間」と呼んだ。それは畳がまた「床」と呼ばれていたことと関連している。したがって、床間は板敷に対して上等の座敷であり、ユカが一段高くなって上段の形式を成立する。

これによると、床または床間は畳敷の部屋であること、ユカは一段高く上段の形式であるといえる。これは室町時代の文献に見られる床、床間の意味を考える上で注目される見解であると思われる。

二　押板、床、床間の意味に関する異説

さて、上記の通説に対する異説は斉藤英俊氏に代表される。斉藤氏は山科教言の『教言卿記』をもとに、応永十二年（一四〇五）十月から約一年間かけて造営された教言邸のうち景總庵について考察され、[4] 同日記にみえる景總庵の「床の間」は「床のある室」の意味であること、また、「床」は細畳を敷いた畳床であり、室の畳面より一段上がっていて、奥行は半間以下であったと考察された。

この室は「四間」の広さで、畳六枚を追回しに敷き、中央に二枚つづきの指筵が敷かれていた。そして、上段と考えられる「とこの間」の記録は永享二年（一四三〇）の醍醐寺金剛輪院会所の座敷飾りを記した「御会所御注文」が古い部類であり、これにより上段としての「床」と、いわゆる「畳床」の関係について再考を要する、とされた。

一方、斉藤氏は「会所の成立とその建築的特色」と題する論考において、[5]上記の論文を踏まえた上で、床の古形とその用途について提案された。上段としての「床」と床の古形の関係は本文で説かれていないが、注釈で触れている。つぎに、斉藤説の要点を記す。

①「床の間」は「床のある部屋」を意味する。

②「床の間」は飾りのための専用空間であった。

また、飾りの場としての「床の間」の成立の項の注釈で、次の点を指摘する。

③飾りの施設としての床の古形は、一畳から三畳程の一段高くなった部分に押板や棚、書院などを備えたものであったと思われるが、単に押板を「床」と称している例もみられる。

④押板を「床」と称した早い例は東求堂（足利義政東山殿）の西縁にある「押板」を「西向床」と記した『蔭涼軒日録』文明十八年三月四日条の記事である。以降、押板と床は混用され、江戸時代に至るが、これに従って押板のある部屋も「床の間」と称されるようになる。

⑤床に押板や書院の付いた古形の床は江戸時代初期の『匠明』に「上段」「上々段」と記される。「上々段」は貴人の座と考えられていた。しかし、このような「上段」、「上々段」に人が坐した記録はなく、江戸時代においても古形の床と同じく飾りの場として用いられていたものと思われる。

⑥「床の間」は、もう一つの意味にベッド（床・しょう）を置いた寝室、床（しょう）のある部屋の用例がある。

①は通説になく、「床の間」は「床のある部屋」の意味に用いられることが明らかになった。この場合、床は畳床である。

②は、斉藤氏の提唱する飾りの場としての「床の間」という考えによっている。これについて、東山殿会所の床を備えた「狩の間」や「石山の間」は飾りのための専用空間であったとみなすことができる、という。『御飾書』に記す東山殿会所の「狩の間」南にある「三帖の床」及び「石山の間」にある「一間間中の床」は畳敷部分を「床」と称しているので、押板、違棚、付書院の有無に関係しない。しかも、この「床」のある「狩の間」及び「石山の間」を「床の間」と言わない。会所「石山の間」は足利義政あるいは賓

客の御座間であったのではないだろうか。また、こうした「床の間」の例として、永享九年十月二十六日に、後花園天皇が足利義教の室町殿へ行幸された時に能阿弥が筆録した会所の御飾記（「室町殿行幸御錺記」）にみえる新造会所の「小鳥之御床間」、会所泉殿の「住吉御床間」をあげている。そしてこの二室には違棚や押板を備えた床があり、それ故に「床の間」と称されたのではないか、といわれる。「室町殿行幸御錺記」についてはは次節に考察するが、両室の「御床間」に関する解釈には問題があると思われる。

③は、景總庵に関する論文にない新しい説である。床の古い形は景總庵の四間に設けられた畳床が知られるが、それと③にいう床の古形との関係が明らかでない。

④の室町時代に押板を床と称したとする点は、通説と異なる。

⑤は、上段としての床と飾りの場としての床との相違を述べたと思われる。

⑥は、通説と同じである。

つぎに、通説と異なる③と④について検討する。②の「床の間」に関する問題については、次節で検討する。

③について：床の古例としては、斎藤氏が明らかにされた景總庵の床（畳床）が知られる。これは「四間」の部屋に設けられた一間床である。斎藤氏がそれよりも古いとされたのは、応永十七年三月廿日の京都法身院会所で行われた三箇吉事の時の記録（「三箇吉事雑記」）に載せる会所指図にある「床」であるかと思われる。そこで、「三箇吉事雑記」の指図に書入れる「床」の意味・内容を吟味する。

法身院会所の西「九間」は、東側に「六間」とその南広庇を続け、西側に幅一間の入側（庇）「三間」をもつ。西入側部分は「南一間」と「北二間」に分かれ、そこに「床」と「ヲシ棚」の書入れがある。「三箇吉事雑記」によると、「九間」は板敷であり、「九間」の西面に南北行に屏風一双を立て、また、西北隅より東行北面に屏風一双を立て、その前に西屏風から三尺はなして東西行に大文帖二枚を敷いて長者御座とした。また、「九間」南面中央柱間の長押よりに東西行小文一帖を敷き惣在庁座とし、その東に赤縁帖一枚を敷き公文座とした。指図によると、会所「九間」の西庇「南一間」の東北隅に柱を記入し、「南一間」の西よりに「ヲシ棚」、その東に「床」の書入れがある。「床」は畳敷で、「南一間」の二畳敷が板敷より畳だけユカが高かったことを示すと思われる。また、「ヲシ棚」は、いわゆる押板ではなく、置棚とみられる。西庇「北二間」は西側柱より半間ほど東の位置に南北線を引いて、そのうち西に「ヲシ棚」、東に「床」と書入れがある。「北二間」は西側半間に畳二帖を敷いていたと思われる。

『満済准后日記』応永三十三年（一四二六）正月八日条に、法身院小御所に於ける後七日修法について、つぎの記事がある。

（前略）。次寺務入御。三衣箱傍ニ御舎利ヲ入加フ。宗済持之同奉随。次円弁律師信僧阿サリ等御道具辛櫃ヲ常御所ノ九間ノ奥二間ニ置之。三衣箱同納辛櫃了。箱蓋トハ道具ノ御辛櫃ノ内ニ件蓋在之也。（後略）

この辛櫃は、当日東寺少行事が持参したもので、後七日修法に用いる道具が納められていた。辛櫃内の道具を確認し終えたところで、寺務は小御所九間に入御して三衣箱傍に舎利を入れ、辛櫃に納めた。次に円弁律師などは道具辛櫃を常御所の九間奥に置いたという。常御所は小御所の奥に続く建物である。

常御所（会所）「九間」の奥に「二間」があり、そこは辛櫃など道具を置く処であった。奥「二間」は、上記の西庇「北二間」であり、西庇の「床」は飾りの場ではなく、畳敷の意に解するのが妥当であろう。畳敷の「床」に道具辛櫃を置いたのである。

なお、景總庵についての論文では、永享二年三月の醍醐寺金剛輪院会所の飾りを記した「御会所御飾注文」にみえる「御とこの間」は上段と考えられる「床」の古い例とされ、それと床（畳床）の関係について再考を要するとされた。しかし、後の論考では、この「御とこの間」は法身院会所の「床」と同様、床の古形とする。

金剛輪院「御会所御飾注文」にみえる「とこの分」の飾りは文筆具を主とした付書院の飾りである。御飾注文にある「御とこの間」について、川上貢氏は付書院をつくりつけた室の意に解され、また、「九間」の部屋に対して上段間を構成すると考えられている[6]。会所における押板、棚、付書院は唐物などを飾る装置であるが、床はそれらがなくとも物を飾る場所であることは言うまでもない。景總庵の畳床も床の古例に含まれるというのは、その意味であろうか。

④について：押板を床と称した例として、東山殿東求堂の「西向床」をあげ、それを東求堂の西縁にある「押板」としている。「西向床」は東求堂西面にある「隔簾」の額を掛けた腰掛（畳敷）である。室町時代に書院の机（几）を床と称した例はあるが、押板を床と称した例は管見では、つぎの例にとどまる[7]。宝徳二年（一四五〇）頃の『正徹物語』下に、

伏見院の宸筆、和漢に通じたる物也。（中略）。仮令床押板に和尚の三鋪一対、古銅の三具足置きて、みがきつけの屏風など立てたる座敷の躰の様に、和漢の兼ねたるは、伏見の院の宸筆也。

と記す。「床押板」は押板である。

また、押板のある部屋も「床の間」と称されたとして、康正度内裏小御所と信州文永寺密乗院の例をあげている。康正度内裏小御所の例は『言国卿記』明応二年十一月二十九日条などにみえる「御床之間」の記事である。

川上貢氏の研究によると、(8)康正度内裏の小御所は明応二年（一四九三）正月から二月にかけて修理された。その時期の小御所は東西四間、南北五間の規模で、南より三間目の東「三間」は「妻戸間」といい（東面に妻戸を立てる）南・北両座敷より長押一本床を高くした畳敷の上壇であった。『言国卿記』に記す「御床之間」はこの上壇と考えられている。上壇は西面に付書院を備えていたと考えられる。

斉藤氏は、これについて「御床の間」は北向「六間」のことで、その西側にある「二間」を落間とされ、落間を下壇、北向「六間」を上壇とする。そして「床の間」の名称は上壇を意味するものではなく、床すなわち押板のある室の意であると考えられている。(9)小御所の押板は『言国卿記』などにみえる。斉藤氏の説について、つぎの問題点を指摘できる。

①北向「六間」を上壇とした場合、天皇御座が置かれた「妻戸間」との関係をどのように解するかが問題になる。『実隆公記』文亀二年（一五〇二）五月十日条に、禁裏で行われた和歌御会について、

　於小御所北面有此事、各候落間方、式部卿宮一人御座上壇押柱之前。宸儀御座在妻戸間内、及西下刻終百句功。

と記す。これについて、川上氏は、天皇御座が置かれた「妻戸間」が上壇であり、落間は「北ザシキ」であると考えられた。それによると、上壇（妻戸間）に「押柱」（押板カ）があり、式部卿宮御座は「押板」の前に置かれたと解せられる。一方、斉藤説では、式部卿宮御座は北座敷に設けられた押板の前におかれたことになる。

『元長卿記』永正九年（一五一二）四月二十六日条にのせる小御所で行われた第一皇子（知仁親王）御元服の時の指図によると、北座敷北面三間および東面北一間は遣戸である。また、北座敷東南隅「二間」とその南側にある妻戸間東「二間」を元服のときの親王御休息所に充てたが、指図によると北座敷東面南一間に御簾を懸けたらしく、その内に畳を置いて扶持公卿座とした。これによると、北座敷に押板を求めることは難しい。川上説では、小御所に設けられた付書院を妻戸間西面に考えられている。上壇の「押板」は付書院の床板を意味し、式部卿宮の座は妻戸間の西一間に置かれたと解せられる。

②『言国卿記』明応七年七月七日条に、禁裏小御所で行われた七夕御楽の記事をのせる。斉藤氏は、同日条にある「一、御楽七下剋在之、小御所北方御ヲシ板間也、」の記事を引いて、小御所の北側室に「押板」があったことが判るとされる。しかし、同日の記

事を読むと、楽は小御所北方の北座敷と妻戸間を用いたと解した方がよいと思われる。すなわち、同日条に、

一、御楽七下剋在之、小御所北方御ヲシ板間也、地下傍御庭打板敷候、出御無之、堂上上姿、地下ハ下姿〈直垂也〉、親王御方・式部卿宮上のタン御座也、タウシヤウ下ノタン也、

と記し、そのあとに楽器演奏者の名を載せる。笙は堂上五人、篳篥堂上一人、笛堂三人、琵琶式部卿一人、箏親王と堂上二人、太鼓堂上一人であり、上壇に親王と式部卿宮二人、下壇に堂上十二人が座したことが知られる。これによると、堂上の座が置かれた下壇は北座敷と考えざるを得ないであろう。「御ヲシ板間」はヲシ板のある間であり、押板を書院床と解すると妻戸間に同じである。親王と式部卿宮の御座が置かれた上壇は妻戸と書院床（付書院）のある「三間」と考えた方がよいであろう。これは、川上説と同じである。

なお、『言国卿記』明応三年七月三日条に「一、小御所御床之間ニ風リヤウヲ予被仰付、被懸之畢」とあるのは、小御所妻戸間にある付書院に風涼を懸けたこと、同四年四月十二日条に「一、連歌半ニ小御所御床之間花予被立畢」とあるのは、小御所妻戸間の書院床に立花したことである[10]。「御床之間」は、床（書院床）のある間とするよりも、上段の意味に解するのがよいであろう[11]。

密乗院の例は、川上氏が紹介された文永寺に所蔵される天文三年の『伝法灌頂雑記』とその末尾に記載する指図による。密乗院の「床間」といわれる部屋は奥向にある住持の居間兼書斎である。部屋は「四間」の西面に「一間」（方一間）を張出した広さで、東面に二間押板を設け、また、「一間」の西面に一間押板を備えていた。川上氏は、この部屋を「床間」と称することについて「この室の西に突出した一間が上段間になり、それに押板がそなえつけられていたと考えれば、この頃、一般に上段間を床間と呼んでいた用法にうまく照応する。」と解釈された。

座敷飾である押板を床と称した例はほかに見えないので、押板のある部屋を床の間と称したとする説は再考を要すると思われる。

以上要するに、室町時代の「床」は、板敷に対する畳敷もしくは畳床と解するのがよいと思われる。このほか、「床」は腰掛（畳敷）、牀（寝台）あるいは付書院の床板の意味にも用いられた。また、「床の間」は畳敷の部屋もしくは上段（畳敷）を意味し、あるいは畳床のある部屋、床（しょう・寝台）のある部屋などの意味に用いられたとするのがよいと思われる。

つぎに、茶室の床は上段の役を兼ねたもので、上段（床間）を縮小、簡略化したものとする説について述べる。茶室における床の初期の例は明応三年（一四九四）四月三日の松屋土門久行の茶会記に「六畳敷（右カマエ）床ニ亀之絵（范安仁外題能阿弥）」（松屋旧記

抜書）とある六畳敷座敷に設けられた床であるとされている。[12] 一方、斉藤氏が指摘されたように、応永十三年（一四〇六）には景總庵の「四間」に畳床が成立していた。畳床が茶室以前に成立していたとすると、茶室の畳床と上段としての床との関係は検討を要すると思われる。ただ、室町時代末に、茶室の床を上段に見立てるようなことがあったかもしれない。それは相阿弥の頃であろうか。

注

1 藤原義一『書院造の研究』高桐書院、一九四六年。堀口捨己「君台観左右帳記の建築的研究」同著『書院造りと数寄屋造りの研究』鹿島出版会、一九七八年所収。野地修左『中世住宅史研究』日本学術振興会、一九五五年。太田博太郎『書院造』東京大学出版会、一九六六年。太田静六『寝殿造の研究』第八章　書院造の源流、吉川弘文館、一九八七年。中村利則『町屋の茶室』茶道文化撰書、淡交社、一九八一年。

2 堀口捨己『書院造りと数寄屋造りの研究』（前掲）。

3 川上貢『日本中世住宅の研究』第五編第六章二註44、中央公論美術出版、二〇〇二年。

4 斉藤英俊「山科教言邸の景總庵について」一九七二年度『大会学術講演梗概集』日本建築学会。

5 斉藤英俊「会所の成立とその建築的特色」『茶道聚錦』（二）茶の湯の成立、小学館、一九八四年。

6 川上貢『日本中世住宅の研究』第五編第五章および同結論、二、中世寝殿平面の史的発展過程の考察の条。

7 筆者は先に、『空華集』第三巻の「右四首九峰に寄る」と題する詩の一首に「手を袖にして端座す方丈の室。床に掛ける竹篦黒漆。」とある床を方丈の客堂にある押板のような床板と考えたが（拙稿「中世禅僧の詩に表現された書院窓」『建築史学』第四十三号、二〇〇四年）、禅院方丈では一般に押板を用いず、軸物は長押に掛け、前に前机を置くのが普通であるので、これは禅床（椅子）とするのがよいと思われる。応永十六年十月十三日、真如寺に入院した惟肖得巌の『惟肖和尚住万年真如禅寺語録』に「（前略）。據室（拈篦云、）、諸方易知難見、這裏易見難知、若有箇漢、靠倒禅床（捩下竹篦云、）、（後略）」とあるのが参考になる。

8 川上貢『日本中世住宅の研究』第四篇第二章四（前掲）。

9 斉藤英俊「康正度内裏の小御所について」『日本建築学会学術講演梗概集』〈計画系〉昭和五〇年度秋季大会。

10 康正度内裏小御所の押板（書院床）については、つぎの記事が参考になる。『山科家礼記』延徳三年七月五日条に、

禁裏予花ニ被召候、夕方参候、小御所花也、御所々の御いわゐの御用也、押板心松、右下松二本なからこけむしたり、下ハかきのことく候て右へ出候、心のきわよりこしをすかせ候也、白きゝやう・せきしやう・きなる水くさ・これハ朽根ヨリテコレヲスレハ千

年ミトリ手ニミテリ、此心祝言候也、（中略）、柱花瓶心カラスアフキ、中センノヲケ同葉也、

と記す。禁裏御祝の御用として、小御所の押板と柱に花を立てたのである。柱花瓶は草の花であり、奥向の書院（付書院）もしくは畳床の柱に掛けるものであった。したがって、上記にみえる押板は書院床のことで、そこに立花したのである。

11　川上貢「信州文永寺密乗院指図について」同著『建築指図を読む』中央公論美術出版、一九八八年。

12　堀口捨己『書院造りと数奇屋造りの研究』二の五　義政時代の茶室（前掲）。

第二節　足利義教の室町殿会所における床と床間

永享九年十月二十六日、後花園天皇は将軍足利義教の室町殿へ行幸された。その節、能阿弥の筆録した「室町殿行幸御餝記」（以下、「行幸御餝記」と記す）が近年公刊された。(1) 室町殿の会所は三棟あり、はじめに南向会所が完成し、永享三年四月二十六日に移徙した。その後、同五年八月に会所泉殿、同七年正月に新造会所がそれぞれ完成した。これらの会所は寝殿の東方、奥向の苑池周辺に建てられたらしい。(2) 「行幸御餝記」をもとに、室町殿三会所の復原平面図が提示されている。(3) つぎに、三会所諸室の座敷飾のうち床と床間に関する記述のある部屋について、床の意味を明らかにすることにより、床あるいは床間と書院（付書院）のある座敷の構成を考察する。

一　御会所（南向会所）

「行幸御餝記」に記す「西之御所」と「北之御茶湯所」の飾りに床の記述がある。以下、〈　〉内は割注を示す。

西之御所

冬御床内棚あり　聞香炉　盆〈堆紅〉

御枕〈ぬい物〉　御衾二帖〈一帖唐錦御えりむらさきの金襴　一帖段子鳥の子色御えり赤〉

御文同〈錦〉
研屏〈堆烏〉絵舜挙
中央卓〈松皮〉香炉〈胡銅〉同盆〈胡銅〉
北御柱のきわに台子〈堆烏〉
上油滴　台〈珪章　円〉盆〈珪章　芍薬〉壷〈ひろ〉
下食籠大小二〈鍮石針金　銀〉茶埦〈染付　大〉盆〈黒　りん花〉
御衣駕〈ちきん〉御衾三帖〈二金襴　ぬい物〉
貝御棚〈御衣駕にそへてをかる〉
上　湯盞〈白〉台〈珪章　円〉薬器〈堆紅〉印籠〈堆紅　四方〉
中　酒海二〈茶埦青　蓋ひやくらう〉下　御双紙三帖
御書院
御花瓶〈耳口〉卓〈堆朱〉石鉢一対〈青磁〉
喚鐘〈胡銅〉北〈御鏡〉南〈執木　はい払〉刀　火打袋〈白〉

南向会所は南向に九間を中心に東御六間、西御七間を並べ、西御七間の北に西の御所を配する。(4) 西の御所について、はじめに、冬は御床内に棚あり、聞香炉を置き、枕、衾二帖、蒲団などの寝具を置く、と記す。西の御所は書院（付書院）を備え、御衣駕を置くので将軍の御座間と考えられるが、冬季にそこを寝所に充てることがあったのかもしれない。南向会所には、また北向に眠床と雑華室がある。雑華室は書院（付書院）と「ゆるり」を備えた将軍の居間書院であり、その南に接して眠床（寝所）があった。西の御所の御床は移動可能な寝台であろう。書院は花瓶と石鉢一対を置き、天井に喚鐘を掛ける。書院の北柱に鏡、南柱に執木、はい払、刀、火打袋を掛けるので、書院は西面にあった。西の御所の広さは「四間」であろう。

北之御茶湯所
御鑵〈如例〉御水指〈如例　象眼〉台〈同〉下水〈染付〉

鑵すへ〈胡銅〉

上重　六建盞　台〈りん花〉盆〈円〉大海〈各一対〉

中重　建盞二　台〈くり〳〵　きんし〉方盆〈堆朱くり〳〵〉

下重　湯瓶一〈胡銅〉杓立　蓋置〈同青磁、はゝき一しゆうのひけ〉炭取〈ちきん〉

おきかき二〈からかね〉

同御違棚〈上貝〉

大茶垸〈はくをし〉台〈りん花　堆紅〉

食籠〈珪章　七宝〉茶つ廿〈珪章　内無文〉

悠然之御床

團弓　矢袋〈西之分〉はい払　水すい〈南蛮物　東之分〉

北の御茶湯所は西の御所の東隣りにあり、また、雑花室の西に隣接するので、将軍の茶を点てる処と考えられる。茶湯所には鑵、水指、下水と上中下三重の茶湯棚を飾っていた。違棚も同じ茶湯道具を置いていた。悠然の床は東・西の柱に柱飾りが有るので、押板と異なる畳床と考えられ(5)、茶湯所の南面にある一間床であったと推定される。

二　泉殿（会所泉殿）

泉殿は会所泉殿あるいは北向会所とも記されるので、池に臨んで北向に建っていたらしい。泉殿の諸室のうち床に関する記載があるのは「住吉御床間」と「赤漆御床間」である。「行幸御餝記」は「住吉御床間」の次に「墻盡之御間〈くつかた〉」と「赤漆御床間」の飾りをのせ、泉殿諸室の飾りを終る。

住吉御床間

御絵四幅〈杜子美政黄牛〉牧渓　御花瓶三〈胡銅　壷〉

御硯〈蛟龍　石眼二あり〉筆駕〈龍　鍮石〉筆〈せいひ〉

刀〈柄象牙〉墨留〈馬〉水入〈蛟龍　取手あり〉文鎮〈戻〉
卓〈唐金物あり〉御花瓶一対〈鍮石　角〉
盆〈同〉硯屏〈剔紅〉風鈴　石鉢〈一対〉
翰盤〈一対剔紅〉喚鐘〈鍮石〉
御柱西〈絵あり〉團扇　東〈執木〉火打袋　はい払
南御棚
上　油滴　台　盆〈同珪章〉壷　盆〈堆紅　帰花〉
中　盃〈銀〉盆〈龍　剔紅〉鶴頸〈銀〉盆〈堆紅〉
下　食籠〈一対〉
東御押板　石鉢九
北御棚
上重　樫篗〈ふちにちきんあり〉香炉〈鴛〉鉢〈胡銅〉卓〈角　堆朱〉
中重　御茶碗〈七宝〉台〈堆紅　蓮円〉
下重　湯瓶〈胡銅〉鉢〈同〉水指〈胡銅〉

「住吉御床間」は室名であり、住吉の絵を画いた御床のある部屋の意味と思われる。はじめに牧渓筆の四幅絵と花瓶三を記す。次の「御硯」以下「はい払」までは書院の飾りであり、その前に「御書院」の見出しが略されていると思われる。次に「南御棚」「東御押板」「北御棚」の飾りが順次記される。「住吉御床間」のうち絵四幅と花瓶三が飾られた場所は特に示されないが、その場所について二つの案が考えられる。

一案は御床（畳床）である。御床に三幅絵と三具足を飾った例が、後述の新造会所の「小鳥之御床間」にある。能阿弥・珠光宛「君台観左右帳記」（以下、「君台観左右帳記」と記す）によると、押板の飾りでは四幅一対の時は三具足を置かず、花瓶ばかり三つ置くとあり、上記四幅絵の飾り方は押板に準じている。同じ押板図に「四幅一対絵、二幅相向也、三間、二間、一間半ノ押板何モ同前、中ニハ香炉アルベシ、又ハ花瓶ヲ置テ、三花瓶も然るべき候。」と記すので、床の間口は一間半もしくは二間と推察できる。これによると、御床は部屋の南面にある二間床（畳床）で、そこに四幅絵と花瓶三を飾ったと推察される。

二案は南面壁の長押に四幅絵を掛け、その前の台（置押板）に花瓶を飾ると解するのである。「行幸御餝記」によると、南向御会所「九間」の北壁に呂洞賓の龍虎三幅絵と五具足を飾っていたが、台（置押板）について記さない。この点は住吉御床間と同じである。[6] 中世禅院方丈では長押に三幅絵を掛け、前に机を置くのが一般的であった。二案とすると、「住吉御床間」の御床は北面の広縁に方一間の床を張出す形が想定される。[7] ここでは両案の可能性を併記する。

書院は御硯など文筆具のほかに花瓶、石鉢を置き、風鈴と喚鐘を掛けている。また、書院の柱飾りについて、西柱に團扇、東柱に執木、火打袋、はい払を記すので、書院は北面の柱間一間にあったことが判る。

「南御棚」「東御押板」「北御棚」は、この室の東側に「御北向之御四間」があったと考えられるので、東壁の前、中央に置押板、その南・北に各棚を置いていたと推察される。置押板には石鉢を九つ飾っていた。なお、「住吉御床間」は東西二間、南北二間〜二間半程の広さが想定される。「床」を方一間の床とすると、「床」は北面に付書院を備え、東西の壁に住吉の絵を描いたことになる。

赤漆御床間
御衾二帖〈一縫物　一綾〉御つり物　水さし〈同南蛮物〉
下水〈胡銅〉杓立〈胡銅杓二　火箸鍮石〉蓋置〈胡銅〉
炭かき〈鍮石柄ハ紫壇〉箒しゅろひけ　火おほひあり
　御衣篕〈唐赤漆彫物茘枝紅緑〉御衾二〈一金襴のえり　青鳥惣錦、一御えり錦身黒縫物〉
　箪子二〈一大くしゃく金物ありしやう鍮石、一小三重琵琶のしゃう〉喚鐘〈台〉
西之御柱　團扇〈絵蓮金縫物〉
巽　御棚
上重　花瓶　盆〈同〉
中重　鬮筒〈堆朱　円象牙〉印籠〈蛟龍〉樫篋一〈貝〉
食籠〈小銀面龍〉盆〈銀円　無文〉

下重　茶瓶〈鍮石〉石屛〈月星鳥あり平　彫物花紅緑〉
御書院
御手本双紙二重につまる巻物二
御文台〈紫檀〉御経〈一帖たてらる〉
南蛮物一〈重々也〉御耳かき二〈一象牙　一鍮石〉御毛抜四〈三鍮石　一銀〉
翰盤一〈白漆〉卦算一対〈鍮石〉
御硯箱〈面文字あり　御墨上にあり〉御ひちふとん一〈段子　黒〉
水入〈大胡銅蓋上ニさいあり〉筆駕〈山胡銅　唐筆四官〉
はさミ三〈同ちうさく　一如例　一絹たつはさミなり〉
御筆二管〈一柄ニすきなすひあり色々の物　くわん二ツゝ　一ハさうかん〉
刀〈さやたいまいゆかミたり〉黄のふた付
かね一〈見か（ママ）る金也　くしらのひけ〉
御小棚〈同押板の上にをかる〉上　箱一〈光明朱　金物すす〉御経二帖〈法花〉
下　夢中集〈四帖又一帖〉月庵法語〈二帖又一帖〉
東之御柱
水牛の角水かしり一〈鍮石の麝光香　すくひ一〉
火打袋一〈革文あり　金物鍮石〉
御棚　上湯盞〈饒州伏輪あり〉台〈曲々つゝ一銀堆紅〉
薬器〈くり〱堆紅〉御茶埦〈饒州よう入　伏輪あり〉方盆〈曲々　堆紅〉
台〈堆朱花りん花〉つす二十〈内黒　外堆紅〉茶つ大小
四十〈十堆朱りん花　十光明朱同〉茶瓶六〈大小二銀一よう入　四鍮石一小〉
杓子七〈三鍮石　一胡銅　一からかね　一水精〉

はじめに、「御衾二帖」から「喚鐘〈台〉」までの置物を載せ、その後に「西之御柱、團扇」と記す。次に、「巽御棚」「御書院」「御棚」の飾りを順次のせる。

室名の「赤漆御床間」については、いくつかの解釈が可能である。一は、赤漆の御床（しょう・眠牀）のある部屋[8]、二は赤漆の御床のある部屋である。

一は、赤漆の御床（眠牀）及びその上に置く寝具を記さないのが難点である。はじめの「御衾二帖」は御床の上に置かれた寝具ともみられるが、次の「御つり物」以下「火おほひ」までは囲炉裏の周りに置く茶の湯道具である。また、次の「御衣架」から「箪子二」までは座敷または御床に置く家具である。この御衣架について「唐赤漆彫物荔枝、紅緑」の注記がある。荔枝（常緑喬木）を用いた唐赤漆の彫物がある紅緑の衣架である。これは座敷または御床に置かれたと思われる。その次に記す喚鐘〈台〉は台に置かれた喚鐘である。相阿弥・源次吉継宛「君台観左右帳記」（永正八年十月）に「喚鐘も台をこしらえて、座敷によりて置候也。」とあり、これも座敷または御床に置かれたと思われる。すなわち、御衾二帖から喚鐘〈台〉までは座敷もしくは御床に置かれたと推察できる。座敷には、このほか巽（東南隅）御棚と御棚（茶湯棚）があった。

茶の湯道具を茶湯棚のほか座敷に置いたとすると、「ゆるり」の記載を欠くのが問題になるかもしれない。「行幸御餝記」によると、「ゆるり」を備えていたのは南向会所の雑花室と新造会所の北向四間があり、雑花室について「ゆるり〈内ふち黒〉、火箸〈鍮石〉」、北向四間について「御ゆるり、鉢・箸同」と記載する。一方、それらを御床に置いたとすると、御床は畳床であろう。喚鐘〈台〉の次に記す「西之御柱」は柱飾りに團扇を掛けていた。類例は「住吉御床間」の書院（付書院）の柱飾りに見られる。「行幸御餝記」に柱飾りを記すのは、書院（付書院）と御床の両側柱、及び置棚後壁の柱である[9]。赤漆御床間では、團扇を掛けた「西之御柱」は巽御棚の前に記されるので、記載順からすると、巽御棚の前に記す御床の柱と考えるのが穏当である。巽御棚は上・中・下三重の飾り棚である。この御棚は置棚あるいは造付けの何れであるか不詳である。

次に書院（付書院）の飾りが続き、「かね一」までがそれである。その次に記す小棚は上・下の棚に書籍を置いていた。小棚の注記に「同押板の上にをかる」とあるが、押板はほかに記載がない。小棚は書籍を置くので、押板は書院床を意味し、付書院に置かれたと解釈できる。次に記す「東之御柱」は書院（付書院）の東側柱であり、その柱飾りに水牛の角、水かしり、火打袋を掛けていた。こうした解釈が妥当であるとすると、書院は北面に設けられたことになる。なお、書院の飾りは本飾りと異なり、文具が少なく、書籍と耳かき・毛抜などの化粧具がある。最後に記す御棚は茶湯道具を飾る置棚であろう。

「赤漆御床間」は座敷飾からみると付書院を備えた居間・書院と考えられ、「四間」の座敷が想定される。座敷に囲炉裏があったとして、衾二帖から喚鐘〈台〉までを座敷に置いたとすると、御床は北面の広縁に張出した方一間の床が考えられる。(10) この場合、喚鐘〈台〉の次に記す柱飾りのある「西之御柱」の解釈が問題になるであろう。「西之御柱」の次に巽御棚の記載があり、西御柱の位置が特定できない。一方、それらを御床に飾ったとすると、御床は部屋の南面にあって間口二間、奥行半間の畳床が推定される。「赤漆御床間」の名称は床（畳床）に赤漆の御衣駕を飾ったことによると推察できる。「赤漆御床間」は付書院と床（畳床）を備えた書院座敷の初期例として注目される。

三　新造会所

新造会所の中で、床または床間の記載があるのは「橋立之御間」と「小鳥之御床間」である。前者は会所の東北隅、後者は同西南隅にあったと推察される。

橋立之御間
御絵半身布袋船主漁父〈三幅　牧渓〉
御三具足〈遊佐進上〉脇〈無文〉卓〈新調　象牙〉
脇〈同〉御香合〈ひし蘭〉
御床上〈御絵二幅尤李迪〉
　御棚〈象牙〉
上之重　御花瓶〈七宝〉盆〈剔紅〉
中重　鶴頚〈七宝〉盆〈ひし剔紅　角もよふ入〉
下重　茶器〈七宝〉盆〈翠仙花〉
御書院

御硯〈あふむ〉筆駕〈二蛟龍大小〉筆〈象牙〉
墨とゝめ〈犬蝉〉刀〈たいまいはさみも　そへてかゝりてあり〉
水入〈牛ほうわう　かしらあり〉翰盤〈中龍はたハくわりん〉
硯屏〈剔紅〉軸物〈夏圭　刑部進上〉七宝方盆
印籠〈蛟龍〉盆〈七宝〉御花瓶一対〈七宝〉
盆〈帰花〉喚鐘〈りうつ　蛟龍〉御柱餝〈北鏡　とうしゃくかきハくしゃく〉同南〈刀火打袋ニ鳥子なり〉
胡銅物
押板下北方東よりに御卓をかる〈堆紅〉
此卓小ををかるゝ

西御違棚

御油滴台〈蛟龍〉盆〈堆紅もく蓮〉
御壷〈城入道百貫なすひ〉盆〈帰花〉
双花瓶〈七宝　まろし〉盆〈同〉御食籠〈剔紅　角〉

最初に牧渓筆三幅絵と三具足をあげ、次に「御床上」の二幅絵、「御棚」の飾り、「御書院」及び「西御違棚」の飾りを記す。三幅一対絵を掛け、三具足を置いた所は明示されていない。

「御床上」の絵二幅は御床の上の壁に掛けたのであろう。次に記す象牙の棚は置棚と考てよく、御床上の二幅絵の前に置かれたと思われる。能阿弥「君台観左右帳記」にのせる置棚（猫足付）の図に「此棚ハ紫檀花梨以可造、小絵二幅横絵カカル下ニ可置、」と記すのが参照される。(11)

書院は本飾りで、蛟龍の喚鐘を釣り、柱飾りに北柱鏡、南柱刀、火打袋を掛けているので東面にあったことが判る。これによると、御床は部屋の北側にある畳敷の床で、その北面壁前に置いた棚の上に横絵二幅を掛け、東面に一間の付書院を備えた形が想定される。なお、書院（付書院）の飾りの末に「押板下北方東よりに御卓をかる」と記す。この「押板」は、先述の泉殿「赤漆御床間」の御書院の項にある「押板」と同様、書院床と解される。押板について、特に飾りを記さないからである。おそらく、付書院の下、北方東寄りに御卓を置いたのであろう。最後の西御違棚は北面西側にあったと考えられる。橋立の御間は南側の「御三間」に続き、東面に建具を立てていたと推察される。すると、牧渓筆の三幅絵は橋立の御間西面壁の長押に掛けられた可能性が大きい。三具足は三幅絵の前に置いた台（置押板）に置かれたのであろう。このように考えてよいとすると、北側にある御床は「二間」の広さで、御床の上東面に付書院を備え、北面東側壁の前に象牙棚を置き、その西側に一間違棚を設けた形が考えられる。部屋の北側に御床を設けるので、その南側は「三間」ないし「四間」の広さの板敷であった可能性が大きい。室名となった天橋立の絵は襖障子もしくは壁に描かれたのであろう。橋立の御間は「御床」を備えるが、御床間と言われない。橋立の御間の「御床」は四畳敷の上段と考えられ、軸物を掛け、三具足などを飾る奥行半間の畳床と異なる故であろうか。

小鳥之御床間

出山釈迦〈片返〉三幅〈各梁楷筆〉
御三具足〈人形台〉脇〈胡銅〉卓〈堆紅かけこあり　脇翰盤剔紅〉
御香合〈珪章蛟龍　翠仙花〉柱花瓶一対〈鍮石〉
御違棚
上重　盃〈瓜銀　人形絵あり〉盆〈剔紅　鷹鷺〉
中重　鶴頚〈銀　色絵あり〉盆〈堆紅中形　蓮雁〉
御食籠〈銀面福禄寿〉盆〈銀よう入　尾長鳥黄色絵あり〉
下重　食籠〈珪章　牡丹　尾長鳥〉
御書院
硯〈堆紅箱に入〉硯屛〈端輪違鳥の絵をさる〉
筆駕一〈蛟龍〉筆わちかひ　墨留〈胡銅〉
刀〈象眼〉卦算一対〈胡銅　取手爪〉水入〈胡銅〉
軸物〈鶴　皇帝〉台〈堆紅　色々花〉印籠〈珪章　牡丹〉

水瓶　盆　喚鐘〈鍮石〉
御柱餝　東鏡花　西執木團扇
西御押板
双花瓶三〈胡銅ニ欄干あり〉
卓中地紅〈珪章端唐草〉脇一対〈松皮〉

はじめに、梁楷筆の三幅絵と三具足、次に「御違棚」「御書院」「西御押板」の飾りを順次記す。三幅絵と三具足の末に記す柱花瓶一対は御床の柱飾りであり、三幅絵は御床に掛けられたのである。これについては、能阿弥の「君台観左右帳記」に「柱花瓶ハ床ナントの柱ニカクヘシ、違棚、押板ノ柱ニハ何モ不可懸也、」と記すのが参考になる。御床は、三幅絵と三具足を飾るので、間口一間半から二間であろう。三重の違棚は間口一間であろうか。書院は文筆具を置く本飾りであり、天井に喚鐘を釣る。書院の柱飾りは東柱に鏡花、西柱に執木と團扇を掛けるので、書院は南面にあることが判る。西押板は絵を掛けず、押板に双花瓶三を中央に、両脇に卓一対を置く。足利義教の室町殿三会所では三幅一対絵等の軸物は長押もしくは床（畳床）に掛けられたらしい。「行幸御餝記」に押板の飾りを記すのは泉殿「次御三間」の押板と「住吉御床間」の東押板、新造会所「小鳥御床間」の西押板と「御十二間」の押板の四例である。そのうち、「御十二間」の押板は「北八景（夏圭作）、押板をかる御花瓶三　同壷　卓角」と記されるので、置押板であることが判る。「住吉御床間」の東押板も、先述のように置押板と考えられる。南向会所の「九間」にも押板がないので、ほかの二例も置押板と考えてよいと思われる。

小鳥の御床間は「四間」の広さで、その東側を「南四間」、北側を「御十二間」と隣接する。[12] 小鳥の御床間は北面に御床（間口一間半から二間）、南面に一間書院、西面に一間の違棚を備えていたと推定される。その室名は御床もしくは襖障子に描かれた小鳥の絵によるのであろう。なお、斎藤英俊氏は、「小鳥之御床間」は違棚や押板を備えた床があったとするが、違棚、押板、付書院はそれぞれ床と独立していたと考えられる。

まとめ

1　室町殿の三会所において、つぎの諸室は御床（畳床）を備えていた。

南向会所の北之御茶湯所

「二間半」の部屋で、南面に一間の悠然の御床あり、床の柱に柱飾りを掛ける。

会所泉殿の住吉御床間

「四間」の部屋で南面に二間床、北面に一間書院を備える。床に四幅一対絵と花瓶三を飾る。なお、この部屋の床は北広縁に張出した二畳敷の形式である可能性もある。この場合、四幅一対絵は南面の長押に掛けられたことになる。ただし、一間四方の床は上段であるので、「橋立之御間」の例からすると「住吉御床間」とはいわないと思われる。

会所泉殿の赤漆御床間

「四間」の部屋で、南面に二間床、北面に一間書院を備える。御床に赤漆の衣驚、箪笥、茶湯道具などを飾り、床の西柱に柱飾りを掛ける。室名は御床に唐赤漆の彫物がある衣驚を飾っていたことによると推察される。

新造会所の小鳥之御床間

「四間」の部屋で、北面に一間半もしくは二間の床、南面に一間書院、西面に違棚を備える。御床に三幅一対絵と三具足を飾り、床の柱に花瓶一対を掛ける。

2　会所泉殿の赤漆御床間と新造会所の小鳥之御床間は畳床と書院（付書院）を一座敷に設けた初期例として注目される。会所泉殿の住吉御床間もこの例に入る可能性がある。

3　新造会所の橋立之御間は広さ「三間」ないし「四間」の板敷の部屋と推定される。部屋の北側に「二間」の御床があり、床上東面に一間書院、北面西に一間違棚を備え、その東側に象牙棚を置き、その上の壁に二幅絵を掛けていたと推察される。

4　室町殿の三会所は造付けの押板はなかったようで、軸物を長押に掛け、置押板（台）に三具足を飾っていたらしい。新造会所の小鳥之御床間は床（畳床）に三幅一対絵と三具足を飾り、柱飾りに花瓶一対を掛けていた。また、会所泉殿の赤漆御床間は、赤漆の衣驚など色々の置物を床に飾っていた可能性がある。床（畳床）の柱に柱飾りを掛けるのは、床が書院（付書院）と同様、内向の座敷飾であったことを示すと思われる。

注

1　佐藤豊三「将軍家〈御成〉について（二）——足利義教の「室町殿」と新資料「室町殿行幸御餝記」および「雑華室印」——」『金鯱叢書　史学美術史論文集』第2輯、思文閣、一九七五年。

2　川上貢『日本中世住宅の研究』第五編第五章。

3　宮上茂隆「会所から茶湯座敷へ」、中村昌生編『茶道聚錦』（七）座敷と露地一、小学館、一九八四年。

4　注3に同じ。

5　能阿弥・大内左京大夫殿宛「君台観左右帳記」（『群書類従』本）に、柱飾りについて「柱飾ハ押板、違棚ノ柱ニハカケラレズ候。書院又ハ床ノ柱ナドニカカリ候。柱花瓶同前。」とあり、床は押板に比べて内向の座敷飾であった。

6　会所泉殿の次御四間は北面に御絵を掛け、前に置いた龍台に三具足を飾っていた。また、新造会所の御十二間は北面に八景絵（八幅）を掛け、前に押板を置き花瓶三と壷を飾っていた。

7　注3に同じ。

8　斉藤英俊「会所の成立とその建築的特色」（前掲）では、赤漆の御床を寝台（御牀）の意味に解している。

9　柱飾りは置棚後壁の柱に掛けることもあった。例えば、会所泉殿「北向の四間」の御棚（紫檀）、「次三間」の東御棚、新造会所「次三間」の御棚（紫檀）に柱飾りの記載あり。

10　注3に同じ。

11　能阿弥・大内左京大夫殿宛「君台観左右帳記」置棚図を参照。

12　注3に同じ。

第三章　禅宗寺院における奥向書院の発達

中世五山禅宗寺院の方丈は、古く一山の長である住持の住房であった。その主室である客殿は住持入院の時の據室の式をはじめ、住持が子弟と問答し、説法及び諸行事をおこなう公的空間であった。室町時代の例であるが、天龍寺方丈客殿は間口五間、奥行四間、東福寺方丈客殿は間口九間、奥行四間の広さを有した。(1)それに対して書院は方丈の内向にある住持の書斎兼居間であり、方二間「四間」の広さが一般的であった。

室町時代になると、方丈の奥向に書院と呼ばれる住持の住房が営まれるようになった。室町時代前期の円覚寺方丈の奥向に営まれた小書院はそれの早い例である。

室町時代中期及び後期の五山禅宗寺院における方丈及び塔頭本坊と奥向書院（寮舎）についてはほとんどわかっていない。幸い、相国寺にあって蔭涼職を掌った季瓊真蘂と亀泉集証の日記『蔭涼軒日録』及び僧録の日記『鹿苑日録』により、相国寺方丈と奥向書院、及び塔頭鹿苑院と雲頂院の本坊と奥向書院（寮舎）の様子をある程度知ることができる。

本章第一節において室町時代後期の相国寺方丈と奥向書院、第二節から第四節において室町時代後期の相国寺鹿苑院と雲頂院の本坊と奥向書院、また、第五節において近世初期の禅宗寺院塔頭の方丈と奥向書院について考察する。

第一節　室町時代後期の相国寺方丈と奥向書院

Ⅰ　相国寺の創立と沿革

相国寺は足利義満により創立された臨済宗の寺院である。寺は永徳二年（一三八二）に造営が始められ、同年十一月二十六日に仏殿と法堂が立柱・上棟された。翌三年十二月二日、新寺の名称を相国承天寺と定め、十三日に夢窓国師を開山に追請し、春屋妙葩を住持に特命して第二世とした。

義堂周信の『空華日用工夫略集』永徳三年（一三八三）十二月十八日条に「相国寺方丈に赴く。点心罷り、住持普明国師、余と本寺行事礼数十余件を議定する。いわゆる四時三時二時四節三八等、大半天龍の例に倣う。この時未だ五山歯与えず。但し修禅弁道をもって最となす。この故に礼数未だ備わらずなり。」とあり、方丈は伽藍に先立ち最初に完成したことが知られる。至徳二年（一三八五）十一月二十日、相国寺仏殿が落成し、開堂、本尊三世如来の開眼供養が行なわれた。その後、明徳三年（一三九二）八月二十八日には伽藍および諸塔頭も整い、総供養が行われた[2]。しかし、応永元年（一三九四）九月二十四日、相国寺は創立以来最初の祝融に見舞われた。回禄後、応永二年二月に仏殿と崇寿院大房（開山塔）を立柱、翌三年四月に法堂立柱、同六月二十三日に新開三世如来殿（仏殿）を落成、同七月に山門の立柱を行った。また、同六年九月に七重塔を慶讃、八年四月には法堂が落成した。その後、応永十二年八月に相国寺住持となった在中中淹は方丈と蔵殿を再興したと伝えられる[3]。ただし、応永元年の回禄から十二年まで方丈がなかったとは考えられないので、これは方丈の改修か、あるいは方丈とは別に住持常住の方丈（小方丈）を建てた可能性がある。惟肖得巌の『東海璚華集』[4]律詩絶句に載せる詩の序に「庚寅（応永十七年）春、予万季の丈室に居、銅盆を以って梅花数十枝を挿し、几案の清玩となす。宏童子これを聞き、一枝を恵む、香はなはだ旧説の上に出でる。惟尤も知るべし、小詩二絶をつくり、その情に答えて云う、」と記す。万年山相国寺の丈室（方丈書院）に設けられた書院床に梅花数十枝を挿して飾ったのであろう。これにより方丈の書院に付書院があったことが知られる。

応永三十二年（一四二五）八月十四日、相国寺は二度目の回禄にあった。この日、塔頭賢（乾）徳院より出火、常徳院、雲頂院、鹿苑院などを焼き、その後伽藍に飛び火して僧堂、総門、方丈、法堂、仏殿、山門、鎮守八幡宮など悉く焼失した。復興は早く、同年十月七日事始、十一月三日、仏殿の立柱を行った。仏殿は永享八年（一四三六）六月二十七日に開堂、僧堂もこの時期にはできていた。(5) また、山門は永享七年十月に立柱、法堂は同九年四月に立柱、翌十年四月に新法堂開堂あり、山門も同十二年十二月に落成した。方丈は火災後いち早く造営され、応永三十四年八月三日、三十二世雲庵周悦が相国寺に入寺したときには出来ていたと考えられる。『蔭凉軒日録』（以下、『蔭録』と記す）によると、その後永享九年二月十五日に、足利義教は相国寺方丈を改造すべきことを命じた。同九年四月二十六日条に「集雲、霊岩院、万寿寺、方丈額遊ばされる。」とあり、方丈の額も作成され、まもなく改造を終えたと推測される。

相国寺は、応仁元年（一四六七）十月、兵火により中心伽藍及び塔頭などを焼失した。『相国考記』応仁元年条に「七月十九日、維馨和尚再住相国、十月初三日卯刻、敵軍攻寺、従庫堂出火、七堂並東方諸院・鹿苑一時為焦土、同四日午刻、西方諸院、始于雲頂、終于大徳、皆燬兵矣〈見于当寺住持籍〉」と記す。さらに、文明二年十月三日、大塔が雷火により炎上した。

応仁回禄後の相国寺中心伽藍の復興は法堂と方丈を造営するにとどまり、仏殿、山門などは再興されなかった。法堂は文明十年（一四七八）十月二十一日に立柱上棟を行い、十一月十五日に開堂した。(6) この法堂は仮仏殿とも記され、仏殿を兼ねていた。(7) 方丈は同じ頃に造営されたが、幾ばくもなく同十一年九月二十九日の盗人の放火により焼失した。『後鑑』同日条に「親長記云、子刻許火事あり、驚いて見る処、相国寺方丈新造の在所なり、盗人の所為の由沙汰有り、造畢以後幾ばくならず、不便々々。」と記す。この方丈は仮方丈とも言われる。(8) 後述のように、応仁乱前の方丈は大方丈と小方丈を東西に並立していた。仮方丈というのは、旧小方丈の位置に方丈が再建されたためと思われる。方丈（小方丈）はその後、文明十七年十二月には再興されたらしく、足利義政は翌十八年正月十九日に相国寺方丈へ御成りになった。

相国寺は、天文二十年（一五五一）七月の天文乱により回禄、方丈も焼失した。方丈は、住持仁如集尭の時、同二十二年に地鎮祭を行い、永禄三年（一五六〇）に再興された（後述）。法堂は、永禄三年頃より造営が始められたらしく、同十一年七月には出来ていた。(9) 法堂はその後、豊臣秀頼により再建され、慶長十年（一六〇五）十月八日に落慶供養があった。また、山門は徳川家康により再興され、慶長十四年四月に落慶した。

相国寺方丈において住持の住房として奥向の書院が営まれるのは、室町時代後期からである。つぎに、室町時代後期の相国寺方丈と奥向書院について考察する。

Ⅱ　文明十七年再建の方丈と奥向書院

相国寺方丈は、文明十一年（一四七九）九月に焼失後、同十七年四月には一部の造作を残して大略できていたようで、四月十四日、足利義政は楞厳会御聴聞のため相国寺方丈へ御成りになった。この方丈は、応仁の乱前の小方丈の位置に建てられたので、小方丈とも称された。『蔭録』文明十八年正月十九日条によると、この日、相国寺方丈に御成りになった足利義政は御所間で休息になり、そこで亀泉集証に色々質問した。その中に、相公が「大方丈の在所は何処か」と問うたのに対して、亀泉は「この築地の西辺なり、この小方丈は住持常居の処なり、前に在るのは衣鉢閣なり。」と答えている。その後、相公は客殿にて御斎を召した後、御所間に戻り改めて「この渡廊はかつて有ったか否か」と問うた。亀泉は「渡廊有り、大方丈と小方丈、その交わりは皆縁なり。」と答えている。これにより応仁の乱以前には小方丈の西方に大方丈があり、両方丈の間を渡り廊下で繋いでいたことが判る。なお、小方丈は長享二年（一四八八）二月には一部天井、壁、唐戸などが整っていなかったが、その後間もなく完成したと思われる。(10)

文明再建の小方丈は玄関を付設するので、大方丈に代る建物と考えられる。方丈は法堂北方の一郭を占め、方丈（小方丈）のほかに住持常住の書院、衣鉢閣、納所寮、典蔵寮、出官寮、免僧寮、維那寮、侍衣寮、侍真寮、行者・力者などの諸寮があった。(11)このうち納所・典蔵両寮は庫裏の内に設けられたと推察される。『鹿苑日録』文亀三年（一五〇三）八月十五日条に、方丈一郭に居住する僧を「方丈衆」と呼び、方丈僧衆の数は三十四人ほどであった。(12)

(1)　方丈（小方丈）

文明十八年正月十九日、足利義政は相国寺方丈へ御成りになった。『蔭録』によると、それに先立ち、亀泉は方丈に往き客殿、御所間、御后架を下見した。御成りの知らせがあり、亀泉は方丈玄関の外に出て台輿を待ち、相公を方丈に導いた。鹿苑院主が広縁にて相公を出迎え、相公は客殿に入り西辺の御座に着いた。相伴衆も同じく着座、一湯の後、点心、饅頭、麺、茶菓が出された。茶を終えて、相公は客殿より御所間に御成りになり安座の前に、后架に御成り、御手水は寿繁公が勤めた、という。これにより、方丈は南面に広縁をもち、玄関を構えていたこと、主屋南側中央に客殿（御座敷ともいう）があり、客殿の西辺に相公の御座を置いたので、御所間は客殿の西脇に在ったことが推測できる。それは、小方丈の御所間に居て、乱前の大方丈位置を「この築地の西辺なり」と答えていることから明らかである。御后架は御所間の北側にある部屋もしくは方丈の後方にある東司の何れかと推察されるが詳らかでない。長享二年（一四八八）正月十九日に相国寺方丈へ御成りになった時、客殿にて茶を終え、御所間から后架に行くことを「茶了客殿より直ちに御所間に御成り、愚まず中間屏障を開き、后架に御成り恒の如し。」と記している。中間の屏障は御所間と北側の部屋を隔てる襖障子であろうか。

客殿の東脇は御影間である。『鹿苑日録』明応二年（一四九三）二月三日条に「方丈評議有り、前日の議なり。座敷御影間なり、引替一嚢云々。」とあり、前日に引き続き方丈の御影間で評議があった。御影間は絵間とも記される[13]。御影間北側の部屋は五山方丈の例からみて書院と考えてよい。長享二年正月十九日、相公（足利義政）の相国寺方丈御成りに先立って、亀泉は方丈に往き御所間などの舗設を点検した。『蔭録』同日条に、

　輿にて方丈へ往き客殿、御所間、御后架を歴覧、書院にて湯を喫す。諸老座に在り。（中略）、客殿中央に鍮鉢火鉢を置く、御前並びに御所間皆銅火鉢を置く。客殿、御所間御坐の畳を新しくし、余は皆旧席なり。本尊前に点心膳を供える。御所間において御成りを待ち奉る。

と記す。諸老が湯を喫した書院は御影間の内側にある部屋である。この書院には古尊宿の賛のある詩六首を書いた屏風が置かれていいた[14]。本尊は文明十八年十一月晦日に取り寄せた方丈の三幅一対（外題布袋）であろうか[15]。客殿中央に火鉢を置くので、本尊は客殿の北壁中央に掛けられたと推察される。方丈の客殿は『蔭録』に座敷とも記されるが、ほかの五山方丈客殿の例から見て、畳を追回しに敷いていたと考えられる。それに対して、御所間は応仁乱後には畳を敷き詰めていたであろう。御坐の畳は特別の置き畳で、それを新調したと思われる。

方丈客殿の広さは未詳であるが、つぎの記事はそれを考える上で参考になる。

①『蔭録』延徳二年（一四九〇）五月二十九日条に「侍衣恵首座来。報来日方丈茶礼。行者回請帳。百二十九員。給仕三十六員。」と記す。また、翌延徳三年五月二十九日条に「来日函丈茶礼請帳客頭回之。百六十六員。給仕四十一人。」と記す。両記は、ともに六月朔日の方丈茶礼に招待する客の人数と給仕の人数を書いたものである。『蔭録』によると、長享二年（一四八八）六月朔日の方丈茶礼は、主位住持横川、賓位鹿苑惟明、主対通玄魁叟、賓対仁寿軒楚岫の四頭で、人数は不明であるが、三番座まであった。延徳二

年および三年の茶礼も三番座まであったとすると、一番座当たり着座する人数は平均四十三人および五十六人になる。この相違は何を意味するのであろうか。仮に、請客四十三人と五十六人の座席が客殿に設けられたとすると、客殿の広さは、つぎのように推定される。

請客四十三人が四頭に分れて客殿に坐した場合

四頭に分かれるので、ふつうに坐って畳一帖当たり平均二・八〜三人とみると、[16]畳十六〜十五帖を要する。これを左右に分けて客殿周囲に追回しに敷くと（入口部二間を除く）、客殿は間口六間、奥行四間の広さが想定される。[17]「天龍寺古来之図」によると、応仁以前の天龍寺方丈（東向）は六間取形式の平面で、主屋は桁行九間、梁行六間、その四周に広縁をめぐらしていた。東面中央の客殿は五間に四間の広さであり、相国寺方丈の客殿はそれより間口が一間大きいことになる。

請客五十六人が四頭に分れて客殿に坐した場合

同様に考えると、客殿は間口八間、奥行四間の広さが推定される。これは同時期の東福寺方丈の客殿間口九間、奥行四間に匹敵する。[18]この時期の相国寺方丈は小方丈といわれるので、間口八間は大きすぎると思われる。この場合、請客五十六人は方丈客殿と書院に分れて着座したことが考えられる。

②『蔭録』延徳二年十二月二十九日条に「朔旦方丈点心請帳回之。百二十八員。給仕三十五人。同鹿苑院請帳回之。百三十二人。給仕三十八員。」と記す。これは翌延徳三年元旦の相国寺方丈と鹿苑院本坊における点心に招待する客と給仕の数を記したものである。『蔭録』によると、延徳二年元旦の方丈点心は四頭で、人数は不明であるが二番座に膳が入ったという。延徳三年元旦の方丈点心が二番座迄とすると、一番座平均六十四人である。請客百二十八人は延徳二年六月朔日の方丈茶礼の時とほぼ同数なので、延徳三年元旦の方丈点心は三番座に分れたと見た方がよいと思われる。

以上、憶測の域をでないが、文明再建の相国寺方丈の客殿は間口六間、奥行四間ほどと推定される。

御所間の広さは、つぎの記事が参考になる。『蔭録』長享二年十月二十七日条に、

方丈斎に赴く、三汁九菜、冷麺、七菓、般若湯数遍。主位住持、賓位鹿苑院、主対妙厳院、賓対仁寿軒。相国涅槃像地の絹、紹宣都寺これを持ち来る、諸老皆これを見る。長さ二間余、広さ一間半余なり。斎終わり御所間に留まる、二番座終り宴有り、桃源、景徐、愚、樹、全桂、秀峰、秀昭、内者横川、春陽、東瑛、その外住持以下、小僧、喝食数十輩これ有り、皆沈酔帰る。

と記す。客殿における斎の二番座が終って後、御所間に留まり宴があった。客人十人のほかに住持以下小僧、喝食数十人が居たという。これによると、御所間は間口二間、奥行四間の広さに推定される。御影間は御所間と同じ広さ、書院は八帖間と推定されるが、資料を欠く。

客殿の用例は、祈祷などの仏事[19]、相公御成りの時の点心・斎会、元旦の方丈斎、六月朔日茶礼などが知られる。御影間は評定衆による評議、元旦点心に用いられ、御所間は相公御成りのときの御座間となった。

（2）奥向書院

文明十七年再建の小方丈は大方丈を兼ねたので、住持日常の住房として奥向の書院が造立された。それは、つぎの記事から推察できる。

『蔭録』長享二年六月十日条

午後方丈へ往き、長老と茶話時を移す。書院にて来十五日の唯称院十三年忌拈香を習う。

これは方丈長老の住坊・書院で茶話の後、唯称院忌年拈香の習を行ったと解釈できる。

東雲景岱が横川景三の鹿苑入院以下のことを記した日記「横川日件録」[20]明応二年正月朔日条

（前略、鹿苑院における勤めを）終えて方丈点心に就く、蔵主尾より侍者に至る二番座なり。院主、侍衣、侍真絵間に就く、僧堂僧と飯を喫す、蓋し僧堂に擬えるなり。免僧以下中居衆、書院茶湯間に就き飯を喫す。

横川は僧録の事を掌り、鹿苑院に居住していた。元旦の鹿苑院における点心と祝聖、開山諷経、喝食諷経の後、横川は相国寺方丈の点心に就いたのである。院主（横川）と侍衣、侍真は二番座で方丈の絵間（御影間）に就き、免僧以下中居衆は書院茶湯間に就いて飯を喫した。この書院茶湯間は住持が日常生活する奥向書院の茶湯間と考えられる。

文亀三年（一五〇三）に、景徐周麟が相国寺住持であった時のことを記した免僧の日記「日件」[21]文亀三年七月十九日条

禧都寺来る、五個上方に献ずる、湯を勧める。当寮に二ケ持ち来る、書院にて沈酔に依り、湯を勧めず。長監備前殿来る、福井藤左衛門、明屋同道。書院にて湯を勧める、依子以下は当寮にて湯を勧める。

禧都寺が方丈に来て、上方（住持）に五個を献じ、上方は湯を勧めた。また、禧は当寮に二個を持ってきた。当寮は筆者の居る免僧寮である[22]。上方の書院で酒を召し、沈酔していたので、免僧寮では湯を勧めなかったという。長監備前殿が方丈を訪れたので書院

で湯を勧め、依子以下は当寮（免僧寮）で湯を勧めた。また、前日の十八日条に、

静慮按察来る、按紅燭十挺を持ち来る、湯肴瓜を勧める。書院より来り、上方団扇を靜慮に賜る。桃蹊瓜一盆、酒一樽恵む。

とある。靜慮按察が来たので湯と肴瓜を勧めた。これは免僧寮においてであろう。書院より上方（住持）が来て、靜慮に団扇を賜った、と解釈できる。

以上により、方丈には住持の居所として別棟形式の書院が在ったと考えられる。しかし、書院の内容は未詳である。

III　永禄再建の方丈と奥向書院

天文二十年（一五五一）に焼失した方丈は、住持仁如集堯の時、天文二十二年に再興の地鎮祭が行われた。『相国考記』天文二十二年条に「三月十八日、当寺方丈再興、引地祈祷、住持仁如和尚〈見子子建日記〉」と記す。当時の相国寺の状況から見て、焼失後一年半で方丈が再興されたとは考え難く、これは方丈再興の地鎮祭の記事と思われる[23]。『鹿苑日録』二十四「鹿苑院古文書」[24]に、

同（永禄三）年九月十九日、相公へ御移徙の御礼、先に某御礼引合十帖・扇子、その次第一に相国寺一束・一本、第二鹿苑院、第三等持寺、第四等持院、第五にまた新命鹿苑御礼杉原一束・紋紗一端なり。住持惟高・新命仁如一列の御礼なり。

とあり、永禄三年（一五六〇）九月、相国寺住持と鹿苑院主などは、将軍足利義輝のもとへ移徙の御礼に参った。これを書いた某は鹿苑院春叔洪臻と考えられる。相国寺の住持惟高妙安と新命住持仁如集堯が同行した。永禄三年九月頃の新命鹿苑は仁如であり、彼が相国寺住持を兼帯していた。等持寺と等持院も同行したので、これは相国寺方丈へ移徙した御礼と思われる。この時期の方丈施設として方丈、書院、衣鉢閣などの名が『鹿苑日録』に見える。

（1）方丈

方丈は南縁に面して客殿、礼間、御所間を配していた。鳳林承章の日記『日用集』慶長十六年十一月二十一日条に[25]、秉払における後板寮での杖払礼を終えた後、方丈で行われた後板辞礼の記事をのせる。

三大禅師方丈に帰る、後板すなわち方丈へ辞の礼に赴く。先上方唐戸脇上間に立ち後板と問訊、上方先客殿に入り東方に立つ。後板は上方に向、互に問訊触礼一拝、また問訊収、互に揖後板先縁に出る時、上方送り縁に出る。唐戸脇にて問訊、問訊収、後

板一歩進み声を低め法座という。問訊、その問訊収帰る時、侍香玄関にて上間に立つ、後板侍香に向き問訊、問訊収一歩進み、声を低め法鼓といい問訊、問訊収院へ帰る。

方丈客殿は正面に唐戸を立てた中央間である。客殿はまた室間とも称された。同じ「日用集」慶長十六年十一月十日条に「常住勤帰り、方丈室間において、大智の文殊を掛けて、都寺の小斎有り。」と記す。大智の文殊像は三幅一対の画像で客殿北面の壁に掛けられたのである。(26) 礼間は、西笑承兌の日記『日用集』(27) 天正十七年七月十六日条に「法堂勤行始先維那、焼香先住持、日中焼香予、新維那これを始る。方丈礼間にて、新維那立香、予還香、触礼一拝、揖退。方丈縁にて問訊。新旧各着道具。」とある。礼間は書院の南側にある部屋で、上間すなわち客殿東間である。『鹿苑日録』文禄元年十二月十六日条に、方丈に勅使が有り、住持有節瑞保は玄関にて勅使を迎え、御所間にて対面したことがみえる。御所間は客殿西間に設けられたと推察される。

この時期の相国寺住持は輪番制であり、住持は自派の塔頭に居住し、方丈は看院僧（侍衣、出官、行者など）により管理されていた。方丈客殿の用例は小参、開山忌半斎、修懺法、秉払後板辞礼などの仏事および茶礼などが『鹿苑日録』にみえる。(28) 礼間については方丈評議、新旧維那立香が知られる。

方丈の規模については資料を欠く。有節の『日渉記』（『鹿苑日録』第三巻）によると、文禄二年九月晦日、相国寺方丈にて行われた開山忌斎に請待した僧は四十二人であった。住持（有節）は客殿唐戸東脇に立ち、客を接入、大衆は客殿に各々着座した。本尊前に進み焼香の後、斎が出された。座席は四頭であった。また、慶長八年九月二十九日の方丈における開山忌斎には大衆など四十一人が着座した。これは客殿を用いたと考えられる。同十一年三月十三日、方丈における茶礼には折台三十六～三十七があったという。これらによると、客殿は、四頭に分かれて四十二人が着座できる広さであったと推察される。これによると、客殿は間口六間、奥行四間の広さが推定される。この客殿の広さは現方丈と同じである。方丈は入母屋造桧皮葺の屋根をあげ、(29) 南面（東側カ）に玄関を付属していた。方丈の南方には南門が開かれた。(30)

なお、参考までに近世における相国寺方丈の規模を記すと、寛永十八年（一六四一）に再建された方丈は桁行十四間、梁行九間五尺の規模で、後水尾上皇の旧殿を賜り再興されたと伝えられる。この規模は文化四年（一八〇七）再建の現在の方丈とほぼ同じである。

(2) 奥向書院

天正二年（一五三二）三月十七日、岐阜より上洛した織田信長は相国寺に城を構え、諸塔頭を悉く居取ったという。(31) そして、三月二十四日、信長は相国寺において茶会を催した。茶会に呼ばれたのは宗易、宗久、宗及など堺衆九人である。茶会の座敷は床に菓子の絵を掛け、松本茄子を方盆に据えて飾り、台子に藤波平釜、桶、柄杓指などを置いた台子茶であった。お茶を紹鴎の黒棗に入れて信長のお手前で賜り、松井友閑が高麗茶碗で薄茶を点てた。その後宗久、宗易、宗及の三人は御書院において千鳥の香炉を拝見した。(32)『信長茶会記』によると、茶会の座敷は勝手を付属していた。また、同記に津田宗及は少し遅れて参り、宗及が来る以前に宗易と宗左の両人ばかりお茶を賜り、他の衆は茶湯を見るだけであった。また、御振舞は湯漬で、次の間にて各々に下されたという。これによると、振舞座敷すなわち書院は上の間と次の間があった。なお、同二年四月三日に相国寺で催した信長の茶会には友閑、宗易、宗久、宗及が会席した。茶会過ぎて、信長は宗易と宗及の両人に東大寺拝領の蘭奢待一包を扇子に据えて、扇とともに賜ったという。(33)蘭奢待一包は書院にて賜ったのであろう。信長が相国寺で催したお茶会の場所は塔頭名を記さないので、方丈の敷地にある茶湯座敷であった可能性が大きい。有節瑞保の日記『鹿苑日録』文禄元年（天正二十年）九月十四日条に「（前略）。当住信長公寄宿之時。住鹿苑寺。此時者俸禄一月に五函故一通。其後当寺江還住以来者。維那之功夏中三通。夏了三通云々。予亦同意也。（後略）」の記事がある。これによると、信長が相国寺に寄宿した時、維那は鹿苑寺に移った事が知られる。信長は方丈に寄宿したと思われる。方丈に茶湯座敷があったことは、「有節瑞保日記」天正十九年五月十八日条に、(34)豊臣秀吉が北村に到り、相国寺に御成りになるかも知れないので、住持有節は函丈（方丈）へ行き茶湯以下の事を看子に命じた、と記すことから知られる。

以上、方丈の奥向に書院があり、書院は茶湯座敷を付属していた。書院は上の間と次の間よりなり、茶会の後に道具などを鑑賞する座敷に充てられたことは注意される。書院上の間の座敷飾は未詳であるが、後述の近世初期の禅院における書院の例からみて、上の間は床（框床）を備えていたと推察される。これは茶会記において書院が現れる最初の例である。

注

1　太田博太郎『中世の建築』二―九天龍寺の項に引く「天龍寺古来之図」。『蔭凉軒日録』文正元年二月十日条によると、東福寺方丈客殿は間口九間、奥行四間の広さであった。
2　『相国寺供養記』。
3　『相国考記』。

4　『五山文学新集』第二巻。
5　『相国考記』永享七年八月十五日、僧堂立柱。
6　『相国考記』によると、文明十年十一月十五日、相国寺に三住した維馨は、同日新法堂を開き上堂した。
7　『長興宿禰記』文明十年十月二十一日条。
8　『後鑑』同日条に「実違記云、入夜有炎上事。相国寺仮方丈云々。」とある。
9　『鹿苑日録』第二巻二十四に収める「鹿苑院古文案」に、永禄三年十一月に相国寺法堂御寄付の内として建仁寺と南禅寺よりの寄付を載せる。また、永禄十一年七月十五日に法堂で施餓鬼があったことが見える。なお、『鹿苑日録』文禄元年八月十三日条によると、法堂は二階建てであった。
10　『蔭録』長享二年二月四日、同六日の条。この日の引物は小方丈用に寄進された。
11　『鹿苑日録』文亀三年八月十五日条に納所寮、文亀三年七月条に典蔵寮、文亀三年七月十六日条に免僧寮、永正元年二月五日条に出官寮、明応八年三月十七日条に維那寮、明応八年七月二日条に侍衣寮がみえる。
12　「日件」文亀三年九月三十日条。
13　『鹿苑日録』明応二年正月朔日条。
14　『蔭録』長享二年五月十七日条。
15　『蔭録』同日条。
16　これについては、第一章第三節相国寺雲頂院の条を参照。
17　中世五山方丈の客殿は奥行四間が一般的であった。
18　『蔭録』文正元年二月十日条に、東福寺方丈について「四九三十六客殿、」と記す。
19　『鹿苑日録』明応二年二月十一日条。
20　『鹿苑日録』第一巻二所収。
21　『鹿苑日録』第一巻七所収。
22　「日件」文亀三年七月十六日条に「午時請取方丈。請取了。於免僧寮盆花勧湯。（中略）。入夜上方以下僧衆於当寮小食籠勧湯。」とある当寮は「日件」の筆者免僧の寮である。
23　鹿苑院は永禄九年に立柱が行われた。

24 『鹿苑日録』第二巻所収。
25 『鹿苑日録』第六巻所収。
26 「日用集」慶長十六年十一月十八日条。
27 『鹿苑日録』第二巻所収。
28 小参は天正十七年四月十四日条、修懺法は天正十九年三月十七日、文禄元年六月十七日条にみえる。
29 有節瑞保の日記「鹿苑日録」文禄元年十月九日条に、方丈東西妻の屋根修造のことがみえる。
30 「鹿苑日録」文禄元年九月十四日条。
31 『大日本史料』天正二年三月十七日条に引く「聚光院文書」。
32 「今井宗久茶湯書抜」、「津田宗及茶湯日記」(他会記)、「信長茶会記」。
33 「津田宗及茶湯日記」(他会記)。
34 『鹿苑日録』第三巻所収。

第二節　室町時代後期の相国寺鹿苑院本坊と奥向書院

I　鹿苑院の創立と沿革

鹿苑院は、相国寺を創立した足利義満の檀那塔である。もと東福寺の僧秀峰尤奇が営んだ別業安聖院を前身とする。義堂周信の『空華老師日用工夫略集』(以下、『日工略集』と記す)によると、永徳二年(一三八二)六月十四日、足利義満夫人日野業子の叔母岡松殿が逝去した時、義満は安聖院に中陰追修道場を仮設し、三十五日の仏事を営んだ。翌三年九月十四日、安聖院の名を鹿苑院と改め、九月二十日に絶海中津を院主に迎えた。鹿苑院の創立である。

鹿苑院は相国寺境内の西南にあって、室町時代には院主が僧録を掌った。創立後、鹿苑院は応永三十二年(一四二五)八月十四日の相国寺大火により焼失したのを初めとして、応仁元年(一四六七)十月三日に兵火により罹災、大永七年(一五二七)二月二十四日には東大門を残して全焼した。また、天文二十年（一五五一）七月十四日の兵火により伽藍とともに罹災し[1]、その後永禄九年（一五六六）に一部再建されたが、天正四年（一五七六）に織田信長により敷地を没収され、一時期そこに報恩寺が建設された[2]。その後、天正十三年三月、豊臣秀吉により鹿苑院は旧地に復興された。

鹿苑院において、本坊の奥向に書院が造られたのは文明再建以後である。

Ⅱ　文明再建の鹿苑院本坊と奥向書院

応仁の乱で焼失した鹿苑院は、文明十六年四月二十九日に丈室（本坊）が落成し、足利義政は入山してそれを賀した[3]。『蔭録』によると、文明十七年五月六日の足利義満年忌に、足利義政は鹿苑院へ御成りになり、昭堂の桟敷にて半斎、焼香の後、客殿にて斎を召し、御所間で休息した。これは応仁の乱後初めての御成りであり、これまでに本坊と昭堂ができていた。その後、同年十二月三日に鹿苑院の書院が新造され、院主惟明瑞智は書院に移徙した。『蔭録』同日条に「晩来食籠一樽二雙獻鹿苑院。蓋賀書院之移徙也。」と記す。書院は院主の居室がある独立の寮舎、すなわち奥向書院である。

応仁の乱後、鹿苑院にあった南坊（蔭凉軒）は再興されなかった。文明十七年十二月には鹿苑院東面に始めて大門が開かれた。『蔭録』文明十八年正月十八・十九両日条によると、鹿苑院は文明十七年中には昭堂など一部仮殿のものもあるが、ほぼ殿宇が備わっていた。本坊は東福寺常照院の房を移して規模を拡張したこと、本坊の前庭は応仁の乱前より縮小され、南面築地は四間北に寄り、東面築地は六間西に寄ったこと、乱前には前庭に松樹と十三重の銅塔が在ったことが知られる。この時期の鹿苑院は南門と西門および東大門を開き、東大門内東西通路の北側東辺に南面回廊に山門を開いた昭堂と卵塔の一郭があり、その西方に本坊を中心に書院、中居坊、庫裏、僧堂、免僧寮、衣鉢閣、侍真寮、堂僧の寮などの寮舎と韋駄天堂、文庫、倉庫などの諸施設が営まれた[4]。

（1）本坊

『蔭録』延徳二年（一四九〇）二月二十三日条によると、慈照院殿盡七忌の前日に当たるこの日、両御所（今出川殿義視と将軍足利義植）は鹿苑院に御成りになり、昭堂で転経を聴聞した。その後、両御所は本坊に御成り、御所間で御斎を召した。終わって院主がお礼に参ったので、両御所は東の広縁に下りてお礼を申した。これにより御所間は東広縁側にあったことが判る。また同日御斎の後、客殿において修懺があり、両御所は御所間で、御伴衆は南広縁に上がり聴聞した。この日、大夫人（義政夫人）は昭堂にて転経を聴聞したので、御影間で御斎を召し、修懺を聴聞したと思われる。(5)

また、『蔭録』によると、諸寺長老は十二月晦日に鹿苑院へ往き、書院にて院主に歳晏の賀をのべ、その後、院主と諸老は御影間に着座して一湯と点心・茶を召した。(6)これは本坊の書院と御影間で行われたのである。

一方、東雲景岱の「横川日件録」(7)明応元年（一四九二）十二月二十七日条に横川景三の鹿苑院入院の時の様子を、つぎのように記す。

早朝鹿苑院入院。鹿苑力者来迎于小補。於庫以酒待之。然而肩輿入鹿苑東門。至山門前下輿而入山門。至昭堂佛前焼香。小聴叫能禅持香合。次開山前焼香。次鹿苑院殿前焼香。次自玄関透客殿前。至于丈室。湯院主一人耳。代々如此。至于今日廷才同喫湯。次至于客殿。僧堂僧三人触礼一拝。弁香不立。于時僧堂僧未礼以前。上方惟明和尚来。杉原一束。扇子一本。至晩以使僧湜蔵主返之。又参暇西堂五人携黄鸝各来。同返之。礼終有斎如常。三菜両汁。行者給仕也。□□二侍者。堅喝食雑而給侍。二番絵間也。斎終就書院有酒。看者食籠也。僧堂僧礼終而当院行者有礼。院主坐主位而向南。行者至客殿之中三拝。院主出一緡。侍者渡之。又当寺之行者有礼如前。又出一緡。次当力者登縁上三拝。又出一緡。行者能林渡之。次当寺力者於庭上三拝。又出一緡。同能林渡之。礼終而行者報祝聖。報案内而鳴板。院主出至于本尊前焼香。顕首座挙祝聖。蓋代侍真也。而後有斎。前落此段耳。故此記之。

日記では僧堂僧の礼が終った後に斎の記事がくるが、文末に記すように昭堂における祝聖の後に斎があったのである。すなわち、僧堂僧の礼の次に当院行者以下の礼の記事が続き、その後、昭堂にて祝聖、終って客殿にて斎があり、斎終わり書院に就いて酒があった。斎の二番座を設けた絵間は本坊の御影間であろう。また、斎後に酒のあった書院は後に述べる奥向の書院と考えられる。本坊内の書院は「横川日件録」では「丈室」と記されている。上記によると、丈室は本坊の西向、御影間の北側にあることが判る。また、上に引いた日記から本坊は昭堂の西方に位置し、南面東寄りに玄関を構えていたことが知られる。(8)御所間北側の部屋は将軍御成りの時、後架が置かれた。

本坊の規模については、つぎの記事が注意される。

「横川日件録」明応二年正月朔日条

於鹿苑点心。主位院主。賓位上方。惟明和尚。主対天龍前住会叟和尚。賓対当寺前住旭峰和尚。座敷奉行当院侍衣。侍真恵首座。撥首座。意首座四人也。一番座東堂西堂以下至于平僧九十余人也。内聯輝。万松此二人。依尊貴居一番座。雖門中如此云々。二番座院中首座以下及蔵主。侍者以下三番座債之。院主徒弟皆同座。東班配膳人衆動上広縁。下此者作争論。故不得禁之。故院主徒弟岱。寿并允侍者等立于広縁與落縁間。早取膳而不上東班衆云々。

これは鹿苑院本坊における正月元旦の点心であり、一番座から三番座に分かれて着座した。座敷は四頭の席で、一番座に東堂西堂以下平僧にいたる九十余人が着座したという[9]。南広縁に面する客殿は正面中央間唐戸構え、畳追廻し敷である。一番座の人数九十余人がすべて本坊に着座できたか否か不明である。

『蔭録』延徳二年十二月二十九日条

朔旦方丈点心請帳回之。百二十八人。給仕三十五員。同鹿苑院請帳回之。百三十二人。給仕三十八員。

これは翌延徳三年正月元旦の相国寺方丈と鹿苑院における点心に招待する人数と給仕の数である。『蔭録』によると、延徳二年正月朔日の方丈点心は四頭で、「一坐一湯、点心、果茶恒の如し。一番坐膳入。」とあり、二番坐であった。延徳三年正月元旦の方丈点心は二番座までとすると、一番座平均六十六人になる。また、これを三番座までとすると、方丈と鹿苑院の一番座平均は四十三人と四十四人である。前述のように、相国寺方丈の場合は三番座までと解した。鹿苑院の場合も三番座に分れたとすると、一番座当りの人数四十四人は明応二年正月点心の時の一番座九十余人の半分である。明応二年正月点心の時、ほかの四十六人は本坊客殿以外の部屋に着座したのであろうか。延徳三年元旦の鹿苑院点心の請客数百三十二人については、二番座または三番座に分かれた可能性のあることを指摘するにとどめたい。

『蔭録』によると御所間は南面に遣戸、客殿境に襖障子を立てていた[10]。御影間も同じで、絵間、畫間といわれるので襖絵が描かれていたと思われる[11]。

本坊の客殿は、正月朔日の院内年頭拝礼と斎、諸老年始における一湯点心、相公御成りの時の御斎および懺法場、各種仏事道場などに用いられた。書院は院主の公的対面、接客の座敷であった。『蔭録』によると、院主は毎年正月元旦客殿における点心の前に書院にて諸寺長老の礼を受け[12]、また十二月晦日書院にて諸老より歳晏の賀を受けた後、院主と諸老は御影間に着座して一湯と点心・茶を召した[13]。客殿における半斎諷経の後、修懺衆と会食するのも本坊書院であった[14]。御影間は、諸寺長老による正月十一日の一湯点心、歳晏賀の後の点心など恒例の行事、および院主と諸老の茶話、合院評議、客殿における懺法の時の聴聞所あるいは懺法衆煎茶、御斎などの用例が知られる[15]。また、御影間にて蔭凉軒主が院主に台命を語り、その後同間にて過ちをおかした諸老に台命を伝えた例もある。[16]御所間は相公御成りの時の休息のほか、武家との対面に用いられた。[17]

（2）奥向書院

奥向書院は院主の住房で、表向に客殿と御影間、内向に書院と眠蔵等を設けていたことが知られる。『横川日件録』明応二年二月六日条に、

随例有鹿苑院殿月忌斎。懺法。以前有煎茶之果。今者善哉餅也。座敷者御影間也。餅終而引懺法衆於書院。有酒。各盞冷汁椀也。肴有唐納豆云々。給仕厳侍者。小維那〈衛喝食〉。堅喝食。運喝食也。賓位妙音院。主対桂芳軒。賓対慈照院〈宜竹軒也〉。（後略）

と記す。これは鹿苑院における足利義満の月忌斎で、本坊客殿にて懺法あり、御影間で餅点心の後、懺法衆を引き書院にて斎と酒があった。懺法衆を書院に引いているので、書院は院主の居室がある奥向の書院と解される。[18]懺法衆の数は不明であるが、四頭の席を設けた座敷は奥向の表向の室ではないだろうか。また、『鹿苑日録』に収める景徐周麟の『日渉記』明応八年七月十六日条に「斎了。開詩場。送輝首座源侍者帰西周。会者三十員。梅雲来。督作詩。秉燭而帰矣。」とある詩場は奥向書院と考えてよく、会者の数からみて客殿で行われたと推察される。客殿における詩宴に三十人が会し左右に分れて周囲に座したとすると、一畳当り三人として、客殿は間口三間半、奥行三間程の広さが想定される。なお、「日渉記」同八年七月五日条に、

東山福壽院温仲宗純西堂来。領建仁寺公帖。即於偏室換直裰重出来。炉前挿香。□□還香。相対触礼一拝。就坐喫茶。文摠和尚相伴而来陪茶。出壱緡以為礼矣。侍衣如恒也。

と記す。これは温中宗純に建仁寺公帖を渡した時の記事であり、奥向書院の御影間で公帖を受領し、茶礼があったと推定される。偏室は客殿の脇にある部屋であり、院主はそこで着替えをした。院主は書院（居間）で日常着替えを行い、御影間を用いることはなかったので、上記偏室は御影間の向かいにある部屋と考えられる。この部屋は景徐の「日渉記」明応八年七月二十三日条に、

侍衣見還前日所借梅岑漁隠叢話前集四十一之五十之一冊。命龍令移東寮。龍左右三喝置案而甚狭。故且移之於此者也。

と記す東寮と思われる。龍子と三喝食は院主の弟子で、同じ奥向書院に小寮をもっていた。その小寮は机があって狭いので、書を東寮に移したのである。すると、御影間と書院は奥向書院の西向にあったことになる。

景徐周麟の『日用三昧』および『日渉記』には奥向書院にある院主の居間書院を「丈室」と記す。例えば、明応七年正月二日条に[19]「開静洗面。就坐喫粥。粥罷入殿諷経。帰丈室休息。」とあり、本坊客殿で諷経の後、丈室に帰り休息した。丈室は冬季に炉が開かれ

た。[20]また、丈室に書棚があり、書物を置いていた。明応七年二月三日条に「斎後命聴叫。移六棚書於□者文庫。」とあり、明応八年八月十三日条に「今日宗益使絹嶋借易本。予所持本不在棚。借大川本以付之。」と記す。この棚の書物は丈室の書棚に置かれていたと思われる。先の炉辺で読んだ経典も同じ書棚にあり、日常手にしていたのであろう。

丈室には書院窓（付書院）が設けられたと推察される。「日渉記」明応八年八月二十六日条に、

龍阜春庸首座晋集平日所作之詩百篇。就仙館老師求筆削焉。於是。師撰取四十余篇。且批之。且点之。仍題四韵一章。以賜之。何栄加焉。頃春庸過予之寓所。出詩巻及老師詩。以見示。且曰。暇日一覧。願賜品評而去矣。予置之几上。起臥諷詠。篇々玉転。句々珠回。将撰之。則浪起乎離婁之前。無心視之。則衛燦爛乎罔象之手。退而嘿坐窓間耳。（後略）

とあり、窓間の几は書院床である。[21]院主の眠蔵は丈室の隣にあったと考えてよく、その東側に喝食侍者の小室を設けたのであろう。明応八年十一月十日、景徐は呵禅侍者を丈室の側に移居させている。

丈室は院主の居間兼書斎であり、日常の休息、喫粥・餅、読書、着替えなどに充てられた。また、私的な接客は主として丈室が用いられた。[22]奥向書院における客殿については斎と詩会の例が知られるにとどまる。

Ⅲ　天文再建の鹿苑院本坊と奥向書院

大永七年（一五二七）二月二十四日夜、鹿苑院は火災にあい、東大門、西浄などを残して全焼した。[23]僧録・東雲景岱は職務を辞退したが、三月六日、将軍足利義晴より帰住して鹿苑院造立に専当すべきであるという御内書を賜った。[24]その後、同年八月に新造の祝いがあったが、[25]東雲は八月二十九日に示寂したため、景甫寿陵が院主となり造営を引き継いだと思われる。その後、天文五年（一五三六）二月二十一日、梅叔法霖が鹿苑院に入院した時には昭堂・回廊、本坊、書院、中居坊、庫裏、侍真寮、衣鉢閣、文庫などの諸施設が再興されていた。[26]

（1）本坊

梅叔法霖の「日録」天文五年二月二十一日条により、梅叔が鹿苑院に入院した時の次第を記すと、仏殿にて祝聖の後、鹿苑院に移り昭堂にて焼香、ついで客殿に入り焼香三拝、御影間にて焼香及び堂僧二人と拈香・触礼あり、つぎに書院にて侍衣と侍真に寒酒を

与えた。この書院は本坊内の書院と考えられる。つぎに納所以下当院と本寺の行者、力者の拝礼を受けた。また、斎に招請した雲興軒汝雪和尚など諸僧の来賀があった。これらは院主が本坊の客殿に出て受けたと思われる。その後、昭堂にて開山諷経、終って客殿に就いて斎がもたれた。斎が終わり、雲興和尚以下諸僧を書院に引き、般若湯を勧めた。この書院は、雲興和尚以下諸僧を書院に引くと記すので、奥向の書院である。(27)

本坊の御影間と書院は、前期と同じく客殿の西側に在ったと考えられる。御所間と玄関が設けられてことは、天文八年十月十五日の条に「自蒲生方有使。開玄関。侍真寮畳之事被借。本坊御所間ノ畳可被借之由申也。以侍衣昨日来臨之礼申也。(後略)」と記すことから知られる。蒲生氏は佐々木霜台の家臣である。当時、佐々木氏は上洛し、相国寺万松軒に寄宿していた。鹿苑院本坊の畳を借りたのは、十月十九日に両御所が万松軒に御成りになるための用意である。なお、天文七年五月六日条によると、本坊における足利義満（天山公）忌斎に百人余が会した。また、同十九年五月十九日の鹿苑院（天山忌）諷経に南禅寺より諷経衆四十一人、建仁寺四十五人、東福寺四十七人が参会したとあり、それに相国寺の人数を考えると、客殿の広さは前期の客殿に劣らなかったと思われる。

客殿の用例は院主入院、天山忌懺法などの時の斎会、毎月朔日の大般若経転読、仏事道場などが知られる。御影間は祈祷・懺法衆の喫粥、酒、般若湯、毎月朔日院衆の餅点心と喫茶、年末年始などの公府参賀に先だって相伴衆が当院御影間に会して行われた点心、(28)院主入院の時の斎後の般若湯、役僧評議などの例がある。

書院は、鹿苑院入院の時に院主と侍衣・侍真による祝酒、開山諷経後の諸僧般若湯、元旦などの公府参賀に先立つ院主と相伴衆の礼、御影間点心後の書院での勧種酒などの例がある。(29)このように、本坊の書院は表向の接客に用いられた。(30)

（2）奥向書院

院主の住房として奥向の書院が再建された。梅叔の『日用三昧』天文六年正月旦条によると、書院にて元旦祝があり、諸子三拝、侍者、沙彌、喝食が試筆の詩を院主に呈出、侍衣、侍真、免僧が二百銭を呈出、また出官、典座が出礼し、出官二ケ、典座一斤、納所が一緡を呈出、院主はこれを湯で迎え、杉原一束、扇一本を各々に与えた。ついで堂僧二人が立香・触礼、終って湯あり、つぎに行者、力者が三拝した。正月の祝三献は院主の居室がある奥向の「書院」における内輪の祝いであり、院主と堂僧が立香・触礼しているので、客殿、御影間で行われたと解するのが穏当であろう。諸子と詩を呈出した侍者、沙彌、喝食は院主の弟子であり、書院衆と呼ばれた。例えば、梅叔の『日用三昧』天文六年五月二十五日条に「自恵林詢首座以寅上司有斎報矣。院侍衣。免僧。亘。光。棟

首座。汁中酒。書院衆侑之。」、同九年正月旦条に「三更梅茶三献。書院衆計也。」と記す[31]。

奥向書院の客殿は南面中央の間である。天文五年六月十八日条に「勤以後。於客殿祈祷百座楞厳呪。合院営斎。招要叔。」、同六年十二月七日条に「於客殿百座臨時祈祷也。非時中酒。上衆及行者計也。」と記す。前者は合院衆による祈祷、後者は上衆と行者による臨時祈祷で、祈祷後に中酒があった。これによると、祈祷は奥向書院の客殿で行われたと推察される。また、天文五年三月上巳条に「斎時招合院之衆。而伴食于御影間。勧中酒。行者悉為恒例飲酒云々。各與酒矣。」とある御影間は奥向書院の部屋である[32]。なお、同じ天文九年四月二十三日条に「為世上之祈祷。於書院百座楞厳呪諷誦之。書院衆。香棟二兄・湖月・禅蔵主十二員也。」と記す。書院衆他十二人で諷誦した書院は奥向書院と解することができ、祈祷はその内の御影間もしくは客殿で行われた可能性がある。

奥向書院における院主の居室は書院あるいは書斎とも記される。すなわち、『日用三昧』天文六年二月六日条に「元上司持二百銭来。與晩炊而後。於書院対面。羹。食籠。侑酒也。」とあり、院主は居間書院で元上司と対面した。また、同五年九月九日条によると、重九の節句に常住より赤飯等の差し入れがあり、諸役者を召して御影間でそれを喫した。その後、合院衆を「書斎」に招き中酒を勧めた。書斎は院主の居間書院である[33]。

奥向書院には、院主の眠蔵と書院衆の小寮があった。天文五年十二月旦条にみえる院主の眠蔵は書院の東側に在ったであろう。書院衆といわれる弟子は五人から八人程いた[34]。同五年四月二十六日条に、玉喝食を衣鉢閣に、鶴喝食を侍真寮に置くとある。両喝食はもと院主の書院の小寮に居たのではないだろうか。

書院（居室）は冬季に炉が開かれた。天文五年十月二十八日条に「開炉。合院会之。」とあるのは、院主が書院の開炉始めに合院衆を招いたのである。院主の書院は日常の休息、読書、子弟学習、正月元旦の諸子祝会、合院斎・中酒の他に、院主の私的対面・接客、談話などに用いられ、飯、酒、茶・菓子などが振舞われた[35]。客殿の用例は祈祷がみられるにとどまる。御影間は合院斎・中酒、九月節句[36]、懺法衆湯などの用例がある。

まとめ

1　応仁の乱後に再建された鹿苑院は南坊が造営されなかった。それ故、本坊は御坊の用を兼ねたかもしれない。院主の住房として奥向の書院が新造されたのは、それと少なからず関わると推測される。本坊の平面は六間取形式と推定され、客殿正面に唐戸を立てていた。明応二年元旦の本坊における点心の時、一番座に東堂以下平僧まで九十余人が着座したといい、客殿は相当の広さであったと推察される。客殿は、将軍御成りの時の御斎会、元旦の院内拝礼と斎、年始の諸老一湯点心、懺法・大般若転読などの仏事道場に用いられた。本坊の書院は院主の表向対面と接客座敷であった。

奥向書院は院主と子弟が生活を共にする寮舎であり、院主の居間書院が中心であった。南面に客殿と御影間、それに東寮を並べ、居間書院は御影間の北側にあった。客殿と東寮の北側には院主の眠蔵と子弟の小寮が設けられたと推定される。居間書院は書棚と付書院、および炉を備えていた。居間書院は院主の居間兼書斎であるとともに、私的な接客の場であり、また、子弟を指導する学舎でもあった。客殿は間口三間半、奥行三間程の広さが想定され、斎と詩会の用例が知られる。

2　天文再建の本坊は前期のそれに劣らぬ規模であったらしい。この時期、将軍の御成りはなかったようである。客殿は院主入院、天山忌懺法・斎会、毎月朔望の大般若転読などに用いられ、仏事道場の性格が強まった。それに対して、書院は表向の接客、対面の座敷になった。

奥向書院は前期と同様、院主の居間書院が中心であり、そこに小寮を持つ子弟は書院衆と呼ばれた。院主の私的対面、接客は居間書院で行われ、客殿は祈祷諷誦の例が知られる。

以上要するに、本坊の客殿は室町時代中期頃までは表向接客に用いられたが、後期には仏事道場化する。一方、本坊の書院は、室町時代中期までは院主の居室であったが、後期以降、院主の住房として新たに奥向の書院が造られた。そのため本坊の客殿が仏事道場化するにともない、本坊書院は表向の接客座敷になったと推察される。これは五山禅宗寺院の方丈と奥向書院の関係についても言えることである。例えば、五山禅宗寺院に入寺の時、方丈書院で鹿苑点心と言われる儀式が行われた。鹿苑僧録を掌った梅叔法霖の日記「日用三昧」(37)天文八年十月九日条に、長松乗彭の建仁寺入院について、

建仁入院に赴く。諸堂仏事過、方丈へ赴く。書院に於いて点心有り。十如和上相伴。

とあり、また、僧録西笑承兌の日記「日用集」(38)天正十七年八月晦日条に、月臨和尚の天龍寺入寺について、

(前略)。法堂の後門より方丈へ赴く。各湯・饅頭有り、スザシ恒の如し。予は方丈書院に於いて、普明の影を掛け、三具足を飾り、法衣箱を供台に置く。予主位、三会院主(如環東堂)賓位、饅頭、点心、麩吸物、酒三返。即座を立ち、宿坊へ到る。これを以っ

て鹿苑点心と為す。諸五山此の如し。

と記す。鹿苑点心は五山入寺の時に山門、法堂における仏事の後、住持が鹿苑僧録と長老を招き、方丈書院で行われた晴れの儀式である。[39]同様に塔頭本坊では、客殿が仏事道場化するに伴い、本坊内の書院はそれに代る表座敷になったと推察される。応仁の乱後の相国寺鹿苑院および雲頂院の各本坊の書院は表向の接客・対面に用いられた。[40]

奥向書院は客殿と御影間および書院などよりなるが、院主の居間書院が中心であり、私的な接客と対面はそこで行われた。院主が日常生活する寮舎を「書院」と称したことについて、二つの解釈ができる。一つは本坊内の書院が院主の住房として別棟に建てられたとする解釈である。いま一つは、中国宋代の書院が学舎を意味したことに関係し、「書院」は子弟を教育する一種の学舎であると解することができる。そこに小寮を持つ諸子を書院衆と呼ぶのもその意味からであろう。奥向書院の成立はこれら二つの要因が関係すると思われる。

注

1　醍醐寺『厳助大僧正日記』天文二十年七月条。
2　『言継卿記』天正四年四月六日、同七月二十一日条。『鹿苑院公帳』今泉淑夫解説『史料纂集』所収。
3　横川景三の『補庵京華別集』に載せる〈次韵鹿苑和尚慶丈室落成宝偈〉と題する詩。
4　文明十九年二月十五日条に中居坊、明応元年十二月二十五日条に小厨裏、衣鉢閣、同七年正月旦条に僧堂、同八年十月一日条に庫司、永正元年四月二十二日条に免僧法喜場、衣鉢閣、堂僧之寮、韋駄天堂がみえる。
5　『後鑑』同日条所収の『諒闇愡簿』。
6　『蔭録』文明十八年及び延徳二年の十二月晦日条。
7　『鹿苑日録』第一巻二。
8　『蔭録』長享二年十二月晦日、同三年正月十一日条。
9　『蔭録』長享二年二月十三日条。
10　『蔭録』文明十九年八月七日、『蔭録』長享二年正月十八日条。
11　景徐周麟「日渉記」文明九年正月七日条『鹿苑日録』第一巻。

12 『蔭録』文明十八年正月朔条、また、永正四年の『東雲首座始遷蔭凉軒所記』『鹿苑日録』第二巻所収。
13 『蔭録』文明十八年十二月晦日条。
14 景徐周麟「日渉記」明応八年十二月六日条。
15 「日渉記」明応八年五月五日条。
16 『蔭録』長享元年閏十一月十日条。
17 「日渉記」明応八年四月二十八日条。
18 「日渉記」明応八年三月廿日条に、越後安国寺僧が季純の字を与えられた礼に献じた一緡を院主が聴叫に命じて書院に収めたと云う書院は奥向の書院である。
19 明応七年は八年の誤り、以下同じ。玉村竹二「蔭凉軒及び蔭凉職考」第八節東叔等元の項、註一による。
20 景徐周麟「日用三昧」明応七年正月旦、同十日、「日渉記」同八年十一月旦条。
21 拙稿「中世禅僧の詩に表現された書院窓」『建築史学』第42号、二〇〇四年九月。
22 「日渉記」明応八年七月五日、同十一月十一日、同十二月六日条。
23 「二水記」大永七年二月二十五日、同二十七日条。
24 『後鑑』大永七年三月六日条に引く「御内書記録載」。
25 『実隆公記』大永七年八月十七日条。
26 『鹿苑日録』天文五年六月三日条に文庫、同七年七月十一日条に書院、同八月二十一日条に中居坊、同九年二月二十九日条に侍衣閣がみえる。
27 梅叔法霖の日記に、本坊内の書院と奥向にある院主の居室をともに「書院」と記す。天文七年十二月旦条に「祝聖已下如常。会于両書院。侑中酒矣。」と記すのが参照される。
28 梅叔法霖「日用三昧」天文六年正月十一日条。
29 永正四年の『東雲首座始遷蔭凉軒所記』(前掲)。
30 梅叔法霖「日録」天文五年三月朔日条に祝聖の後、客殿にて看経あり。祈祷終わり、書院に就いて餅と喫茶して起つ、とある。餅衆は諸役者、堂僧、行者及び飯頭、木守などである。つぎに合院の衆を招いて汁と酒があったと記す。これによると、諸役者などの就いた書院は本坊の書院と思われる。

31　梅叔法霖「日用三昧」天文六年七月十四日、同七年七月二十八日条に書院衆がみえる。
32　梅叔法霖「日用三昧」天文六年二月五日条、同六年五月十五日条の御影間も同じ。
33　なお、この御影間は奥向書院の部屋かもしれない。同六年九月九日条に「帰院。即於御影間赤飯如恒例。（後略）」とあるのが参照される。
34　梅叔法霖「日用三昧」天文七年正月一日、同九年四月二十三日条。
35　書院では合院が会して斎と中酒がもたれた。梅叔の日記に「合院会于書院。」と記す。書院は奥向にある居間書院もしくは奥向書院の二様の解釈が可能である。後者とすると、御影間あるいは客殿がその場に充てられたと考えられる。
36　梅叔法霖「日録」天文五年九月九日、「日用三昧」同六年九月九日条。
37　『鹿苑日録』第二巻、十七。
38　『鹿苑日録』第二巻二十六。
39　『鹿苑日録』慶長二年三月十五日条に集雲藤東堂の東福寺入院、方丈における鹿苑点心、同二年三月二十一日条に花渓南禅寺入寺、方丈書院における鹿苑点心、同二年十一月十九日条に梅印東堂の南禅寺入寺、方丈における鹿苑点心の例あり。
40　第三章第三節参照。

第三節　室町時代後期の相国寺雲頂院本坊と意足室（奥向書院）

I　雲頂院の創立と沿革

雲頂院は、相国寺第四世太清宗渭の塔所であった。太清は雪村友梅の法嗣、嘉慶二年（一三八八）七月二十二日に相国寺住持に任ぜられた。しかし、入院後三ヶ月にして退院し、山内の西偏に寿塔雲頂院を営み、その年の冬に移居したという。そして、明徳二年（一三九一）六月十九日、雲頂院において病を得て示寂した。太清の法嗣太白真玄の『峨眉鴉臭集』に収める「祭雲頂先師文」[1]に、

維明徳二季。歳在辛未。六月丁巳朔。十有九日乙亥。我師前南禅太清和尚大禅師。奄入無声三昧於相国雲頂正寝。越翌日。窆擴於雲門精舎。小師比丘某等。銜哀致誠。謹具香茗時珍之奠。敢告以文曰。（後略）

と記す。正寝は本坊のこと、そこに院主の居間書院と眠蔵のあったことが推察できる。雲門精舎は南禅寺にある太清の塔頭である。

玉村竹二校訂『扶桑五山記』四、相国寺住持位第四太清和尚の条に「明徳二年六月十九日入滅、寿七十一、塔于雲頂院、卵塔曰甘露、宝坊曰意足」と記す。雲頂院卵塔の雅称は「甘露」、宝坊は本坊のことで、「意足」と称された。また、『萬年山聯芳録』巻三雲頂開祖太清宗渭の条に、太清の塔所について、

> 塔于龍山雲門庵、古記曰、在南禅庵曰雲門、塔曰宝光、客殿曰静明軒、三門曰甘露門、在相国院曰雲頂、雲頂卵塔、亦曰甘露、故以二甘露、為機縁、雲頂客殿、曰意足、(後略)

と記す。客殿は本坊のこと、雲頂院本坊を「意足」と言うのは上記と同じである。(2)

創立期の本坊について、つぎの記事が注意される。『蔭録』(以下、特記のない日録は『蔭録』による)長禄二年(一四五八)閏正月二十九日条に「来二月六日。雲頂院御成。御点心。集雲軒御斎。自鹿苑院殿之嘉例。此由披露之。」とある。これは前日、足利義政が、普広院殿(足利義教)のとき諸寺院に御成になった在所を悉く書いて献ずるようにとの仰せにより披露されたもので、二月六日の雲頂院御成と集雲軒における御斎は足利義満以来の嘉例としている。また、長禄二年八月二十二日および九月四日条に、雲頂院松茸御成は鹿苑院殿の嘉例あるいは旧例とする。これによると、創立期の本坊は、将軍御成のため客殿と御所間を備えていたと推察される。後述のように、応仁の乱後に再興された雲頂院は本坊と独立して建つ院主の住房を意足室と称した。創立期の本坊を「意足」と称したとすると、意足室はもと本坊内の書院の雅称であった可能性がある。(3)なお、『日工略集』嘉慶元年八月九日条に「太清與府君会于集雲。招諸長老。余預焉。君召太清及余。和会南禅天龍住持進退事。(後略)」と記す。集雲軒は、雲頂院創立以前に太清宗渭が相国寺内に営んだ寮舎である。(4)太清は集雲軒を退居寮として用いたのであろう。

雲頂院は創立後、応永三十二年(一四二五)八月十四日の相国寺火災により焼失した。また、応仁元年(一四六七)七月十九日の相国寺大火に回禄、天文二十年(一五五一)七月十四日には兵火により罹災した。雲頂院は仏殿の西方にあって、応仁の乱後の記録によると、敷地の広さは東西三十八丈、南北四十四丈程であった。(5)東面南寄りに東門を開き、卵塔と昭堂・同回廊は敷地の南西にあって東面し、東回廊に山門を開いていた。(6)本坊を中心に院主の住房である意足室、庫裏、中居房、諸寮舎等の施設はそれらの北方に所在した。

II　文明再興の雲頂院本坊と意足室（奥向書院）

応仁の乱で罹災した雲頂院は、季瓊真蘂の法嗣である益之宗箴および亀泉集証などにより復興された。益之は師に随って近江に隠棲していたが、応仁二年に入洛、翌文明元年（一四六九）秋には雲頂院内に新造した寮舎栖老軒に居住していた。その後文明五年から七年頃、益之宗箴は蔭凉職に就任した。(7) 応仁の乱後、鹿苑院の南坊（蔭凉軒）は再興されなかったので、益之は始め禅仏寺に住み、後に文明十五年（一四八三）頃、雲沢軒寝室に移ったという。(8) 雲沢軒は文明十三年頃、亀泉により再建されたので、そこを蔭凉職の住居に当てたのであろう。

一方、文明十五年八月四日に雲頂院塔主の鈞命を受けた亀泉集証は、同月十五日に初めて雲頂院の意足室に遷居した。(9) しかし、祖塔（卵塔・昭堂）は未だ修造中であったので、それが完成するのを待って、一時禅仏寺に帰ったという。(10)『蔭録』(11) によると、亀泉集証は翌十六年八月十六日には雲頂院意足室に移っていたので、その頃、祖塔及び本坊は出来ていたと考えられる。同十六年十月十日、意足室の上葺修理を始めた。同十月十二日、亀泉集証は、老病の益之宗箴に替わって蔭凉職に任じられた。その後、文明十八年二月二十一日に雲頂院庫裏の造立事始を行い、三月二十七日上棟、四月十三日にはひとまず出来たので庫裏開きがあった。また、長享三年（一四八九）四月に中居房が造立された。本坊関係の施設は、このほか侍真寮、納所寮、諸寮舎、倉などが知られる。(12) なお、景徐周麟『翰林葫蘆集』第六「復次前韻答茂叔」と題する応仁の乱後の詩に「想看意足軒中興、頻自春風動処催、」の句がある。これによると、意足軒（意足室）は応仁以前の創設にかかり、応仁焼失後、亀泉と同門の茂叔集樹により中興されたらしい。意足軒は文明十五年にはできていたが、再興の年時は詳らかでない。

文明再興の雲頂院は、室町時代中期と同じく東面築地の南寄りに東門を開き、卵塔・昭堂と回廊は敷地の西南に東面して建てられた。本坊を中心に意足室、庫裏、中居房などの諸施設はそれらの北方にあり、また本坊の西方に雲沢軒、松泉軒、栖老軒などの寮舎が営まれた。

雲頂院の建物配置を考える上で、相国寺の「普広院旧基封境絵図」（現相国寺蔵）が参考になる。(13) 普広院（旧乾徳院）は相国寺の西北隅に位置した。絵図によると、普広院の敷地広さは東西三十丈程、南北四十二丈程で東面を築地で画し、南面東端に表門、西面中央に西門を開く。卯塔・昭堂および回廊は敷地西南隅にあって東向に建ち、東面回廊の中央に山門を開く。本坊はそれらの北側、敷地中央にあって南面し、敷地の東辺に南より中坊、庫裏、蔵集軒、衆寮などの諸施設を配し、敷地の西北部は空地である。雲頂院の敷地は、これに比べると東西が八丈程、南北が二丈程広い。卯塔・昭堂を敷地西南に東面して建てるのは両者同じである。雲頂院は本坊の西方に旧集雲軒の敷地、その北側に雲沢軒が在ったので、本坊を敷地の中央に置き、その東半部に意足室、中居房、庫裏などの諸施設を配していたと推定される。

（1）本坊

文明十九年四月十四日、足利義政は相国寺楞厳会聴聞のため、応仁の乱後初めて雲頂院へ御成りになった。同日の条に、

五鼓刻能倫自東府来曰。即刻御成云々。走之力者来。則愚出玄関外立奉待台輿。々々卸則愚前引。相公於客殿縁與鹿苑相揖御著座。御相伴衆則著座。（中略）。茶了送礼。鹿苑勤之。相公御成于御所間。直御成于御後架。御手水瑞孝喝食侍之。（後略）

と記す。本坊は表向に客殿、御所間と、つぎに述べる御影間を配し、それらの南面に広縁を設けていた。延徳二年六月四日条に「自今晨本房御影間畳刺之。」とあるのは本坊の御影間である。(14) 乱前の本坊は客殿の西脇に御所間を配していた。この時期の本坊も、客殿の西脇に御所間、東脇に御影間を配していたと考えられる。玄関は、本坊の西南に卯塔、昭堂・回廊が存したことからみて、南面の東寄りに位置したと推察される。

書院については、延徳二年（一四九〇）正月朔日条に「当院衆於書院礼。々了客殿一湯。蓋旧規也。近年無之。恒之行事耳也。（後略）」の記事がある。これは院衆（東西衆）による新年の拝礼であり、本坊の書院において拝礼後、客殿で一湯の礼があったのである。(15) 書院は御影間の北側にあったと考えてよいであろう。

つぎに本坊の平面規模を推定する。

① 延徳四年八月三日条に、この日雲頂院で行われた天岩和尚年忌の半斎について、

半斎予焼香。久上司唱導。半斎衆廿五員。斎三菜二汁。中湯二辺。三果。麩。桃実。胡桃。茶了。廿一員於書院。二番座十員。摠計六十三人。仏餉七分。下五十四員。加藤左中間小者等并百廿四分(人)也。松泉定衆。主。柏。丹。賢。昌。助。桂。藤。悦。菅。駿。泉。英。満。寿。十五員。雲沢衆。茂。芳。栴。棠。久。曇。慶。七員。栖老衆。匊。恩。成。悟。哲。鋭。聯。湫。俊。純。十員。東班衆。料。祝。固。翊。本。華。盛。幸。広。才。禎。玖。元。祐。十四員。本不来。藤左。長谷川。二木。市川。

六郎。千々代。浮客。長谷川薬師寺彦四郎使者也。西尾。北房。仲清。羽田。千阿。福阿。彌次郎。十五員。番匠三員。以上六十三員。除仏僕也。

と記す。これは参加者からみて、雲頂院本坊で行われたと考えられる。半斎衆は二十五人で、百二十四人が斎会に参加した。そのうち六十三人は松泉定衆十五人、雲沢衆七人、栖老衆十人、東班衆十四人（内一人欠席）、藤左以下武家衆等十五人、番匠三人であり、他は下五十四人と藤左の中間小者など七人と推定される。斎の席を書院に設けたのは、六十三人の内、一番座二十一人と二番座十人である。ほかの三十二人は客殿の席に着いたと考えられる。また、下と藤左の中間小者六十一人の席は客殿ではないだろうか。これら九十三人が客殿を用い、二番座に分けたとしても、客殿は四十七人近くを収容する広さである。

② 明応二年六月十九日条に太清宗渭年忌について

（前略）。十八鐘鳴則具諸喝往意足入座問訊。次一座一香如恒。主位上方横川和尚。賓位勝定惟明和尚。主対慶雲魁叟和尚。賓対桂芳軒旭峰和尚。著座八十一人。斎了則予立玄関外送礼。上方以下老少四十員。延松泉以書立報之。二番座。主位侍薬崇源侍者。小維那宗悦喝食。賓位喝食頭周彭喝食。主対予一人。賓対松裔公。自喝食頭以下至周盛喝食十六員。二番座了。則予又立玄関外送礼。請帳面百十七人。三十六員辞退有之。給仕三十五員。十八員辞退有之。（後略）

と記載する。祖師太清忌斎は雲頂院本坊で行われた[16]。請帳によると、百十七人を招請したところ三十六人が辞退、八十一人が参加した。これは着座した僧の数に相当し、八十一人が二番に分かれて着座したのである。上記に「上方以下老少四十員」とあるのは一番座に着座した人数であろう。すると、二番座には四頭のうち内衆二人を除き、四十一人が着座したことになる。二番座について喝食頭以下周盛喝食に至る十六人と記すのは、その内に含まれるのであろう。これらの座席は本坊の客殿に設けられたと考えられる。

③ 梅叔法霖の「日用三昧」[17]天文八年（一五三九）八月十九日条に、

赴雲頂叔英和尚百年忌斎。主位雲興和尚。賓位鹿苑。主対巣松。賓対妙厳也。一番四十八員。一番座了留諸老侑般若湯。一辺被起矣。（後略）

とあり、雲頂院本坊において叔英宗播の百年忌斎があり、一番座に四頭で四十八人が着座した。これは人数からみて客殿で行われたと考えられる。

以上、雲頂院本坊客殿に着座した人数をみると、天岩年忌半斎は客殿と書院を用い、二番座に分けて客殿に九十三人が着座した。一番座あたり平均四十六人から四十七人である。また、太清忌斎では、四頭に分かれて一番座四十人、二番座四十三人、叔英百年忌斎では、四頭に分かれて一番座四十八人である。すなわち、一番座に四十人から四十八人が着座したことになる。人数に多少のばらつきがあるのは坐の詰め方によると考えられる。客殿は畳追回し敷と考えてよく、この着座人数は客殿の広さを反映しているであろう。

近世初期の史料であるが、『鹿苑日録』に相国寺光源院本坊、(18)三聖院方丈および東福寺本院で行われた法要における煎点及び斎の時の座牌指図が収められている。つぎに、それらの例から客殿周囲の畳に四頭に分かれて着座した時の一帖当たりの平均着座人数と、指図より窺える座席の粗密感との関係を類推してみよう。

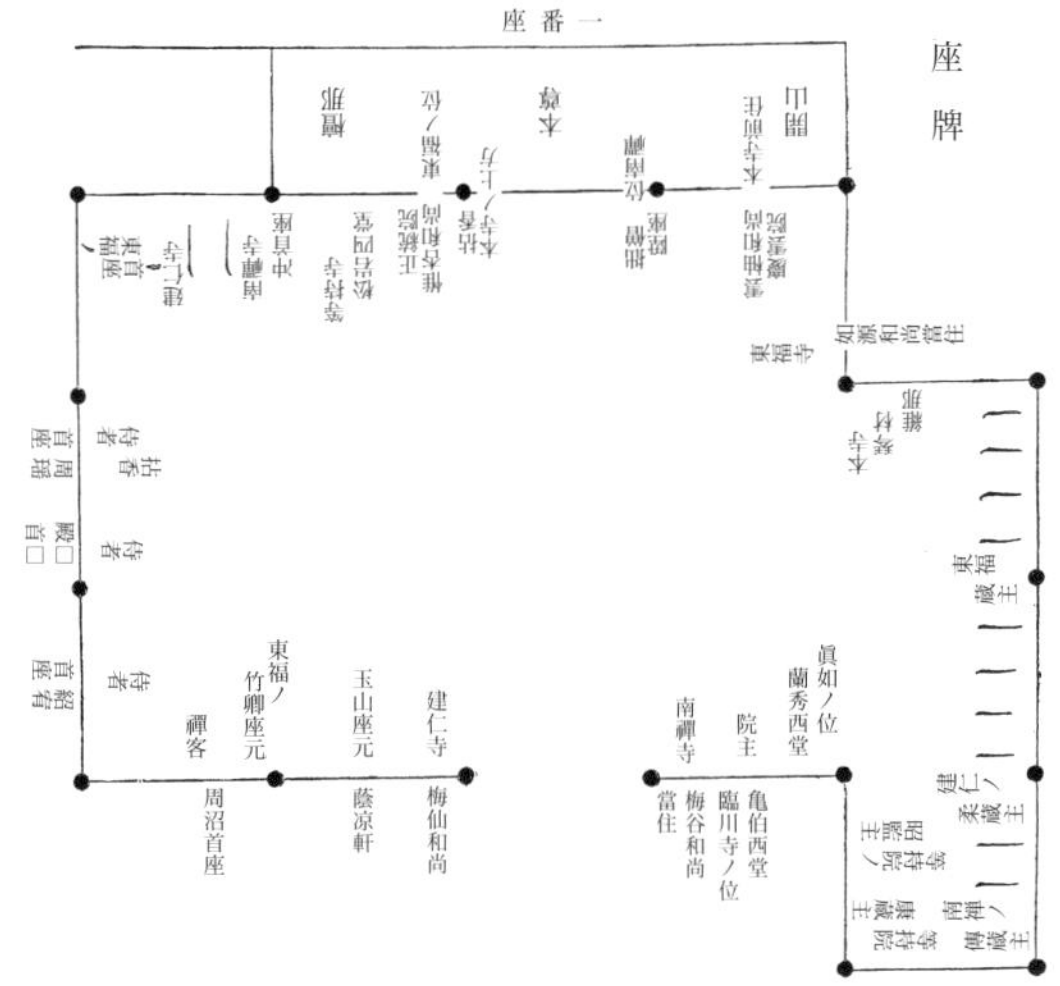

図11　相国寺光源院本坊座牌図（1）（天正17.5.19）

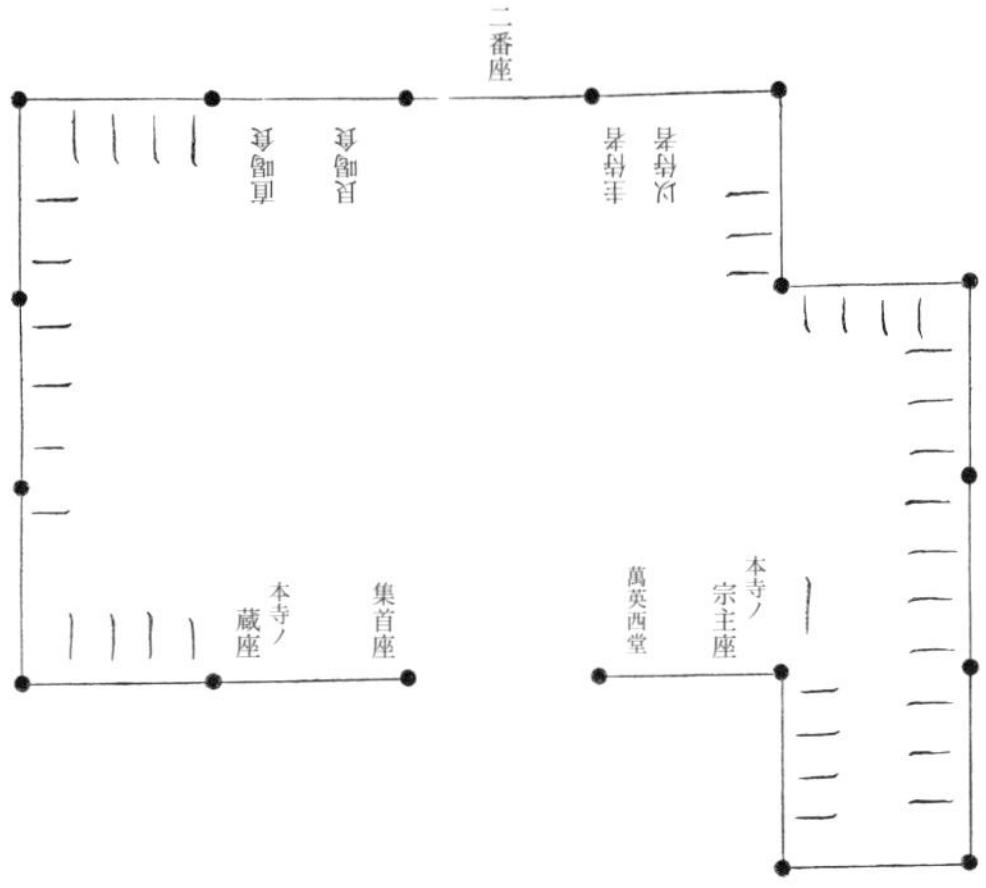

図12　相国寺光源院本坊座牌図（2）（天正17.5.19）

a 『鹿苑日録』天正十七年五月十九日条に、相国寺光源院本坊で行われた光源院殿二十五年並びに陞座一会における煎点のときの座牌指図をのせる（図11、図12）。道場は中央方三間の客殿と両脇間を合わせた間口五間、奥行三間の広さであるが、東間の北一間を道場に用いず、その分南広縁に一間張出して座席を設けている。(19)客殿は間口三間、奥行三間、両脇間は東間、西間と呼ばれ間口各一間である。本坊の脇間間口を一間とするのは塔頭本坊としてはやや変則である。(20)座席は、入口と本尊前に設けず、四頭に分かれて一番座に東方に

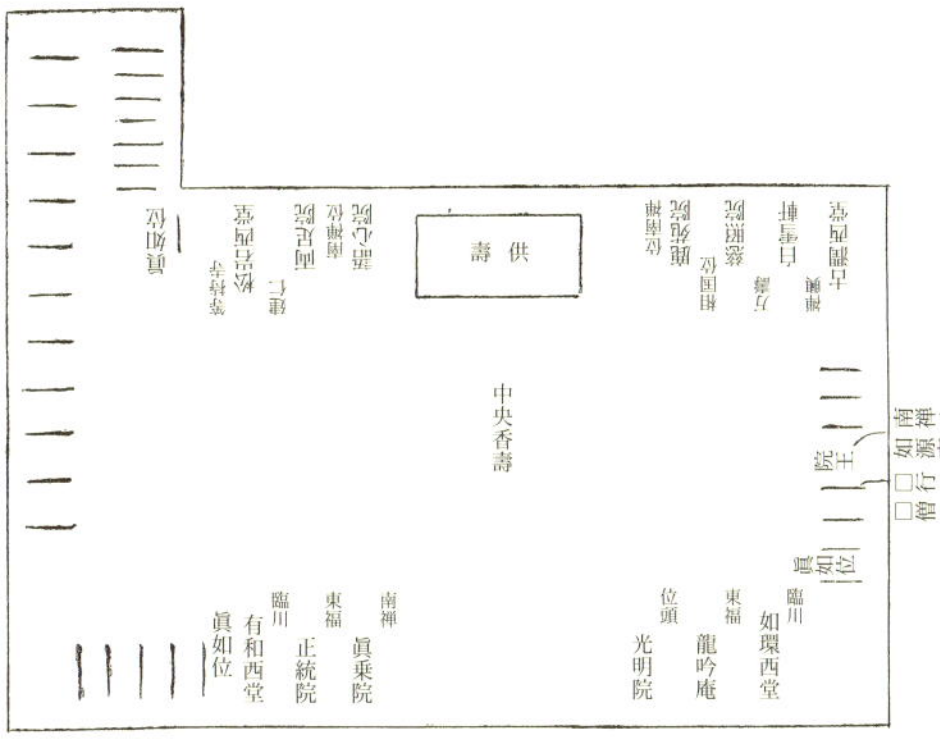

図 13　三聖院方丈座牌図（天正 17.8.8）

着座した人数は主位鹿苑院西笑承兌以下八人、主対南禅寺梅谷和尚以下十四人、小計二十二人、西方の人数は賓位相国寺上方以下七人、賓対建仁寺梅仙和尚以下七人、小計十四人、合わせて三十六人である。座席畳数は東方八帖、西方六帖であり、一帖当たりの着座人数は東方約二・八人、西方約二・三人、平均約二・六人である。

同様に、二番座では、東方に主位圭侍者以下十二人、主対雋英西堂以下十四人、小計二十六人、西方に賓位艮喝食以下六人、賓対集首座以下十二人、小計十八人、合わせて四十四人である。畳数は一番座と同じであり、一帖当たり着座人数は東方約三・三人、西方三人、平均約三・一人になる。

b『鹿苑日録』天正十七年八月八日条に、三聖院方丈で行われた同院開山宝覚三百年忌における斎のときの座牌指図をのせる（図13）。道場は間口五間、奥行三間の広さで、北間の西に張出した方一間に座席を設けているが、この部分を除いて一帖当たりの着座人数を求めてみる。入口と供台のある本尊前を除き、四頭に分かれて着座した人数は東方主位に鹿苑院西笑承兌以下七人、主対に光明院献甫璞東堂以下八人、小計十五人、西方賓位に南禅寺語心院梅谷和尚以下八人、賓対に真乗院錬甫純長老以下十二人、小計二十人、合わせて三十五人である。座席畳は東西両側とも六帖であり、一帖当たり着座人数は東方約二・五人、西方約三・三人、平均約二・九人である。

c『鹿苑日録』天正十九年四月十三日条に、東福寺本院（南明院カ）で行われた南明院殿追善のときの煎点座牌指図をのせる（図14）。指図に客殿入口を短縮して描くが、道場の客殿は西向で、間口五間、奥行三間の広さと推定される。そのうち、北間には座席を置かない。また、北間の東に張出した方一間部は除外する。座席は四頭に分かれ、東西に対座する。南方主位に龍吟庵以下七人、主対に鹿苑院以下六人、小計十三人、北方賓位に南禅寺當住以下三人、賓対に旦那以下四人、小計七人、合わせて二十人である。なお、主位陞座竜吟の座は本尊前の畳に置かれたが、微疾の故、煎点と斎の時に着座しなかった。賓対の旦那の席も同じである。南方の畳五帖、北方の畳二帖であり、一帖当たり着座人数は南方約二・六人、北方約三・五人、平均約二・九人である。

d『鹿苑日録』慶長二年五月十九日条に、光源院本坊で行われた光源院殿三十三年忌における煎点のときの座牌指図をのせる（図

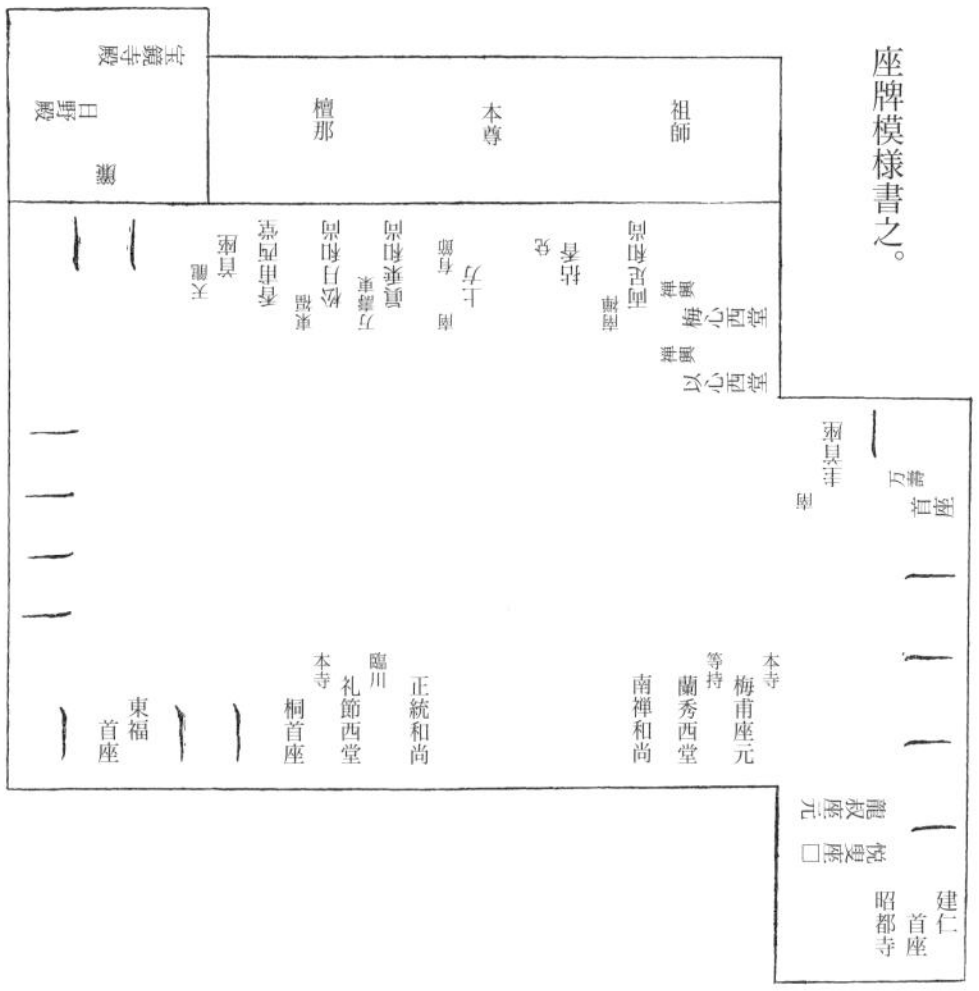

図15　相国寺光源院本坊座牌図（慶長2.5.19）

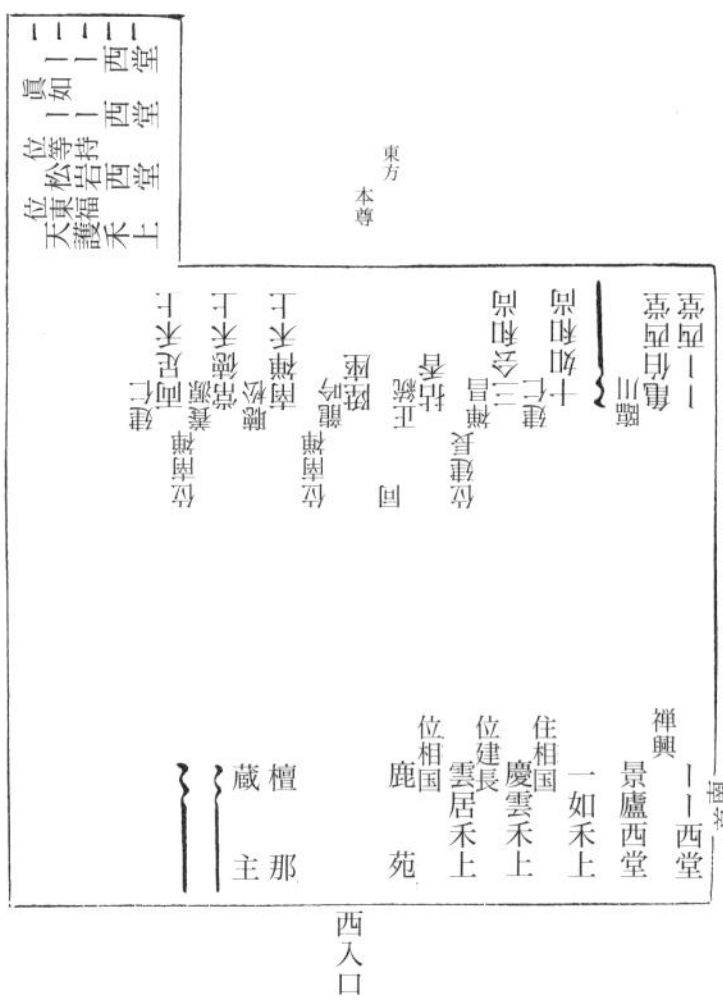

図14　東福寺本院方丈座牌図（天正19.4.13）

15）。道場は天正十七年の時と同じである。座席は四頭に分かれ、本尊前の畳に主位と賓位の座を設ける。一番座の着座人数は東方・主位鹿苑院西笑承兌、主対南禅寺玄圃、西方・賓位相国寺上方有節、賓対正統院惟杏で、ともに十八人、合わせて三十六人である。座席畳数は本尊前の畳を二分すると、東方八帖半、西方六帖半、一帖当り着座人数は東方約二・一人、西方約二・八人、平均約二・四人である。なお、二番座、三番座の人数は四十人、一帖当たり平均着座人数は約二・六人である。

以上をまとめたのが表1である。表1によると、四頭に分かれて着座した時の畳一帖当たり平均着座人数は普通で二・八〜三人ほどである。これをもとに座牌の粗密感の目安をまとめたのが表2である[21]。

これは一つの目安であるが、これを参考にして雲頂院客殿の広さを推定してみよう。上述のように、雲頂院客殿に着座した人数は四頭に分かれて一番座に四十人から四十八人である。着座人数の四十八人を「ふつう」、四十人を「ややゆったり」とみると、前者の畳数は十七〜十六帖、後者は十六から十五・四帖になり、追回し畳数は十六帖ほどである。これは客殿入口を除いた畳数である。客殿中央間を二間通しとして、客殿左右に各八帖を追回しに敷くと、客殿は間口六間、奥行四間の広さが想定される。奥行四間は相国寺普広院本坊の客殿を参照した。

つぎに延徳四年の天岩年忌の斎において、書院に着座したのは一番座二十一人、二番座十人である。二番座の人数は一番座の半分であるので、一番座は多く詰めたのではなく、「ふつう」の座り方であったとみてよいと思われる。室

表1　畳一帖当たり着座人数

		東又は南方	西又は北方	平均	道場広さ	合計着座人数
光源院本坊	一番座	3.1	2.3	2.6	5間×3間	36
	二番座	3.3	3	3.1	5間×3間	44
三聖院方丈	一番座	2.5	3.3	2.9	5間×3間	35
東福寺本院	一番座	2.6（南）	3.5（北）	2.9	4間×3間	20
光源院本坊	一番座	2.1	2.8	2.4	5間×3間	36
	二番座・三番座			2.6	5間×3間	40

表2　座牌の粗密感

一帖当たり着座人数	粗密感
2.5 ～ 2.6 人	ややゆったり
2.8 ～ 3 人	ふつう
3.3 ～ 3.5 人	つめる

町時代における五山塔頭の本坊は客殿両脇間の間口を二間とするのが一般的であった(22)。そこで、書院の間口を二間として、二十一人が畳一帖当たり「ふつう」（二・八～三人）に着座したとすると七・五～七帖を要する。これに入口の畳一帖を加えると周囲の畳は八帖になり、書院の広さは十二帖（間口二間、奥行三間）と推定される。これは普広院絵図に描く本坊書院（東北隅部屋）と同じ広さである。普広院絵図に描く本坊（客殿）を参照して客殿背後に梁行二間の部屋を推定すると、御影間は書院と同じ広さ、御所間も同じと考えられる。すなわち、雲頂院本坊の規模は主屋桁行十間、梁行六間であった可能性が大きく、その南面に広縁をもち、南面東寄りに玄関を構えていたと推定される。東・西両面の広縁は未詳である。

客殿の用例として正月元旦の院衆一湯礼、大般若経転読、祖師忌斎、修懺等の仏事(23)、相公御成の時の点心・茶などが知られる。なお、応仁の乱後の雲頂院御成は文明十九年四月十四日の一度だけである。御影間の用例は未詳である。

書院の用例は正月元旦の院衆礼拝、天岩年忌斎のほか正月点心、接客がある。すなわち、延徳四年正月二日条に「於本坊書院鎮書記。宝香。新兵衛。判門田喫点心。」とある。この日の点心は意足客殿で行われたが、鎮書記などは本坊書院で点心を喫したのである。また、延徳二年五月二日、鹿苑相公年忌に本坊にて半斎会あり、その後、亀泉は興子雲信上司と書院にて斎を召した。この書院は本坊の書院である。なお、『鹿苑日録』第二巻に収める梅叔法霖の『日用三昧』天文九年四月十五日条によると、雲頂院本坊の書院座敷において同院集俊首座の後堂寮斎があり、主位相国寺住持廉叔、賓位雲興院汝雪、主対鹿苑僧録梅叔、賓対蔭凉、主位次桃蹊、賓位次梅仙、以上六人が会した。同じく天文九年正月七日条に、後堂俊首座の祝いがあった雲頂院本坊座敷も書院であろう。この日の祝座敷は主位雲興、賓位鹿苑院、主対雲頂院主、賓対妙厳後堂の四頭で、主位脇に春湖（等持寺）、賓脇に要叔（臨川寺）主対脇に後堂、次光岳（真如）、郁文、南宗、賓対脇に後堂首哲首座の計十一人が着座した。このように、本坊における書院は表向の接客座敷であった。

（2）意足室（奥向書院）

意足室（意足軒とも記される）は、本坊と独立して建てられた院主の住房（奥向書院）である。創建期の本坊内にあった書院を「意足」と称し、それを院主の住房として別棟に建てたものと推察される。応仁の乱後、茂叔集樹が意足軒を中興したと伝えるので、その創設は応仁以前に遡るかもしれない。

長享二年（一四八八）四月十五日条によると、相国寺法堂における前板、後板の禅問に先立ち、勝定禅客の後板早飯が雲頂院意足室の客殿と書院座敷を使って行われた。意足室では一番座二十二人、二番座二十三人が二室に分かれて着座した。客殿は表向の室、書院は内向にある院主の居間書院である。長享三年三月三日の条に「夜来於御影間有詩会。芳洲茂叔已下皆会。愚出一詩。不臨雅筵。隔障子聴誦詩。秉筆菅。聯。鋭。藤。哲。詩了有宴。以桃花飯喫之。」と記す。意足室の御影間で詩会があり、亀泉集証は居間書院で襖障子を隔てて誦詩を聴いたのである。秉筆の菅以下五人は亀泉の弟子と喝食侍者である。

長享二年四月二十一日条に、四老が意足西縁に来て雨を聴き、詩宴を開いたことが見える。[24] また、長享三年七月二十八日に行われた松泉軒上棟式の時、亀泉は意足室で祝宴を行い、西縁で大工棟梁以下に礼物を賜った。これにより、書院と御影間は意足室の西向にあり、西面に広縁をもっていたことが推察できる。

一方、客殿の東脇には小寮があった。延徳二年（一四九〇）六月晦日条に「今晩帰意足。（中略）。於意足東向寮今夏始喫梵天。（中略）。自今夜在東向小寮。安閑有楽。」とあり、東向寮（小寮）は院主の私室でもあったらしい。延徳二年閏八月七日条に、

晡前芳洲茂叔以昌子報云。今日安閑。往可聯句如何。愚云尤可然。此方亦寂寞過恒。早々来訪待之云々。両翁来。招馨甫。南伯。九峰。於東向小寮始句。聯衆取鬮定次第。宝沙弥第一。筆。破題云。爾後山添痩。第二昌云。雲間月秘妍。第三南伯。第四愚老。第五茂叔。第六九峰。第七芳洲。第八馨甫。至晩々湌。一汁三菜。中湯二返。及昏黒聯五十句。愚時起虫。以故移座於昌子寮。（後略）

とある東向小寮も意足室の寮である。ここに、昌子寮は意足室北面にある子弟の寮である（後述）。亀泉は東向小寮で、聯句を始めたが、虫気が起きたため、聯句の座を昌子寮に移したのである。なお、延徳二年八月十日条に「愚在本房東向小寮独喫晩食。」の記事がある。本坊は東向に書院と御影間があるので、この本房は意足室と考えられる。[25]

意足室は、西面のほか南面に広縁をもち、東面に小縁を付けていた。南縁は、延徳三年三月十二日条に「晩来看庭前桃花云。晩照桃添色。昌也続之云。微風松有声。於爰招茂叔。芳洲聯句。秉筆悦公也。就南栄月書之。（中略）。南縁太寒。於炉間終聯句。点灯有宴。」とある。意足南縁で聯句を始めたが、南縁（広縁）は寒いので席を炉間に移したのである。炉間は意足書院である。『蔭録』によると、意足南庭には桃と梅樹、躑躅のほか、松十数本が植えられていた。一方、小縁は延徳二年七月四日条に「夜来招雲沢衆。北坊本房衆。維俊。於東向小縁進酒瓜。祝公吹尺八。北坊挙一声。愚依虫気不出蚊帳。高枕以聴之。及深更皆帰。」とある。これは意足東向の小縁すなわち濡縁における酒縁で、亀泉は東向小寮に休み、歌を聴いたと思われる。[26]なお、延徳二年七月十日条に「晩来景徐翁来。於東寮縁有宴。茂叔相伴。及薄暮帰。」とある東寮は意足の東向小寮と同じかどうか不詳であるが、同じとすると東面にも広縁があったことになる。

書院は付書院と書棚を備え、冬季に炉が開かれた。延徳二年三月十四日条に「崇寿来於北窓有宴。打話移尅。」とあり、相国寺崇寿院の塔主が訪れ、亀泉は北窓にて宴をもった。北窓は北面に窓（付書院）のある書院である。[27]長享元年閏十一月二十一日条に、相公（足利義尚）に代わり、亀泉は「書院」にて疏の銘十七通を書くとあり、また延徳二年七月十三日条に、「意足書院」において松泉軒施食大旛を書く、嘉都文年忌なりとあり、これらは書院の付書院で書いたと思われる。書棚については、文明十七年八月十三日条に「雲頂雲沢松泉三所の重書。以丹蔵主一所預之。」とあり、雲頂院意足の書院に重書を置いていたことが知られる。[28]また、長享元年十月二十三日条に「夜来開炉招雲沢春湖。同前張村田楽。藤子有句云。囲炉春不小。愚云。開戸月猶遅。（後略）」とあり、書院の開炉始めに炉を囲んで聯句を催した。

書院（居間）の隣に眠蔵を置くのは当時の通例であり、意足室にも院主の眠蔵があった。文明十九年正月五日条に「夜来沢甫携樽来有宴。愚時虫起。以故寝眠蔵。隔障聴歌曲及深更皆酔帰。」とあり、亀泉は意足書院における酒宴の歌曲を眠蔵で襖障子を隔てて聴いた。これについては、長享二年正月四日条に「於意足書院有家宴。愚炙背聴諸侶之歌声。」とあるのが参照される。両記によると、書院は院主のみの私室ではなく、寮衆に開放されていたことが窺える。院主の眠蔵の東隣には弟子である侍者の小寮が設けられた。延徳二年正月十一日条に「夜来於昌子寮少者聯句。及深更。愚自焼餅温酒調肴賜之。」とある昌子寮は意足北面にある寮である。なお、昌子寮は、翌延徳三年五月三日に別棟の寮舎として新造され、この日新寮開きの雅会が昌子寮であった。会衆は茂叔、芳洲及び亀泉とその弟子など十五人、聯三十句を詠んだ。同日条に「落句愚云。吾有善隣室。昌也云。師誠済世航。」とある。昌子寮はもと亀泉の眠蔵の隣室であったことが分かる。

新寮開きのあった翌々日の五月五日の節句に、亀泉は北向寮に諸彦を招き、盃を勧めて節句を賀した。この北向寮は意足北面にある寮と考えられる。これより先、延徳三年正月二十六日夜、亀泉の室に弟子入りした慈英少年（喝食）は初めて意足に宿泊した。これは昌子寮と別の北向にある部屋と思われる。

意足客殿の広さについては、つぎの記事が参照される。文明十八年四月十五日条に、

開山諷経了於意足室后板草飦。外請着座二十七員。主位后板無座牌。賓位等持寺眘陽西堂。主対胤蛍窓。賓対越江月。又二番座給仕十二員。主位岱東雲。賓位小維那周泉喝食。

と記す。意足室にて行われた后板草飯である。一番座は四頭で二十七人が着座したので、客殿を用いたと考えられる。一番座の二十七人は主位側と賓位側に分かれ、それぞれ十四人と十三人が着座したと考えられる。これについては、明応二年（一四九三）正月二日条に、意足室における点心に主位亀泉、芳洲以下十四人、賓位茂叔以下八人、合わせて二十二人が着座したことが参照される。両側に十四人と十三人が「ふつう」（一畳当り二・八〜三人）に着座したとすると、畳は九・六〜九畳、客殿入口の畳を入れると、周囲畳十畳ほどになり、客殿は間口三間、奥行三間ほどの広さが想定される。なお、応仁の乱前に雲頂院主の寮であった集雲軒の客殿は「九間」の広さで、畳追回し敷であった。応仁の乱後には「九間」の客殿は畳敷詰になっていたのではないだろうか。意足客殿の背面に仏壇があったことは、長享二年六月二十七日条に「今晨安一山之位牌於仏壇。」とみえる。

御影間の広さについては、延徳二年二月五日条に、

（前略）。別所大蔵少輔殿来。於書院茶話移剋。於御影間勧盃。愚不出。進叔。芳霖。桂。藤。栴。樹。堂司皆陪座。別所殿伴衆四員。已上十二員在座。勧以水滑麺。数献過退散。

とあり、御影間での宴席に十二人が着座したことが参考になる。また、延徳二年閏八月十五日条の御影間における詩会に詩衆十人が加わり、詩の後、小晩飯があったこと、同年九月二十六日条に、意足室にて納所の勘定があり、終って斎会の時、十一人が座に着い

たことがみえる。納所勘定は書院で行った例もあるが[29]、御影間で行うのが旧例である[30]。

御影間は、両側に分かれた宴席で十人から十二人が着座できるとすると、「四間」の広さが推定される。

書院については、つぎの記事が参考になる。長享三年正月八日条に、

（前略）。於爰愚先帰意足室。書院囲炉対話有宴。（中略）。雪渓一人陪座。春。樹。梅。柏。祝。久。悟。哲。桂。藤。康。歓。菅。泉及愚十五員。都十七員。以香茶一種為肴耳。太以風流也。

とあり、書院における雲門に亀泉以下十七人が座した。また、延徳元年十二月二十九日夜、書院にて宴あり、亀泉の弟子十四人と小喝三人が集まったという。これらによると、書院は御影間より広く「六間」と推定される。

意足客殿の用例は、正月の点心、元旦院衆総礼[31]、新年祝宴、年忌修懺、大般若経転読などの仏事、斎会、詩会等のほかに院主の接客・茶話、対面[32]などが知られる。

御影間の用例は、後板衆祝盃、詩会、各種宴及び斎会[33]、納所勘定、院内評議[34]、接客・対面[35]などが知られる。

書院の用例は、内衆・院衆の年始祝宴[36]、内輪の宴会・小斎、詩会・聯句、接客・対面など[37]があり、また、院主個人の客との茶話・勧盃。文筆、看経、点心などに用いられた。

意足室は院主の住房であるとともに、書院を中心に院主と子弟が学習と生活を共にする学舎でもあった。延徳三年十月二十一日条に「慈英喝食始教消災呪。（中略）。宗菅喝食始習山谷詩。皆予教之。」とあり、慈英は入室後、初めて亀泉から消災呪の教えを受けた。これは書院における学習である。亀泉集証の『蔭録』に、意足室とその周辺に寮舎をもつ子弟を当寮衆あるいは寮衆と記す。書院は寮衆に開放されていたと思われる。延徳二年五月二十二日条に「不例。（中略）。自今晩移桂寮。蓋書院者人多集怱劇也。」と記す。書院は寮衆が多く集まる部屋であった。

注

1　上村観光『五山文学全集』第三巻所収。

2　『空華日用工夫略集』永徳元年十月二十一日条に「赴雲門庵。太清和尚請益。正寝上新造閣。名曰甘露法閣。」とあり、南禅寺雲門庵正

寝（本坊）の二階を甘露法閣と称した。

3 方丈を書院の雅名で称した例は、惟肖得厳の『東海橘華集』三叙、〈澗陰小築詩序〉に「瑞皐正寝日龍渕焉」とある。正寝は南禅寺方丈、龍渕は方丈書院の雅名である。

4 明徳三年（一三九二）八月二十八日の『相国寺供養記』に、当時、相国寺に塔頭のほか集雲以下の寮舎が多くあったという。

5 『蔭録』文明十九年二月十二日条。

6 文正元年四月十四日条に「雲頂院御成。（中略）。雲頂院御所間西庭。植一株梅樹相公御覧之。（中略）。我院山門北廊上葺修之。又雲沢上葺同前。自殿中被御覧之。」とある山門は昭堂回廊東面の門である。これにより、昭堂は本坊の南西にあったことが分かる。また、文明十九年二月十日条に「当院敷地打之。則門東面自築地西凡三十九丈。中之上戸迄三十五丈掘之。西之岸迄三十三丈。南北四十三丈六尺。（中略）。遺柏首座於常徳院云。当院敷地東西三十三丈二尺之由。就御尋白之。愚無安内之故云爾。自東之築地内昭堂之後迄□□三丈二尺也。其西五丈余。当院之地也。南北五十七丈五尺之図有之。（後略）」とあり、東面築地に東門を開き、昭堂は東向であった。

7 玉村竹二「蔭凉軒及び蔭凉職考」第五章、同著作集『日本禅宗史論集』巻上、収録。

8 玉村竹二「蔭凉軒及び蔭凉職考」第五章に引く文明十五年に亀泉集証が茂叔集樹に宛てた書状。

9 延徳二年六月二十三日条。

10 玉村竹二「蔭凉軒及び蔭凉職考」第五章（前掲）。

11 文明十七年九月十九日条に、本坊にて叔英宗播の年忌修懺・半斎会があった。

12 延徳二年六月二十三日条に侍真寮、文明十六年十一月十日条に納所寮、長享二年正月四日条に丹公寮（侍衣寮）、同四月三日条に桂子寮、延徳二年正月十一日条に昇子寮。

13 この絵図については川上貢氏の研究があり、普広院（旧乾徳院）の沿革、絵図の特徴（作図法、縮尺、製作者など）、制作年代と目的、図の内容などについて考察されている。川上貢「古絵図にみる禅院の建築」二、『古絵図』特別展覧会図録、京都国立博物館編、一九六八年。同著『建築指図を読む』中央公論美術出版、一九八八年所収。

14 なお、亀泉集証の『蔭録』では、一般に本房と本坊を区別していない。また、雲頂院に関する両者の用例をみると、本房は表向の本坊ではなく、奥向の意足室を意味する場合もあるので、上記の御影間は意足内の部屋の可能性も否定できないかもしれない。しかし、意足室のそれを指す場合は「意足御影間」と記す例が多いので（文明十八年四月十五日、延徳二年八月三日条など）、上記は本坊の御影間と解するのが穏当であろう。延徳二年六月二十六日条によると、この頃本坊の造作を行っているので、御影間の畳を刺し替えたと思われる。

15　延徳三年正月朔日条参照。なお、近年これなしというのは、本坊書院における院衆拝礼であり、元旦の本坊客殿における一湯礼は文明十八年以来続いている。

16　延徳三年六月十九日条参照。

17　『鹿苑日録』第二巻。

18　光源院は足利義輝の菩提所、もと広徳軒と称した。広徳軒は、応永二十八年八月に相国寺住持となった元容周頌が創設した寮舎である。永禄八年五月十九日、足利義輝薨去、広徳軒を光源院に改称し、祠堂とした。

19　『鹿苑日録』に収める西笑承兌の「日用集」慶長二年五月十九日条に、光源院本坊で行われた光源院殿三十三年忌の点心の時の道場灯について「灯者客殿二ケ、東間一ケ、西間一ケ、西縁一ケ、東縁借家二ケ。」と記す。

20　『言継卿記』によると、永禄八年五月十九日、三好、松永の兵が足利義輝の居る二条御所に乱入、将軍は自害し、奉公衆多数が戦死した。その時、御所は焼失したが、義輝の母慶寿院の御殿は焼失を免れた。同年七月九日、慶寿院の対面所を相国寺広徳軒へ引き、義輝の塔頭として光源院を建立したという。

21　『鹿苑日録』慶長十一年七月五日条に、南禅寺法堂供養の後、方丈にて催された斎の作法について、二間に七人半の座牌を盛るのは古今始めてであり見苦しい、と云う。一畳当り三・三人〜三・五人は「つめた」座牌と思われる。

22　同時期の普広院本坊及び東福寺方丈、同龍吟庵方丈を参照。

23　文明十七年九月十九日、延徳二年正月二日条。

24　長享二年六月四日、延徳二年七月二日条参照。

25　延徳二年七月十三日条に「本房茶礼間」、同八月十三日条に「本房礼間」とある、本房茶礼間は本房の庫裏にある茶礼間（礼間）である。

26　長享三年十一月十九日条に、濡縁を「小縁」と記す。

27　文明十九年六月二十五日、同二十七日条参照。

28　文明十七年九月十五日条によると、書院に書棚を置くことは禅院では普通であった。

29　延徳四年二月十日条。

30　長享元年十月二十八日条。

31　『蔭録』によると松泉軒ができる延徳三年以前、元日院衆総礼は本坊客殿で行われた。

32　延徳二年四月二十七日、同七月二十六日条。
33　長享二年正月十五日、同二年六月十八日条。
34　延徳四年七月二十七日、明応元年十一月二十七日条。
35　延徳二年八月三日、長享三年十月十九日条。
36　長享三年正月二日条に「行事如恒。土地堂帰。意足軒点心。一湯。点心菓茶如恒。二番座了。於書院宴集。雲沢集栖老衆如先規。（後略）」とある。正月二日の祝宴は内輪の宴であり、意足書院で行われたと考えられる。なお、文明十八年正月二日の祝宴は意足書院、翌十九年同日の祝宴は客殿で行われた。この客殿は、その座で観世新三郎が太平新曲を唱とあるから、意足客殿と考えられる。長享二年から延徳三年の正月二日各条にみえる意足客殿の点心後、書院に雲沢集栖老衆を集めて行われた祝宴は内輪の宴であり、意足書院を用いたとしてよいであろう。
37　長享二年正月九日、延徳元年十二月十一日、同二年二月十七日条。

第四節　室町時代後期の相国寺雲頂院雲沢軒と松泉軒

Ⅰ　雲沢軒の創立と沿革

雲沢軒は、応永三十二年（一四二五）八月十四日の相国寺火災後に、季瓊真蘂により雲頂院内に創設された寮舎である(1)。応永火災当時の雲頂院塔主は太清宗渭の法嗣叔英宗播であり、彼が火災後の雲頂院再興に尽くしたと考えられる。『蔭録』によると、雲頂院本坊は永享八年（一四三六）から翌九年四月には完成し、また、本坊の西方にある叔英の私寮集雲軒は同八年頃に出来ていた(2)。雲沢軒は、永享九年三月三日条に「雲頂院、雲沢庵、瑞応寺、額字遊ばさる。」とあるのが初見で、翌十年三月八日に、季瓊は、足利義教より雲沢軒の額字を賜った。同年四月三日、足利義教は雲沢軒御成りにつき吉日を択ぶ事を播磨守に命じ、同月二十六日、御成りになったので、雲沢軒はこの頃には出来ていたであろう。雲沢軒は本坊の西方、集雲軒の北隣に営まれた(3)。当時、季瓊は鹿苑院にあって蔭凉職を務めていたので、将軍が雲頂院と集雲軒へ御成りの時に、雲沢軒を蔭凉職の休息所に充てるため集雲軒の近くに造ったと思われる。

雲沢軒は、応仁元年（一四六七）十月の相国寺火災により雲頂院とともに焼失した。火災後、雲沢軒は文明十五年（一四八三）には再建されていた。

松泉軒は季瓊真蘂が雲沢軒内に創始した寮舎であったが、亀泉集証が蔭凉職に在った延徳元年（一四八九）に雲沢軒から独立した敷地に新たに造営された。

雲頂院は天文二十年（一五五一）十月の頂国寺兵火により罹災し、雲沢軒と松泉軒はその後再興されなかった。

II　室町時代中期の雲沢軒と松泉軒

季瓊真蘂は嘉吉の乱に際して、赤松氏の出身である故に一時蔭凉職を辞した。しかし、足利義政の命により長禄二年（一四五八）正月、季瓊は復職し、蔭凉軒のある鹿苑院南坊に移居した。寛正三年（一四六二）二月十五日、義政は相国寺都聞寮へ御成りの折、雲沢軒御成りの次に上堂、半斎、御聴聞の事が記録に見える由、雑談の次に仰せ出された。季瓊は「松泉が新造落成に至る日、来月の頃、御成り申すべき志を謹んで披露し、なお障子の画は小栗を雇う由」これを申した。義政は「当世小栗を除き余子無の由」仰せ出された、という。翌三月六日、義政は、来る三月十四日に雲沢軒御成りのことを了承、松泉軒、寿楽堂など五額を遊ばされるべき由仰せ出され、その日のうちに五額を翰筆した。そして、三月十四日に雲沢軒へ御成りになった。同日条に、

雲沢軒御成事報ぜ奉るなり、御成。御斎、普広院殿の例を以て、三の膳を調ずるなり、御菓子九種なり。松泉軒御成。青磁観音前において御焼香、梨花并盆山を御覧になられ、御談笑時を遷す。また、四間において小栗八景絵を御覧になられ、尤も賞美せらるなり。御談笑また数刻、美景兼并なり。小栗出家僧になる。法名宗湛と云うなり。御目に懸け奉るなり。献ずるに胡銅香炉、小卓を以てするなり。御小袖三重、盆香合〈鶴也〉、盆、段子〈白地〉、高檀紙杉原各十帖〈桂装〉、小盆一枚、絵二幅〈馬麟〉、杉原十帖、松泉軒においてこれを献ずる。還御の時、七宝瑠璃壷、花瓶一対并胡銅釣灯篭を下されるなり。

（後略）

と記す(4)。これによると、松泉軒には青磁観音を祀る部屋があり、その庭前に梨花と盆山があった。相公が小栗八景絵を御覧になった

「四間」は、それとは別の部屋であり、相公に小栗をお目に懸けたのは「四間」である。また、胡銅香炉、小卓などの引出物を「松泉軒」において献上した。この「松泉軒」は室名と考えられる。そして、引出物献上の時、座を移したことを記さないので、「松泉軒」は相公の御座所となった八景絵のある「四間」に同じと考えられる。

この「松泉軒」はどのような性質の部屋であろうか。中世禅院の方丈および寮舎では、その内に設けた住持あるいは軒主の書院（書斎）に何々軒、何々斎などという雅称を付ける例が多い。たとえば、『扶桑五山記』によると、(5) 天龍寺方丈書院の雅称は「集瑞軒」であり、同じく建長寺方丈書院は「聴松軒」、円覚寺方丈書院は「平等軒」、建仁寺方丈書院は「清涼軒」、東福寺方丈書院は「無價軒」である。なお、南禅寺方丈書院は「龍渕室」といい、書院に室あるいは斎の雅名を付けた例もある。方丈の例ではないが、足利義政の烏丸殿持仏堂書院は「粟室」といい、同じ東山殿東求堂書院は「同仁斎」である。これらの書院は書院窓（付書院）を備え、その軒に「同仁斎」などの額を掛けていた。(6)

また、塔頭内寮舎の軒号については、相国寺常徳院内の小補軒が参照される。小補軒は、応仁の乱後、文明四年（一四七二）に細川勝元が常徳院側にあった慶雲院の故地を譲りうけて、横川景三のために建てた寮舎であり、横川はそこを住居とした。(7) これより先、寛正二年（一四六一）、横川は三十三歳の時、師瑞渓周鳳（北禅軒）より「小補」という軒号を受けた。横川景三『補庵京華後集』梅岑字説に「（前略）、予年三十三、北禅老師、扁書室以小補、蓋取於補陀附庸之寺、名小補陀、（後略）」とあり、(8) 横川の書室を小補と称した。常徳院内の小補軒に「小補丈室」あるいは「小補之室」と記される書院があり、(9) それを小補軒と号したと推察される。

これらの例を参照すると、「松泉軒」は軒主の書院であり、足利義政の筆になる「松泉軒」の額はその軒に懸けられたと推察できる。それとともに、その障子に瀟湘八景絵を画き、そこに相公を迎え入れた点が注目され、「松泉軒」は御成り座敷として新たに造営されたとみることができる。なお、室町時代中期の塔頭における方丈は、機能的に客殿など表向の儀礼空間と書院など内向の生活空間に分けることができると考えられている。(10) それによると、「四間」書院は内向にあり、表向に青磁観音を祀った部屋があったと推測できる。(11)

一方、中世五山禅僧の詩集には、禅僧および禅僧と文化的な交渉をもつ武家の書斎あるいは書斎観を述べた詩文が多く見られる。それを反映して、室町時代に多くの詩画軸の書斎図が作られた。島田修二郎氏は室町時代の書斎図について、「我が国の五山禅僧の間には、室町時代を通じて、書斎に自分の理想とする所を表わす名をつけ、書斎の様を画に写して持つことが盛んに行われていた。

禅僧と文化的交渉の深い一部の武家などにもこの風が移っている。」と述べられている。そして、書斎図は、太白真玄が「渓陰小築図」の序の中でいう「心画」であり、書斎図に描かれた書斎は五山禅寺の中に在るのではなく、理想の隠居生活を営む場所、いわば心の中に建立する書斎である、とされる。(12) また、玉村竹二氏は、「詩画軸」の絵の題材は書斎の絵が多く、それは禅僧の一つの理想郷の具現である、と述べている。(13) 渡辺明義氏は瀟湘八景図について、書斎図は禅僧の山水礼賛と隠逸思想を反映している。瀟湘八景は中国山水の代表であり、それを襖障子や壁に描くことは居ながらにして江湖の上に遊ぶことができる。これは臥遊の思想である、と言われる。(14) 季瓊はこうした思潮のもとに松泉軒書院の襖障子に瀟湘八景絵を描かせたと推察される。(15) 八景絵障子のある松泉軒書院は一つの理想郷を具現化したとみられないであろうか。

さて、この時期の松泉軒は雲沢軒内に在ったが、(16) 雲沢軒と松泉軒の関係について、玉村竹二氏は、寛正三年六月十五日条に「雲沢軒内松泉の小牀の模様、高倉御所に移される由、御談余重ねて仰せ出されるなり。」とある記事、および同一人が同一塔頭内に二つの寮舎を持つ事は殆ど考えられないことをあげて、松泉軒は独立の寮舎ではなく、雲沢軒内の書斎に過ぎなかったとされた。(17) それに対して永井規男氏は、この時期の松泉軒は独立した建築とすべきで、雲沢軒の敷地の一部をさいて設けられたと考えられている。(18) それは、松泉の「小牀」を松泉軒庭園にある小亭と解されたからであると思われる。筆者は、永井説と同じ松泉軒を独立した建物とみるが、「小牀」について別の解釈をしている。それは、当時造営中の高倉御所へ模様を移すといわれる様な小亭が松泉軒の庭にあれば、もっと話題になってよいと思われるが、ほかに見えないからである。文明十九年（一四八七）四月十四日条に、相公（足利義熙）が、かつて雲沢御成りの時、小庭に梨花が有ったといわれるがと問うた時、亀泉集証は「小庭は松泉の庭なり、壁を隔てて梨花有り」と答えている。これによると、雲沢軒と松泉軒の間を隔てる壁があったらしく、その小庭に梨花を植えていた。また、庭前にある盆山は盆仮山であった。(19) 松泉の庭は小亭を建てるほど広くなかったのではないだろうか。「小牀」の牀は床に同じで寝台、腰掛、物を置く台などの意があるが、亭の意味はない。寛正三年（一四六二）七月十七日条に、季瓊は高倉御所の座敷と泉水を見て、御所の庭間に西芳寺の勝概を移す、甚だ奇観を為す、亭子あるいは牀三所これを構える、と記している。亭子は東・西の二亭であり、牀は「中央の牀」あるいは「中亭」と記される。中亭の額名はいくつかの案が出されたが、最終的に「攬秀」に決まった。宮上茂隆氏は、その額名から高倉御所の攬秀亭は二階閣であり、後に足利義政により東山殿に移築されて観音閣に改められたと考察された。(20) 季瓊が攬秀亭を「中央の牀」と記した意図は詳らかでないが、二階の腰掛が珍しかったということも考えられなくはない。高倉御所に移すように仰せのあった「松泉の小牀の模様」というのは実在の建物の模様ではなく、八景絵の中にある小牀の模様（図）であったのではないだろうか。そこで、雲沢軒と松泉軒の関係について改めて考察する。

文正元年（寛正七年・一四六六）正月二日条に、季瓊は雲頂院点心の後、院中を巡礼し、昭堂と集雲・雲沢・松泉にて焼香したとある。また、寛正三年三月十七日条に、大智院、相国寺、雲沢軒、松泉軒から足利義政に引物を献上したと記すので、雲沢軒と松泉軒は独立した建物であったことが推察される。なお、先に引いた寛正三年三月十四日条に、

（雲沢軒）御成。御斎。（中略）。松泉軒御成。於青磁観音前御焼香。被御覧梨花并盆山。御談笑刻遷。（後略）

と記す。季瓊の『蔭録』には、方丈の客殿から御所間へ座を移すことを「客殿より御所の間に御成り。」と記すことも稀にあるが、(21)上記に「松泉軒御成」として、「四間」と別の部屋にある観音の前で焼香しているので、これは雲沢軒内の部屋と異なる寮舎松泉軒に御成りになったことを示すと解される。書院の軒号をもってその寮舎を呼ぶ例は先述の小補軒にみられる。また、惟肖得巌の『東海橘華集』巻三叙・澗陰小築詩序に「瑞阜正寝日龍渕焉」とある正寝は南禅寺方丈、龍渕は方丈書院の雅称である。(22)

この時期の雲沢軒は将軍御成りがあり、表向に客殿と御所間を設けていた。寛正五年三月十一日条によると、雲沢軒には相公から頂戴した三幅御絵があったが、それを禅仏寺客殿の「九間」に掛けたところ御絵が短少であったといい、雲沢軒客殿は「九間」か、それより狭かったらしい。(23)また、雲沢軒は季瓊の私寮であるので、当初から軒主の書院と眠蔵が設けられたであろう。寛正四年六月十五日条に「雲沢軒障子画図の事を宗湛に命ずべきという仰せ出があった。上命の外、写すべからずの由、以前仰せ出されるなり。上命を以て免許される。もっとも恩栄の至りなり。」と記す。このように特別な障子画であり、上述の禅院における書斎図の思潮からみて、これは私室である雲沢軒書院の襖障子の絵と解するのが穏当と思われる。

Ⅲ　文明再建の雲沢軒と松泉軒

雲沢軒は、応仁元年（一四六七）十月の相国寺火災により雲頂院とともに焼失した。これより先、文正元年（一四六六）九月に季瓊真蘂は失脚したが、足利義政の命により応仁二年に入洛した。しかし、彼は蔭凉職に復帰することなく、文明元年（一四六九）八月十五日に示寂した。その後、季瓊の法嗣益之宗箴は文明五年から七年頃に蔭凉職に就いた。(24)応仁の乱後、鹿苑院の南坊（蔭凉軒）

は再興されなかったので、益之ははじめ禅仏寺に住み、文明十五年頃、雲沢寝室に移ったという[25]。これにより、雲沢軒は文明十五年には再建され、蔭凉司益之の居所になっていたことが知られる[26]。

一方、松泉軒については、横川景三の『補庵京華前集』文明乙未（七年）十一月十一日条に「松上宿雲〈会松泉斎　岩栖遨頭〉」と題する松泉の書斎における詩会の時の詩をのせる[27]。また、文明十五年五月十一日に松泉軒で詩会があった[28]。なお、『蔭録』文明十七年四月十三日条に「松泉画障これを歴覧、挂公引導。」と記す。この記事について玉村竹二氏は、応仁焼失のとき松泉画を持出したかといい、あるいは再造松泉軒の画障が出来たのを検分に行ったとでも解すべきかと疑問を呈している[29]。松泉軒が文明七年に出来ていたとすると、この頃、松泉軒の障子画が描かれた可能性もある。また、文明十七年八月十三日条に「雲頂雲沢松泉三所の重書、丹蔵主をもって一所にこれを預かる。」と記す。これは土一揆蜂起のため火災を恐れての措置である。三所の重書は雲頂院主の寮舎である意足室（意足軒）と雲沢軒及び松泉軒の書院などに置かれていた書籍と考えられる。同年九月七日条に、東府より蕈折一合を三会院と松泉に各々賜ったとある。この松泉も軒名で、独立した寮舎と考えられる。以上の例から、文明十七年頃の松泉軒は雲沢軒内にあって独立した寮舎であったと推定される。

つぎに、文明に再建された雲沢軒について考察し、合わせて松泉軒との関係を考える。この時期の雲沢軒は本房（雲沢軒）と庫裏（茶礼間）のほかに諸寮舎があり、北門を開いていた[30]。長享三年（一四八九）三月十五日、亀泉は諸老を雲沢軒に招いて詩会を催した。同日条により、その概要を記す。

早旦総衆斎の後、諸大老は御影間に集まり評題を行う。御影間の主位に鹿苑院惟明以下七人、賓位に栖芳軒月翁以下八人が着座し、賦題紙各三枚と筆硯を東川など六人（そのうち東川、東雲など四人は評題衆ではない）が置く。そして詩題に「寄松泉主人」の五字を定めた。東雲が題紙二枚を取り、鹿苑院に渡したが、鹿苑はそれを賓位の秀峰に譲る。秀峰は亀泉の左辺にあってこれを書き、東雲がそれを受取り功叔に渡す。功叔は詩題を客殿に掛けた四幅画の左辺に貼る。この四幅画は顔暉筆の百猿図で、その前の卓に胡銅大香が立てられた。また、御影間に明の季潭宗泐筆の「松泉主人」の軸が掛けられた。詩場である客殿の座席は主位上方以下五人、賓位鹿苑院以下三人、主対栖芳軒以下五人、賓対仙館院以下二人、以上十五人、各々に座牌、座氈、座屏が置かれた。斎は四汁菜十八、三の膳、中酒二遍、冷麺九菓の後に茶が出た。二番座は主位秀峰以下九人、賓位秀昭以下三人、主対子純以下五人、賓対功叔以下三人、計二十人が着座した。斎は一番座と同じである。この日雲沢軒に集まった詩衆は三十九人、そのうち雲頂院衆四人、他衆三十五人である。秀峰など七人で詩を執筆し、書き終ってそれを座に張る。相国寺桃源和尚が詩を合わせ、秀峰が首となりそれを読みあげ、詩を一巡させる。終って、茂叔が題を取り重ねて詩、詩衆また座に着く。主位七人、賓位四人、主対六人、賓対三人、合わせて二十人、二献、三献の後、各々帰院した。なお、客殿における一番座の間、二番座の衆十人が書院に着座した。主位梅叔以下五人、賓位雲渓以下五人、宴は本座（客殿）と同じ、また、書院における二番座に主位東川以下四人、賓位東雲以下三人が座した。

さて、客殿は室内正面に四幅絵と詩題が掛けられ、その前の卓に胡銅の大香炉が立てられた。詩衆は客殿左右に四頭に分かれて、一番座に十五人、二番座と重詩に各二十人が着座した。一番座主位五人、主対五人、二番座主位九人、主対五人、重詩主位七人、主対六人であり、客殿の東側（主位と主対）に各十人、十四人、十三人、同様に西側（賓位と賓対）に各五人、六人、七人が座したことになる。後述のように、延徳再造の松泉軒客殿は間口二間半、奥行三間、十五畳の広さであり、その座敷で主位・賓位の二頭に分かれて着座した時の片側人数は十一人から十二人が標準と考えられる。『蔭録』によると、延徳再造の松泉軒客殿では、片側十二人着座の例が多い[31]。明応二年六月十九日条によると、松泉軒客殿で詩会があり、詩衆二十三人が主位と賓位に分かれて着座した。これは十二人と十一人が左右に分かれて着座したと推察される。片側に十三人から十四人が着座した雲沢軒客殿はそれよりもやや広く、「九間」（間口三間、奥行三間）の広さと考えられる。客殿は背面の仏壇に本尊と祖師（太清宗渭）像を祀っていた[32]。御影間は、評題の時に主位七人、賓位八人の座が置かれた。座の前に題紙、筆硯を置き、その席で詩題を題紙に書いたので、座席は普通の斎会などよりややゆったり設けられたと思われる。一帖当り着座人数を平均二・五人ほどとすると、御影間は間口二間として、奥行二間半から三間ほどに想定される[33]。書院は御影間の北側にあり、一番座に主位五人、賓位五人、二番座に主位四人、賓位三人が着座したので、御影間より狭い八帖間であろうか。なお、この日の詩会は横川景三『補庵京華外集』上に収められ、つぎのように記される。

寄松泉主人

海内文章天界師、客来不問主人誰、
清風明月松泉会、正是花飛蝶駭時、
長享三年己酉暮春十五日、曰山中日洛下、会者三十九
招諸老題詩、蔭凉松泉翁、
人、一時盛事也、蓋続先雲沢師禅仏之会

也、壁上掛松泉主人之軸、全室所書也、
翁自先師伝以為珍、松泉之扁在此矣、故
詩題得寄松泉主人五字云、景三志、

これによると、この詩会は先師季瓊真蘂の禅仏寺の会を継承して行われた。季瓊は全室（明の季潭宗泐）筆の「松泉主人」の書を得て、自ら松泉を別号とした。(34) 亀泉は、「松泉主人」の軸を季瓊から譲り受け、同じく松泉を号し、私寮を松泉軒と称した。右の詩文にある「松泉会」及び後序にある「松泉の扁ここに在り」の語からすると、詩会は松泉軒で催されたかとも考えられるが、『蔭録』同日条に「諸大教皆相集、雲沢軒詩衆三十九員。」と記すので、雲沢軒を詩場としたことは間違いない。(35) すると、「松泉会」は松泉主人に寄せた詩会と解することができる。また、「松泉の扁ここに在り」は松泉主人の軸あるいは松泉の扁額を言うのであろう。後者とすると、雲沢軒内に建つ松泉軒の書院に松泉の額が掛けられていたことになる。

雲沢軒は客殿西脇に御所間、東脇に御影間を配し、南広縁をもっていた。(36) 書院は御影間の北、客殿東北隅にある。文明十九年六月二十五日条に「昨夜、雲沢北窓において聯百句を見る。」、同二十七日条に「雲沢北窓について晩食有り。(中略)。晩食を喫し、聯七十句。宴有り、初更に及び帰る。」とある北窓は書院のことであり、書院北面に書院窓（付書院）が想定される。延徳元年五月二十三日条に、亀泉は雲沢軒に移居していた五日間に山谷詩二十巻を閲覧したとあり、書院は書棚を備えていた。また、書院に隣接して眠蔵があり、客殿と御所間の背面には寮などが設けられたと推察される。

Ⅳ　延徳再造の松泉軒

長享二年（一四八八）八月十一日条によると、亀泉集証は、この日来訪した棟梁太郎右衛門に明年必ず松泉軒を造立すべしといって、その用意をさせた。翌三年五月二十八日、太郎右衛門は松泉軒の差図草案と材木摠色を提出した。六月三日、松泉軒造立事始あり、太郎右衛門は松泉軒の地形を打ち、指図を造った。敷地は東西十二間半、南北十六間一尺五寸の広さである。そして、同年（延徳元年）八月十六日、松泉軒及び庫裏を立柱上棟、同二十四日に松泉軒の躯体が出来、移徙の儀式を行った。その後、延徳二年（一四九〇）三月から松泉軒の造作工事に入り、翌三年十月に襖障子の絵を全て画き終り、十一月中には南庭の築山、植樹、布苔、白沙敷などをひとまず終了した。この間の造営経過については永井規男氏による詳しい考察がある[37]。なお、松泉軒の敷地は雲沢軒の東隣にあり、亀泉はそれの再造にあたり、以前より敷地を広げたと推測される。すなわち、その内に本房、庫裏、寮舎、文庫、倉、北門などが立ち[39]、また、本房前に南庭が造られた。当時、亀泉は雲頂院主であり、また、蔭凉職を掌っていたので、その私寮造営のための敷地を確保できたのかもしれない。松泉軒の再造は旦那である赤松政則が援助した。

（１）松泉軒の平面構成

延徳二年（一四九〇）七月二日条に「今日より唐紙大工、松泉襖障子下地を張るもの十間。」とあり、松泉軒の襖障子の間数は十間である。翌三年四月二十九日、唐紙師は松泉客殿障子の上張りを行った。その後六月三日、北房（小栗宗湛の子息宗継）は松泉軒客殿障子の下画（君沢様）を書き始め、同月二十九日に完成させた。同日条に「北房今日、客殿七間半の画功を訖える、珍重々々。」と記す。これによると、客殿は「七間半」、すなわち二間半に三間の広さであり、当時の小客殿の例よりみて畳敷十五帖の座敷であったと思われる[40]。客殿は南面中央間であり、その襖障子は両脇間と隔てる建具である。

客殿の襖障子画に続き、北房は延徳三年七月八日から障子八景画を書き始め、同月二十一日にその功を終えた。同日条に「北房障子八景画、今日その功畢、夏珪様真本なり。」とあり、障子八景画のある八景間は書院と言われる。また、同年七月二十六日条に「北房書院障子を画く、今日よりこれを始める、琴碁書画なり。」とあり、この日から書院の襖障子に琴碁書画を描き始め、八月三日に功を終えた。その後、北房は八月十一日から松泉御所間の襖障子に花鳥画（周文様）を書き始め、九月二十五日頃、その功を終えたらしい[41]。

さて、書院八景間、書院琴碁間、御所間（花鳥間）の三室と客殿はどのような関係にあるのだろうか。八景間が客殿に隣接することは、明応二年（一四九三）四月八日条に「晩来泉公これを沙汰、祝宴これ有り。客頭を場と為す、着座衆十六員、予着座せず、八景間に在りこれを見る。」とあり、客頭（客殿カ）での祝宴を八景間で見ていることから明らかである。また、延徳四年七月十四日条に「八景間西縁において水向、先規の如し。」、明応二年四月二十四日条に「薄晩、八景間において松裔と打話、昌也南縁に在り、松云、緑陰紅点々、薫吹玉琤々。聯十句帰る。（後略）」と記すことから、八景間は西・南二面を広縁に接する客殿西脇間であることが知られる[42]。延徳三年四月三日条に「松泉客殿において晩餐。一汁三菜、一湯、三菓、茶了、着座十二員。二番座次四間。」とある客殿の次「四間」は二番座の席であり、書院八景間と考えられる。

一方、御所間（花鳥間）は客殿東脇間である。松泉軒は赤松政則を旦那とするので、御所間を設けていた。御所間（花鳥間）が客殿に隣接することは、明応二年六月二十五日条に「午時、花鳥間において藤侍者、桶丸太刀を別所大蔵少輔則治公に渡す。丹首座、宣阿弥証明、予また客殿に在ってこれを見るに及ぶ。請取了、客殿にて宴有り、予これを営む。」とあることから知られる。

明応二年六月二十八日、赤松政則が松泉軒に来訪した時、客殿と花鳥間に晩羹の座を設けた。同日条によりその時の様子を摘記すると、走の力者が赤松公の来訪を伝えると、亀泉は威儀を具して玄関外に立って待つ。そこで赤松公に揖、客殿の縁に立って座に接ぐ。亀泉が先に客殿に入り右辺（西辺）に坐る。赤松公は左辺（東辺）に坐り、松裔（喝食）は亀泉の上位に接ぐ。赤松公の下位は別所則治（別大）、浦上則宗（浦作）など家人六人、亀泉の下位は茂叔西堂と芳洲西堂、合わせて十一人である。客殿における斎が終わり、一時休息する。亀泉は炉間に往き休息、布衣掛絡に着替える。赤松公は桂公と藤公の寮を一見し、終って松裔の居る書院に座して雑談して時を遷す。別大、浦作は八景間に在って休息、家人の新九郎、藤左は西縁に居る。晩羹の用意が出来ると、亀泉は皆を客殿と花鳥間に接待する。客殿の左辺に赤松公、花鳥間に別大、浦作以下家人六人、客殿右辺に松裔、亀泉、茂叔、芳洲、坂東の五人が着座、初献雑羹、七献の後、歌舞があり、四鼓後に及び終えた。

これにより、花鳥間は客殿東脇に在ったことが判かる。亀泉が着替えをした炉間は松泉軒内にある軒主の居間書院である。これについては、延徳三年正月二十二日条に「午後、大昌院鎖龕法語を持って来る、松泉書院にて炉を囲み勧盃、雑話時を移す。」とあり、同四年正月朔日条に「方丈点心。予これを辞し書院にて点心を喫す、薫公を以て伴とする。四喝各試筆詩を持ち来る。方丈の帰り、横川、東瑛、春陽来降、松泉書院にて炉を囲み勧盃、茶話尅を移す。」とあり、居間書院に炉があるのが参照される。居間書院は八景間の北側にある書院琴碁間である。これについては、延徳三年十一月八日条に「陳外郎来りこれに面す。障子画を一見、はなはだこれをほめて云う、師を超える作これ有り云々。琴碁間にて勧盃、打話尅を移す。」とあり、琴碁間を内向の接客に用いていることが参考になる。なお、赤松政則が松裔と雑談した書院は八景間の北側にある炉間である。また、赤松公が一見した桂公と藤公の寮は松泉軒の敷地にある別棟の寮舎である。(43) なお、松泉軒の玄関は南広縁の東寄りにあった。(44)

つぎに、書院琴碁間（居間書院）と花鳥間（御所間）の広さを推定する。

延徳四年八月二日条に「午時書院において宴有り、蓋し季才が藤左を請待。温麺、小饅、桃実、麩等。左辺予、悦也、藤左、常珍、北房、桂公、長谷川、藤公、六郎、二木、市河、右辺茂叔、柏、丹、賢、十五員。藤左、常珍数曲を尽す。一時佳会也。」と記す。

これは松泉軒の書院で行われた宴である。亀泉の侍者と思われる季才（宗賢）が藤左（後藤則季）を招待した内輪の宴であり、軒主の居間書院で行われたと考えられる。これについて少し説明する。季才宗賢は亀泉の法嗣で、雲頂院内の寮舎に居住していた。延徳四年正月朔日の松泉軒八景間における一家祝宴に、季才は一番座に着いている。彼は亀泉に代って、将軍御在所のある御陣に赴き、公帖に御判を受け、年末年始の相府参賀に亀泉の代理を務めたことがある。(45) また、明徳二年四月八日、松泉軒客殿で行われた慈泉剃頭の時、季才は剃髪役をつとめた。これらによると、季才は亀泉の侍者であったと思われる。また、藤左は赤松政則の被官・後藤則季（後藤藤左衛門尉則季）である。永井規男氏は、後藤則季が亀泉の松泉軒造営を援助したことを指摘され、また亀泉集証について、後藤氏の一族であろうと考えられている。この様な関係から、藤左はしばしば亀泉の松泉軒を訪れ、その書院あるいは礼間（庫裏）、藤子寮などの宴会に臨んでいる。延徳四年八月二日の書院における宴も、こうした内輪の宴会であったと考えられる。

なお、この書院について、八景間と琴碁間を続き間としたとする考え方もできるが、そうした例は『蔭録』にみられない。(46)『蔭録』において、雲頂院における院主の奥向き寮舎である意足室（意足軒）および松泉軒などに関係して記す書院は、一般的に内向の居間書院のことである。時に、それを炉間と記すこともある。それに対して、表向書院である松泉軒八景間は八景間と記され、それを単に書院と記載した例は少ない。それは、当時の書院は内向の居間書院が一般的であり、書院を表向座敷とするのは極めて稀であったからである。ちなみに、延徳四年正月朔日以後の日録で、松泉軒の書院に関係する記事を当ると、書院七十九例、炉間三例、琴碁間なし、八景間三十三例である。これは概数であるが、頻度の傾向はわかる。書院の例のうち、それが表向書院（八景間）であると考えられるのは、つぎの二例である。

① 明応二年正月晦日条「富田土佐守、赤松公の使者として来る、書院においてこれに会う。勧に盃を以てす。」

② 同年六月四日条「堂司大郎右衛門尉来る。書院南縁にて瓜酒を勧む、雑話尅を移し帰る。」

正月晦日条は武家の使者との対面であり、書院は八景間とも思われるが、同日条に、亀泉は伏見承舜首座と八景間で対面したと記すので、八景間と書院で部屋を分けて記したとも考えられる。後者とすると、使者が赤松公の被官であったからかもしれない。なお、延徳四年以前の日録にみえる松泉軒の書院について、それが表向書院（八景間）と判る例は、つぎの四例である。

① 延徳二年九月三日条「松泉飾。（中略）、書院松泉主人軸これを掛ける。」

② 同二年十月十九日条「今日、松泉軒書院前泉川これを作る。」

表3　襖障子画の間数と完成までの期間

	客　殿	八景間	琴碁間	花鳥間
襖障子画間数	6	4	3	(5カ)
完成までの期間（日）	27	14	7	49
『蔭録』に記す作画日数	18	5	7	22

③　同三年七月二十一日条「松泉軒書院障子八景画、今日其功畢。」

④　同三年九月五日条「斎罷送衆四員坂本へ下る。松泉書院南縁にて盃を勧。茂叔座に在り。」

このうち松泉主人軸と松泉軒障子八景画の記事は書院の特別な例である。

以上、書院を表向書院（八景間）の意味に用いるのは極めて稀であることを述べた。これにより、延徳四年八月二日条の書院は居間書院（琴碁間）と考えてよいであろう。同日の宴会では、書院の左辺に十一人、右辺に四人、計十五人が着座した。左辺と右辺で着座人数が大きく異なる理由はよく分らないが、後述のように居間書院は北面に書院窓（付書院）、西面に書棚を備えていたと推察できるので、それに関係するかもしれない。左辺に十一人が座ったとすると、居間書院は八景間より広い奥行二間半の十畳間とみてよいのではないだろうか(47)。

一方、花鳥間については、延徳四年六月二十三日条に松泉軒における斎会の時、花鳥間に十七人が着座し、他の衆は皆内座で斎を喫したと記すのが参照される。客殿西脇間（八景間）は「四間」であるので、東脇間（花鳥間）の間口も二間と考えられる。すると、先述の松泉軒襖障子十間は客殿左右各三間と両脇間の北面各二間分に相当し、客殿は間口二間半、奥行三間の広さになる。これによると、花鳥間は「四間」もしくは「六間」のいずれかであるが(48)、同室における斎会に十七人が着座したので「四間」では狭いであろう。

花鳥間が「四間」より広いことは、つぎの点からみて間違いないと思われる。先述のように、北房は延徳三年八月七日に花鳥間の襖障子画に着手し、九月二十五日頃描き終えたらしい。この間四十九日あるが、『蔭録』に北房障子を画くと記す日数は二十二日である。北房は、この期間毎日障子画に携わったのではなく、また、亀泉が北房の作画を日録に記さなかったこともあったと思われる。表3に松泉軒四室の襖障子画間数と、完成までの期間および『蔭録』に記す作画日数をまとめる。

これによると、琴碁間障子画を実質七日で仕上げたことになり、一間当り平均二・三日になる。八景間の襖障子画四間は五日で完成するのは難しく、最大十四日を要したとすると、一間当たり平均三・五日になる。花鳥間障子の作画日数は少なくみて二十二日であり、それは八景間障子作画日数の最大十四日より多い。これは花鳥間の襖障子間数が八景間のそれより多いことを示す。すなわち、花鳥間は奥行三間の「六間」（十二帖）であり、そ

の襖障子の間数は五間になる。(49)

以上、居間書院（琴碁間）の奥行を二間半とすると、主屋の規模は桁行六間半、梁行四間半である。さらに、松泉軒は主屋四周に広縁をめぐらしていた。延徳二年七月二十日条に「早旦松泉へ往く、四縁を一匝、病懐を慰める。」とある四縁は四周広縁である。(50)

つぎに、主屋梁行を四間半として、客殿と御所間の背後に予想される部屋について述べる。そのうち居間書院の東隣は軒主の眠蔵である。明応二年八月二十二日、松裔は実父九条政基に造花を献じ、それに松裔公と菅公（宗菅）の和詩を添え、亀泉が序を書いた。その序に菅公について「松泉再造の後、予燕室と一壁を隔て居。孜孜学を志し、雪案蛍嚢、日に書誦聴かざるなし、実に感賞すべき者なり。」と記す。また、延徳四年九月三日条に「東隣聯会有り。菅也破題云、杪秋梅先菊。九峰云、晩節竹依松。予壁を隔て病席に在り。晩炊これを與、実に素食なり。」とある。松泉軒に亀泉の燕室（眠蔵）と、その東隣りに菅公の寮（居室）があったことがわかる。なお、明応元年十月朔日条に「昌也寮を広げる、予また眠蔵を広げる。太郎次郎主としてこれを作る。」とあり、亀泉の眠蔵は狭かったらしい。(51)また、客殿は背面奥に仏壇を設けていた。延徳元年八月二十一日、松泉の仏壇を塗り、二十四日松泉軒移徙の時、仏壇の本尊以下に焼香した。同日条によると、仏壇に本尊と毘沙門像（画像カ）を祀り、土地堂と祖師堂に先師の位牌を祀っていた。翌二十五日には一山国師牌と松泉軒父母の牌を仏壇に移した。なお、仏壇は正面左右に柱を立てていた。(52)これらの点を考慮すると、客殿背後の北面に三帖大の部屋二室（眠蔵と菅公寮）と、客殿に面して間口一間半、奥行半間ほどの仏檀を設けていたと推定される。御所間（花鳥間）背後の北面二間に一間半は御所間と襖障子で隔てるので、弟子の小寮に充てるのは難しいと思われる。この部屋は障子画のことがみえないので、居室ではないと推定されるが未詳である。一案として、軒主の具足類、客殿に飾る軸物、三具足、あるいは茶の湯道具などを収納する衣鉢間のような部屋が考えられる。(53)

（2）松泉軒の造作

延徳四年（一四九二）六月二十二日、亀泉は番匠又五郎を召して棚戸を造らせた。二十七日に棚戸の臂金を打っているので、この頃完成した。この棚戸は開き戸で、居間書院（琴碁間）の書棚の戸ではなかろうか。なお、『蔭録』によると当時、禅院の書院に書棚を置くことは一般的であった。文明十七年九月十五日条に、

（前略）。斎罷り、東相府に謁。（中略）、また書院に書を置く事、先日悰子参る時これを御尋、今日愚御返答これを白。席上書を置く事不定なり、便宜これを置くなり。相公曰く、然らず、書棚書を積み以て書院に置歟の事これを御尋云々。愚白、書棚書を

積み書院に置く事、寺家常の事なり。

と記すことより知られる。[54]上記のうち前段で、足利義政が「書院に書を置く事」を悰子に尋ねたのに対して、それを聞いた亀泉は質問の意味を取り違えて「席上書を置く事不定なり、便宜これを置く。」と答えている。席は書院の座席で、書院床であろうか。すると、亀泉は書院を書院床の意に解したことになる。これは当時、禅院の書院は書院（付書院）を備えるのが普通であったことを窺わせる。

同じ延徳四年七月十三日、亀泉は大工棟梁および侍者と書院押板の事を議した。同日条に「書院押板事、太郎右衛門とこれを談ず。丹公相共にこれを議す。南方然るべきか、西方然るべきか、未だ相定まらず。予の意は南方に在る。」と記す。その位置を南方あるいは西方というので、これは八景間の造作である。ここにいう「書院押板」の語は二様の解釈が可能である。一は書院の座敷飾である押板の意であり、二は書院（付書院）の押板（床板）の意である。[55]川上貢氏は、これを前者の意に解されている。[56]けれども、つぎにあげる点からみて、これは後者の意に解するのがよいと思われる。

①　書院押板の事を議した同じ七月十三日に、亀泉は「松泉軒」の額を造らせた。同日条に「今日最上吉日なり、故を以て太郎右衛門に命じ、松泉軒額を造らしむ。又五郎これを造る。（中略）。松泉軒額功畢、すなわち又五郎に付けて、塗師従玄方へこれを遣わす。」と記す。額板の塗りは七月二十七日に出来あがった。「書院押板」の事を議した同じ日に「松泉軒」の額を造らせたのは、その扁額が書院押板の造作と関係することを示すであろう。扁額を造るのに最上吉日を選んだことも参照される。そうすると、松泉軒額は押板もしくは付書院の何れかに掛けるために造らせたことになる。そのうち、座敷飾の押板に軒号をもつ扁額を掛けた例は管見ではないようである。付書院の扁額は東山殿東求堂同仁斎の例が著名である。また、虎関師錬の「無價軒記」[57]によると、東福寺方丈の書院に「無價軒」の扁額を掛けていた。同書院は北面に窓を開いていたので、その額は付書院の北軒に掛けられたと推察される。「松泉軒」の額は、乱前の松泉軒八景間に掛けられたと考えられ、この額も八景間の書院（付書院）のために造らせたと思われる。

②　八景間の造作は翌明応二年（一四九三）二月に始められた。二月二十一日条に「今晨より書院押板これを削る。太郎次郎、権六、又五郎。」と記す。この押板は床板である。書院押板の造作は三月八日に終えた。同日条に「南縁畔板、書院押板、玄関、后架、筧、東司等、大概造り畢。」と記す。そして、二日後の三月十日に喜多坊は「書院押板脇画」を画き始め、翌日に終えたらしい。十一日条に「喜多坊また押板脇を画く。（中略）、塗師入道来る、押板を塗る。」と記す。北房が画いた書院押板脇画は座敷飾の押板壁画もしくは付書院の脇壁画の何れかである。押板の壁画とすると、その正面大平壁の絵について記さないのは不審である。しかも、木

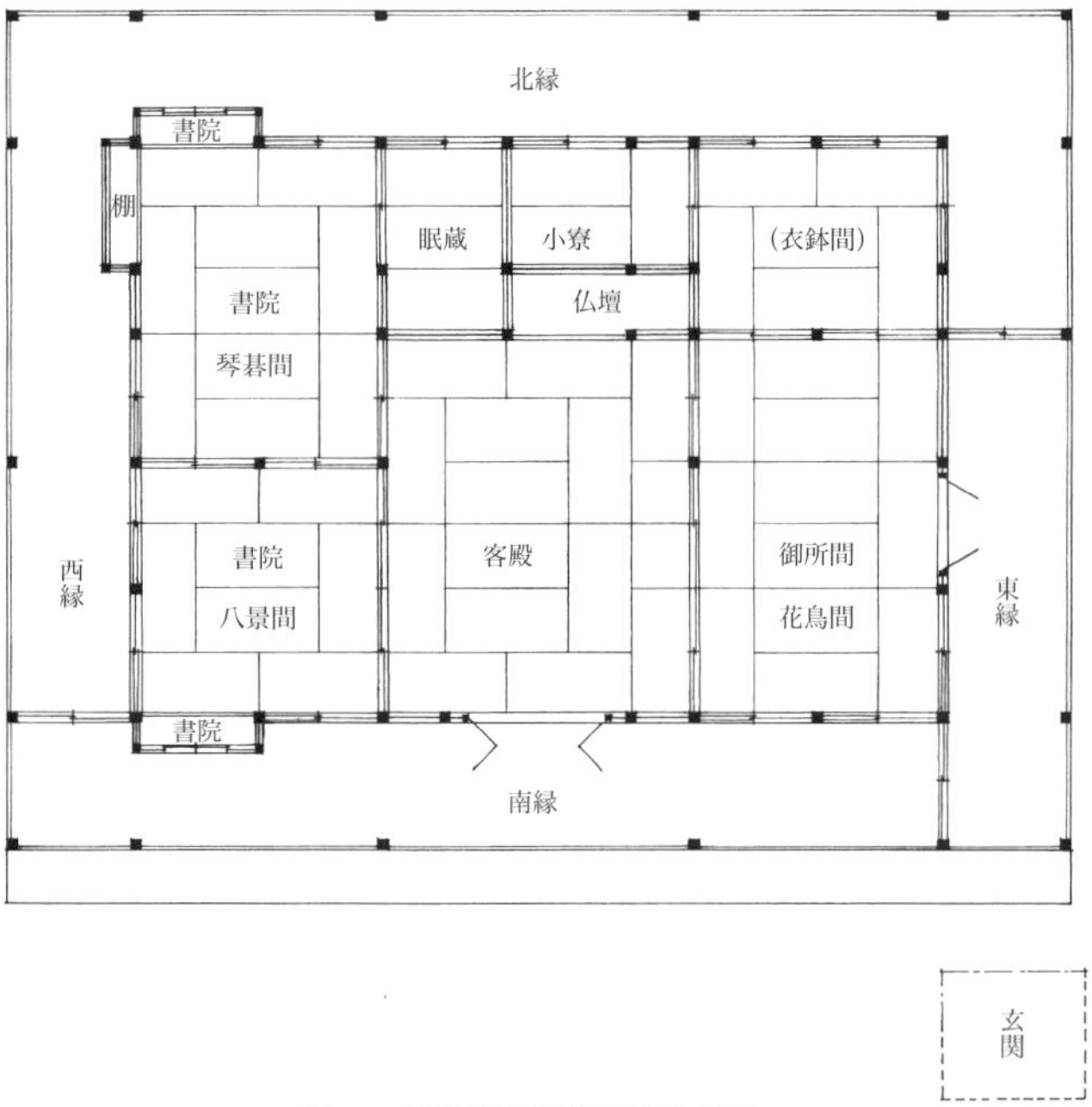

図16　雲頂院松泉軒平面模式図

工事が終った二日後に脇画を画き始め、それを二日で完成している。これによると、北房が画いた書院押板脇画は書院床の脇壁画と考えられる。なお、書院押板の造作を始めた二月二十一日から、その功を終えた三月八日までの十七日間、松泉軒に連日大工が入り、その総数は七十三人である。この間の木工事は書院押板のほかに南縁畔板、玄関、后架、筧、東司などを含んでいる。『蔭録』は付書院の建具について特に記さないが、それは木工事の中に含まれていると思われる。

③　先述の明応二年八月二十二日条に載せる菅公の詩に添えた亀泉の序に、菅公について「(前略)、今ここに明(癸)丑三五夕、公、書を北窓に読み、月を南窓に見る、雅興浅からず。賞節の詩を作り、稿を以って松裔尊父に呈す。(後略)」と記す。これは、同年八月十五日のことを記したのである。ここに南窓は八景間の書院窓、北窓は琴碁間の書院窓と解される。

書院八景間に松泉軒の額を掛けることは、応仁の乱前の松泉軒八景間を継承するものであり、亀泉は松泉軒を再造するにあたり、当初からそれを考えていた節がある。延徳二年九月三日条に「松泉飾、三幅一対、芳汝、古銅三具足、紫檀折卓。御所間福禄寿像、これを料都文に借りる。書院松泉主人軸これを掛ける。」と記す。これは松泉軒の客殿、御所間、書院の飾りであり、「松泉主人」の軸を掛けた書院は南向「四間」である。また、延徳二年十月二十九日条に「今日松泉軒書院前泉川これを作る。左近四郎これを作る。」とある書院も同じである。この時期の松泉軒は襖障子を立てていたが、北房の障子画は未だ描かれていなかった。その時期に、南向「四間」を書院と呼び、「松泉主人」の軸を飾ったことは将来、その室の襖障子に八景画を描き、書院床(付書院)を設け、松泉軒の額を掛けることを想い見ていたのではないだろうか。書院床のない時期の南向「四間」を書院と称した事はそれを証すると考える。

松泉軒造作については、永井氏の論文に、このほか客殿仏壇のこと、壁は土壁であり、建具は遣戸、妻戸、襖障子、杉障子が用いられたこと、天井を張っていたことがみえる。このうち妻戸は二ヶ所に立てられた。延徳二年十二月五日条に「匠工二人松泉に在り、権六、彦三郎なり、東の妻戸これを造るなり。」同十二月十七日条に、「又五郎松泉に在り、東妻戸金具これを打つ。」とある東妻戸は御所間東面に立てられたと思われる[58]。もう一具は、延徳二年十月二十一日条に「午後、松泉へ往き造作一見、彦三郎、権六有り、妻戸を作る。」とある妻戸で、これは客殿正面入口の桟唐戸かもしれない。なお、延徳二年十月十日条に「経師弥三郎来る、松泉明障子を張るもの四間、森下三帖これを用。」とあり、明障子が用いられたことはいうまでもない。松泉軒平面の模式図を示す（図16）。柱、書院床、棚、杉障子などの位置、および眠蔵、菅公寮、衣鉢間、玄関の大きさは推定である。

（3）客殿、書院、御所間の用例

客殿の用例は観経、年忌、禅客習など仏事のほか、正月祝宴、各種斎会、詩会、接客勧盃、武家及び公卿の使者との対面などが知られる。

書院八景間は、明応二年三月に書院押板（付書院）が新造され、「松泉軒」の額が掛けられた。八景間は武家及び寺家の正客との対面・勧盃[59]、諸老、武家および弟子との勧盃・斎会[60]のほか各種斎会、正月一家祝宴、紫衣を具した祝宴[61]、聯句、看花などに用いられ、客殿とともに表向接客・対面の場であった。

書院琴碁間（炉間）は軒主の居間書院であり、軒主の個人的対面、雑話、聯句、内輪の斎・宴などの用例がある。冬季に炉が開かれ、炉を囲み勧盃、茶話など内向きの接客に用いられた。居間書院は、また弟子の学習室でもあった。延徳三年七月五日条に「宗悦喝食初めて論語を読む。」とあるのは、亀泉に入室した宗悦が軒主の書院で始めて論語を学んだことをいうのであろう。同四年三月二日条に「夜来灯を挑げ、炉を囲み独座、悦童、柏、桂、藤、昌を招く、句を督る。」とあり、亀泉の弟子が炉間で句を学んでいる[62]。また、同四年五月十三日条に「今晨、悦公に山谷詩を以て教える。泉・駿に三体詩を以て教える。泉也七八二首、駿也五八二首これを教える。八鼓の後、初めて斎を喫す。昨日この両喝門外に出て飛礫を放つ、これを罪するなり。悦菅はこれに与せずなり。」と記す。飛礫の罪として、亀泉のもとで三体詩などの学習が始まり、それは七月朔日まで続けられた。この間、弟子は亀泉の所に来て学んだ。同年五月十六日条に「斎罷り、悦、泉、駿来る。習書昨日の如し。三体詩三冊、排韻十冊、外題これを書く、蓋し昌子これを乞う。」とある。松泉軒の居間書院は軒主と弟子の学習室であったことが窺える。なお、明応二年四月二十二日条に「斎罷り、北等持通泰甫八景間において盃を勧。松裔対面打話、剋を移して帰る。帰後、三体詩十首これを教える。」と記す。これは、松裔対面打話の後、居間書院にて三体詩を教えたと解される。松裔は明応二年三月二十八日に亀泉の丈室に入り、この日初めて三体詩を学んだのである。それ以後、亀泉は三体詩序より始めて三体詩三巻を松裔に教授し、それを終えたのは七月八日である。同年五月二十五日条に「七八十三首松裔公に教える。七八これを終える。菅また坡詩を教える、五百首これを終える。予また坡詩第六これを読了、第七を読む。」とあり、亀泉と弟子がともに学習している。これは松泉軒書院での学習であり、三体詩の教授はそこで行われたと考えてよいであろう。

御所間（花鳥間）は武士および僧衆による各種宴・斎会のほか[63]、武家との接客に用いられた[64]。

まとめ

1　寛正三年（一四六二）に新造された松泉軒は雲沢軒の敷地に立てられた別棟寮舎と考えられる。雲沢軒の東辺にあり、主室は青磁観音像を祀る表向の部屋と内向にあると推定される「四間」の書院である。書院は襖障子に小栗宗湛筆の八景画が描かれ、足利義政翰筆の「松泉軒」の扁額を書院（付書院）の軒に掛けていたと推察される。足利義政は、この書院八景間に通され、季瓊真蘂と対面した。季瓊はそこで胡銅香炉小卓などの引物を献上しており、八景間は書院であるが、将軍の御成り座敷として新造された可能性がある。瀟湘八景の水墨画を障子に画いた書院は、居ながらにして瀟湘の仙境を想い見ることができる、いわば禅僧の一つの理想郷を具現化した部屋であったと想像される。

2　延徳元年（一四八九）に、亀泉集証が再造した松泉軒はその後造作が加えられ、明応二年（一四九三）三月に八景間の書院（付書院）新設をもって完成した。再造後の松泉軒は雲沢軒の東隣にあって独立した敷地を占めていた。『蔭録』によると、松泉軒は南庭の東西南三面に築地をめぐらし、庭中に泉水と築山を造り、苔と白沙を敷き、松、紅梅、桃、桜、躑躅などの樹を植えていた。松泉軒は主屋桁行六間半、梁行四間半の規模と推定され、その四面に広縁をめぐらし、南面東寄りに玄関を構えていた。主屋の南面中央にある間口二間半、奥行三間、十五畳の客殿は北面に奥行半間ほどの仏壇を造っていた。客殿は東脇に「六間」（十二畳）の御所間（花鳥間）、西脇に「四間」（八畳）の書院八景間を配していた。松泉軒の北面は八景間の北に「五間」（十畳）の書院琴碁間、客殿背後に軒主の眠蔵と弟子の小寮、御所間の北に衣鉢間のような部屋を設けていたと推定される。

松泉軒の特徴の一つは、客殿と三座敷の襖障子に小栗宗湛の子息宗継により八景、花鳥、琴碁書画などの水墨画が描かれたことである。また軒主の居間書院の南側、表向に「四間」の書院を設けたことは大きな特徴である。しかも、その襖障子に夏珪様瀟湘八景画を描き、後にその室の南面に書院床（付書院）を新設した。この書院八景間は、亀泉の師季瓊が応仁の乱前に新造した松泉軒の書院八景間を継承し、それを表向座敷としたものである。書院を表向座敷とした先例は、足利義教の室町殿南向会所の「西七間」が知られる(65)。

客殿の用例は仏事関係のほか、各種斎会、詩会あるいは接客勧盃、武家及び公卿の使者との対面などが知られる。書院八景間は正客との対面・勧盃、諸老および武家との斎会と雑話などに用いられ、客殿とともに表向接客・対面の場であった。

書院（琴碁間）は軒主の居間兼書斎であり、また弟子の学習室でもあった。この部屋は北面に書院窓（付書院）、西面に書棚を備えていたと推察される。書院は軒主の個人的な対面、接客、内向の斎・宴会、詩会などに用いられた。また、冬季に炉が開かれ、炉を囲み雑話、茶話が行われた。

注

1　永井規男「相国寺松泉軒の作事について」『建築史学』第38号、二〇〇二年三月。

2　永享八年二月六日条。

3　足利義政は、文明十九年四月十四日雲頂院へ御成り、本坊御所間で休息して蔭凉職亀泉集証に色々質問された。同日条に「相公問愚曰、本坊在所何処。答白。在此西、此房者普広院殿御成在之。相公曰、集雲雲沢何処。答白、新所葺房是雲沢也、其南集雲地也、乱後集雲亦不立一柱及退転云々。」と記す。「本坊在所何処」とあるのは、亀泉が蔭凉軒に充てていた雲沢軒の位置を問うている。雲頂院本坊の御所間は西辺にあったので（文正元年二月六日条）、雲沢軒は本坊の西方にあり、その南が集雲軒の旧地であった。

4　寛正三年三月十四日の原文。「奉報雲沢軒御成之事也。御成。御斎。以普広院殿之御例調三之膳也。御菓子九種也。松泉軒御成。於青磁観音前御焼香。被御覧梨花并盆山。御談笑刻遷。又於四間被御覧小栗八景絵。尤被称美也。御談笑又数刻。美景兼并也。小栗出家為僧。法名曰宗湛也。奉懸于御目也。献以胡銅香炉小卓也。御小袖三重盆香合〈鶴也〉盆段子〈白地〉高檀帋杉原各十帖〈桂装〉。小盆一枚。絵二幅〈馬麟〉杉原十帖。於松泉軒献之。還御之時被下七宝瑠璃壷花瓶一対并胡銅釣灯篭以春阿被下也。（後略）」。

5　玉村竹二校訂『扶桑五山記』鎌倉市教育委員会、一九六三年。再刊、臨川書店、一九八三年。

6　拙稿「中世住宅における書院と書院飾り」『建築史学』第44号、二〇〇五年。
7　玉村竹二「横川景三略伝」玉村竹二編『五山文学新集』第一巻、東京大学出版会、一九六七年に所収。
8　玉村竹二編『五山文学新集』第一巻（前掲）。
9　横川景三『補庵京華前集』〈書臥雲老師画軸詩後〉、同『補庵京華別集』〈興周字説〉、玉村竹二編『五山文学新集』第一巻（前掲）。
10　川上貢「禅寺塔頭方丈成立過程の考察」『日本中世住宅の研究』［新訂］第六編第四章、中央公論美術出版、二〇〇二年。
11　松泉軒は、『蔭録』の寛正三年二月十五日条の記事が初見である。そして、足利義政が松泉軒に御成りになった同年三月十四日には小栗宗湛の書院襖絵も完成し、ひとまず出来ていた。これによると、松泉軒は短期間に新造されたと推測される。一方、三月十四日御成りの時、義政は雲沢軒にて御斎を召し、松泉軒では御所間で休息のことが見えない。これらを勘案すると、松泉軒は御所間を備えた六間取方丈形式の建物と考えない方がよいと思われる。なお、寛正三年三月二十四日条によるとこの日、季瓊は松泉軒で斎会を催し、同軒で一宿した。就寝した部屋は眠蔵であるか、あるいは書院であったかもしれない。松泉軒に眠蔵があったとすると、それは書院八景間に隣接していたであろう。
12　島田修二郎「詩画軸の書斎図に就いて」日本諸学研究報告21、『芸術学』一九四三年。『島田修二郎著作集』一「日本絵画史研究」中央公論美術出版、一九八七年所収。
13　玉村竹二「禅林の絵画について」芳賀幸四郎・太田博太郎・玉村竹二共著『京の禅寺』淡交新社、一九六一年。玉村竹二『日本禅宗史論集』巻上、思文閣、一九七六年所収。
14　渡辺明義編『瀟湘八景図』『日本の美術』9、124号、至文堂、一九七六年。
15　季瓊真蘂は「松風磵水図」という詩画軸の書斎図を持っていた。亀泉集証は、これを「禅廬図」と呼んだという。島田修二郎「室町時代の詩画軸について」『島田修二郎著作集』一（前掲）。
16　寛正三年三月二十九日条。
17　玉村竹二「蔭凉軒および蔭凉職考」『歴史地理』75―3。同著作集『日本禅宗史論集』上（前掲）所収。
18　永井規男「相国寺松泉軒の作事について」（前掲）。
19　文正元年六月四日条に「常徳雲頂両院門前、境致尤佳聞之。仍携誉阿弥、富田往而見之。不勝絶賞。往于雲沢見盆仮山、而談笑爽懐云。」とある。
20　宮上茂隆「将軍第の建築文化」『金閣寺・銀閣寺』新潮社、一九九二年。

21　例えば、長禄四年正月十八日条。

22　玉村竹二編『五山文学新集』第二巻（前掲）所収。

23　寛正五年三月十一日条に「前日十日以千阿弥被下三幅御絵也。為御礼献硨磲盃小盆一枚也。御物被召置也。前九日禅仏寺客殿九間掛自公方被下御絵。尤短少也。以前為雲沢軒被下之。即今程禅仏寺客殿尤短少也。仍被下之。三幅本尊観音像〈月壷筆〉。脇二幅山水〈芳汝筆〉。此三幅拝領。非常之寵光也。」と記す。なお、文明十九年二月二十九日条によると、永享八年再建の雲頂院集雲軒の客殿は「九間」であった。これは雲沢軒客殿を考える上で参考になる。

24　玉村竹二「蔭凉軒及び蔭凉職考」（前掲）。

25　玉村竹二「蔭凉軒及び蔭凉職考」第五章に引く、文明十五年に亀泉集証が茂叔集樹に宛てた書状。

26　永井規男「相国寺松泉軒の作事について」（前掲）に、雲沢軒は乱後、亀泉集証により文明十三年ごろ再建されたと考えられている。

27　玉村竹二編『五山文学新集』第一巻。

28　横川景三『補庵京華別集』［王母庭前榴花〈五月十一日、会松泉軒〉、］による。

29　玉村竹二「蔭凉軒および蔭凉職考」（前掲）。

30　文明十八年五月九日条および彦龍周興『半陶文集』二［竹酔前一日会友〈会蔭凉軒茂叔之寮〉、］に茂叔寮、延徳元年正月十日条に雲沢茶礼間（庫裏）、同年八月二十四日条に北門がみえる。

31　延徳四年八月十三日、明応二年六月二十八日条。

32　文明十九年正月朔日、長享二年正月朔日条。

33　室町時代中期の禅院方丈における客殿両脇の御影間および御所間の間口は二間が一般的である。御影間南面出入口の畳一帖を除き、片側三帖であり、一帖当り平均二・五人とすると七人から八人になる。

34　玉村竹二「蔭凉軒及び蔭凉職考」（前掲）。

35　玉村竹二編『五山文学新集』第四巻に収める彦龍周興『半陶文集』二に、

寄松泉主人〈会蔭凉軒〉、

山壑青松雨露辺、佳名自託主人賢、

蔭凉天下此枝在、遠聴風声近聴泉、

の詩をのせる。『蔭録』長享三年三月十五日条によると、この日の詩会に彦龍も出席したので、これは蔭凉軒すなわち雲沢軒における詩会である。

36　延徳三年二月二十三日条に雲沢軒御所間における宴、同二年七月七日条に雲沢南縁における酒瓜宴がみえる。なお、延徳四年七月二日、雲沢客殿座敷で行われた太極斎のとき、左辺に亀泉、茂叔など院衆、右辺に悦子と別大など客衆が坐したことから、御所間は客殿の西辺にあったと考えられる。

37　永井規男「相国寺松泉軒の作事について」(前掲)。

38　延徳二年十月二十八日条に「匠工二人在松泉、彦三郎大五郎、雲沢交渡廊板削之。」とあり、雲沢軒と松泉軒の間に渡廊が通された。

39　延徳二年六月二十四日条に文庫、同二年十月十五日条に倉、同三年七月十六日条に北門、同三年十二月二十二日条に藤子寮、同四年八月十日条に桂公寮がみえる。

40　『蔭録』文明十九年二月二十九日条。太田博太郎『書院造』日本美術史叢書5、東京大学出版会、一九六六年、参照。

41　明応二年八月十六日、北房は花鳥の襖障子に筆を加えている。

42　松裔と昌也は亀泉の弟子である。松裔は九条政基の子息で、松泉軒の旦那である赤松政則の養子になった。

43　延徳三年十二月二十二日に藤子寮を造り終え、二十四日夜、桂侍者と藤侍者は松泉軒新寮に初めて宿り、小宴を催した。藤子寮はその後造作が加えられたらしく、同四年八月七日条に「藤子寮今日造畢、(中略)、夜来於藤子寮有宴、治具温麺也。」とあり、その宴に亀泉、茂叔など院衆十二人と藤左、北房、常珍、新兵衛など合わせて十六人が着座し、その他の衆は皆縁に在り、歌舞を尽くす、と記す。その後、同年十月四日から八日にかけて、喜多坊が藤寮の障壁に画を書いたという。以上によると、藤子寮は別棟の寮舎であった。なお、藤子寮の作事は後藤則季の助成によったという(永井規男「相国寺松泉軒の作事について」前掲)。桂公寮については、延徳四年八月十日条に「自今日桂公寮広之、丹公寮同前。」、同二十一日条に「薄暮於桂蔵主有宴、蓋書院開也。」とあり、桂公寮の書院開きに亀泉など十四人が左辺、右辺に分かれて着座した。同十二月十三日条に「桂公寮造作、助物書三百疋之折紙遣之、乃来謝詞懇々。」とあり、桂公寮も別棟の寮で、居間書院を備えていたことが知られる。これらは松泉軒敷地の北辺にあって「北向寮」と呼ばれる寮舎に相当すると思われる(延徳三年九月十日条)。

44　延徳二年八月十七日条に「早旦松泉軒東玄関立旃。匠工六人有之。」とある。

45　延徳四年七月二十八日、同八月十九日、明応元年十二月晦日、同二年正月十一日条。

46　『蔭録』によると、八景間と琴碁間を通して使用した例はない。松泉軒書院を用いた宴の例をいくつかあげる。

①延徳三年九月十日条「晩来藤左上洛。寄子三人。曰同名又六。曰須賀院孫七。曰河内與五郎。殿原六員。中間小者合力等数十員。先於

松泉書院一献勧之。（中略）。於八景間秉灯晩食。藤左。又六。須賀院。河内。沼田。朝見。牛嶋。丹公。予。九人。自余皆北向寮。三汁八采。中湯二辺。食篭。」とある。松泉書院は居間書院である。

②延徳四年二月二十日条「晩来。於書院有宴。藤左。安田。四郎。福田。藤子。悦。菅。泉。北房及予。并十人。拆雲華。蓋藤左賀藤子寮々隘之故於書院有宴。」とある。藤子寮が狭いため書院にて宴をもったので、書院は居間書院と考えられる。

③延徳四年八月十三日条「接藤左於書院斎之。一汁五采。中湯二辺。一果。打話。長谷川〈彦四郎被官也〉。二木。市川。丹公。予。六員。斎中坂東来傾一盆。」とある。これは内輪の宴であり、居間書院で行われたと考えられる。

④延徳四年十月三日条「半夜後悦桂藤直来于書院。説宴席之儀。尤奔走有之。着座衆。悦。賢。桂。藤。月嶺。旭蔵主。主席。同民部少輔殿。細川駿河四郎殿。二木中書。江見八郎次郎方。十一員。歌舞鼓吹尽技。皆不工也。」とある。悦などが亀泉の居間書院（琴碁間）に来て、同書院を宴席に用いたい旨を説いたのであろう。人数十一人、夜中の宴であり、居間書院を用いたと思われる。

47　これについては、延徳二年十一月八日の松泉炉間における詩会に十五人が着座したことが参照される。また、明応二年正月二十二日の晩に松泉の書院で行われた酒宴に十八人が会し、歌舞もあった。これは、左右各九人が着座したのかもしれない。

48　中世禅院方丈における御所間の例からすると、花鳥間（御所間）の奥行は客殿の梁行柱間と同じか、それより小さい。これについては、東福寺龍吟庵方丈、室町時代の天龍寺方丈および相国寺普広院客殿（本坊）が参考になる。太田博太郎『中世の建築』二–九天龍寺、彰国社、一九五七年。川上貢「古絵図にみる禅寺の建築」二　普広院旧基封境絵図、同著『建築指図を読む』中央公論美術出版、一九八八年。

49　小栗宗継の画いた松泉軒襖障子画については、芳賀幸四郎『東山文化の研究』第三篇、小栗宗継（河出書房、一九四五年）を参照。

50　亀泉集証は、その日録に広縁を「縁」と記すこともある。それに対して濡縁を「小縁」と記し、区別している。たとえば、延徳元年十一月十九日条に載せる東山殿常御所における看経祈祷座敷の指図に耕作間と八景間の南に「南広縁」、西六間の南・西両面および八景間東面に「小縁」の書入れがある。また、東山殿会所の南広縁は「南縁」とも記される（文明十九年十一月十五日、長享二年十二月晦日条など）。松泉軒四縁のうち南縁は延徳二年七月八日、明応二年三月二十五日条に見え、西縁は延徳三年十月三日、同四年七月十四日条など、東縁は延徳四年七月二十一日条に見え、それらの記事から各広縁であることが推察できる。北縁の例は見あたらないが、「四縁」の記載から北面にも広縁が廻っていたと考えられる。

51　昌也寮については、延徳三年五月三日条に昌子寮が新造され、雅会があったことが見える。これは雲頂院内に営んだ別棟の寮舎である。明徳元年十月に昌子寮を広げたのは眠蔵であろうか。

52　延徳二年五月十三日条に「今日午時松泉柱白之、仏壇左辺柱、相国大工白之、右辺柱棟梁太郎右衛門白之。」とある。同年八月二十八日に集雲御影を仏壇に掛けた。
53　禅院方丈における衣鉢間については、「円覚寺方丈什物交割帳」にのせる衣鉢閣が参考になる。この史料は、応安七年円覚寺大火後に再建された新方丈の什物交割帳である（前掲、川上貢『日本中世住宅の研究』による）。
54　文明十七年九月十五日条「謁東相府。（中略）。又於書院置書之事。先日悰子参時御尋之。今日愚御返答白之。席上置書事不定也。便宜置之也。相公曰不然。書棚積書以置書院歟之事御尋之云々。愚白。書棚積書置書院事。寺家常之事也。」（原文）。
55　押板（推板）を書院床の意に用いた例は、応永三十年二月の「黄梅院造営勧進銭納下帳」（『鎌倉市史』史料編三―四八）などにみえる。拙稿「中世住宅における書院と書院飾り」（前掲）。
56　川上貢「禅院における客殿と書院――十四世紀より十七世紀にいたる両者の関係――」『建築史研究』第20号、一九五五年。同著『日本中世住宅の研究』第六編第五章に収録。
57　虎関師錬『済北集』所収。上村観光編『五山文学全集』第一巻、帝国教育会出版部、一九三五年。
58　これについては、東福寺龍吟庵方丈の東面妻戸が参考になる。
59　延徳四年七月二十日、明応二年四月十二日、同十三日、同十七日、同二十五日、同五月二十八日条。
60　延徳三年九月朔日、同十日、同二十三日、十月十八日、明応二年三月二十五日条。
61　明応二年六月三日条。
62　『蔭録』によると、桂、藤、昌の三人は別棟寮舎を持っていた。
63　延徳四年六月十八日、同二十二日、二十三日、七月二十日、明応二年五月二十三日、同七月十三日条。
64　明応二年六月二十三日、同二十五日、七月十三日条。
65　宮上茂隆「会所から茶湯座敷へ」中村昌生編『茶道聚錦』（七）座敷と路地　一、小学館、一九八四年所収。

第五節　近世初期の禅宗寺院における塔頭の方丈と奥向書院

近世初期の五山禅宗寺院の塔頭における方丈と奥向書院については、南禅寺金地院と建仁寺正伝院が知られるにとどまる。

Ⅰ　五山禅宗寺院の塔頭

一　南禅寺金地院大方丈・小方丈と書院

金地院は、南禅寺第六十八世大業徳基（応永二十一年寂）の塔頭である。『扶桑五山記』南禅寺諸塔頭、大覚派の項に「金地院〈大業和尚、徳基、嗣了堂〉」とあり、大業は大覚派了堂素安の法嗣である。了堂素安は同源道本の法嗣、鎌倉建長寺第三十四世である。室町時代における金地院の建物については詳らかでない。近世に入り、金地院は以心崇伝により再興されたが、以心崇伝が金地院塔主になるのは慶長十年に南禅寺住持になった時であり、それ以前、崇伝は同寺牧護院の塔主であった(1)。牧護院は約翁徳倹（仏灯国師）の塔頭であり、同じ大覚派である。

以心崇伝は、慶長十年三月に南禅寺の公帳を受け、五月二十八日に入院した。『鹿苑日録』慶長十年五月二十八日条に「（前略）。上堂了テ有斎。江湖者金地院。列刹者方丈。予者至金地院喫斎。無酒。」とあるのが近世における南禅寺金地院の初見であり、同年八月十二日条に崇伝を金地院と記す。以心崇伝は慶長十三年、徳川家康の請により駿府に下りその側近に侍し、家康の宗教行政の顧問として信任された。慶長十六年から元和元年までに、徳川家康より山城国、河内国に寺領千九百石を京都金地院に寄進された。その後、以心崇伝は、元和五年に僧録に任ぜられ、寛永三年十二月には円照本光国師の勅謚号を賜った。

『本光国師日記』によると、寛永四年に入り、崇伝は南禅寺新金地院の作事に着手した(2)。崇伝は金地院再興に当り、隣地東禅院の屋敷四百七坪、籔二百二十八坪、計六百三十五坪を申し請け、金地院の境内を拡張した。崇伝は、その替地として牧護院の屋敷三百三十二坪を渡して東禅院を再興した。また、残る三百二坪余の替りに金地院領岡崎村池之内の田地を渡している(3)。以心崇伝は江戸に在って、京都の南禅寺良長老（最岳元良）と久右衛門両人に書状を送り、その作事の様子を窺うとともに種々指図をしている。『本光国師日記』寛永四年五月朔日条に「新金地柱立、卯月十九日目出度仕候由申来。」とある。これは、四月十九日に新方丈（大方丈）の立柱を行ったことである。

寛永四年七月十八日、崇伝は元良長老と久右衛門へ返書し、金地院作事惣指図に好みを吟味し、押札を付けて京都へ送った。そして、この指図は早に江戸へ下すよう申し遣わした。同年七月二十九日条によると、玄関は旧玄関を用いることを指示している。[4]また、同年八月二十八日条によると、元良長老、久右衛門へ書状を遣わし、指図以下色々好みを申し遣わした。[5]また、小堀遠州へ書状を遣わし、金地院数寄屋くさりの間の指図、地形、縄張以下を頼むよう申し遣わした。また、金地院方丈の絵を狩野采女（探幽）へ、奏者之間の絵を狩野内匠へ依頼しており、大方丈の襖などの張付も出来ていた。[6]

翌寛永五年四月二十二日の元良長老と久右衛門へ宛てた返書に「御宮の指図、くさり数寄屋指図、遠州好み一段とよく候、其通に申付候へ」と申遣わした。大方丈の絵は探幽多忙のために遅れたらしく、同五年五月十六日条に、探幽へ書状を送り、改めて絵のことを申し入れた。その後、寛永七年三月十二日条に、十一日付の書状にて遠州へ金地院庭の事を申遣わし、探幽への書状で御宮拝殿の杉障子絵に龍を画くことを依頼しことがみえるので、この頃には大方丈の絵も完成していたであろう。そして、寛永九年には御宮（東照宮）および大方丈庭園も完成した。

江戸時代初期の南禅寺金地院については、古絵図が二様（甲、乙）伝えられ、大方丈、小方丈、書院・数寄屋（囲）、大台所、庫裏などの平面規模と建物配置が知られる。[7]また、大方丈、書院・数寄屋、庫裏、東照宮社殿が現存する。つぎに、大方丈、小方丈、書院・数寄屋（茶室）について、その特徴を記す。

（1）大方丈（図17）

広大な南庭に面して建つ大方丈（現方丈）は桁行十二間半、梁行八間半（一部九間）の規模である。母屋は東西九間半、南北六間（一部六間半）、その南・西二面に幅一間半の広縁、東と北二面に幅一間半と一間の入側縁をめぐらす。平面は南広縁にそって三室を並べた六間取形式であるが、中世方丈と異なり室中間（客殿）の左右にある鶴の間と松の間の間口を三間にとり（各二十一畳敷）、母屋西北（松の間北）に六畳敷の上段と三畳の納戸を東西に並べ、その南に九畳敷の下段の間をもつ客座敷を設ける。上段は天井を折上格天井に作り、北面に床（押板）と違棚、西面に付書院、東面に帳台構を備える。上段と下段の間は将軍など賓客の御成りを考慮した設計である。[8]客殿の北は仏間であり、仏間の東側にある十五畳敷の菊の間は書院であるが、付書院を設けない。なお、桜井景雄氏は、現金地院方丈は崇伝が寛永三年十一月頃、大坂城の御殿を拝領し、それを金地院に移し新方丈に改めた可能性の大きいことを指摘された(9)。

（2）小方丈（図18）

大方丈の北方にあった小方丈は他寺に移築されたと伝えられ、現存しない。古絵図（甲）によると、小方丈は母屋東西七間半、南北五間の規模で、南・西二面に広縁、東面に入側縁をもつ。平面は六間取形式で、南広縁にそって二十一畳の客殿とその左右に各十二畳の脇間を並べ、北側は客殿の北に十三畳敷の囲炉裏間、東に六畳敷（もと八畳敷）、西に八畳敷の座敷を設ける。

小方丈囲炉裏間の北に続く「上茶の間」は十二畳半敷の部屋で、東面に間口一間半、奥行半間の茶所を備えるので上の茶湯間であったかもしれない。なお、小方丈は旧方丈を改修したもので、中世五山の塔頭客殿の形式を残していると考えられている(10)。

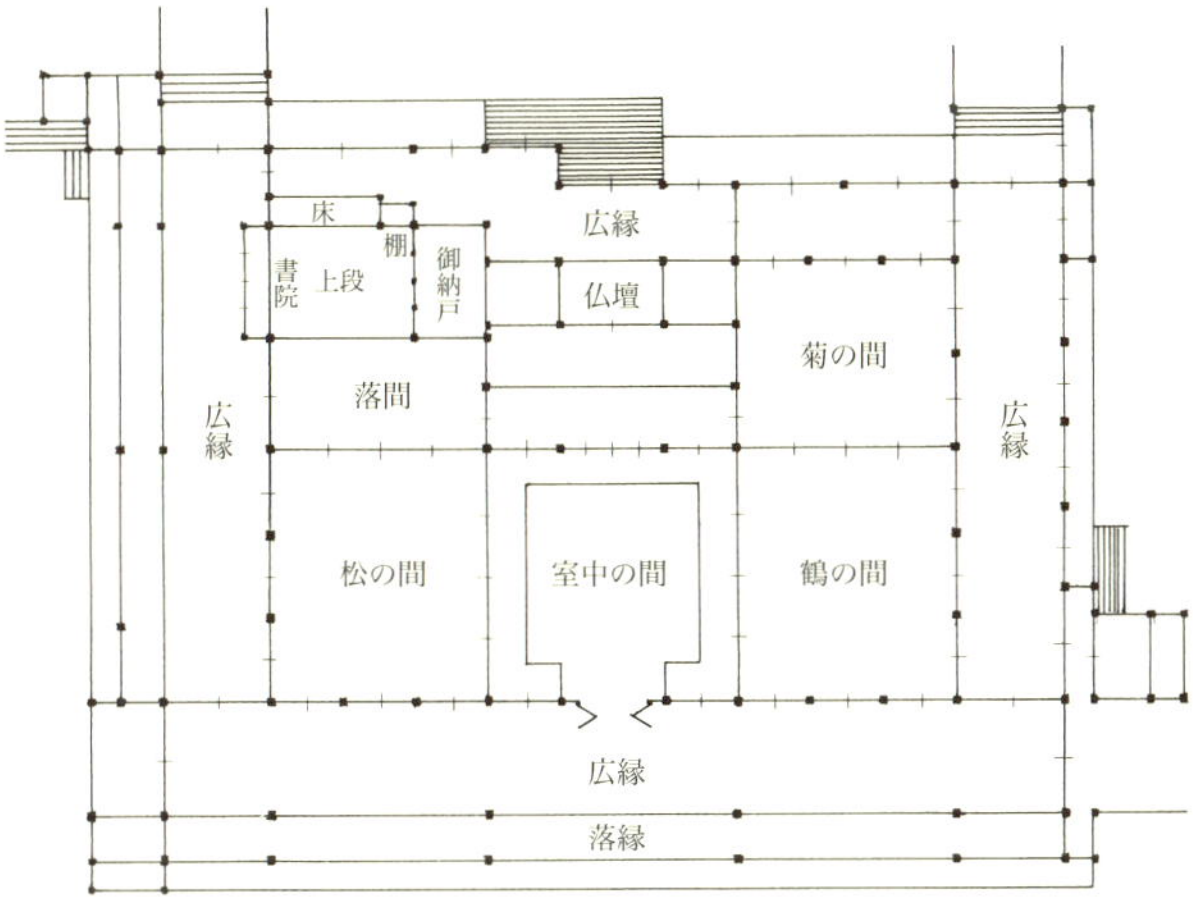

図17　南禅寺金地院大方丈平面図（金地院古絵図・部分）

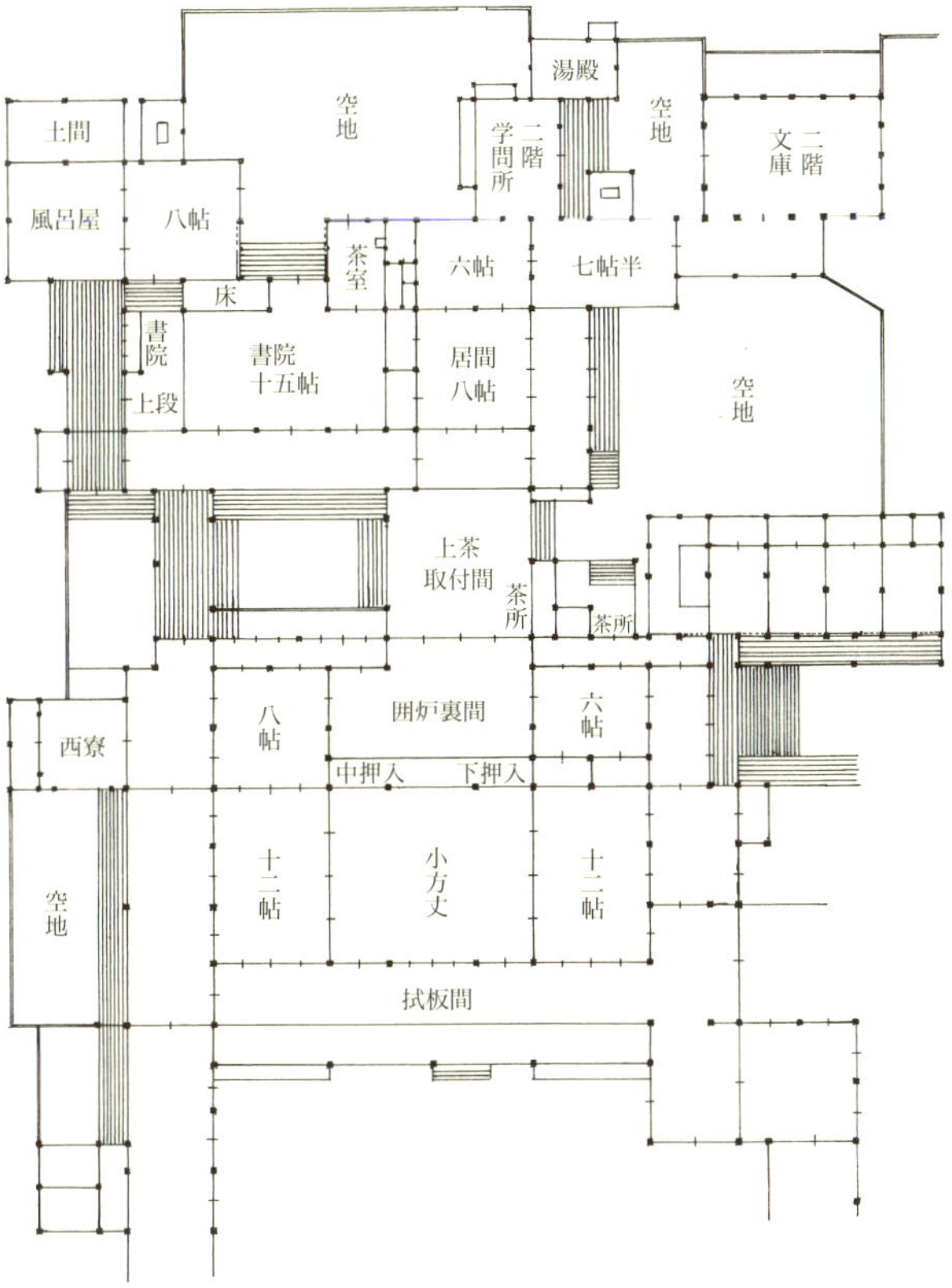

図18　南禅寺金地院小方丈・書院平面図（金地院古絵図・部分）

（3）書院と数寄屋（図18）

書院は小方丈の北にあり、書院の北面に接して東寄りに数寄屋（囲）と六畳敷が付属する。古絵図（甲）によると、書院は南入側縁（畳縁）に面する東西二座敷よりなる。西の十五畳敷は西側に四畳の上段を設け、その西面北に上段に張出して間口一間の付書院を備える。また、上段の東北に一間半の框床と一畳の床脇を張出す。東の八畳敷は次の間（居間）であり、もと主室と襖障子で仕切っていたと思われる。書院東・西両面の入側縁のうち東入側は畳縁であり、その東方に池庭があった。現在、書院の天井は座敷、入側縁とも平縁天井である。

書院（旧十七畳敷）の北面東一間半の位置に接して三畳台目の数寄屋（囲）があり、その東に六畳敷が続く。六畳敷の東側に納戸（七畳半）、北側に学問所（六畳、二階五畳）が張出す。

数寄屋は、小堀遠州の指図により寛永五年に造営された茶室で、八窓席と呼ばれる。茶室は三畳台目の席で、西面中央に躙口を設け、書院北面の低い榑縁より躙口を入るようになっていた。躙口の上に一間の竹格子窓を付ける。躙口を入ると、正面南側に床、北側に大目構えの点前座が並ぶ。炉は台目切で、中柱袖壁を受ける貫のすぐ上に下地窓を付ける。床柱は松皮付、相手柱にくぬぎ皮付柱を加え、書院柱との間に板をはめる手法は珍しい。北面は中央柱の左右上に竹格子窓、東窓下に下地窓をとり、南面は十五畳敷座敷境に一間の引違襖を立てる。天井は南一間が竹を棹縁とする蒲天井、北半間が掛込天井である。点前座の東に幅二尺、高さ五尺一寸八部の茶立口を付ける。

数寄屋の東に続く六畳敷は平縁天井、西面の茶室床背面に浅い板床と違棚を備え、南側八畳敷境二間に各引違襖障子を立てる。この部屋は後に勝手といわれたが、古絵図に部屋名の記入がなく、水屋も描かれていない。

（4）旧書院と旧茶室

昭和二十五年に実施された金地院茶室と書院の解体修理により、古絵図にみえる書院は寛永造営以前に同所に在った旧書院が再用されたこと、茶室と東側の六畳敷も旧書院の北に接して建っていた旧茶室と六畳を改造したものであることが明らかにされた(11)。

その概要を記すと、旧茶室は一間半四方の三畳半台目で、東南隅に北向の床（間口半間）を備えていた。天井は改造後と同じ仕様、南面は書院座敷と襖障子で仕切る。東側六畳は北より半間入った位置に桁が通り、北側は竹を使った化粧屋根裏天井、南一間は平縁天井であった。六畳敷の天井は、寛永の改修で平縁天井に改められた。北面は西一間の柱間を開放し、古絵図と同じく、東間北に学問所、東面に納戸、南面に八畳敷が続いていたらしい。また、書院の八畳敷（居間）とその西にある座敷の平縁天井は、寛永改造後の茶室東側六畳の平縁天井と仕様が違い、材料も異なるので、旧書院の天井を再用したものであり、旧書院の造営年代は寛永以前に遡る。

これによると、寛永以前に旧書院と茶室があり、茶室の東側に六畳敷があった。『舜旧記』慶長十八年十一月十一日条に、金地院における金丸得度式（戒師以心崇伝）があり、茶湯座敷で晩食と茶がでたことがみえる。また、『鹿苑日録』元和二年十二月二十一日条に「自暁天到金地院。於数寄屋賜茶。又到書院。有展待。又賜茶。」とある数寄屋と書院はその前身建物と考えられ、数寄屋で茶の後、書院において振舞と茶菓があった。

さて、『本光国師日記』によると、寛永五年に改修された金地院鎖の間と数寄屋は小堀遠州の指図に拠ったのである。現在の三畳台目の数寄屋は遠州の指図によるが、鎖の間はどうなったのであろうか。従来、茶室の東側にあった六畳敷が鎖の間として改造されたと考えられている。すなわち、稲垣栄三氏による「金地院八窓席」の解説に[12]、「『本光国師日記』にある鎖の間は、茶室とともに遠州が指図したはずであるが、茶室との繋がりから考えて、やはりこの六畳を鎖の間とするのが妥当であろう。囲・鎖の間・書院という構成のなかで展開される茶会は、当時一般化していた。しかし二枚の古図が描かれた時代にはすでに鎖の間という名称も使われ方も失われていたのかも知れない。そして以後はもっぱら勝手としてのみ扱われ、広い部屋を使う茶会には書院が用いられて来たのであろう。」といわれる。そうすると、数寄屋と六畳敷を付属していた旧書院は、寛永五年に改修されなかったのであろうか。つぎに、この問題を考えてみたい。

①　六畳敷を鎖の間と仮定した場合、数寄屋における茶の湯が過ぎて鎖の間へ移る時、点前座の茶道口より鎖の間に入るという不合理な形になる。

②　寛永以前の数寄屋は書院に付属していたので、遠州が指図した鎖の間と数寄屋は、それらを改修する計画であった筈である。すなわち、鎖の間は旧書院を改修したことが予想される。それを裏付けるのは、古絵図（甲）に書院と記される十五畳敷は、西面四畳の上段に一間付書院を備え、また、北面に一間半の床と一畳床脇を設けることである。この形式は炉を加えると鎖の間である。小堀遠州が指図した鎖の間はこの部屋であったと考えられる。

③　数寄屋への給仕口は書院（旧鎖の間）境にある引違襖障子で、そこは貴人口にもなったであろう。数寄屋の東側にある六畳敷は、

当初から勝手であったと考えるのが穏当ではないだろうか。次の間八畳敷と六畳敷（勝手）境は襖障子で仕切っていた。

以上、寛永再興以前の金地院は玄関、方丈、書院・数寄屋、庫裏などより構成されていた。書院は院主の住房で、北面に数寄屋（囲）を付属していた。寛永年間に大方丈が新築されたので、旧方丈は小方丈といわれ院主の住房に改修されたと推定される。それに伴い、書院と数寄屋は奥向の接客座敷として茶の湯後の振舞を行う鎖の間と数寄屋の形式に改修されたと考えられる。

現在の書院と数寄屋は、寛永五年に旧書院と数寄屋を改修した建物と考えられる。書院は柱太さ四寸の面取角柱、鴨居内法高さ五尺八寸、八畳敷（居間）の天井高さ八尺七寸ほどであり、長押を用いず数寄屋風書院である。書院は付書院と出床を備えるので、もと鎖の間と称された建物と考えられる。

二　建仁寺正伝院の方丈と書院

正伝院は建仁寺十三世義翁紹仁（大覚派）が退去寮として伽藍の東北の地に営んだ塔頭である。正伝院は、室町時代の「東山中古之図」に名がみえ、また、明応七年に存在したことが『鹿苑日録』により知られるが[13]、その後退転したらしい。元和三年（一六一七）十二月、茶匠織田有楽は正伝院を再興して、その敷地の内を借りて隠居することを申し出た。その借地状によると、正伝宿院主は寺内の普光院と定恵院が輪番で住持を勤めることを定めている[14]。翌元和四年十月頃には正伝院が再興され、有楽は建仁寺正伝院に移っていた[15]。有楽は、元和七年十二月二十一日、正伝院で七十五歳の生涯を終えた[16]。

正伝院の建物については、建仁寺から奉行所へ差し出した享保十七年八月の「造作之儀奉願候絵図口上書」に添付された正伝院絵図（正伝永源院蔵）（図19）により、建物の規模と配置が知られる[17]。

（1）方丈

正伝院は南面西寄りの表門を入ると正面に妻をみせた庫裏（桁行七間、梁間六間）があり、その東方の玄関を入ると左手に南面する方丈と月見台が建つ。方丈は桁行八間半、梁行七間、入母屋造の建物である。平面は六間取の方丈形式で、室中背面に仏間を設ける。方丈の南西より南から西へ折れる玄関が延び、また、方丈と庫裏の間を廊下で繋いでいた。月見台は方丈の東南にあり、東より南に折れ曲る廊で繋がっていた。

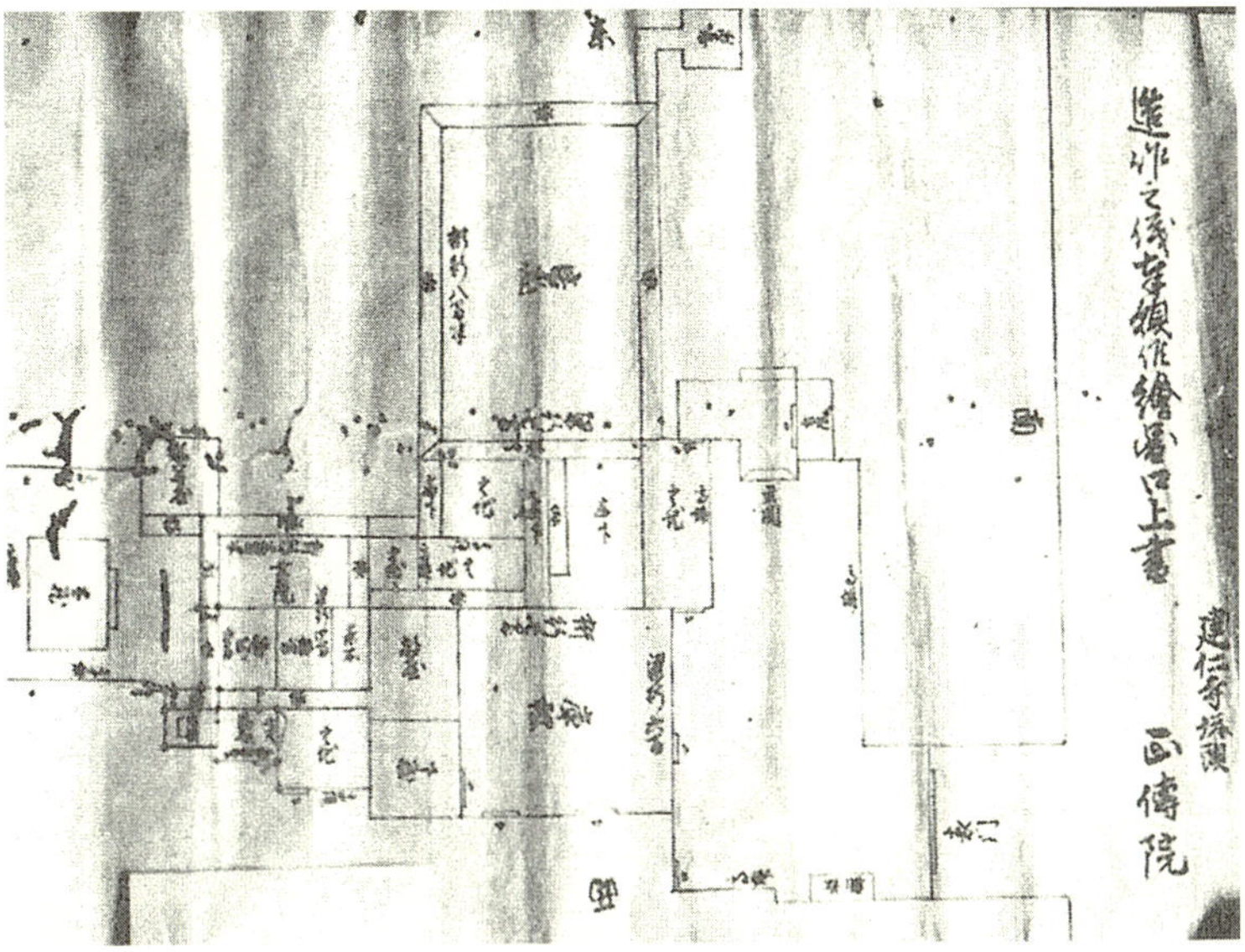

図 19　建仁寺正伝院絵図（正伝永源院蔵）

（2）書院

書院は方丈の西北にあって東面し、その東北に続けて茶室・如庵があった。この建物の規模と配置は有楽の時代と余り変わっていなかったと考えられる(18)。

書院は母屋が南北三間半、東西四間の規模で、その四周に幅三尺四寸の外縁をめぐらす。平面は母屋梁行四間を棟通りで二分し、東側に表座敷である上の間と次の間を北と南に並べる。上の間は西北隅に一間の出床を備えた七畳敷座敷で、床を奥行二尺五寸の框床として、その前に板を敷く。これは茶室如庵の床が出床で、脇に斜めの壁を付け、その前を三角の板敷とするのに類似する手法である。床内外の張付壁には水墨画が描かれている。次の間は六畳敷、上の間と襖障子で仕切り、鴨居上に目の荒い格子欄間を嵌める。両座敷とも長押を用いず、平縁天井を張る。柱は三寸七分の面取角柱、鴨居内法高さ五尺八寸、天井高さ八尺三寸である。総じて装飾の少ない端正な意匠である。書院西側は北より南に各六畳敷の物置（もと寝室カ）と居間および四畳敷の茶所（南縁を室内に採り入れる）を配していた。書院の西北、外縁の西側に湯殿と雪隠があった。

書院の東北に続く茶室は桁行二間四尺、梁行二間二尺八寸の規模で、北側東に二畳半大目の茶室如庵と西三畳の勝手、南面の庇に土間と二畳の廊下を設ける。相国寺正伝院は、先述の南禅寺金地院とともに近世初期の五山禅院塔頭の方丈と書院および数寄屋の関係が知られる数少ない例である。

Ⅱ　大徳寺の塔頭

大徳寺の塔頭については、川上貢氏の研究がある。[19]また、大徳寺大仙院方丈と書院及び竜光院書院については修理工事報告書が刊行されている。[20]本項では、近世初期の大徳寺塔頭における方丈と書院（小書院）について、その特徴を述べる。

一　大仙院

大仙院は古岳宗亘（一四六五〜一五四八）の塔所である。古岳は永正二年（一五〇五）に師の実伝宗真より印可を受け、同六年に大徳寺住持となり、退院後、退居寮として大仙院を営んだ。大仙院所蔵の永正十年二月十二日上梁の棟札は現本堂（方丈）に関係すると考えられている。[21]創立期には方丈のほかに玄関（現存）、庫裏があった。また、古岳は方丈の北方に坐禅処として拾雲軒を営んだと伝えられる。[22]元亀三年（一五七二）の「大徳寺并諸塔頭金銀米銭出米納下帳」に大僊院常住の他に拾雲軒の名がみえる。現在の書院は、沢庵宗彭が慶長十九年八月に旧跡拾雲軒を復興した建物で、「拾雲」の二字を掲げて書院の額にしたという。[23]

（1）本堂（方丈）

現本堂は桁行七間半、梁行五間半、入母屋造桧皮葺の建物である。平面は南広縁に面して中央に間口三間半、奥行三間の室中、その東・西両脇に各間口二間、奥行三間、十二畳敷の礼間と檀那間を並べる。北面は室中の背面に真前と祠堂、および眠蔵を設け、その東側を大書院（六畳敷）、西側を衣鉢間（六畳敷）とする。創建当初の方丈は北向諸室の梁間が一間であり、後に北側に半間増築されたと考えられている。[24]礼間北側の書院はもと四畳敷で、その西に接して二畳の眠蔵があったらしい。創建時の書院と眠蔵は院主の居間書院と寝室であったであろう。大徳寺の塔頭では古く、方丈内の書院は院主の居間書院であり、それに接して眠蔵が設けられた。近世になると院主の住房として別棟の小書院が建てられるようになる。それに伴い方丈内の書院は大書院と呼ばれるようになった。大書院は表向の書院という意味であろう。寛永元年（一六二四）の「大僊院銀子納下帳」は方丈内の書院を「大書院」と記した初期の例である。[25]

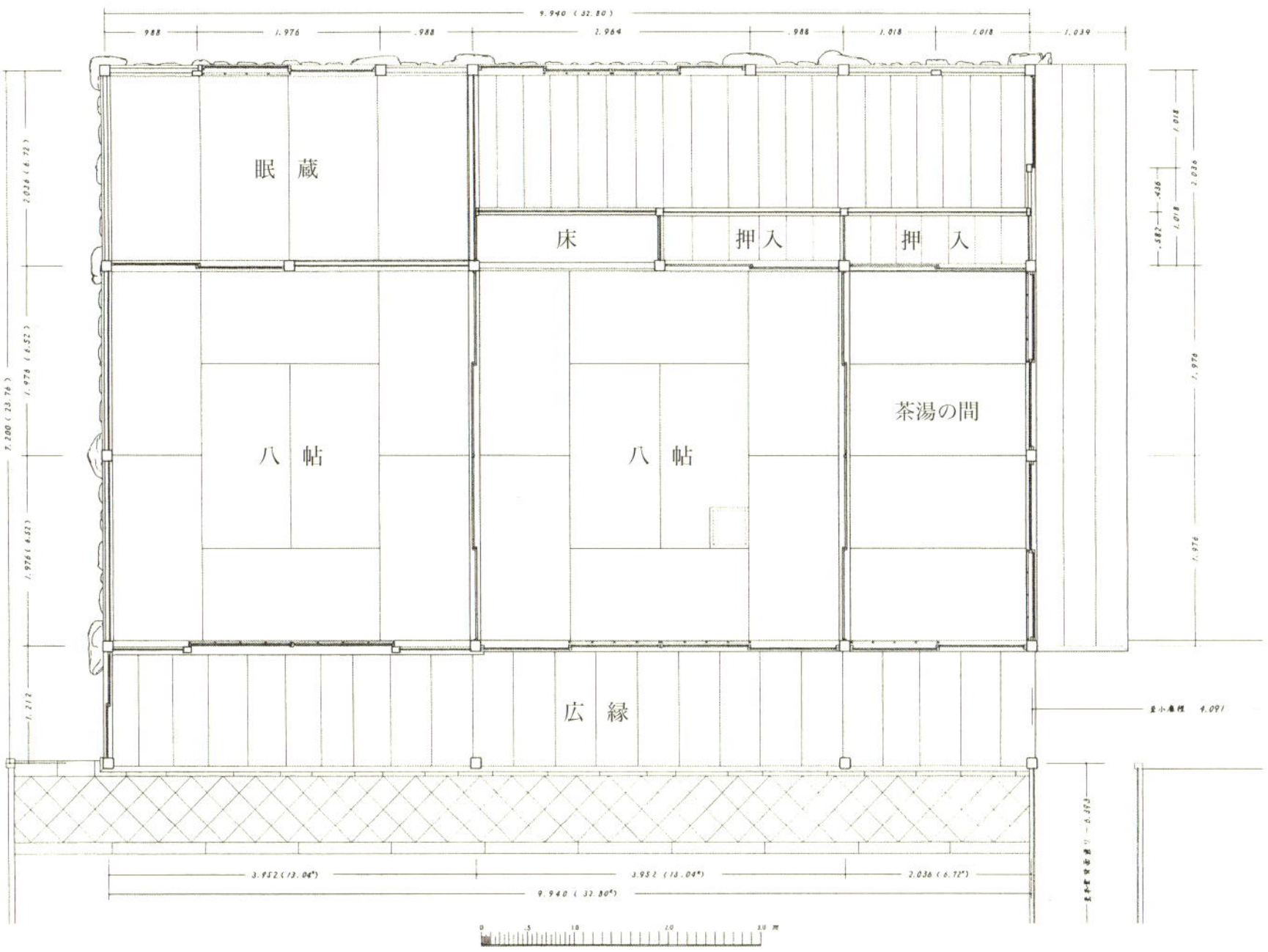

図20　大徳寺大仙院小書院平面図（『重要文化財大仙院書院修理工事報告書』による）

(2) 書院

大仙院書院（小書院）は、昭和四十五年から四十七年にかけて解体修理工事が行われ、創建当初の形態とその後の変遷過程が明らかにされた。現在の書院は一部を除いてほぼ創建当初の形に復原されている[26]（図20）。

書院は桁行五間（現状五間半）、梁行三間四尺の規模で南面し、屋根は入母屋造柿葺であった。平面は南広縁（幅四尺）に面して西より八畳敷二室と四畳敷を並べ、西八畳敷の北に四畳敷の眠蔵を配する。中央八畳敷は北面西に框床、東に押入、東四畳敷は北面に中敷居を入れた二段の押入を備える。それらの北側は板敷で、化粧屋根裏天井であった。書院には茶湯の間があり、襖障子小を四枚立てていたことが知られるので、東四畳敷は茶湯の間と考えられている。西八畳敷は南面の内法長押をほかより高く構え、中央に引込み舞良戸を立て、その両脇を板壁とする。西八畳敷の北面眠蔵境は西間戸襖、東間貼壁、西面は二間とも貼壁、東面は襖障子で仕切り、天井を棹縁天井に作る。西八畳敷は座敷であるが、正面の建具構と西面を貼壁とする構成は道場のようである。沢庵は西八畳敷の南面に拾雲の額を掛けたのではないだろうか。中央八畳敷は框床と炉がある院主の居間書院で、私的接客に用いられたと思われる。創建期の大仙院は数寄屋がなく、書院の茶湯の間がその用を果たしたのであろう。なお、小書院の柱間寸法は六尺三寸に三尺一寸五分の畳を用いた畳割制である。柱は四寸面取角柱、長押を用い、鴨居内法高さ五尺九寸三分、天井高さ（床板より天井板まで）九尺七寸である。

慶長九年建立の小書院は表向中間八畳敷に座敷飾として框床を備えるだけの簡素な意匠で、四寸角面取角柱に長押を用いた書院造の初期形式を伝えると思われる。

二　摠見院と三玄院

（1）摠見院

大徳寺摠見院は織田信長の菩提所として、豊臣秀吉が古渓宗陳を開山に請じて創立した塔頭である。方丈は天正十三年三月には出来ていたらしく、秀吉は三月八日の柴野大徳寺茶会のとき、摠見院で御茶を点てた[27]。天正十四年の「総見院仏壇校割」によると、本堂（方丈）の仏壇に織田信長の尊像（木像）と同信忠および古渓の師笑嶺宗訢の尊像（画像）を祀っていた[28]。『本光国師日記』慶長二十年五月十九日条に載せる「大徳寺諸塔頭知行目録」に摠見院について「三百石、本坊十三間に九間、庫司十一間半に七間半」と記す。同目録に載せる豊臣秀吉の母大政所を祀る天瑞寺に比べると、石高は同じ、本坊規模はやや小さいが、山内では天瑞寺に次ぐ規模であった。有節瑞保の日記「日録」文禄三年十一月晦日条に、

午時往大徳。先問古渓老微恙。折一ケ・茶携之。対顔卒話而已。清叔・瑞雲同途而往摠見院。々主出迎。於書院有非時。董甫・賢叟相伴。中酒五行。菓子五種也。於数寄屋有茶。又於書院冷麺・吸物有酒。及薄暮帰矣。

と記す。これによると、本坊と独立して書院と数寄屋が存したことが知られる。大徳寺の塔頭において方丈から独立して小書院が造立されるようになるのは慶長二年以後であるといわれ、大僊院、聚光院、竜光院に現存する小書院はそれの比較的早い例と考えられている[29]。摠見院の書院は別棟形式の早い例である。

（2）三玄院

三玄院は笑嶺宗訢の法嗣春屋宗園（慶長十六年二月九日寂）が天正十七年に創設した寿塔である。有節の「日録」文禄三年十一月二日条に「午時往三玄院。々主出迎。入茶湯屋。床上掛大燈文字。茶壷一見。茶話欵々。」とあり、三玄院に茶湯屋があり、床を備えていた。

慶長二十年五月十五日付けの「三玄院石高、建物差出状」によると[30]、本坊は東西十二間、南北七間（縁共）の規模をもつ桧皮葺の

建物であり、[31]ほかに玄関、大庫裏、小書院、小庫裏、連絡廊下、雑部屋、柴部屋、雪隠、衆寮、門などがあるが、数寄屋の記載はない。茶湯屋は小書院に付属して設けられたのであろう。

小書院は東西八間半、南北三間、挍葺の建物である。梁行が三間であるので、小書院は南向に客座敷を一列に配し、北向に院主の居間と眠蔵などを設けた平面が想定される。

三　竜光院

竜光院は、黒田長政が父如水孝高（慶長十一年卒）の菩提のために慶長十三年（一六〇八）に大徳寺山内に創立した寺であり、父の院号をとって竜光院と名づけ、院主に三玄院の春屋宗園を請じた。慶長十三年九月に黒田家から竜光院納所に宛てた引渡し状「相渡申立具畳之覚」[32]（以下「覚書」と記す）によると、創建時の建築施設は庫裏、方丈、玄関、二階書院、同御料理間、門倉、居間書院、衆寮、倉、雪隠、卵塔などがあった。このうち居間書院は方丈の北方にある院主の住房である。「覚書」に記す主な建物の畳数は、庫裏三十六畳半、方丈六十九畳と長床九畳、二階書院五十四畳半、居間書院五十畳、衆寮五十畳である。

竜光院には、天明八年（一七八八）十二月に同院役者から奉行所に宛てた建物明細の控（以下、「建物明細」と記す）があり、それに建物の配置図（図21）を添えるので、江戸時代後期の建物の規模と配置がわかる。[33]客殿（方丈）は、「覚書」に「桁行十一間半、梁行七間半、両妻反り破風、懸魚狐格子、屋根桧皮葺事」とある。天明八年の配置図には客殿に就いて同じ規模を記し、南面に広縁、東・西両面に「ヱン」と記入する。「ヱン」は玄関廊下の梁間一間半より狭く描かれており、東・西・北三面は幅一間の入側縁、南広縁は幅一間半である。屋根は入母屋造桧皮葺である。客殿の南面東端より南に延びる梁間一間半の廊下は桁行六間半の規模で、南端東向に唐破風をみせた玄関を構える。『本光国師日記』慶長二十年五月十九日条に載せる「大徳寺諸塔頭知行目録」に、竜光院は知行なし、本坊（方丈）十二間半に八間半、庫司九間四方と記される。客殿の規模は「覚書」が『本光国師日記』にくらべ桁行、梁行とも一間小さいが、これは「覚書」と天明の「建物明細」によるべきである。[34]

さて、『国宝並びに重要文化財竜光院書院・本堂・盤桓廊・兜門修理工事報告書』に竜光院の建物配置を描いた「竜光院古図」（その一、竜光院所蔵、図22）を掲載する。「竜光院古図」の年代は不明であるが、つぎにあげる点よりみて慶安二年（一六四九）以後、天明八年（一七八八）以前で、書院に茶室密庵席が組み込まれる以前の状態を示すと考えられる。

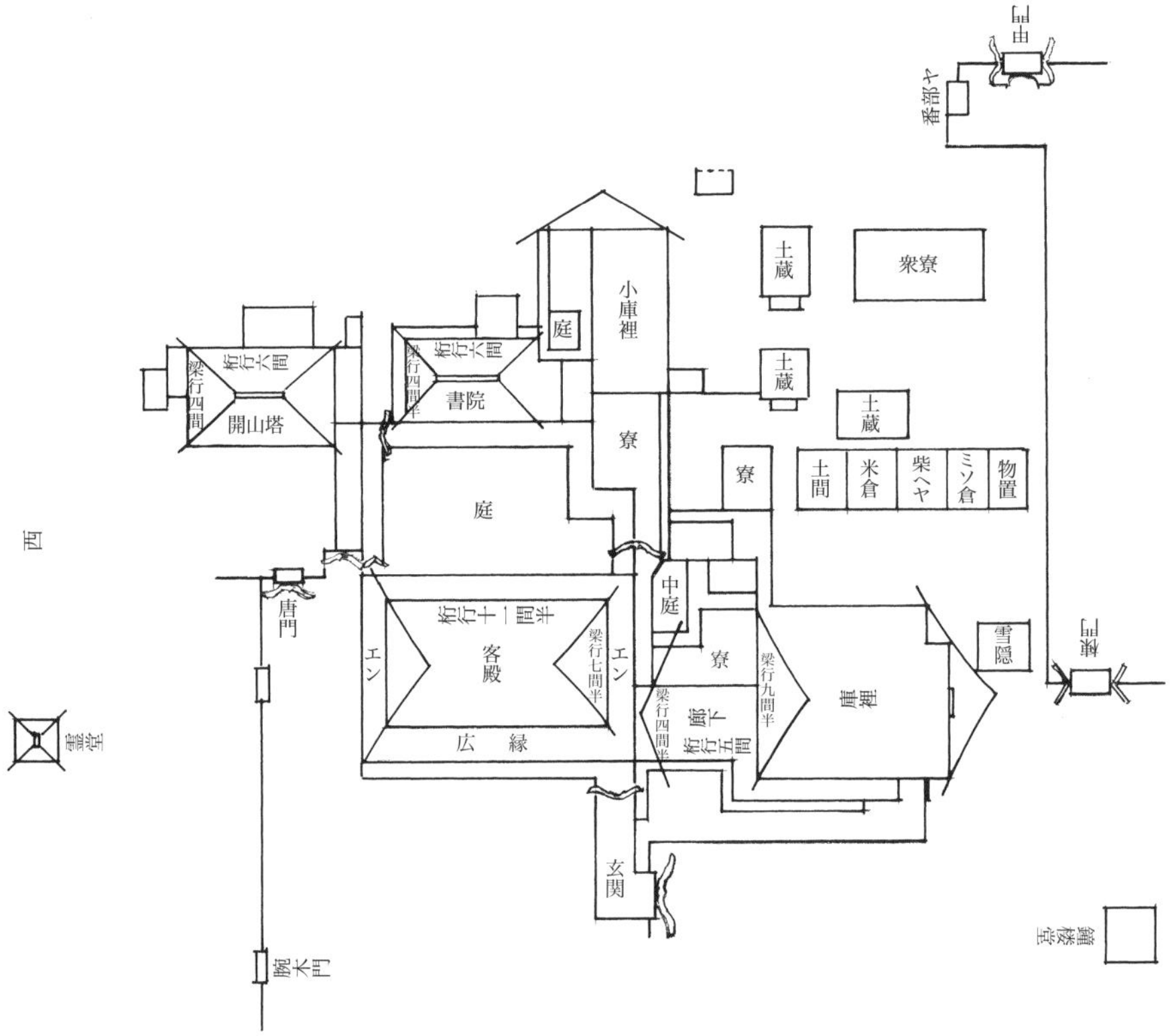

図21　天明八年の竜光院配置図（大徳寺竜光院蔵、略図）

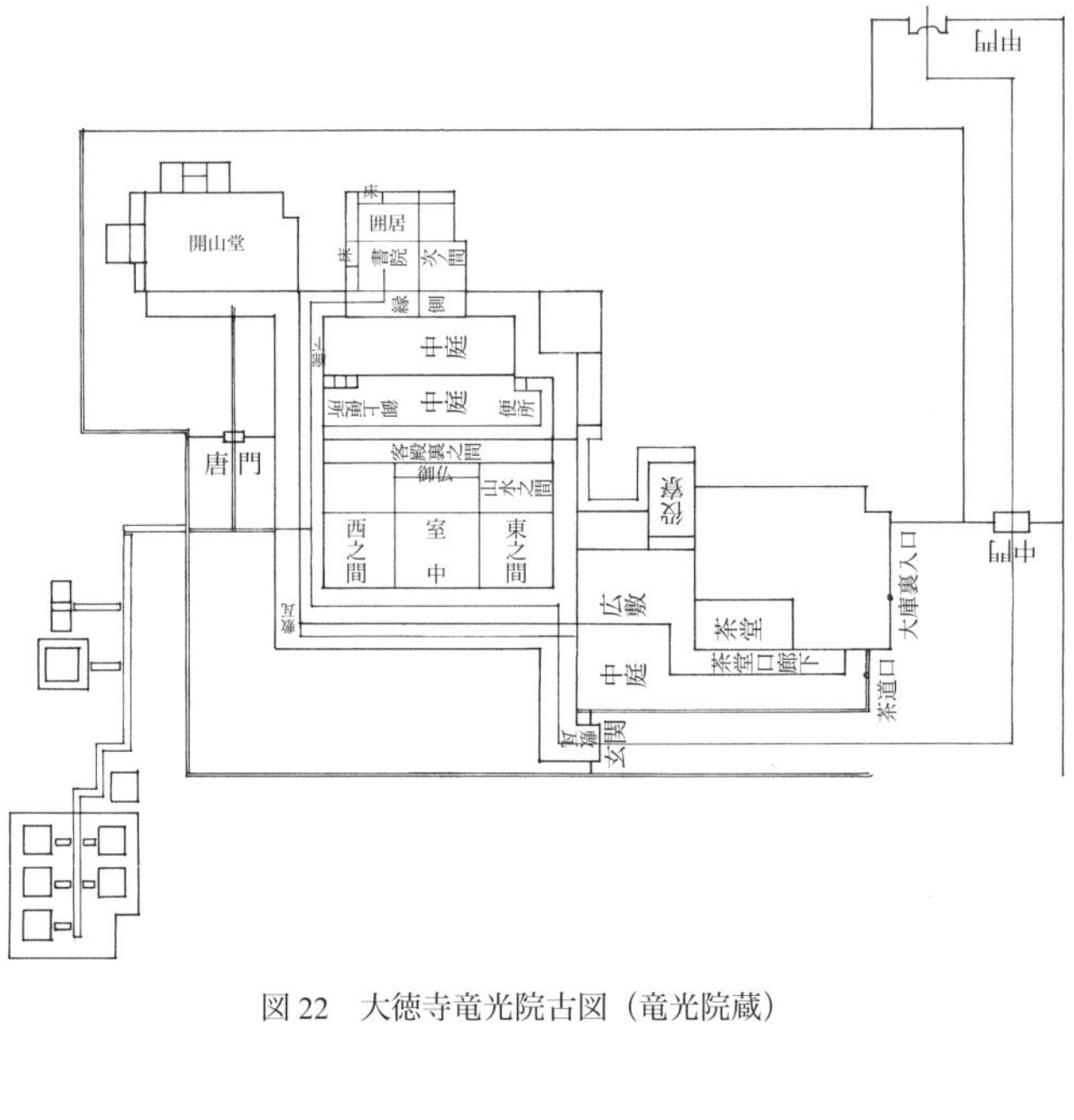

図22　大徳寺竜光院古図（竜光院蔵）

①「竜光院古図」に、慶安二年に造営された開山堂が描かれている。

② 天明八年の竜光院配置図に描かれた書院東側にある小庫裏が「竜光院古図」にない。また、「竜光院古図」に描く開山堂西面にある位牌所は、天明八年の配置図にみえる位牌所拡張以前の状態を示す[35]。

③ 書院西北隅の部屋は書入に「囲居」とあり、茶室であるが、七畳敷の広さである。また、茶室は北面に一間の床を備える。現在の密庵席は四畳半台目の茶室で、北面に間口四尺三寸八分の床、西面に半間違棚、東面に押板（旧付書院）と点前座を備えるので、「竜光院古図」にみえる囲居は密庵席と相異する。

なお、「竜光院古図」に描かれた書院は東面の入側縁などを欠く。これは、慶長十三年の「覚書」に記す居間書院の一部である可能性があり、後に検討する。また、客殿の東方に大庫裏と広敷、役寮などを描くが、書院の東方、敷地の東北部は空地となっている。この辺りに建物が全くなかったとは考え難いが、未詳である。寛永十八年頃、書院と独立していた茶室密庵を描かないのも不審であるが、開山堂の普請などにより、一時建物を畳んでいたのかもしれない。

以上、不明な点もあるが、「竜光院古図」は少なくとも天明八年以前の状態を描くと考えられる。つぎに、「竜光院古図」に描かれた客殿と書院について考察する。

(1)「竜光院古図」に描く客殿

「竜光院古図」によると、客殿は六間取形平面で、南広縁に面して室中を中心に東の間、西の間を並べ、室中奥に仏壇、その東側に山水の間、西側に衣鉢間を配し、東・西・北三面に幅一間の入側縁をめぐらす。『都林泉名勝図会』（巻一）に大徳寺竜光院について、「客殿中ノ間（唐松仙人、等顔筆）、礼ノ間（松ニ仙人、等伯筆）、檀那ノ間（真ノ山水、等顔筆）、衣躰《鉢カ》ノ間（金山寺図、同筆）、大書院（草山ノ図、同筆）、杉戸（一間半弐枚、唐獅子四足、同筆）とあり、客殿は六間取形平面で、各室襖障子に狩野派絵師による絵が描かれ、幅一間半の南広縁に唐獅子を描いた杉戸を建てていたことが知られる。大書院は東北隅の山水の間に相当し、玄関側に礼之間と大書院があった[36]。客殿は四周に入側縁をめぐらすので、母屋は東西九間半、南北五間の規模である。これを「竜光院古図」と照合すると、室中は間口三間半、奥行三間、その両脇間は各三間に三間（十八畳敷）、北側仏壇は三間半に二間の広さ、その両脇間は各三間に二間（十二畳敷）である。室中両脇間の間口を三間とするのは近世方丈に類例がある。慶長の「覚書」によると、方丈の畳は六十九畳、長床九畳である。東西両側四座敷の畳合計は六十畳、それに室中の追廻し敷畳九畳を加えると、客殿の畳は六十九畳になり、慶長十三年の「覚書」と一致する。

（2）「竜光院古図」に描く書院

書院は客殿の北方にあって、客殿東・西両側の縁より北に延びる廊下が書院南縁の東・西両側に通じる。「竜光院古図」によると、書院は桁行五間、梁行五間の規模である。平面は南縁側に面して十畳敷と次の間八畳敷を西と東に並べ、十畳敷の西面北に一間床、同南に入側縁を設ける。これは現在の書院南向の二座敷配置とほぼ同じである。十畳敷の北側に七畳半敷の「囲居」があり、その東側にある四畳半敷の部屋は院主の寝室であろう。北側二室の北と西面折廻しに半間の入側を付け、茶室北面の西一間に床を備える。北側に七畳半敷の茶室と四畳半敷の寝室を並べた平面は、現在の書院と相異する。

つぎに、「竜光院古図」に描かれた書院は創建期の居間書院の一部であると考えてよいかどうか検討する。これに関して注意されるのは、修理工事報告書に掲載された「竜光院棟間数ひかへ」（年代不明、以下、「棟間数控」と記す）である。「棟間数控」に、つぎのように記す。

大徳寺内竜光院〈無知行〉

客殿	東西拾弐間間中	南北八間間中〈但桧皮葺〉
庫裡	東西九間	南北九間〈但桧皮葺〉
廊下	東西四間	南北四間半〈但桧皮葺〉
門	東西二間間半	南北二間〈但桧皮葺〉
玄関	東西弐間間中	南北五間〈但桧皮葺〉
鐘楼	東西三間	南北弐間二尺〈但瓦葺〉
雪隠	東西三間	南北弐間〈但桧皮葺〉
衆寮	東西拾間	南北三間〈但柿葺〉
居間書院	東西九間	南北五間〈但柿葺〉
土蔵	東西三間	南北弐間〈但柿葺〉
廊下	東西五間	南北壱間〈但柿葺〉

客人書院　東西六間　南北四間間中〈但桧皮葺〉
同小庫裡　東西四間間中　南北弐間〈但柿葺〉
廊下　東西弐間　南北六間〈但桧皮葺〉
米倉　東西拾間　南北三間〈但柿葺〉

これについて、つぎの点が指摘できる。

①　慶安二年（一六四九）に造営された昭堂（開山堂）を載せない。また、寛永二十年（一六四三）に造営された興宗禅師の昭堂（方一間、桧皮葺）および寛永造営の茶室密庵席を載せない。

②　客殿、庫裏の規模は『本光国師日記』慶長二十年五月十九日条に載せる「大徳寺諸塔頭知行目録」の竜光院の記載と同じである。先述のように、これは実際の規模より東西、南北とも一間大きい。庫裏のつぎに記す廊下は東西四間、南北四間半、桧皮葺で梁間の大きいのが特徴である。これは客殿と庫裏を結ぶ廊下と考えられ、慶長の「覚書」にある「方丈之廊下」に相当すると思われる。天明の配置図にこの廊下を「桁行五間、梁行四間半」と記入する。

③　玄関は桧皮葺の屋根で、天明の「明細書」にくらべると、桁行は一間半短い五間で、梁間は一間広い二間半である。

④　衆寮は東西十間、南北三間、柿葺である。建坪は三十坪、「覚書」の衆寮畳五十帖に相当する規模である。

⑤　居間書院は東西九間、南北五間、屋根柿葺である。建坪は四十五坪、慶長十三年の「覚書」に記す居間書院の畳五十帖を敷くに充分な規模である。修理工事報告書によると、現書院の屋根はもと柿葺であった。

⑥　居間書院と土蔵のつぎに記される廊下は東西五間、南北一間、柿葺である。これは居間書院と土蔵を結ぶ廊下であろうか。慶長十三年の「覚書」にある居間と方丈を結ぶ廊下は見えない。

⑦　客人書院は東西六間、南北四間半、桧皮葺であり、同書院に小庫裏（東西四間半、南北二間、柿葺）が付属していた。これは慶長十三年の「覚書」にある二階書院に同御料理間が付属する形と類似する。創建期の二階書院は慶安二年に解体され、その古材の一部を使用して現昭堂が造営された[37]。昭堂の屋根は客人書院と同じ桧皮葺である。「棟間数控」は昭堂（開山堂）を載せないので、二階書院は客人書院と同じ建物である可能性が大きい。

⑧　小庫裏のつぎに記載される廊下は東西二間、南北六間、桧皮葺である。これは客人書院へ到る廊下で、慶長十三年の「覚書」

にのせる二階書院への廊下にあたる可能性がある。

以上、「棟間数控」の記載は、昭堂が造営された慶安二年以前の状態を示すと考えられる。茶室密庵席と興宗禅師昭堂を載せないのはどのように考えればよいか。茶室が出来る以前の記録とすると、「棟間数控」は寛永十八年以前に書かれたことになるが、茶室は規模が小さいので、これについてはなお検討の余地がある。上記のうち、⑤と⑦、⑧について補足説明する。

（3）客人書院と二階書院の関係

慶長十三年の「覚書」に、二階書院について

二階書院へ之廊下

一杉障子　弐枚
一戸板　弐枚
一明障子　八枚
一畳　八条
一袍障子　弐枚

二階書院之分

一袍障子　弐拾四枚
一明障子　四拾六枚
一こし障子　拾枚
一杉障子　四枚
一戸板　拾六枚
一つき上げ戸　拾壱枚
一たな　七重
一畳　五拾四畳半

と記す。二階書院へ到る廊下は板敷で、襖障子と明障子で一部間仕切られ、畳八帖を敷いていた。「棟間数控」にのせる客人書院に

取付くとみられる桧皮葺廊下は東西二間、南北六間であり、そのうち桁行四間、梁行一間を部屋に充て、廊下側に明障子八枚を立て、内部を襖障子で四畳敷二室に仕切っていたことが推測できる。

「棟間数控」によると、客人書院は東西六間に南北四間半の規模である。これが二階書院と同じ建物とすると、慶長十三年の「覚書」に記す二階書院の畳五十四畳半は一階と二階合わせた畳数になる。仮に二階を東西四間、南北三間半として、二階座敷に十八畳を敷いたとすると、残り三十六畳半の畳は一階座敷に敷くことになる。客人書院は一階が六間に四間半、二十七坪あるので畳数については問題ないと思われる。建具については未詳であるが、客人書院は、創建期の二階書院に同じである可能性が大きいといえよう。

（4）居間書院と「竜光院古図」に描く書院との関係

「棟間数控」によると、居間書院は東西九間、南北五間の規模である。このうち南北梁行五間は「竜光院古図」に描く書院梁行と同じであり、居間書院の母屋梁行は三間半である可能性が大きい。すなわち、居間書院は南面に幅一間の広縁、北面に半間の入側を付けていたと考えられる。また、居間書院は東・西両面にも入側を付けていたと考えてよい。そのうち東面は、客殿東縁より北へ一間幅の廊下が延びて居間書院の南広縁東端に到るので、南面と同じ一間幅の入側、西面は「竜光院古図」を参照して半間幅の入側と考えられる。これによると、居間書院の母屋桁行は七間半になる。一方、慶長十三年の「覚書」に、居間書院について、

居間書院
一袍障子　　拾枚
一明障子　　拾壱枚
一戸板　　弐拾八枚
一たな　　十重
一畳　　五拾畳
居間より方丈へ之廊下
一戸板　　三枚
一明障子　　六枚
一畳　　四帖

と記す。仮に、居間書院の畳五十畳は母屋にある座敷の畳数と考えると、母屋は二十五坪ほどの面積を要する。「棟間数控」から想定される居間書院の母屋は桁行七間半、梁行三間半、二十六坪二合五斤であり、覚書の畳五十畳を収めることができる。襖障子は十畳敷と八畳敷および囲居（茶室）との両境四枚と二枚で計六枚、あと四枚は八畳敷東面に建てたのであろう。明障子は十畳敷と八畳敷南面に各四枚建てると、あと四枚残る。一番多い建具は戸板二十八枚である。慶長の「覚書」に、衆寮について「戸板三十一枚、明障子十枚、畳五十条」をあげる。居間書院の戸板は東側の座敷に用いられたのではないだろうか。とすると、居間書院は東側に寮舎などを設けていた可能性がある。居間書院と客殿（方丈）を結ぶ廊下は「棟間数控」にみえない。

以上不明な点もあるが、「棟間数控」に記す居間書院は創建期の規模を伝える可能性が大きい。また、「竜光院古図」の書院はそれを縮小した状態を示すと考えられる。

（5）現在の書院――「竜光院古図」に描く書院との関係――

現在の書院は桁行六間、梁行五間の規模であり、[38]西北隅に四畳半台目の茶室密庵席を組み込んでいる（図23）。茶室の東側は六畳敷座敷（果然室）、その東側の四畳半敷（居間）はもと三畳敷と東面半間の榑縁に分かれていた。また、南側八畳敷の東面に一間の縁側が南より廻っていた。南・東二面の縁側は東南隅を除いて畳敷であるが、もと拭板敷で、前面を開放していたことが修理工事により明らかにされた。

茶室密庵席を組み込んだ現書院はいつごろ造営されたのであろうか。書院の西北隅にある茶室（四畳半台目）は、寛永十八年（一六四一）頃は竜光院の境内に独立して建っていたことが知られる。[39]すなわち、『松屋会記』寛永十八年六月二十九日条に、この日の晩、松屋久重は江月和尚の竜光院を訪れ、茶室密庵席で茶湯のもてなしをうけた。その時の茶会記に茶室の指図を載せる。茶室は四畳半台目の座敷で、南と西に折り廻し縁があり、西塀の南に開けた木戸を入り、南庭の飛石つたいに茶室南縁に到り、南面障子より茶室に入った。座敷は北面西に畳床、西面北に間中違棚、東面南に付書院、その北に台目構の点前座を設けていた。茶会のとき、床に密庵の墨跡を掛け、その前に置いた胡銅の大花入に白の荷葉を生けていた。付書院の飾りは硯、筆掛、墨、水入、違棚に獅子の香炉、羽箒などを飾っていた。北面床脇東壁に通い口、台目畳北に茶立口があり、座敷北側に勝手があったらしい。この茶室は書院に組み込まれた時、一部改造された。現在、茶室は南面一間半の十畳敷境に襖障子四枚を立て、もと東面の付書院を押板に改造して、その背面の六畳敷側に浅い板床を設けている。また、床脇の北面東間は腰高障子四枚を立て、茶室北面に入側縁が付けられた。

書院を現状に改修した時期については、慶安二年に創建当初の二階書院の部材の一部を転用して現昭堂（開山堂）を普請していることから、それと同じ時期と考えられている(40)。また、改修の内容については、既存の書院と茶室とを接続したのではなく、茶室を西北の一室に取込むように新たに書院を造立したと推定されている(41)。ただし、先述のように、昭堂が造営された当時、創建時の居間書院の一部とみられる書院があり、その南側にある十畳敷と次の間八畳敷の構成が現書院とほぼ同じである点は注意されて良いであろう。書院北側は改造されたが、南側二座敷は旧書院の材を用いている可能性がある。修理工事報告書によると、現書院の小屋組部材は一部を除いて古材の転用材であった。これは現昭堂についても認められている(42)。

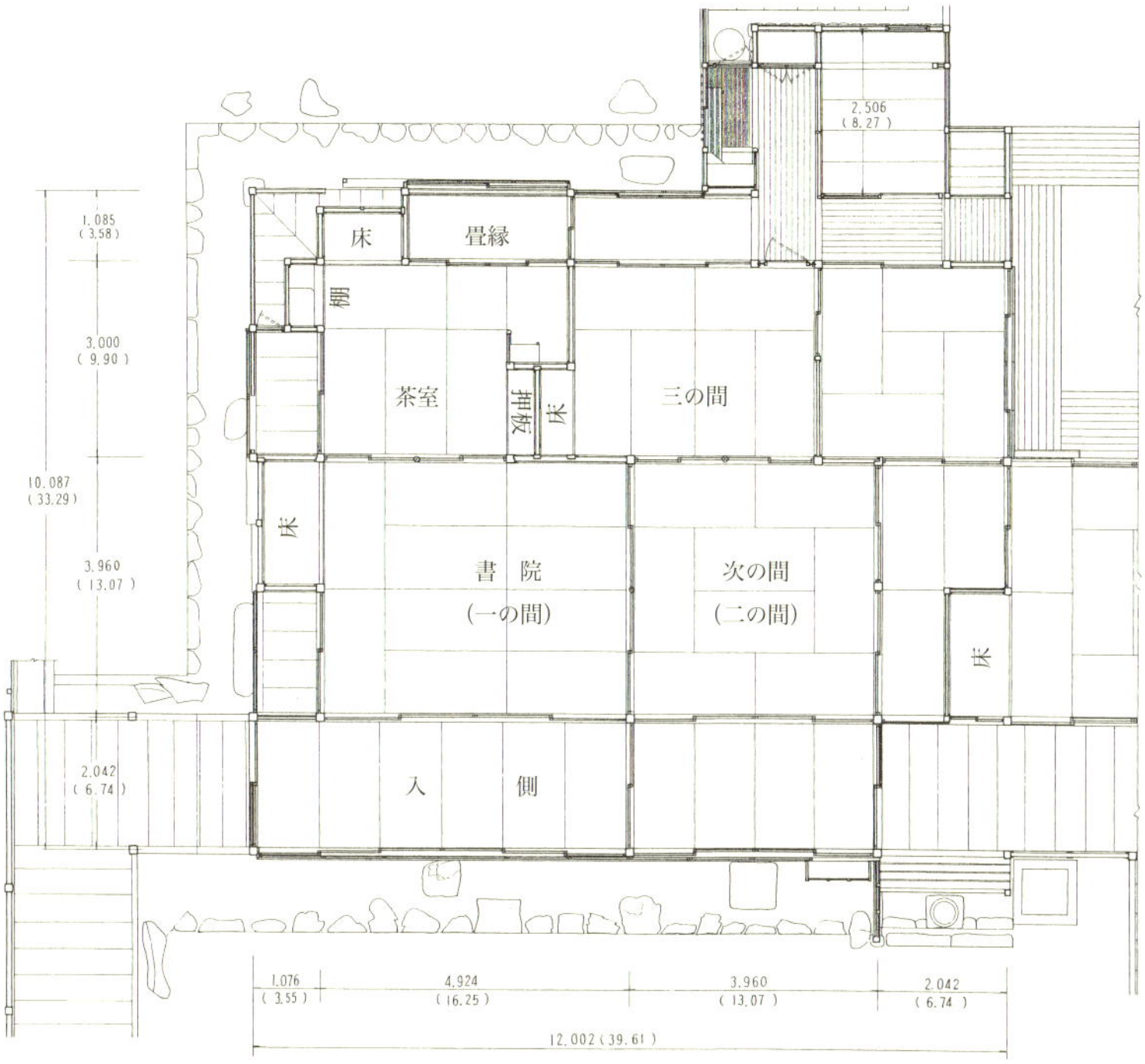

図23　大徳寺竜光院書院平面図（『日本建築史基礎資料集成　茶室』より転載）

修理工事報告書によると、書院の柱間は六尺三寸の畳を基準として定めている。南側十畳敷と八畳敷の柱間寸法は、二間半が十六尺二寸五分、二間が十三尺七分である。南側各室の柱寸法は四寸六分角であり、これによると、この柱間寸法は畳大きさ六尺三寸に三尺一寸五分の畳割制とみてよい。また、茶室の柱間寸法一間半は九尺九寸である。茶室の柱寸法は面取角柱が四寸一分六厘角であり、これも畳割制である。茶室西側より点前座東側までの柱間寸法二間は十三尺一分で、これも畳割制によっている。茶室の四畳半敷と書院十畳敷境が接する一間半柱間の柱は、茶室と書院の各々異なる材を半分ずつ矧ぎ、内法を一致させている。鴨居も同様に異なる材を矧いで用いている。なお、現在、十畳敷の西面にある框床の背面柱は西庇の内側に立っている。西庇の梁間は、北庇と同じ三尺五寸五分であり、西面框床の奥行柱間は三尺一寸七分ほどである。この柱は、旧書院西側通りの柱であった可能性がある。

改造後の書院は桁行六間、梁行五間、小棟造柿葺の建物で、院主の居間書院であった。南側の十畳敷と八畳敷は表向座敷であり、北側の六畳敷は寝室、その東側三畳敷は居間であろう。十畳敷は西面北に一間框床を備え、同南間入側境に腰障子二枚を建てる。十畳敷と八畳敷は襖障子で仕切り、南側広縁境に腰障子を立てる。表向の座敷は桧の四寸六分の面取角柱を用い、内法長押と天井長押をまわし、平縁天井、壁は絵貼付壁、鴨居上を白亜壁とする。長押内法高さは六尺、天井高さは八尺八寸である。柱太さと内法高さは古法であり、天井が低いのは居間書院であるからであろう。

十畳敷の北にある四畳半台目の茶室（密庵）は北面西に四尺三寸八分の框床、西面北に間中違棚、東面南に四尺七寸六分の押板、北に台目構の点前座を備える。違棚は地袋と天袋の間に左上一段、右中二段の棚を造り、嵌板に透彫を施した雅趣に富む意匠である。天井は平縁、南面と西面に内法長押を付け、壁は貼付壁に墨絵山水画を描き、鴨居上を土壁とする。柱は松の三寸七分角面取柱（押板両側）と杉の面皮柱を併用する。長押内法高さは五尺六寸八分、天井高さは七尺四寸、点前座天井高さ六尺一寸六分である。寛永年間に遡る茶室密庵は書院造と数寄屋造を融合した書院風の茶室で、小堀遠州の作品にみられる数寄座敷の特徴をよく表わしている。

まとめ

寛永再興以前の金地院方丈は中世的な六間取平面である。建仁寺正伝院方丈は同じ六間取形式の平面で、室中背後に奥行一間の仏間を設けていた。寛永造営の南禅寺金地院大方丈は仏間の西脇に床（押板）と違棚、付書院、帳台構を備えた折上格天井の上段をもつ豪華な接客座敷を設けた点に大きな特徴がある。この座敷は将軍、大名などの賓客を迎えたときの御座間である。

近世初期の五山禅院における書院は中世のそれと異なり、表向に書院座敷を並べていた。

元和年間の金地院書院は南面に書院座敷と居間を並べ、北面に三畳半大目の数寄屋と六畳敷の勝手を付属していた。寛永改修後の書院（鎖の間）もほぼ同じ構成であった。書院は上段に付書院、北面に出床（框床）を備えた鎖の間の形式で、長押を用いず、数寄屋風書院である。

建仁寺正伝院書院は、表向に上の間と次の間を並べ、裏側に納戸と居間、茶所を配する。上の間は西面に出床（框床）を備える。書院は床内外の張付壁に水墨画を描き、長押を用いず、座敷境に格子欄間を嵌め、天井を高さ八尺三寸の平縁天井に作るなど数寄屋風書院である。書院の東南に続いて数寄屋如庵があった。

近世初期の大徳寺塔頭は方丈と庫裏が中心であり、ほかに院主の住房として別棟の書院（小書院）を造り、それに付属して数寄屋を設けた例が知られる。方丈平面は六間取形式が一般的で、八間取形式もある。方丈は客殿（室中）の奥に仏間を設けて本尊と開祖の画像を祀っていた。院主の住房として小書院が造られるようになると、方丈の書院は表向の対面座敷に用いられた。大徳寺では小書院に対して、方丈内の書院を大書院と呼んだ。大書院の呼称は寛永元年の文書に見られるのが早い例である。

小書院（書院）の平面は、室町時代中期の五山塔頭の書院と異なり表向に客座敷を二室並べ、その背後に居間、眠蔵などを配する形式が多い。また、書院は数寄屋を付属し、数寄屋を建てない場合は書院の内に茶湯の間を設けることもあった。

慶長十三年に黒田長政が創立した竜光院は方丈の室中両脇間に方三間、十八畳敷の広い座敷を設け、室中の北側を仏間とした近世的な平面で、方丈各座敷は襖障子に狩野派絵師による絵が描かれていた。方丈北方にある居間書院は桁行九間、梁行五間の規模で、南西隅に東向框床を備えた十畳敷と次の間八畳敷よりなる表座敷を設けていたと考えられる。十畳敷の北は七畳半の茶室であり、その東に四畳半敷の寝室があった。この平面は慶長十三年の創建期に遡ると考えられる。この居間書院は慶安二年ころには東側の部分が切り離され、院主の居間と表座敷よりなる桁行五間、梁行五間の規模に縮小されたと考えられる。書院の西北に茶室密庵席を組み込んだのは慶安二年以後まもない時期であったと思われる。

現在の竜光院書院の南向上の間十畳敷と次の間八畳敷は創建当時の居間書院の一部を伝える可能性がある。書院は柱間寸法に畳割制を採用し、柱に桧の四寸六分面取角柱を用い、内法長押と天井長押をまわし、座敷飾に框床を備えるだけの簡素な意匠であり、初期書院造の建物である。

竜光院創建時の建物で注目されるのは二階書院の存在である。二階書院は客人書院ともいわれ、客用の書院であったらしい。客人書院は桁行六間、梁行四間半、二階建桧皮葺屋根で、南東に桁行六間、梁行三間、桧皮葺板敷の廊下を付設していた。

注

1　『鹿苑日録』慶長二年三月廿日条。

2　『本光国師日記』寛永四年四月五日条に「三月二十日之書状、久右衛門より来ル。新金地院作事之様子申来。」とある。

3　『本光国師日記』寛永七年十月二十八日条。

4　同年七月二十九日条に、良長老、久右衛門七月二十三日の連署来る、大方丈と奏者の間との間に三間四方の廊下仕度と指図にて尋ね来たり、また古玄関唐破風に仕るべき材木の入用以下書付来るとあり、その返書に、方丈と奏者の間の間廊下、指図の如く然るべき候、則ち指図に好み懇に申遣す。玄関むかしの如くそのまま立候へと申遣す、と記すので、大方丈は七月頃には立ち上がっていたからである。

5　寛永四年七月二十九日条。

6　同日条に「清兵へ上ス。良長老、久右衛門へ書状遣ス。指図以下色々このミ共申遣ス。（中略）。小遠州へ書状遣ス。南禅寺金地数寄やくさりの間之さしつ地形なわはり以下頼入由申遣ス。（中略）。狩野采女へ書状遣ス。金地院方丈絵之事申遣ス。狩野内匠へ書状遣ス。奏者之間。ひらかミ絵中付之由申遣ス。中井大和へ書状遣ス。唐門之礼なときつと申遣ス。」とある。

7　金地院古絵図は二様ある。森蘊「小堀遠州の作事」奈良国立文化財研究所学報第18冊、一九六六年所収。金地院古絵図二様は、ともに寛文四年以後の内容を示す。『日本建築史基礎資料集成』二十　茶室、金地院八窓席による。

8　古絵図の大方丈に「御祈祷殿」の記入がある。また、大方丈の東方南寄りの門に「御成御門」と記す。この門は向唐破風造りで、大蟇股と小壁及び桟唐戸などに彫刻装飾を多用した華麗な意匠よりなる。崇伝は、寛永四年八月に二条城行幸御殿の唐門を幕府から拝領し、南禅寺に移している。それが金地院に移されたか否かは未詳である。

9　桜井景雄『南禅寺史』下巻。

10　川上貢『禅院の建築〔新訂〕』中央公論美術出版、二〇〇五年。

11　大森健二「金地院遠州好の茶室に就いて」『日本建築学会研究報告』17号、一九五二年三月。

12　稲垣栄三「金地院八窓席」『日本建築史基礎資料集成』二十　茶室、中央公論美術出版、一九七四年、『稲垣栄三著作集』四「茶会・数寄屋建築研究」中央公論美術出版、二〇〇六年所収。

13　『鹿苑日録』明応七年正月八日条。

14　元和三年十二月吉日、借地状、正伝永源院蔵。

15　堀口捨已『茶室研究』鹿島研究所出版、一九七七年。『鹿苑日録』元和四年十月九日条。

16　『鹿苑日録』元和七年十二月二十一日条。

17　『日本建築史基礎資料集成』二十　茶室　如庵に正伝院絵図をのせる。

18　『日本建築史基礎資料集成』二十　茶室　如庵。

19 川上貢『禅院の建築〈新訂〉』第三編、中央公論美術出版、二〇〇五年。

20 『重要文化財大仙院書院修理工事報告書』京都府教育委員会文化財保護課、一九七二年。『国宝並びに重要文化財竜光院書院・本堂・盤桓廊・兜門修理工事報告書』京都府教育委員会、一九六七年。

21 『重要文化財大仙院書院修理工事報告書』（前掲）。

22 『竜宝山史』大仙院の項に「拾雲軒、古嶽和尚坐禅処在大仙院、」と記す。

23 沢庵宗彭『東海和尚紀年録』に「慶長十九年甲寅師四十二歳五月朔日遷養徳院、秋八月建大仙之書院。此地昔日拾雲軒之遺跡也。即掲拾雲二字而為書院額。」とある。

24 西和夫「大仙院本堂の創建平面について」『日本建築学会計画系論文集』№478、一九九五年一二月。

25 川上貢「大仙院の小書院について」による。『仏教芸術』55号、一九六四年。

26 注21に同じ。図20は同報告書より転載した。

27 『宗及茶湯日記』。

28 川上貢『禅院の建築〈新訂〉』第三編六　大徳寺擦見院の項（前掲）。

29 川上貢『禅院の建築〈新訂〉』第三編三　大徳寺興臨院の項。

30 川上貢『禅院の建築〈新訂〉』第三編六　大徳寺三玄院の項の註91に収める。

31 『本光国師日記』慶長二十年五月十九日条にのせる「大徳寺諸塔頭知行目録」に三玄院について「百五十六石七斗三合六勺、本坊十二間ニ七間、庫司八間ニ七間」と記す。

32 『国宝並びに重要文化財竜光院書院・本堂・盤桓廊・兜門修理工事報告書』に引く「竜光院文書」による。

33 沢島英太郎「竜光院密庵ノ席に就いて」『画説』昭和十六年五月号。

34 庫裏は天明の「明細書」に桁行八間、梁行六間半と記す。『本光国師日記』の庫裏に比べ小さい。

35 川上貢「竜光院の昭堂」『日本建築史論考』第二編四、中央公論美術出版、一九四八年一〇月。

36 「竜光院古図」の客殿北縁の位置に「客殿裏之間」の書入れがあり、そこを部屋に充てていたかもしれない。

37 注35に同じ。

38 天明八年の明細書に「書院桁行六間、梁行四間半」とするが、現状よりみて梁行五間の誤りと思われる。

39 『日本建築史基礎資料集成』二十　茶室　竜光院密庵席。

40　川上貢『禅院の建築〔新訂〕』第三編　竜光院の項。
41　『日本建築史基礎資料集成』二十　茶室　三　竜光院密庵席。
42　注35に同じ。

第四章　室町時代後期の立花伝書及び茶会記にみえる奥向書院

第二章第二節に述べたように、足利義教の室町殿会所は床（框床）と書院（付書院）を備えた書院座敷を設けていたことが推察できる。しかし、その後の足利将軍邸については、足利義政の小川殿東御所及び東山殿会所に書院と違棚あるいは押板と違棚を備えた床（畳敷・上段）の例が知られるが、書院座敷における床（框床）の例は未詳である。[1]

室町時代後期になると立て花と茶湯の流行にともない上層住宅の奥向に床（框床）と付書院を備えた書院が発達する。本章において室町時代後期の上層住宅における奥向書院の床（畳床）と付書院について考察する。

第一節　立花伝書にみえる奥向書院

Ⅰ　「君台観左右帳記」にみえる床と付書院の柱飾

一　能阿弥・珠光宛「君台観左右帳記」[2]（宗珠所伝、大永三年二月吉日）

これは、能阿弥（文明三年・一四七一年没）が村田珠光に宛てた「君台観左右帳記」を、大永三年（一五二三）に珠光が養子宗珠に相伝したものである。同記は押板、違棚、書院（付書院）の座敷餝次第が中心で、押板図として三間、二間、一間半の図を載せる。同餝次第の中に床及び付書院に関して、つぎの記述が注意される。

一　釣舟ハ従昔御物ニモナシ、餝ニナキ物也、近年ノハヤリ物也、

一　ツリ油器ナントハ書院ノ餝ニ無喚鐘時可置、

一　柱花瓶ハ床ナントノ柱ニカクヘシ、違棚押板ノ柱ニハ何モ不可懸也、

釣舟は、十六世紀前期の例では小座敷などの床の天井に釣る草の飾りである。近年のはやり物というので、十六世紀初めに用いられはじめたらしい。釣油器は喚鐘に代る略式の飾りで、書院（付書院）の天井の中央に釣る。

柱花瓶は床などの柱に掛けるもので、表向座敷に用いる押板、違棚の柱には何れも懸けるべきでないという。

二　能阿弥・大内左京大夫宛「君台観左右帳記」(3)（文明八年三月十二日）

これは、能阿弥が大内左京大夫（政弘）に宛てた書である。能阿弥は文明三年八月に入滅したので、年号に問題はあるが、大内政弘宛の能阿弥本があることはありうる、という(4)。この書は座敷飾について「絵三幅。四幅。小絵。横絵ノ掛ヤウ。同押板、違棚以下ノ飾ヤウ。凡画図ニ記候。」として、三間、二間、一間半の押板の飾り方と図を載せる。つぎに書院飾について本飾り、その他の飾り方、棚について一間違棚、間中違棚、置棚の飾り方と図を記す。そして、最後に四幅一対、八幅一対の横絵、柱飾り、石瑠璃の油器、釣花瓶、茶湯棚飾を載せる。そのうち、柱飾と釣花瓶について、

柱飾ハ押板違棚ノ柱ニハカケラレズ候。書院又ハ床ノ柱ナドニカヽリ候。柱花瓶同前。

但書院ニツヾキタル違棚ノ柱ニハ。書院ノ喚鐘ノ掛ル所ニ可被掛候。書院ノ方ヲ本ニ掛ラレ候ベシ。

石瑠璃ノ油ツギ。書院ノ喚鐘ノ柱ニハ。釣花瓶モ同前ニ候。

と記す。これにより、柱飾は草の飾りで、内向の書院（付書院）または床の柱に掛けるものであることが知られる。柱花瓶も同じである。また、この記では、釣花瓶は書院（付書院）の天井に掛けるという。出始めたころの釣花瓶は付書院の天井に釣ったらしい。

以上、能阿弥の時代には、奥向の座敷に床及び付書院が設けられ、床及び付書院の柱に柱飾を掛けたことが知られる。これは、永享九年（一四三七）に能阿弥が筆録した「室町殿行幸御餝記」に記す三会所にみえる「床」及び書院（付書院）の記述と一致する。「床」は押板と異なり、畳を敷いた畳床（框床）であったと推察できる。また、床に軸物を掛け、花瓶を飾った例が知られる。

三　相阿弥・源次吉継宛「君台観左右帳記」(5)（永正八年十月）

永正八年（一五一一）の相阿弥「君台観左右帳記」は、餝次第として押板について三幅一対、五幅一対、三具足の飾り、四幅一対、

香炉・花瓶もしくは三花瓶の飾りを記す。能阿弥の餝次第と異なる点は、一間押板の二幅一対、花瓶の飾りを載せることである。また、風鈴について、押板の前の天井に掛けるほか「小座敷までも、しかるべく候。又、床の天井、ひろゑんの天井にも、か丶るべく候也。」と、小座敷のことがみえる。床は小座敷にあるのであろう。十六世紀前期ころになると、一間押板、床などを備えた小座敷が造られていたことが推測できる。

次に書院飾次第を記し、その中に柱飾について、

柱のかざりは、書院のほかに、しぜん床などのはしらにはか丶るべく候。押板・違棚にはか丶るべからず候。書院のはしらも面にはしかるべからず候。はしらの内の方にか丶るべく候也。

と記す。柱飾は奥向座敷の付書院または床の柱に掛けるものであった。床は押板及び付書院と区別されており、柱飾を掛けるので畳床と考えてよい。

つぎに違棚の飾り、茶湯棚の飾り方を載せ、そのあとに彫物の事以下諸道具のことを記す。その中に硯屏・石屏の飾りについて「硯屏・石屏の大なるは、書院にて候はず候共、床、又は違棚のそばなどにもをかれ候。」とある。相阿弥「御飾記」（大永三年十二月吉日）[6]は、これについて「硯屏の大なるをば。書院にある外に又床などにも可置候。」と記している。これによると、床は書院（付書院）と同じく座敷飾の一つであり、床に大きな硯屏を置くこともあった。

II　立花伝書にみえる奥向書院

一　「専応口伝」[7]（大永三年十二月吉日）

「専応口伝」は池坊専応が門弟に書き与えた伝書であり、写本の形で何本かが伝わっている。そのうち、大永三年（一五二三）十二月銘の書は最も古いものとされている。内容は、序に立花の意義をのべ、ついで押板の上の三具足の花をはじめ棚、置棚、書院など座敷飾の花について記す。つぎに、立花において嫌うべき事十三箇条をあげ、また、五節句の草木、御成・祝言の花などの事をのべる。そして、真の花を中心とする立花図および押板の五つ飾り、書院、違棚の飾りなど座敷飾の絵図をのせる。後者は「君台観左右帳記」の内容に準じる。最後に座敷飾一般について記し、その中に柱花瓶について「柱花瓶は床などに掛也。違棚、又押板の柱に掛

也。」の記がある。これは押板、違棚の柱に柱花瓶を掛けないという「君台観左右帳記」の伝と異なる。誤記とも思われるが、未詳である。大永三年の「専応口伝」は五節句、御成り、祝言などの座敷における立花に及び、座敷飾が広い層に普及しはじめていたことを窺わせる。

二　「専応花伝書」(8)（享禄三年二月）

同じ池坊専応の伝書であるが、大永三年の「専応口伝」に比べると、立花について「床の楽しみ」といわれるのが注意される。これは天文十一年（一五四二）十月に書かれた「池坊専応口伝」にもみられ、同書は立花が都鄙の翫として広く普及したことを述べる。享禄三年（一五三〇）「専応花伝書」の内容は本文と座敷厳の図および座敷飾一般事項よりなる。

本文は、押板三具足の事として、花瓶と立て花の心得などを記す。また、棚と書院の花についてのべ、棚の下の花（砂の物）の立て方について「床、押板ノカマチヨリ外ヘハ、枝葉ヲ不可出。」とあり、草の立花では床（畳床）と押板が同等に考えられているのが注意される。また、立花について、「専可嫌事」「高サシテ、不似合物」「専可嫌草木」「専可用草木」の項を立て、それぞれ細かく記している。そのうち「高サシテ、不似合物」の項では、聟取嫁取時の花、移徙、軍陣での花、季節の花、神前・仏前・祝言の花について具体的に記し、また、広座敷と小座敷における注意として「広座敷ニハ、花瓶ヨリ少花ヲ大ニ指候。小座敷ニハ、少チイサキ様ニ心得テ能候。」とあり、立て花の対象が広い層の座敷に及んでいたことが知られる。

座敷厳の図は、押板七飾などの立花、書院の本厳、違棚の飾りの図、四幅一対絵（三間、二間半、二間押板）の図、茶湯道具の置様図をのせるが、床飾りの図はない。これは床が押板に比べて奥向の座敷に用いられたことを示唆するのかもしれない。それにもかかわらず、「床の楽しみ」という。それはこの頃、殿中における押板を中心とする座敷飾に対して、床（畳床）を中心とする草の立花が書院及び小座敷など広い層の座敷に普及していたと解することはできないであろうか。座敷飾の一般事項を記した中に床の飾りについて、つぎの記事がある。

一柱花瓶ハ、床大平ノ柱ニ掛ル。違棚、押板の柱ニ不掛候。
一文台ニハ、料紙十重、其上ニ文沈ヲ置テ、硯常ノごとく可置。床の上、左の脇ニ置べし。床天井には、舟を釣ベシ、花ヲ生候。絵ヲかけて、其前ニ香炉ヲ置べし。

柱花瓶について、この記述は「君台観左右帳記」以来のきまりであるが、床柱ではなく床大平の柱とする。これは床の大平壁中央にある柱と考えられる。文台は俳諧、連歌の席で用いる小さな机で、その上に料紙十重と文沈および硯を置き、床の上左の脇に置くとある。床の天井に釣る舟に花を生け、床に絵を掛けて、その前に香炉を置くという。釣舟は草の飾りであり、狭い座敷の時によいといわれる。[9]「専応花伝書」にみえる大平柱に花瓶を掛けた床、あるいは天井に生花の舟を釣り、一幅の絵と香炉、文台を置いた床は、この頃から記録に現れる床と付書院を備えた書院座敷あるいは小座敷に設けられた畳床と考えられ、押板に対して草の様式を備えていたと推察される。

三　「仙伝抄」[10]（天文五年正月十七日、池房専応）

「仙伝抄」は専応が天文五年（一五三六）にまとめた伝書である。奥付に「此仙伝抄者、三条殿御秘本。義政公依御所望、文安二年三月二十五日冨阿弥相伝、」として、以下寛正六年武部三位法印から大永七年讃首座の相伝を経て、天文五年に専応が相伝したことを記す。

内容は「本文」「谷川流」「奥輝之別紙」の三部よりなる。「本文」は池坊の流伝に関係ある秘伝、「谷川流」と「奥輝之別紙」は文阿弥など阿弥系の伝書と推定されている。[11]

「本文」は、元服の花、出陣の花の事などをのべ、つぎに三具足の花の事、座敷の角に花を生けること、柱花瓶、長押の花、違棚の花、釣花瓶、橋の花、床の間に釣る花、縁の花の事のほか、七夕の花、仏事の花、位牌の前の花、むこよめとりの花、十二月の花、五節句の花などのことが記される。また「立花の次第条々、大事に候。」として、三具足、序破急の事、祝言の枝の事、禁花の事、きらふ枝の事などの注意書をのせる。立花のことが中心であり、花の立て方も多様化している。上記のうち長押の花、釣花瓶、床の間につる花の立て方について、つぎのように記す。

一　なげしの花の事。なげしのごとく、そばへはなおなびけて、むかひへさのみさし出べからず。但、しんのたかさ三四寸ばかり、なげしよりしたてにつり候はゞ、なげしの上一すんばかりにしんをあげべし。それよりたかくは、しかるべからず。これもなげしをきるこゝろ、ゆめ〳〵あるべからず。

一　つりくわびんの事。大かた舟をまなべり。上座へへさきをなし、ともにろかひの心をたて、おなじくほかぢ、いづれもたてやうあり。しんをほばしらと用。それにしたがひ、下草の程こころ得べし。又、時のちやハんの物を、つり花ひんと用立る事ありとも、はなはいけ花ともいう。上をながく、次第にちゐさく、下座よりはなのしだい見え候やうに、二方へなびかせ、それも舟とおなじく、上座へなびけ、下ざへもしたがひてなびかすべし。ざしきの中につる花也。左右へ少はなとみせべし。

一　橋のはなの事。はしのつめをざしきの上下になし、はしのつめとおぼしき所に、しやうびを立べし。下の心なり。床の間につる花、中だかにたてべし。びやうぶ、しやうじをうけてもたつるなり。此心得おほし。

長押の花は座敷の柱に掛ける花瓶で、長押より下に釣る。「奥輝之別紙」によると、釘は長押より五寸下に打つという。釣花瓶は座敷の中に釣る花という。当時、上座と下座よりなる座敷が成立していたこと、釣花瓶は上座のある表座敷に用いることもあったことが知られる。

「床の間につる花」の意味はよく分からない。前段に座敷の上下について記すので、床の間は上段の座敷と解するのが良いと思われる。ただ、後段に屏風、障子をうけてもたつるなりとあるので、「つる花」とあるのは「たつる花」の誤写ではないだろうか。それによると、上段の屏風や障子の前に花を立てたことが推定される。

「谷川流」は押板三瓶の花の事をはじめ、五節句の花、柱花瓶、棚の上の花のことを記す。また、「奥輝之別紙」は三具足の花、公方様御成の時、押板三幅一対五飾りの花のこと、三間、二間半押板、四幅一対に立てる花瓶のこと、違棚、柱花瓶の花について記す。

また、座敷飾について、つぎの記事がある。

一　おしいたの高さ、よせしきゐより八すん。一間半のをしいたの高さ、七寸五分なり。面のひろさ一尺七すんなり。

一　はしらもののくぎは、なげしより、五すん下なり。大きやくでんには、うつ事なかれ。書院、又小ざしきのものなり。

一　風りやうは、もろこしには、ゐんの天井の中にもかけ、又きやくでんの中央の卓にもかくる。また、おしいたのをとしかけにもかくるなり。

一　火ともしをば、をしいたのまえ、又はん間のをしいた、仏だんの前などにもかくるなり。

一　喚鐘をば、書院の天井の中ほどにつるべし。

押板の寸法高さ八寸～七寸五分、幅一尺七寸は一間半以上の押板の寸法である。柱飾の釘は長押より五寸下に打つもので、大客殿に打たず、書院、小座敷のものとする。この小座敷は長押を用いるので、いわゆる茶室ではなく、書院とおなじ奥向にある小座敷である。風鈴は客殿中央に置く卓の上の天井にかけるのであろう。また、押板の落掛にもかけたらしい。火灯しは間中の押板、仏壇の前にかけるとあり、半間の押板が用いられた。

「奥輝之別紙」の記事は、文阿弥筆とされる「立花故実」[12]とほぼおなじ内容である。文阿弥は大永頃（一五二一～二七）の活躍が知られるが、その頃奥向の書院及び小座敷に床（畳床）と付書院が設けられ、柱飾を掛けたことがうかがえる。

四　「賢珠花伝抄」[13]（弘治四年）

「賢珠花伝抄」は「文阿弥花伝書西教寺本」（七巻本）として知られる。御座敷厳書第七の奥書によると、文阿弥・聖阿弥・霜阿弥の手をへて、天文五年（一五三六）に横山入道賢宗が相伝、それを弘治四年（一五五八）二月から同年（永禄元年）七月にかけて賢珠斎月浦が盛歩御坊に伝えたものという。七巻よりなり、第四巻に「御座敷の厳の次第の事」をのせる。内容をみると、御座敷は御成の座敷、祝言の座敷、嫁取聟取の座敷が中心である。御成の座敷について、

一　御成の座敷の前には、ひろゑんなし。大名の家には、皆ひろゑん作也。然共、公方様は、公家の位にて御座候あひだ、只公家作に御成の間用也。惣而、御成の座敷は、三也。一は先御祝言、二は大名同御座敷にて、御まいり物まいる也。三には御きうそくの御座敷也。其外、有口伝と云々。

と三座敷をあげる。一は祝言の座敷（式三献あり）、二は大名同座にて振舞の座敷（会所）、三は休息の座敷である。御成りの座敷の畳はくみ畳、縁は高麗くみを敷なりとある。また、「御成又祝言専の時、同家内なり共、墨絵ぎょくかんなどの、かすか成絵の屏風しやうじ、不可立。懸絵は、作者による也。何も見かけつき、或者うすだみ也。」とあり、御成・祝言の時の晴座敷の屏風、障子絵は水墨画ではなく、磨着けあるいは薄彩色画を懸けるという。

御成座敷、祝言の座敷は主殿の対面間であろう。なお、祝言と聟取の座敷について、祝言の座敷は六間、十二間、七間半、但し聟取には四間とし、座敷の内、御能の時は沓形の座敷がよいと記す。

座敷飾については、押板、違棚、棚、床の飾りを記すが、書院の飾りはみえない。これは花伝抄が対象にしている座敷に関係すると思われる。そのうち、押板と違棚および棚は祝言の座敷、嫁取聟取の座敷の飾りとして述べられている。押板の飾りは、東山時代以来の三具足三飾、五飾、七飾をあげ、懸絵は押板の大きさにより二幅から五幅、七幅をあげる。また祝言の座敷は二間押板がよい

とする。違棚は一間、半間、あるいは一間半をあげ、座敷の広さによるとする。

一方、床の飾りはそれよりも奥向の座敷（休息間）に設けられたらしい。つぎに、床の飾りがみえる条文をあげる。

一　柱花瓶は、押板と棚との間の柱、或者床の上下の柱也。其外、下座なり共、上座にむかふ柱、又主位かたに一懸也。

一　床の上に氈毛氈、或者豹虎の皮を敷也。同床の上に、花を立時は、何にても不敷して、打置に花也。其時は、座敷のうしろ、或者縁などにかはを敷也。

一　床の上に、鼓太鼓置事有。床の上すゑのかたに、おく也。奥に太鼓、其次に大鼓、次に小鼓也。同琵琶琴も置に、琵琶次に琴也。いづれも、座敷の口より取て、出す也。或者、石を置也。或者、菖蒲鉢をも置。いづれも、花と同。

一　客人の内、無并高位の人しやうたいには、床の上に枕、或者鉢によりて、夜の物を置也。其時は、其座につらなる人も心して、食物過候はば、先々次の座敷へ出事、尤也。

一　床の座敷は、一段賞翫也。置物なき時は、無用共いへり。惣別、押板床棚に置物なきは、大に忌。

一　柱かざりの絵は、押板の上下の棚との間也。努々床の柱などには不懸。床の柱には、高位の人よりかゝる事あり。依其儀也。

柱花瓶を押板と棚の間の柱に懸けるというのは古法と異なる。床の上下の柱は床の左右柱のことで、室により上下が定まっていたと思われる。次の三項によると、床は花を立てるほか氈、毛氈、豹虎の皮を敷き、あるいは太鼓、鼓、小鼓や琵琶・琴を置くこと、また、石あるいは菖蒲鉢を置くことがあった。この飾りは押板と異なり、置物が多様であり、茶室の床飾りとも異なる。無位ならびに高位の客を招待した時は、床に枕あるいは鉢によりて夜の物を置くとあるので、これは休息座敷の床飾と考えられる。最後の二項に「床の座敷は一段賞翫なり、」というように、座敷の床は立花の中心になっていたことが推測できる。また、柱飾の絵は押板と棚の間の柱に懸け、床の柱に懸けずというのは古法と異なる。十六世紀中葉になると座敷飾は広い層の座敷に普及し、新しい飾り方が試行されていたことが窺える。

まとめ

1　能阿弥伝書「君台観左右帳記」にみえる床は押板と異なり、畳を敷いた畳床と考えられる。床は付書院と同様、奥向の座敷に設けられ、柱花瓶、柱飾など草の飾りが行われた。釣舟を小座敷などの床の天井あるいは書院の天井に釣ることは草の飾りで、十六世紀初めに始められたらしい。

2　「専応口伝」によると、大永三年頃、座敷における立花が普及し始めていた。享禄三年（一五三〇）頃になると、立花は「床の楽しみ」とされている。床と書院（付書院）を備えた奥向書院と小座敷における床を中心とする草の立花が広い層に普及していたらしい。

3　天文五年（一五三六）「仙伝抄」の「本文」によると、当時、上座と下座よりなる座敷が成立し、草の飾りであった釣花瓶は上座の表座敷に用いられるようになったことが知られる。また、「奥輝之別紙」によると、柱物（柱花瓶、柱飾）を掛ける釘は大客殿に打つものでなく、奥向の書院および小座敷の物であった。この頃、床や付書院を備えた奥向の書院および小座敷の存在が推測される。

4　弘治四年（一五五八）の「賢珠花伝抄」は座敷飾りの次第として、御成座敷、祝言の座敷、嫁取聟取の座敷の飾りを記す。同抄では、押板はそれらの表向座敷に用いられるのに対して、床は御成りの時の休息座敷など奥向に用いられている。床の飾りも立花、石鉢のほか太鼓、小鼓、琵琶・琴などがみえ、また枕、夜の物を飾るなど多様であり、床は奥向座敷の中心に置かれていた。

注

1　細川高国邸の御成間、官女の間、兵庫の間に設けられた床もこれらと同じ床上に押板、書院などを備えた床（畳敷）である。堀口捨己『書院造りと数寄屋造りの研究』鹿島出版会、一九七八年。

2　堀口捨己『書院造りと数寄屋造りの研究』（前掲）。

3　『群書類従』第19輯。

4　堀口捨己「君台観左右帳記とその異本」『君台観左右帳記の建築的研究』（堀口捨己『書院造りと数寄屋造りの研究』前掲、所収）。

5　『日本思想大系』23、古代中世芸術論、岩波書店、一九七三年。

6　『群書類従』第19輯。

7　注5に同じ。

8　岡田幸三編『図説いけばな大系』第6巻、いけばなの伝書、角川書店、一九七二年。

9　貞享元年の「抛入花伝書」。

10　注8に同じ。

11　岡田幸三「仙伝抄」解題、『図説いけばな大系』第6巻、いけばなの伝書（前掲）。

12　陽明文庫所蔵「立花故実」の奥書によると、綉谷庵文阿弥筆の正本を、永禄五年に天徳庵慶俊が書写し、それを極楽坊宥純へ伝授した。宥純はこれを書写し、奥に名を署し花押を記した。名和修校訂「立花故実」の解題による。『図説いけばな大系』第6巻、いけばなの伝書（前掲）。

13　注8に同じ。

第二節　茶会記にみえる奥向書院

茶湯座敷は、室町時代の武家会所における茶湯の間（茶立所）や「囲い」あるいは禅院の書院に付属する茶湯の間がその初期の形とみられるが、茶湯座敷において茶室と書院が一続きに造られた初期の例は、『山上宗二記』に載せる武野紹鴎の四畳半茶室と書院四畳半である。

紹鴎の四畳半茶室は北向左カッテで、南面西に深さ二尺三寸の一間床を備え、東南入隅に炉を切っていた。四畳半の東側は一畳敷のカッテである。茶室の天井高さは板敷（畳下）より七尺一寸である。茶室の北面一間半は腰障子を立てて開放し簀子縁を付け、前一間の北庭を塀で囲み表坪の内とする。また、表坪の内と茶室西側の五尺程を脇坪の内として、その南・北二ヶ所に木戸を設ける。茶室への入口は北簀子縁の西側に設けた戸口であり、脇坪の内より上る。

書院四畳半は幅半間のカッテを挟んで茶室の東側にあり、南面東に五尺程の書院[1]（付書院）を設けていた。書院四畳半の北側に続く四畳半は西側に半間の内縁を付け、それらの北面二間に幅一間の竹の簀子縁を張出し、その西北隅に水走りを置く。書院は茶室と一続きの部屋であり、北面に竹の簀子縁を付けるので、当時、数奇座敷と云われていた建物であろう[2]。付書院を備えた簡素な書院は室町時代の禅院書院にみられる形式である。紹鴎は弘治元年（一五五五）に五十四歳で没したが、この座敷は紹鴎の晩年（天文年間）の作と考えられる。

Ⅰ 津田宗達及び宗及邸における小座敷（茶室）と大座敷（書院）

室町時代末の茶会記において、小座敷（茶湯座敷）とともに書院の名がみえるのは天正頃からである。中村昌生氏は『天王寺屋会記（自会記）』により天王寺屋（津田）宗達と子息宗及の座敷について考察され、つぎの点を指摘された。(3)

1 天王寺屋では、天文頃から小座敷と大座敷が茶の湯に使われ、そのうち大座敷は後の書院に共通する用法が認められる。

2 宗及邸では、天正四年に新座敷（四畳半茶室）が出来る。以後、大座敷の名がみえなくなり、それに代って書院が茶室とともに茶会に用いられる。

3 宗及の茶会記において、書院の登場が四畳半茶室の設置と対応している事実は、茶室の縮小化が別空間の増設、即ち書院の併用を要求するようになったことを示す。

4 天正十二年には茶屋が新造され、四畳半座敷（茶室）、書院、茶屋の三施設が茶会の場を構成した。

『山上宗二記』に紹鷗の北向左勝手四畳半と書院について、その後、宗久（今井）、宗易（千）、宗瓦（武野）、宗及（津田）、山上宗二などまでこの座敷を写し、この外の唐物持の京堺の衆は悉くこれを写したという。つぎに、『宗及茶湯日記（自会記）』により津田宗及の茶室及び書院を紹鷗のそれと比較してみよう。

津田宗及が小座敷の作事を始めたのは天正二年頃である。同年六月七日不時に隆意、関本入道を招いた茶会について、

一大座敷之四帖半ニ而、小板ニフトン、手桶、

床ニかふらなし、なへヲ生而、

江隠之墨跡、カケテ、但、小座敷也、作事之半也、

と記す。茶会は作事半の小座敷を用いたらしい。小座敷は「大座敷の四帖半にて」とある記事から、大座敷に続けて作られた四帖半茶室であり、内に床を設けていたことが知られる。この小座敷は、天正四年十二月五日には完成し、天王寺屋宗閑など三人を招いて口切の茶会が行われた。同日の茶会記に「新座敷、左勝手」とあるのがそれである。新座敷は、紹鷗の四畳半と同じ左勝手四帖半で、床と炉を備えていた。『山上宗二記』に「紹鷗カヽリハ北向右勝手、坪ノ内ニ大ナル柳一本在リ、ウシロニ松ノ林在リ、ヒロシ、松

風計間、引拙南向右勝手、宗達モ右勝手、道陳ハ東向右勝手、何モ道具ニ子細在リ、又台子ヲスク、紹鴎ノ流ハ悉左勝手北向也、宗易ハ南向左勝手ヲスク、当時ハ右勝手ヲ不用也、珠光ハ四畳半、引拙ハ六畳敷也、」と記す。(4) これによると、宗及の四帖半小座敷は北向であったと考えられるが、坪の内が作られたか否か不詳である。

一方、宗及邸における書院は、天正四年十二月十四日の町若衆を招いた茶会記に、

一書院ニ而、能天目　志野茶碗　二ツにて茶立、

とあるのが初見である。大座敷から書院へ名称を変えたのは、小座敷と同時に大座敷も修造された可能性が考えられるが、大座敷と書院の関係はよく分からない。天正二年に大座敷に続く小座敷の作事を始めた後、翌三年八月七日朝の茶会に小座敷を用い、昼に大座敷にて「くすそうめん」などを振舞っている。大座敷が修造されたとすると、それ以降になると思われるが憶測の域をでない。(5) 宗及邸の書院は書院（付書院）を備えていた。天正六年正月四日、佐久間甚九郎一人を招いた茶会は小座敷にて茶会の後、書院にて本膳、二膳の振舞いがあった。その座敷について、

書院ニ金屏引、但、源氏（屏風）、
台子ニ平釜・桧つるへ、二ツ置、
ふわ香炉、持出て、とめてかけ候、後ニ書院ノ上江あけ候、
一平かうらい茶碗　茶桶　備前水こほし　鈴ノふたおき
此分ニ而薄茶参候、

と記す。書院における茶は台子茶であった。ふわの香炉を置いた「書院」は付書院である。天正四年以前の宗及邸における大座敷は床と書院および炉を備えていた。それは、永禄十一年（一五六八）十一月二日の茶会記に、

大座敷にて、口切也、
一炉ニ平釜、自在ニ、後ニ手桶
一床ニ大通之タウコウ、掛而
手水間に船子かけかへ候、平カウライ茶碗、茶箋入、
一袋棚ニ台天目　中通ニ細口、花生テ、

とあり、また、元亀二年（一五七一）四月十六日昼に梅雪、隆仙、宗悦の三人を招いた茶会記に、

一床　定家色紙　籠、下合子金、一ツ、
一茶湯　フトン・しからき、二ツ置、板ニ、
　書院ニすいひん、しやくやく、一本生テ、

と記すことから知られる。元亀二年の茶会記にある書院は付書院のことであり、そこに水瓶に芍薬一本を生けて飾っていた。床と書院があるので、これは大座敷における茶会と考えられる(6)。書院と炉を備えた大座敷は禅院における住持の書院（居間）に類似するが、室町時代後期の禅院における書院は床がなく、軸物を長押に掛けるのが古くからの例であった。大座敷の床は絵や墨跡などの軸物を掛け、茶壷や花を生けた花瓶を置くので、小座敷の床と同じ畳床であろう。

なお、宗及の父宗達邸の座敷は大座敷と小座敷が一続きであったらしく、『宗達茶湯日記（自会記）』に、天文十八年五月二十二日、常言など六人を招いた茶会について「小座敷　大座敷一所ニ　茶湯如常、丸釜」と記す。また、宗達邸の大座敷は床と書院および「ゐるり」を備えていた(7)。天正四年十二月に宗及邸の四帖半茶室が完成したのに伴い、大座敷に代り書院の名が用いられるようになる。宗及邸の書院は、それ以前の大座敷の形からすると、床と書院を備えた形式であった可能性が大きい。

以上、床と付書院及び「ゐるり」を備えた形式の大座敷（書院）は天文十八年頃の津田宗達邸大座敷に遡る。応仁の乱後における相国寺雲頂院の奥向書院の居間書院は付書院と書棚及び炉を備えていたが、宗達邸の大座敷は書棚に替わり、新たに小座敷における床を設けたと推定される。宗達邸と同じ頃の紹鴎四畳半茶室と書院四畳半敷の形式よりすると、床と付書院及び囲炉裏を備えた大座敷（書院）の形式は天文頃に成立したと推定される。

茶会記によると、天文末頃から茶会の後、席を移して行う雑話や振舞に関する記述が多くなり、その内容も多様化している。そして、天正年間には茶の湯における書院振舞いが流行し、それを規制するために天正二十年十一月二十五日、豊臣秀吉により「書院振舞沙汰書」が示された。つぎに、天文から慶長初頃の茶会記において、茶湯座敷と併用された書院（接客座敷）について座敷飾が知られる例をあげる。なお、『天王寺屋会記（自会記）』については、先述したので除く。

II　天文から慶長頃の茶会記にみえる茶湯座敷及び書院

(1)『宗達茶湯日記（他会記）』天文十八年二月十一日、宗三（三好越前守政長）の御会、客は紹鴎、江州源六、宗達の三人。

一ゐるり　しやうはり
一床　船つりて、天目　ようへん、貝台、船之花、金仙花・柳・梅、
一松嶋壷、後ニ出、床ニ、
一しよゑん　香炉・香箱、ほてい居たる也、香炉ハ河原林殿之也、
　　但、口切　御茶　別義、薄茶無上

茶会の催された三好邸の座敷は囲炉裏、床、書院（付書院）があった。これは天文から永禄頃の津田宗達邸における大座敷と同じである。この床は船の花瓶を釣り、金仙花、柳、梅を生けているので、茶湯座敷における床と同じ畳床であろう。

(2)『久政茶会記』（『松尾会記』）永禄元年九月十八日昼、奈良成福院での茶会、客は久政を含めて六人。

小座敷
床ニ鴨ノ絵、軸脇ニ珪璋盆ニ大海・油滴、数ノ台ニサクノ茶杓、
台子ニ平釜・ツルヘニ置、勝手ヨリ、スイヒン蓋置　亀ノ蓋、
院主御手前、薄茶ハ源五郎茶堂ニテ、ヤラウ・ホリタシ茶碗、
床ノ間にカケイカヽル、客殿ニ三幅一対カヽル、卓ニ丸キ花瓶ニキク、コホウ、ハヘン、ハス、
桶湯ツケ、アヲマメ
カサネコフ、カンヘウ、カウノ物、
二ノ膳　長折敷〈サクラノリ、クハイ、ツマタ、金付カマホコ〉、汁〈山ノ芋、フ〉、
引汁シメシ又イリ松タケ、クワシ（注略）七色、
中段ヨウカン、スイ物シイタケ、

後段ムシムキ、引ソヘヤキ松タケ、公饗　ハチサカナ、

「床ノ間」以下の記述は、小座敷における茶会後の客座敷の飾りと饗膳の内容である。「床ノ間」と客殿は部屋を示し、「床ノ間」は夏珪の絵を掛けたので、床のある部屋と解するのがよいと思われる。客殿は表向座敷で、そこに三幅一対の絵を掛け、前の卓に菊を生けた丸花瓶を置いていた。夏珪の絵を掛けた「床ノ間」は客殿と同じ方丈内にある書院であろうか。

（3）『久政茶会記』（『松尾会記』）永禄四年二月二十四日、東大寺四聖坊英助法師茶湯初、客は久政を入れて六人。

二階座敷ニ床ニ瓜ノ絵、牧渓筆、軸ハツレニワウレンノ盆、堆紅、ワウレンニ鳥二ッホル、

（中略）

薄茶ノ時、掛物モ盆ノ道具モ取入テ、床ニ大壷、円座ニヲク、

（中略）

床ノ間ノ飾、花鳥四幅一対〈王若水筆、月壷筆〉中ニ観音、卓ニ胡銅香炉、床ニ風鈴カヽル、

書院ニ、硯屏、碁盤、シャウキノハン、

新造ノ座敷ニ、東坡ノ画カヽル、

本膳（略）二ノ膳（略）三ノ膳（略）

（後略）

茶会は二階座敷を用い、振舞いは新造座敷にてもたれた。(8)二階座敷は床に牧渓筆瓜の絵を掛け、「ワウレン」の盆を置いていた。薄茶もこの二階座敷を用い、床の飾りを改めて大壷を置いた。「床の間」は床のある部屋と解してよく、床に花鳥四幅一対を掛け、卓に香炉を置き、床に風鈴を掛けていた。(9)床は間口一間半ほどの大きさと推定される。この部屋は書院（付書院）を備え、硯屏、碁盤などを置いていた。床と付書院のある部屋は、後の書院座敷に相当する。この部屋は二階座敷のある棟の一階に有ったと推定されるが未詳である。新造の座敷は茶会後の振舞いがもたれた処で、後の書院に相当し床に東坡の画を掛けていた。

（4）『久政茶会記』永禄十二年二月三十日、東大寺禅花坊にて茶会、客は久政を入れて四人。

真釜　双花瓶・水指ト二、

床ニ松井天目、盆ニ、ヤラウ　亀ノフタ、

後ニクハシノヱカヽル、床ノ間ニ三幅一対、

小座敷は真の釜、双花瓶と水指を置き、床に松井天目を盆に置き、その後に菓子絵を掛けていた。「床の間」は小座敷に続く客座敷と考えられ、その床に三幅一対の絵を掛けていた。

（5）豊臣秀吉は、大坂城本丸御殿の石垣普請が始まる前の天正十一年七月から十月の間に、大坂城でお茶会催をした。『宗及茶湯日記（他会記）』天正十一年七月二日条に「筑州様於大坂御城、初而之御会、」とあり、この日、大坂城にて茶会があった。客は宗易、宗及の二人、床に玉礀の暮れ鐘絵を掛けていた。

また、同じ茶湯日記によると、同年九月十六日、秀吉は大坂城において宮内卿法印（松井友閑）、宗易、荒木道薫、もすや（宗安）、宗及の五人による道具そろえを行った。座敷は四畳半と八畳敷である。四畳半座敷は床と書院（付書院）を備えていた。当日、床に飾られたのは宗及所持の文琳（四方盆）、御物初花の御かたつき（方盆ニ）、宗及の香炉、香合（長盆ニ）、宗易の香炉（方盆ニ）、掛物は御物玉礀の暮鐘ノ御絵であり、後に秀吉は松本茄子を持出したという。また、高屏風の前に宗安のなけつきんかたつき（方盆ニ）、宗易の小柴かたつき（方盆ニ）、宮内法印の宮王かたつきを置き、三つめのはたいたに、宗安の筒をかけて菊を生けていた。また、書院の板（付書院）に、御物のかふらなし（石竹生ル）、宗易の細口（蒲・タテ生ル）、宗及のかふらなし（水仙花）を飾った。

一方、八畳敷の御座敷に、宗及の船子絵（ムカウニ）、宗安の布袋絵（脇ニ）、道薫の牧渓帆帰絵（大軸）、宮法の同夜雨絵（小軸）を掛け、後ろに御物牧渓の月ノ御絵（大軸）、同じく御縁の方に御物虚堂の墨跡、宗易の徳単ノ墨跡、道薫の定家ノ色紙を掛けた。これによると、八畳御座敷は四畳半書院の次の間で、内縁があった。また、四畳半書院には炉があった。[10] これは二座敷から成る書院と考えられる。この建物は秀吉入城以前の大坂城に存した池田恒興時代の御殿の一つと推定されている。[11]

（6）『宗湛日記』天正十五年正月三日条によると、この日、大坂城にて大茶湯会が催され、大名小名、京堺の衆など多数が参会してお茶を召し上がった。宗湛は堺衆五人と罷出て、先ず広間に通された。しばらくして、進物を上げた後、関白との対面があった。その後、堺衆五人と宗湛は関白に呼ばれ、御茶湯の飾りを拝見し、終って茶湯座敷の縁に出て、しばらく御飾りを見物した。関白は、多人数であるので四十五の茶ばかりにては足らないであろうと、撫子と松花の茶を今ひかせて、各々に飲ませよと仰出されたので、松花の御壷を宗易、撫子の御壷を宗及がそれぞれ床より持おろして御茶を取出し、また本の処に置かれたという。この茶湯座敷には違棚と床があり、その飾りについて、つぎのように記す。

御飾之事

一　チガイ棚（図有、略す。図につぎの書入れ有）

右下、モモシリニ、ウス色椿入、ウス板ニスワル

左上、長ゾロリ柳入、硅璋盆ニスワル

一　棚ト床トノ間

柱ニ、青磁ノ筒ニ水仙花入〈多ナリ、〉関白様御手柄也、

　床ノ御飾之事　内二間ホトニミユル、

一　晩鐘　前ニ撫子、覆モヱキノ金襴、紅緒、

一　青楓（嵐）前ニ四十石、覆〈モヱキ金地ノ〉金襴、シメ緒紅、

一　雁絵　前ニ松花、覆〈モヱキ金地ノ〉金襴、シメ緒紅、

一　是ハ台子トノ間ニ、此タナ、台子ノヤウニ有

脇ノ棚ニ、鏑無ニ白梅入テ、薄板ニスワル、

一　台子（図有、飾り略す）、手前宗易

一　中台子（飾り略す）、宗無手前

一　台子（飾り略す）、宗及手前

　　　新田肩衝　四方盆ニ　宗易

一　台子前三分　面白肩衝　四方盆ニ　宗無

　　　初花肩衝　四方盆ニ　宗及

お茶の後、同じ座敷で御振舞があり、種々御雑談があったという。座敷に宗易、宗無、宗及お手前の各台子が飾られたので、茶の湯は台子茶であった。床は間口二間程で、晩鐘、青嵐、雁絵の三幅絵を懸け、それぞれ前に撫子、四十石、松花の茶壷を飾っていた。また、床と違棚の間の柱に青磁筒に水仙を生けていた。この座敷は、座敷飾からみて大坂城本丸表御殿にある黒書院と考えられる。豊臣秀吉築造の大坂城本丸については、中井家所蔵の「大坂城本丸図」をもとにした宮上茂隆氏の研究により本丸御殿の平面が復原

されている。[12]後編第一章第一節に述べるように、御茶会があったのは黒書院の母屋南側にある二座敷で、東上の間は東面に二間床、南面床寄りに半間の棚を備えていたと推定される。床は柱飾と三幅絵の前に各茶壺を置くことからみて、畳床と考えられる。

（7）『宗湛日記』天正十八年九月十日、利休聚楽屋敷にて御会、客は球首座と宗湛の二人。

書院ニテ、上段ノヲシ板ニ天神名号懸テ、ソニ前ニクリ〳〵ノショク台ノ上ニ、青磁ノ角ナル香炉置、ショク台ノ下ニ、胡銅ノ花生ニヲ車一本入テ、脇ノ方ニ、台子ノ茶湯アリ、カナ風炉　アラレ釜　カネノ水指　ヒシヤク立〈カネ〉　蓋置　竹ノ引切上ニハ黒茶碗ハカリ置、中ニ（脱アルカ）台子ノサキノカベニ春甫ノ文字懸テ、

先振舞アリ、ソノ後ニ、

一茶ノ時ニ、内ヨリ棗、袋ニ入持出テ、前ニ置テタテラル丶、茶ノ後ニ、又内ヨリセト茶ワン持出テ、台子ノ上ノ黒茶碗ニ取替ラル丶、黒キニ茶タテ候事、上様御キライ候ホトニ、此分ニ仕候ト也、

（後略）

これは利休聚楽屋敷の書院（大書院）にて行われた茶振舞と台子を用いた茶会である。書院上段の押板に天神名号を懸け、前の卓台に青磁香炉、卓台下の胡銅花生に小車一本を生けた。押板に天神名号を懸けるのは連歌会の座敷の伝統といわれる。[13]違棚の前に台子の茶湯を置き、台子先の壁に春甫の墨跡を懸けた。上段でまず振舞があり、同じ席で台子手前を見せたのである。また、『宗湛日記』天正十八年九月二十日条によると、この日、利休聚楽屋敷にて御茶会あり、客は宗湛一人であった。二畳敷にて茶を召した後、書院にて雑談の事あり。その書院について、

一　書院ニ、タシツクヱニ、

長サ一尺一二寸、内ニ細キモンアリ、（硯図有り、スリカケノ墨ナリ、とある）

カネノ人形（筆架図有り）、ソトスチカウテ、カウライ筆也、

カネノ牛（図有り）

と記す。書院の出文机（付書院）に墨と硯、高麗筆と筆架などを置いていた。

利休の聚楽屋敷の大書院と色付九間書院については、後に改めて考察する。

（8）『宗湛日記』文禄二年三月十一日、上京一条薬院にて振舞、客は宗湛一人。

書院ヲシ板ニ即之ノ文字懸テ、
御茶　数寄屋ニテ、
四テウ半　四寸キロリ　アラレ釜、蓋〈銅〉、水指〈イモ頭〉、真蓋、
メンツウ、蓋置〈胡銅〉、高麗茶椀　棗、

書院座敷に押板を設けた例である。書院にて振舞あり、数寄屋にてお茶が点てられた。

（9）『久重茶会記』慶長十三年二月二十五日、京都千宗旦での会、不時、客は久重一人。
数寄屋二畳敷（道安囲の図有り、略す）。

床ニ大休和尚（文）、前ニコトウ、ウス色椿入、

（中略）

書院へ出ル、上段二畳也、是ニ春屋ノタウカウカヽル、前ニ馬上盃・香呂、卓ニ置テ、色々カサル也、

この日、千少庵と宗旦父子は久重を招待した。書院に上段二畳があり、そこに春屋妙葩の道号を懸け、前の卓に盃と香呂を置いていた。上段二畳は利休の色付九間書院にあり、また、少庵が作った残月亭にも継承されていた。春屋の道号は残月亭の書院上段正面の大平壁に懸けられたのではないだろうか。利休の九間書院は付書院と上段二畳を備えていたが、上段二畳は床であり、その正面大平壁に軸物を懸けたことが推測される。

まとめ

1　天文十八年頃の津田宗達邸の大座敷および三好政長の奥向客座敷は床、書院（付書院）及び囲炉裏を備えていた。床は小座敷における床と同じ畳床であると考えられる。津田宗達の子息宗及邸には父宗達邸と同じ大座敷と小座敷があった。宗及の小座敷は、天正四年に四畳半茶室に建替えられた。それにともない、大座敷は書院と呼ばれるようになった。
なお、応仁の乱後における相国寺塔頭鹿苑院及び雲頂院の奥向書院は付書院と書棚及び囲炉裏を備えていた。茶の湯における大座敷（書院）は、禅院における書院座敷をもとに、茶湯座敷の框床（畳床）をとり入れたと推定される。

2　永禄頃の小座敷に続く客座敷（大座敷）は床と書院（付書院）、もしくは床を備え、「床の間」と呼ばれた。東大寺四聖坊の「床の間」

の床は花鳥四幅一対絵を懸けていたので、一間半ほどの畳床と推定される。

3　天正二十年十一月に、豊臣秀吉の諸侯邸御成りの時の書院、数寄屋における振舞の仕法を定めた「書院振舞」の沙汰書が出された。茶会後の振舞に用いる奥向座敷を「書院」と称することが、この頃より一般化したと推察される。「書院」は床と付書院、もしくは床と違棚を備え、また、押板を設けた書院もみられる。秀吉の大坂城本丸表御殿の黒書院は南・北両側に六畳敷の二座敷を並べた四間取形平面で、床（框床）と違棚を備えた南側の東間を上の間、西間を次の間としていたと考えられる。

注

1　『山上宗二記』の善本といわれる不審庵本などに付書院と思われる位置に「たしまつき」と読める書入れがあるが、意味不明である。『茶道古典全集』第六巻「山上宗二記」には、これを「ヲシマツキ」と書き入れる。大野晋他『岩波古語辞典』に「おしまづき［几］脇息（きょうそく）。ひじかけ。」とあり、几は机に通じる。

2　宮上茂隆「会所から茶湯座敷へ」中村昌生編『茶道聚錦』（七）座敷と露地　一、小学館、一九八四年。

3　中村昌生『茶室の研究』八「茶の湯における書院について」河原書店、二〇〇〇年。

4　千宗室ほか編『茶道古典全集』淡交社、一九五六年、第六巻。

5　宗及の父宗達の小座敷は右勝手であると伝えられる。宗及の新座敷が紹鷗四畳半を写したとすると、古い右勝手の小座敷から左勝手に改めたとも考えられる。

6　同じ書院は元亀三年二月五日、同三月二十八日、同四年七月十八日、天正二年五月二十七日の茶会記にみえる。

7　天文十八年十一月十四日、永禄二年十一月二十五日などの茶会記を参照。

8　「久政茶会記」永禄四年十月十八日の四聖坊における茶会記に「茶ハ二階ニテ、飯ハ新造ニテ、」とある。

9　床の風鈴については、相阿弥・源次吉継宛「君台観左右帳記」（永正八年十月。大永六年十二月、円深書写）に「風鈴　おし板のまえ、てんじやうのふちにかゝるべし。ひとこまいほどをきてかゝるべく候。小ざしきまでも、しかるべく候。又、床の天井、ひろゑんの天井にも、かゝるべく候也。」と記す。また、「専応花伝書」（享禄三年二月）に「一、風鈴、春ノ末ヨリ夏秋の初マデハ、広縁ノ又ハ書院のサキニツルベキ也。秋末ヨリ冬春ノ初マデは、座敷の天井の中、押板のきわヨリ半間ホドのけてツルべし。」と記す。これらによると、秋の末頃、風鈴は押板の前の天井に釣るのが一般的であるが、床の天井に掛けることもあったらしい。

10　『宗及他会記』天正十一年八月十三日、秀吉による茶会、同十月七日、秀吉茶会。
11　宮上茂隆「豊臣秀吉築造大坂城の復原的考察」『建築史研究』37号、一九六七年。
12　注11に同じ。
13　宮上茂隆「信長・秀吉時代の数寄と茶湯座敷」『茶道聚錦』(七)(前掲)。

後編　書院造の基本形式と「数寄屋風書院」

第一章　近世初頭の武家住宅における主要殿舎の構成

近世初頭の上層武家住宅における主要殿舎構成に見られる特徴の一つは、表向の対面座敷として主殿に代わり広間あるいは対面所が現れたこと、奥向の接客・饗応座敷として新たに書院が設けられたことである。本章では、豊臣秀吉築造の大坂城本丸表御殿と聚楽第及び『匠明』殿屋集の当代「屋敷の図」と当代「広間ノ図」を対象にして、近世初頭の武家住宅における主要殿舎の構成について述べる。

第一節　豊臣秀吉築造の大坂城本丸表御殿

豊臣秀吉の大坂城は、天正十一年（一五八三）九月に石垣普請が始められ、翌十二年八月に本丸表御殿（図24）が完成し移徙が行われた。また、本丸奥御殿はその後に造営が始められ、同十三年の春には完成したと考えられている。(1) 豊臣秀吉築城の大坂城については、中井家所蔵の「豊臣時代大坂城指図」が知られる。(2) 宮上茂隆氏は「豊臣時代大坂城指図」をもとに豊臣秀吉築城の大坂城について研究し、本丸御殿の復原平面を作図された。(3) つぎに、それをもとに表御殿における主要殿舎について述べる。

本丸表御殿の敷地は南面から西南隅を空堀、東面と西北隅を水堀がめぐり、東面を石垣上の多門矢倉で画していた。その広さは東西約五十四間、南北約四十一間であるが、西北隅を堀により一部欠いていた。東向に立つ南表門（桜門）を入り右手に二度曲ると、表御殿の中門である西向唐門前に出る。唐門の内、正面にある遠侍は、前に軒唐破風をみせた車寄を張出していた。遠侍の東、敷地の前方南向に立つ対面所は表御殿の正殿であり、遠侍との間を渡廊下で繋ぐ。対面所の東北に料理間、その東に黒書院が続き、それ

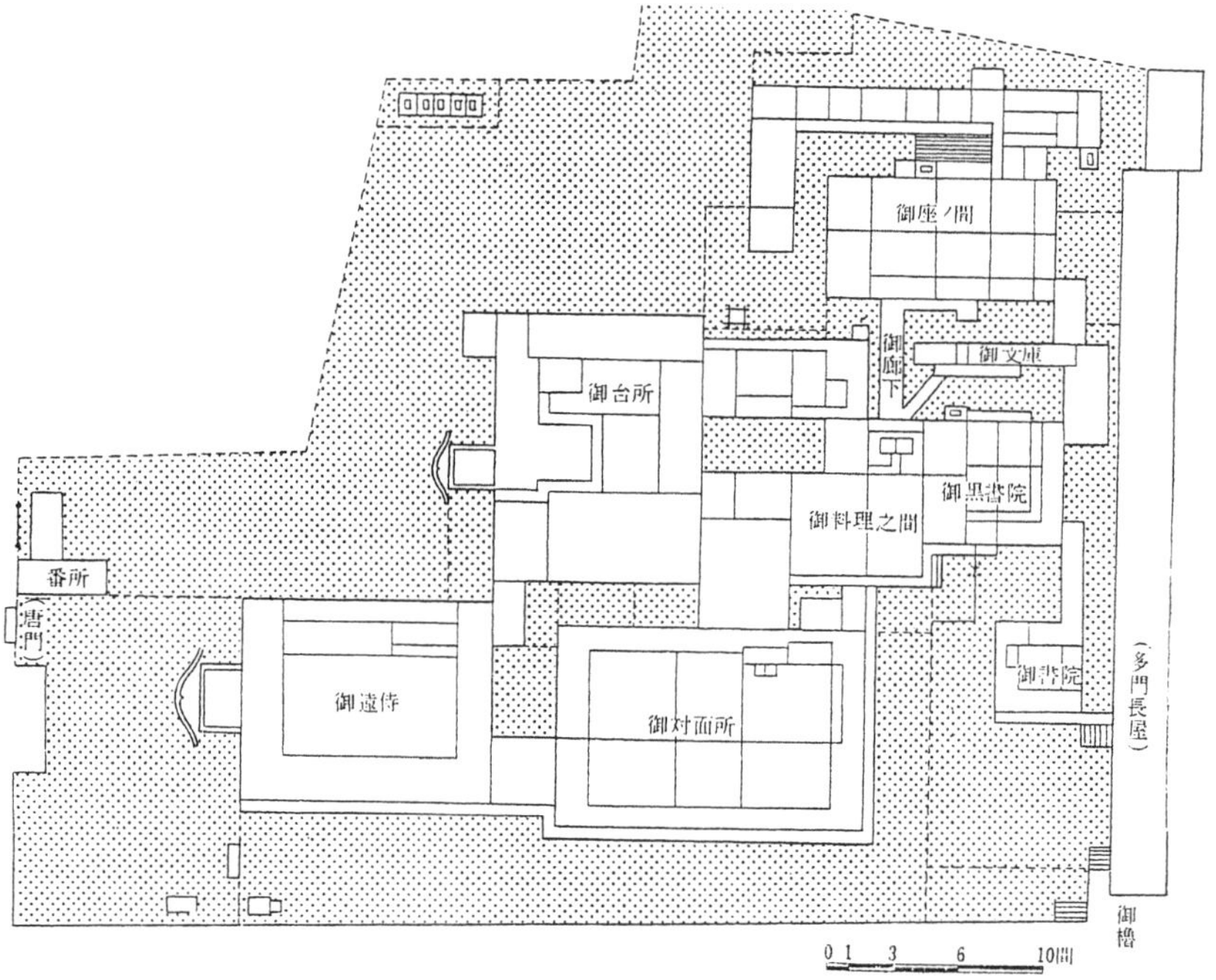

図 24　大坂城本丸表御殿復原平面図（宮上案）

らの西方に大型の台所がある。黒書院の南にある書院は茶湯座敷であり、その間に廊下を渡していた。また、料理間の北面より廊下が北に延びて敷地の東北にある御座間と繋ぎ、御座間の北に長局を配していた。

一　対面所

天正十四年四月五日、豊後の大友宗滴（宗麟）は大坂城に入り、関白秀吉に謁見した。その時に拝見した表御殿と天守および奥御殿の様子を記して国許に送った書簡が『大友家文書録』に収録されている。それによると、宗滴は大坂城西の御門（鉄の御門）を入り、「七間の御廐」で待たされた。廐は遠侍のことである。宮上茂隆氏の復原によると、遠侍は東西八間、南北六間の母屋の四周に入側をめぐらした桁行十一間半、梁行九間の規模である。その表向の座敷は八間に四間半（七十二畳敷）の広さで、北面に間口三間の床を設けていた。

その後、宗滴は対面所に通されて、秀吉を拝謁した。書簡によると、対面座敷は「九間」の部屋三室を一つにとりはらわれて、関白は上の「九間」の主居に御座、次の間に美濃守秀長、宇喜多直家息（秀家）、細川幽斎、長谷川秀一、宇喜多忠家（直家舎弟）が控え、客居の方（その次間）に宗滴、前田又左衛門（利家）、安国寺西堂（恵瓊）、宮内卿法印（松井友閑）、利休居士（千利休）が着座した。すなわち、座敷は対面所南向の三室を用い、側近の控える中の間をはさんで東間を主居、西間を客居としていた。対面が終り、同じ座敷で酒、菓子、湯などの饗応があった。

こうした対面と饗応の仕方は、同年三月十六日に、日本イエズス会副管区長ガスパール・コエリュ等一行が大坂城を訪れ、関白に謁見した時と同じである。そのときに同行したルイス・フロイスの記録によると、(4)コエリュ一行は、公の儀式に用いる立派な建物で待たされた。「その所は虎の皮及び支那の毛皮その他高価な器物を以て飾った壮麗なものであった。」という。この建物は遠侍である。一行が待つ間、諸侯等が室に来て応対した。その後、関白殿は右の大身達を内に招き、順位に座敷数室に着座させた。その室は縦十三間、横四間の広さであった。その室と対面の様子について、つぎのように記す。

その所には林及び鳥を金で描いた立派な絵があった。彼は威厳を示して室の奥正面に着座した。この時パードレが入って第一の座敷で頭を下げて敬礼し、次に他のパードレ達が一人ずつ入って敬礼し、彼等の頭を下げた時、書記官（安威了佐）は高声に各人の名を呼んだ。同じ順序で我等は立って後退し、入口の戸の処に座った。関白殿は長い室の内にいたので、その容貌は微細には見ることが出来なかった。彼は我等に更に近く座敷の内に進むことを命じ、その処に到った時、大身達は皆座敷の一方にある縁に進ませた。而してジュスト右近殿（高山右近）を呼び、キリシタンである故パードレの側に行けと命じた。この言は多数の異教徒の大身の前で発せられた故、右近殿にも又我等にも特別の好意であった。金を塗った脚付の盆を二つ、一つには美濃国の柿、又一には一種の果物を載せて持ってきた。これを運んだ人は書記官と紀之助殿（大谷吉継）という最も寵愛した青年貴族で、両人ともキリシタンであった。関白殿はその坐所より出て、パードレに甚だ近く、畳半枚を越えざる所に坐し、パードレと語り、その心中を説明したことは諸人の驚いた所であった。

対面所の南向座敷は金碧の障壁画で飾られていた。関白は襖障子を取りはずした三室の奥室（東間）に西向に着座した。宣教師が入ったのは西間で、敬礼を終え、一行は入口の戸の外に退いて座った。それから座敷の内に進むことを命ぜられ、諸侯は座敷の南側にある縁に退いた。それから果物を盛った盆が出され、関白は坐より下りてパードレのところに来て、振舞と雑話がもたれた。

復原図によると、対面所は母屋桁行十一間、梁行七間の規模で、四周に一間から一間半の入側縁をめぐらす。(5)母屋は南より三間目の位置で南北に二分され、南側東より西に「十二間」「九間」「十二間」の三室を並べていた。対面座敷の広さは宗滴の書簡およびフロイスの記録と復原図で各々異なるが、それは前二者が観察記であるためと考えられる。対面所の東北隅間は間口四間、奥行三間半の広さで、「本丸図」にその北面と東面に座敷飾と推定される図を描くが、その内容は未詳である。

慶長元年九月二日、秀吉は来朝した大明の両使と大坂城にて対面した。『天寛日記』同日条に、その座敷について、

秀吉公上壇ニ座シ、下壇ノ右ノ方ヲ両使ノ座トシ、左ノ方ニ内府公、大納言利家及中納言以上七人ノ座ヲ設、秀吉公赤服唐冠ヲ着シ、榻ニ座シ、七人ノ公卿モ大明ノ冠服ヲ着シ列座アリ、其外諸大名各縁ノ上ニ並居、其儀式厳重ナリ、饗応畢テ両使皆客館ニ帰ル。

と記す。これは表御殿の対面所における対面と饗応であり、上壇の間は東北隅間、下壇はその南の間、その南の縁に諸大名が着座したのであろう。これにより、上壇の間は北面と東面に座敷飾りを備えていたと推察できる。

本丸表御殿の特徴の一つは、対面所の西方に車寄（玄関）と遠侍を建て、遠侍の内に広い控の間を設けたことである。それにより、対面所は中世風の中門を付けた主殿形式と異なる新しい広間の形式を創出した。対面所は上壇の間と下壇の間以下の座敷を鍵の手に続けた平面で、四周に入側縁をもつ。南向の下檀の間は間口四間、奥行三間の「十二間」（二十四畳敷）である。宗滴がこれを「九間」と記したのは間口四間（一尺は七尺）を三間に割っていたからで、その柱間は一間が九尺三寸三分程であったことになる(6)。この柱間割は中世になかったものである。このように、対面所は建築規模とその平面形式および柱間割などに近世的な形式手法を採用していた。

二　黒書院と書院

『宗湛日記』によると、天正十五年正月三日、大坂城にて大茶湯会が催され、大名小名、京堺の衆など多数が参会した。この茶会記はやや長文であるので、つぎに要点を記す。

宗湛は堺衆五人と登城し、まず「広間」に通された。奥より石田治部少輔が来て、宗湛一人を内に召し連れ、茶湯の飾りを拝見させた。その後、本の「広間」に罷り帰った。しばらくして進物を上げ、関白と対面した。「広間」は、この日、諸大名が進物を上げ、関白と対面した所であり、表御殿の「対面所」のことと考えられる(7)。

その後、堺衆五人と宗湛は、関白に呼ばれて茶湯の飾りを拝見し、終って縁に出てしばらく飾りを見物した。関白様の御諚には多人数になるので、四十五の茶ばかりでは足りない、撫子と松花の茶を今ひかせて、各々に飲ませよと仰出されたので、「床」より松花の御壷を宗易、撫子の御壷を宗及がそれぞれ持おろして御茶を取出し、また本の処に直し置いた。それより御膳が出された。その

時、宗湛達は罷立ち、「次の広間」に居たという。「次の広間」は先に関白と対面した「広間」と同じかどうか不詳である。「大坂城本丸図」によると、黒書院の西側南室に隣接して二十二畳半の「料理間」の一室がある。この部屋を「次の広間」と言ったのかもしれない。

次いで、関白様の御諚に、筑紫の坊主に飯をくわせよと仰出されたので、御前に罷出て、大名衆同前に御飯を下された。多人数にて座敷はつまっていたので、座敷の真中に納屋宗久と宗湛は背中合わせに居た。その他には京堺の衆とても一人も御前に居なかった。通の衆多人数であり、その中石田治部少輔、通にて、宗湛の前に御馳走成された、という。これによると、大名衆の数も制限されたと考えられる。

お茶の時、関白様は立ちながら御諚なされるには、多人数なので、一服を三人ずつにて飲め、さらば鬮とりて次第を定めよと仰せ出されたので、板に名を書いて小姓が持参した。座中にある大名衆はこの札を奪い取って、誰々は誰か手前、手前にと差寄られて、お茶を聞こし召した。その時、筑紫の坊主には四十石の茶を一服とっくりと飲ませよと仰せ出されたので、宗易手前に参り、一服下された。また、新田肩衝を手に取りて見せよと御意にて、宗湛一人拝見した、という。お茶の後、同じ座敷で振舞あり、種々雑談があったという。座敷に台子が飾られたので、茶湯は台子茶であった。

茶湯のあった座敷は「床」と「違棚」を備えていた。その飾りについて、つぎのように記す。

御飾之事

一　チガイ棚（図有、略す）

一　棚ト床トノ間

柱ニ、青磁ノ筒ニ水仙花入〈多ナリ、〉関白様御手柄也、

床ノ御飾之事　内二間ホトニミユル、

一　晩鐘　前ニ撫子、覆モヱキノ金襴、紅緒、

一　青楓（嵐）前ニ四十石、覆〈モヱキ金地ノ〉金襴、シメ緒紅、

一　雁絵　前ニ松花、覆〈モヱキ金地ノ〉金襴、シメ緒紅、

一　是ハ台子トノ間ニ、此タナ、台子ノヤウニ有

脇ノ棚ニ、鏑無ニ白梅入テ、薄板ニスワル、
一　台子（図有、飾り略す）、手前宗易
一　中台子（飾り略す）、宗無手前
一　台子（飾り略す）、宗及手前
新田肩衝　四方盆ニ　宗易
一　台子前三分　面白肩衝　四方盆ニ　宗無
初花肩衝　四方盆ニ　宗及

床は間口二間程で、晩鐘、青嵐、雁絵の三幅絵を懸け、それぞれ前に撫子、四十石、松花の茶壷を飾っていた。また、床と違棚の間の柱に水仙を生けた青磁筒を掛けていた。床と違棚の境の柱に花瓶を掛けるのは草の花である。また、床の三幅絵の前にそれぞれ茶壺を置くのも同じ草の飾りであり、この「床」は畳床であったと考えられる。この座敷は、座敷飾からみて表御殿の黒書院と考えられる。

復原図によると、黒書院は桁行六間半、梁行五間半の規模で、そのうち西側二間通りは前室の様に用いたらしく、前後二室に分かれていた。それより東は桁行三間、梁行四間を母屋とし、その南・東二面に一間半の入側をまわした間取である。母屋は六畳敷を東西、南北に各二室並べた田の字形平面で、「本丸図」には、母屋の南・東二面の入側に張出して半間通りに線が引かれている。また、母屋北面にも半間の張出しがあるが、その西端に雪隠があるので、そこは濡縁と考えられる。すなわち、黒書院は南側二室を表座敷としていた。南側二室をお茶会の座敷にあてたとすると、東間は上の間で、東面に二間床、南面床寄りに半間の違棚を備えていた可能性が大きい。脇の棚と台子三具は、部屋の北側に並べられたのであろう。あるいは上の間の北側の部屋を用いたかもしれない。なお、同じ座敷で、諸大名衆は御膳とお茶を振舞われた。多人数であったらしく、黒書院西側の二室も用いられたと推定される。

黒書院の表座敷は六畳敷二室であり、千利休の聚楽屋敷色付書院の表座敷に比べて部屋が小さい。この黒書院は柱間よりみて中世的な木割によって設計されたと推察される。

黒書院の南方にある書院は「四間」（八畳敷）の四周に幅一間の入側縁をまわした小座敷であり、八畳の西面北側に一間の床を備える。宇野主水の『貝塚御座所日記』によると、天正十三年六月十四日、興門様（本願寺教如）は大坂城の秀吉を見舞った。「広間」に

おいて飯と中酒一遍の振舞の後、「小座敷」にて御茶があった。夏だったので、立具を悉く取放してあり、一段と見事であったという。その後、「広間」において見参、門跡様（本願寺顕如）よりの分錫十対と興門様より越後二十端を進上した。「広間」と「小座敷」は表御殿の対面所と書院と考えられる。同年九月八日、本願寺顕如と教如父子が大坂城を訪問した時、秀吉は彼等を饗応した。同日記によると、座敷において関白、御門跡、新門、興門、御相伴にて三献あり、表の三献過ぎて、御三所は「茶湯座敷」に呼ばれ、宗及の点前にてお茶を召した。この「茶湯座敷」は同じ書院と思われる。

三　御座間

黒書院の北方にある御座間は桁行十間半、梁行五間半の規模をもつ南向の建物である。母屋は東西七間半、南北四間半と推定され、その南・東二面に幅一間の入側が付く。西面二間通りは広縁かもしれない。母屋は梁行を南二間と北二間半に二分した六間取平面で、南側は東より八畳、十畳、十二畳敷、北側は東より十畳、十二畳半、十五畳敷である。北側中の間の北面に幅半間の縁があり、その西にあるのは雪隠らしい。また、御座間の東北に続く棟は御座間に付属する風呂屋であろう。その東南端に便所が描かれている。御座間は関白の休息所であり、また、私的接客に用いられたと思われる。南側三座敷は接客座敷、北側中の間は寝所（休息室）、同東間は常御所（居間）であろうか。「本丸図」には、御座間の各室に座敷飾を描いていない。

以上、秀吉の大坂城本丸表御殿は晴向の建物を対面所と呼び、その西方に車寄（玄関）をもった遠侍を建てていた。表御殿の対面所は中世風の中門を付けた主殿と異なる新しい広間の形式を創出した。対面所は東西十一間、南北七間の母屋四周に入側縁をめぐらした建物で、母屋東北隅に間口四間、奥行三間半（二十八畳敷）の上檀の間、その南に間口四間、奥行三間の下檀の間を続け、下檀の間の西に梁間三間の次の間と三の間を配した鍵座敷である。入側通り柱間寸法は四間を三等分した近世的柱間割を採用していた。

黒書院は東西三間、南北四間の母屋を田字形四室（各六畳敷）に分け、その東・南二面に幅一間半の入側を折廻した平面である。母屋は南側東に上の間、西に次の間を並べ、上の間に床と違棚を備えていた。黒書院はその南方に茶湯座敷である書院を付属し、西側に料理の間があるので、茶湯とともに奥向の振舞座敷として用いられたと推定される。後に、コエリュは、秀吉からキリシタンに対する三か条を含んだ特許状を得たことに対して御礼を述べるため、再び大坂城にて秀吉と謁見した。フロイスの報告書に、パードレが此の恩恵に対して礼を述べるため、数人を同伴して宮中（城中）に出た時、第一回目よりも更に大なる親しみを以て接し、二時間半乃至三時間近くパードレ等と語り、終って夕食を供することを命じた。この時、大身達は外の座敷に居り、パードレ等は彼の奥座敷にいた。食事の間、関白殿は他の建物に去った。

と記す。外の座敷は対面所、振舞のあった奥座敷は黒書院と考えられる。

注

1　宮上茂隆「豊臣秀吉築造大坂城の復原的研究」『建築史研究』37号、一九六七年五月。
2　中井家所蔵「中井家文書」第147号3。
3　注1に同じ。
4　村上直次郎訳『耶蘇会の日本年報』第二輯、拓文堂、一九四四年。村上直次郎訳・柳谷武夫編輯『イエズス会日本年報』下、『新異国叢書』4、雄松堂書店、一九六九年。
5　宮上氏は、建物の一間を七尺と推定された。
6　注1に同じ。
7　宇野主水の『貝塚御座所日記』天正十三年六月十四日条に、本願寺教如は大坂城に秀吉を見舞い、「広間」において飯と中酒の振舞あり、その後、「小座敷」にてお茶があったことを記す。「広間」と「小座敷」は表御殿の対面所と書院と考えられる。

第二節　聚楽第

天正十三年（一五八五）七月、関白となった羽柴秀吉は翌十四年二月に一条大宮の地に聚楽第の造営を始め、同十五年九月十三日、新造のなった聚楽第へ移徙した。その後、天正十九年十二月、秀吉は関白職を秀次に移譲、聚楽第も秀次の居所になった。しかし、文禄四年（一五九五）七月、秀吉は、謀反の疑いで秀次を高野山に追放して自害させ、同年八月には聚楽第の破却を決定して、殿舎を新造中の伏見城へ移築したという。

聚楽第の主要殿舎の構成は未詳であるが、聚楽第大広間の指図（図25）が伝えられる。[1] 大広間は、母屋桁行十二間、[2] 梁行七間の規模で、その南・北・西三面に幅一間半、東面に幅二間の広縁をめぐらし、南東隅に折中門を張出す。また、広縁と折中門の周囲に幅一間の落縁が廻る。母屋は三列系の平面構成で、南側に西より「十五間」「九間」「十二間」の座敷を並べ、部屋境に襖障子を立てる。西「十五間」は西側十二畳敷とその東北、鍵の手に中段を設け、中段上西面に床と違棚、北面に納戸構と棚を、また南面広縁に六畳の上々段を張出し、その南面に付書院、西面に違棚を備える。三座敷の南面建具は「せうし」の書入れがあるので腰高障子であろう。東「十二間」の東側広縁部分は公卿座で、南面に妻戸、北面に杉障子を立て、東面二間を各唐戸とし、南間唐戸の軒先に軒唐破風を付けていた。母屋北側は桁行西側八間を南北二列に分け、北列西に八畳敷の上段を設けた「十間」とその東に「六間」の座敷を並べる。

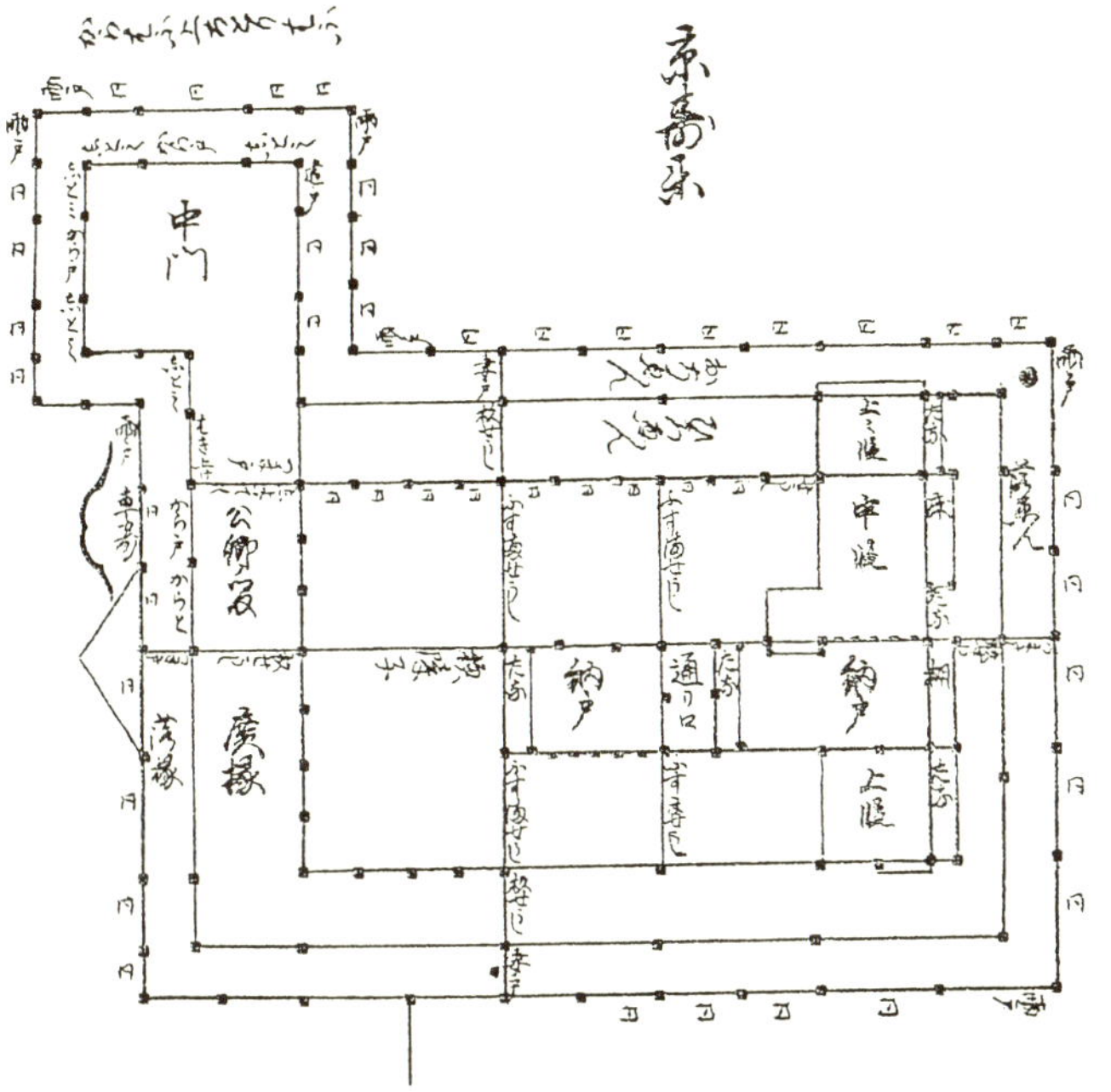

図25　聚楽第大広間指図（大熊喜邦「豊公聚楽第の大広間」より転載）

上段は西面に棚、北面に付書院を備える。東「六間」は南面に納戸構を備え、その内は納戸である。中央列二間通りは東・西に「六間」と「八間」の納戸を設け、その間に南・北の座敷を繋ぐ幅一間の通り口をつける。それらの東側桁行四間は「十六間」の一座敷であり、西面南に棚を備える。中門は南面広縁より南に一間張出し、その先に三間四方の廊を付けた折中門である。四周の落縁は一間間隔に柱を建て、取外し式の雨戸を立てていたらしい。

さて、聚楽第大広間は三列系平面であり、折中門をもつ。これは秀吉の大坂城本丸表御殿の対面所が二列系平面で、中門を持たない形式と異なる。三列系住宅の例は豊臣秀吉により天正十八年に造営された内裏の常御所にみられる。内裏において常御所を独立して建てたのはこれが最初であり、それ以前は清涼殿の内に常御所（御座の間）を設けていた。

天正度内裏の常御所は正方形に近い平面で、東西、南北とも三分した九室から成っていた。南側に表向対面座敷、中央に居間と

寝所をもつ居住座敷、北側に内々対面座敷の三機能を包含していたと考えられている。(3)

聚楽第大広間は、北に上段間を設けた内々の対面座敷をもつが、中央列の居間に相当する部屋がない。北列の東次間は南面に納戸構を備えるが、上段の間の次間が関白の居間ではあり得ない。言い換えると、聚楽第大広間は常御所兼用の建物ではなく、関白の御座間は別にあったと考えねばならない。これについて、次の記事が注意される。有節瑞保の「日渉記」(『鹿苑日録』第三巻) 文禄二年八月朔日条に、

斎了赴聚楽。於門前自虎有使者。白布帷子来也。赴御城。殿下休息伏枕。累刻俟之。於新御殿始而伸礼。自常住一束・褶一端也。入座敷刻在之。殿下御気色甚以疾矣。女中衆仕使。公卿衆諸人諸礼雖在之。以御病無御対面也。予一人不混自余被召也。

とあり、この頃、御殿が新造された。この新御殿は「北方新御殿」ともいわれ、聚楽第の奥向にあり、翌三年七月晦日、秀次は北方新御殿に移徙した。(4) 新御殿は御座間であり、この時、新たに建替えられたと推測される。

別棟形式の御座間については、天正十二年造営の大坂城本丸表御殿が参考になる。また、伊達政宗が慶長十五年に造営した仙台城大広間は三列系平面であり、聚楽第大広間の平面に酷似する。同時期の仙台城本丸は御座間および書院あるいは黒書院と呼ばれる建物が存在したことも参照される。(5)

聚楽第大広間の北向座敷は内々の対面に用いられたと思われるが、それはつぎの記事から知られる。文禄元年正月五日、関白秀次は聚楽第大広間において諸家の拝礼を受けた。有節瑞保の「日次記」同日条によると、関白は、初めに「北方上壇」の御座に坐し、そこで三勅使および宮家、摂家、門跡衆、清華衆の拝礼を受けた。拝礼の後、摂家衆と門跡衆は上段に坐し、清華衆は中段に坐して三献の式があり、終って関白は御座を下りて、中段にて客に送礼した。その後、関白は御座を「西方上壇」に移し、平民公家衆と五山および大徳・妙心両寺の拝礼を受けた。前者の「北方上壇」は北向座敷の上段の意に解され、三勅使と宮家・摂家・門跡衆による内々の対面である。後者の「西方上壇」は南向座敷の上段の意に解され、平民公家衆、禅衆による拝礼であったと考えられる。(6)

注

1　大熊喜邦「豊公聚楽第の大広間」『建築史』第一号第二巻、一九四〇年一月。

2　『輝元公御上洛日記』天正十六年七月二十四日条に載せる聚楽第大広間着座の図の上段の間に「十八間」の書入れがある。これによると、

上段の間は六間に三間の広さで、母屋桁行は十三間になる。大広間指図の上段の間は五間に三間であり、それによる。

3　平井聖『日本の近世住宅』鹿島研究所出版会、SD選書30、一九六八年。

4　有節の「日録」文禄三年八月朔日条。

5　佐藤巧『近世武士住宅』叢文社、一九七九年。

6　有節の「日次記」（『鹿苑日録』第三巻。）文禄元年正月五日条に「粥了。赴聚楽城諸礼也。関白殿下衣冠。北方上壇居御座之上。礼之次第。三勅使衆菊亭右大臣献太刀一腰。奏者池田侍従也。第二勧修寺大納言。自身登中壇。献太刀。中山大納言亦同前。久我大納言太刀池田侍従献之。此四人依為勅使第一也。八条宮御太刀池田侍従献之。伏見院（宮カ）・九条殿・二条殿・一条殿・近衛殿・鷹司殿・聖門・青蓮院門跡衆位次々第也。清華衆亦同前。摂家衆・門跡衆居上段。清華衆居中壇。菊亭右大臣雖為清華。依大臣居上壇下座也。三献在之也。関白殿下々座。送礼于中壇。各々低頭作礼而還駕也。殿下御座西方上壇。平ミン公家衆。第一飛鳥井大納言。於平座自身献太刀成礼。各々同前。公家衆之次。五山衆第一也。自南禅兌西堂。天龍不出。第二相国予。五岳位次々第等持院・西咲・鹿苑寺也。此次大徳寺・妙心寺云々。（後略）」と記す。

第三節　『匠明』記載の当代「屋敷の図」と当代「広間ノ図」

一　当代「屋敷の図」の殿舎構成

大工家平内政信が慶長十三年（一六〇八）秋に著した木割の秘伝書である『匠明』は五巻よりなり、そのうち殿屋集に当代「広間ノ図」と、その広間をもつ当代「屋敷の図」（図26）を載せる。殿屋集に主殿について「当代ハ広間ト云リ。」と注記し、また、広間について「天正ノ比、関白秀吉公聚洛ノ城ヲ立給フ時、主殿ヲ大キニ広ク作リタルヲ、広間ト俗ノ云ナラワシタルヲ、爾今広間ト云リ。」と伝えるので、この「広間ノ図」と「屋敷の図」は近世初期（慶長頃）の武家住宅（大名屋敷）における中心建物の平面と建築配置の一つの規範を示したものと考えられる。この屋敷図に描かれた屋敷広さと、それが対象とする城下については、二つの説がある。

1　屋敷配置図は、平内政信の経歴からみて、京都の内を考えているのであろう。屋敷広さは方一町（約一二〇m四方）と考えられる[1]。

2　屋敷図は、豊臣秀吉の聚楽第城下または伏見城下の大名屋敷と考えられる。屋敷の広さは、少なくとも百二十間（二町）四方と

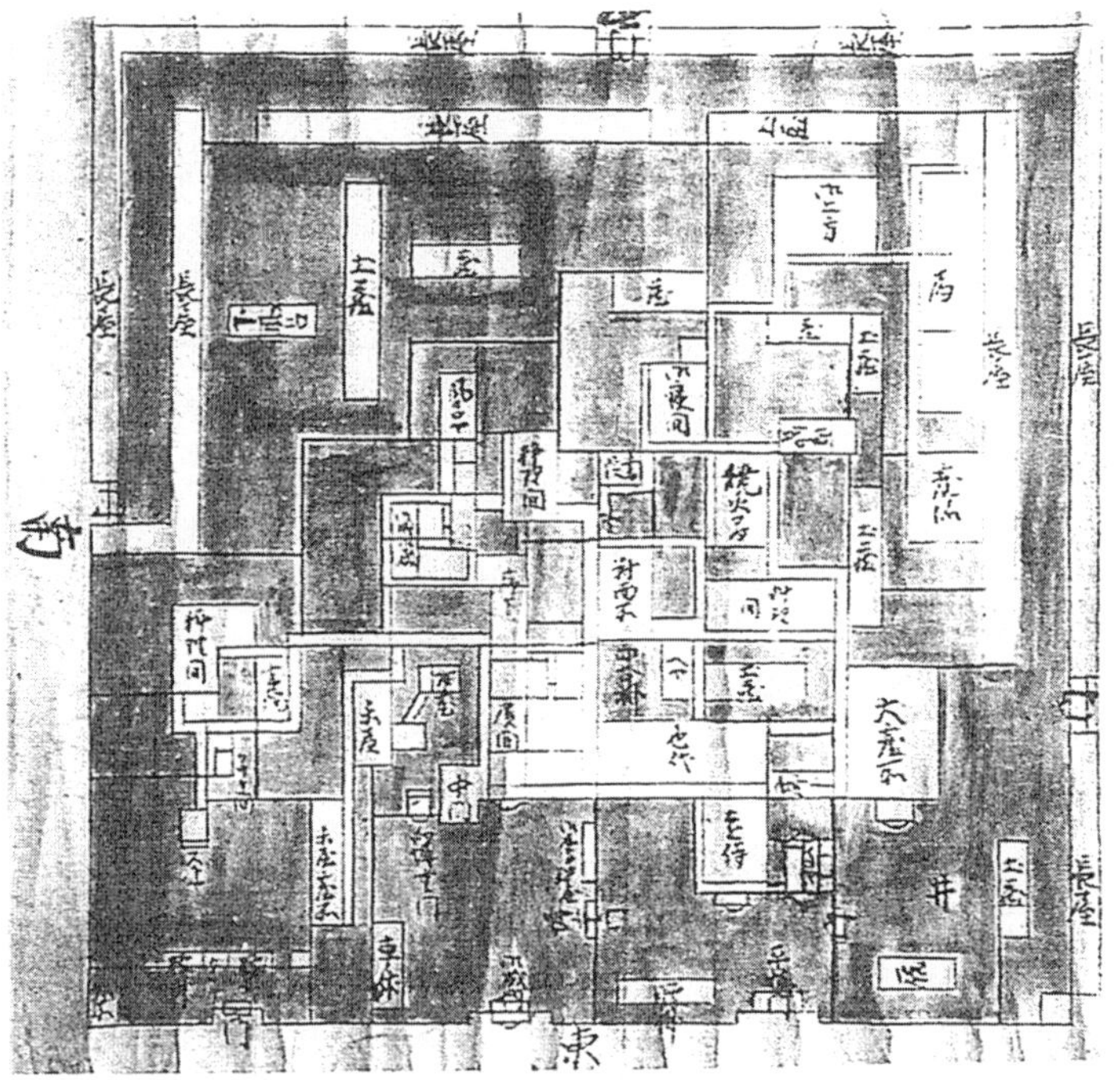

図26　当代「屋敷の図」『匠明』殿屋集

推定される。(2)

２において屋敷の広さを百二十間四方とするのは、「所不知絵図」（旧毛利家史料・山口県文書館蔵）の屋敷が百一間四方であり、その絵図との比較により推定された数値である。両図に描かれた広間の規模を比較すると、「所不知絵図」の広間は桁行二十間、梁行十八間半、『匠明』広間図は桁行十三間半、梁行十二間であり、前者が大きく桁行で一・四八倍、梁行で一・五四倍である。寛永十七年再建の江戸城本丸大広間は桁行二十間半、梁行十六間半であるから、前者の規模はそれに匹敵する。伊達政宗が慶長十五年に造営した仙台城大広間は、桁行十七間半、梁行十三間半である。「所不知絵図」が大名屋敷であるとすると、広間の規模は大きすぎるように思われる。なお、江戸城本丸表・中奥の敷地は南北中央で東西長さ約七十二間、南北長さ約百十二間である。

さて、「屋敷図」は東を晴として東面に北より平棟門、御成門、数寄屋入口門の三門を開く。また、敷地の南面西半と西・北二面に長屋をめぐらし、各面一箇所に長屋門を開く。平棟門は平常の正門であり、その内に東向の遠侍が立ち、前庭の南・北二面を塀で隔て南面に塀重門、北面に門を立てる。遠侍の西に色代があり、その南に続く南向の建物は広間であり、南庭に舞台・楽屋を設ける。平棟門の内にある遠侍と西南に続く色代、広間の関係は『匠明』の「東山殿屋敷ノ図」に類似するが、遠侍は桁行八間、梁行七間程で規模が大きく、正面に軒唐破風を付けた車寄を張出す。また、色代は桁行十六間、梁行七間程の規模であり、この両建物が近世的な表向殿舎として形式を整えてきた経過を窺うことができる。広間の西北に対面所、書院、御寝間が並び、それより西北に長廊下が延びて夫人の御座間である御上方に到る。敷地の北方には大台所、料理間、焼火間が並び、御上方は北に局と台所を配し、それらの周囲を塀と土蔵、内長屋で隔てる。御成門の内は折中門をもつ広間の東庭であり、中門の南から東に折れて南面に塀を廻し、中門南脇の塀に向塀重門を開く。御成御殿は広間の西南にあって広間と廊下で結ばれ、西方に風呂屋、西北に料理間を付属し、前庭の東・西・南三面を塀で画す。東面の南門は数寄屋への入口であり、「ク、リ」・腰掛の西方に数寄屋、鎖の間、書院と料理間を配し、書院とその北西にある御成御殿及び北方の広間との間に廊下を渡している。

以上、主要殿舎は広間、対面所、書院、御寝間であり、また、御成御殿と数寄屋および書院は将軍御成りに備えた施設である。つぎに、広間と御成御殿、対面所、書院などについて、平面規模から窺える建物の特徴を考察する。

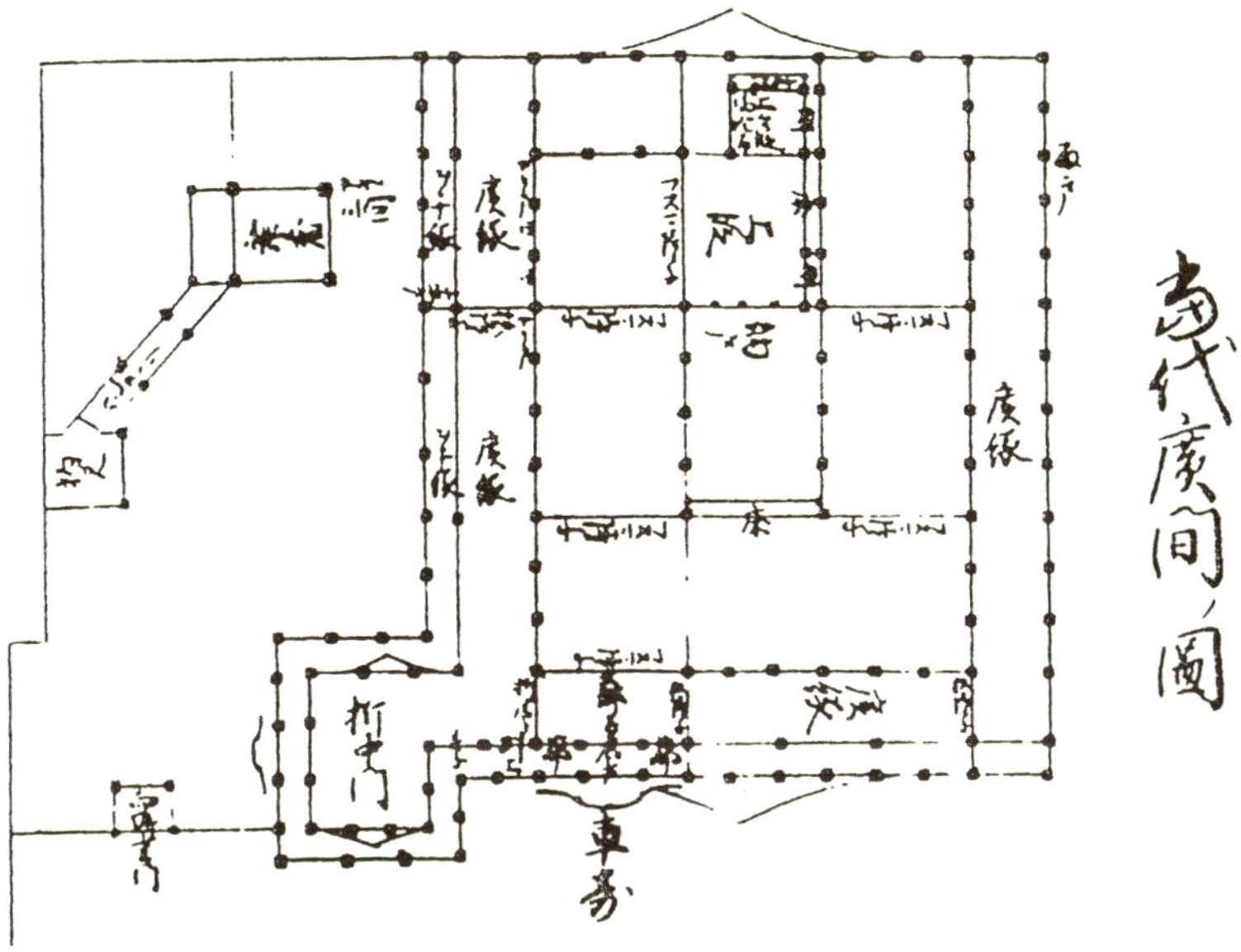

図 27　当代「広間ノ図」『匠明』殿屋集

二　当代「屋敷の図」に描く主要殿舎

（1）広間

当代「広間ノ図」（図27）によると、広間は桁行十三間半、梁行十二間の規模である。母屋は東西十間、南北九間、その南・北・東三面に幅一間半の広縁、西面に幅二間の入側縁をめぐらし、南面東端より折中門を張出す。南・東二面の広縁と中門は外側に落縁をめぐらし、一間間隔に下屋柱を立てる。

平面は、母屋桁行を中四間と東西各三間に三分し、東側三間の梁行を南三間と北六間に分け、それより西側の梁行を三間毎に分けた三列系平面である。主室は西側中央にある上段の間（十五畳敷）で、南に下段の間「九間」（十八畳敷）が続く。上段の間は北面に床（押板）と棚、東面納戸前に帳台構を備え、また、西入側縁に張出して四畳半敷の上々段を設け、その西面に付書院、北面に棚を備える。上々段は「風鈴間」の書入れがあり、天井に風鈴を釣るらしい。南面下段の間との境は襖障子を立てる。下段の間の東次の間は「十二間」（二十四畳敷）、次三の間は「九間」（十八畳敷）、その北の四の間は「十八間」（三十六畳敷）で、西面南に三間の床（押板）を備える。三の間東の広縁三間は公卿間である。上段の間の東側にある納戸は「十二間」で、東面に四の間の床が張出す。北側列は二室で、西間は西入側を採入れて「十五間」（三十畳敷）の広さ、東間は「十二間」（二十四畳敷）である。各座敷の間仕切り建具は襖障子、南広縁境は遣戸と明障子、広縁の隔ては杉障子である。公卿間は東面中間に軒唐破風を付けた車寄の唐戸、その両脇に蔀を立て、また、南面に折唐戸、北面に杉障子を立てる。公卿間南脇東面二間は剥上連子である。

当代広間の特徴の一つは「九間」「十二間」など室の短辺を三間に分割し、入側通りの柱を一間（七尺間カ）間隔に立てることである（公卿間西面を除く）。また、南東隅に折中門を張り出し、中門と南・東二面の広縁先落縁に柱を一間毎に立てる。これらは豊臣秀吉の聚楽第大広間に類似し、二条城二の丸および本丸の広間や寛永度の大坂城本丸広間と異なる。特に、その柱間割は古式である。

慶長十五年に造立された瑞巌寺方丈（本堂）は上段の間と下段の間をもつ御成御殿の形式であり、柱間割と広縁先に落縁をめぐらすことは、当代広間に類似する。瑞巌寺方丈は一間七尺の柱間を基準とし、柱太さ八寸五分角、鴨居内法高さ六尺二寸、天井高さ十六尺二寸であり、柱間割および内法高さは古風であるが、上段の間を折上格天井に作ること、および柱の寸法や天井高さは近世の大広間の特徴をもつ。柱間割に見られる二種の手法は年代的な相異であるとともに、造営に携った工匠による相異であると思われる。二条城二の丸・本丸両広間および大坂城本丸広間は京都の大工中井が関係したことが知られる。一方、『匠明』は紀州の大工平内政信の著作、瑞巌寺方丈の工匠は京都の中村吉次と紀州の大工刑部国次である。[3] 中井正清と子息正侶は秀吉の大坂城本丸表御殿の対面所などに用いられた近世的な手法をより発展させたのではないだろうか。平面上では、当代広間の北側列二室は内向の対面座敷ではなく、上段の間東の納戸と帳台構も形式的なものといえる。それは奥向の常御所および寝所として書院と御寝間があるからである。

（2）御成御殿

御成御殿は室町時代後期の会所の系統を引く建物である。[4] 当代「屋敷の図」によると、平面は西側の北間に床と棚を備えた上段の間と下段の間および東側の次の間、その北の三の間の四座敷よりなり、ほかに主室の東に調台、それらの北に入側を採入れた部屋を配した形である。規模は不明であるが、分一により広間の桁行十三間半との比からそれを算定すると、概略東西八間半、南北九間になり、そのうち四周一間通りを入側とする。上段の間と下段の間は三間に二間半（十五畳敷）、次の間は三間半に二間半（十七畳半敷）、三の間は二間半に四間半（二十二畳半敷）程である。各座敷の広さは全体に小さい。

（3）対面所、書院、御寝間および数寄屋の書院

これらの建物は、「屋敷の図」に建物の輪郭と入側縁を描くだけで、内部の間取りは不明である。御成御殿と同様にその規模を推定すると、つぎのようである。

	建物規模	母屋規模	入側縁幅
対面所	九間に六間半	八間に五間	南一間半、西一間
書院	五間に四間	四間に三間	東・北各一間
御寝間	八間に七間	七間に五間	南・東各一間
数寄屋の書院	七間半に四間	五間半に三間	東・西・北各一間

対面所は、母屋が八間に五間で、東西にやや長い。名古屋城本丸の対面所は桁行九間半、梁行七間の規模で、母屋は六間に五間である。これを参考にすると、対面所は南広縁に面して表向に梁間三間の部屋を並べた平面形式が推定される。

対面所の西側にある書院は五間に四間の規模であり、江戸時代初期の武家住宅における書院に比べ規模が小さい[5]。

御寝間は桁行八間、梁行七間程である。これは、二条城二の丸の御座間（桁行八間半、梁行八間）よりひとまわり小さい。母屋梁行が五間で、北面に入側がないとすると、「九間」より小さい室よりなる御殿を描いたのではないかと推測される。

数寄屋に続く書院は桁行七間半、梁行四間程である。母屋奥行が三間程であり、小室よりなる数寄屋風書院が考えられる。

注

1　太田博太郎『書院造』東京大学出版会、一九六六年。

2　内藤昌・大野耕嗣・高橋宏之「伏見城（II）武家地の建築」『日本建築学会論文報告集』第182号、一九七一年四月。

3　刑部国次が指図を画いたと伝えられる仙台城本丸大広間は近世的柱間割が見られる。

4　大館常興「諸大名衆御成被申入記」を参照。

5　慶長二十年の名古屋城本丸御書院は桁行六間、梁行六間である。また、元和七年頃の毛利藩江戸上屋敷の御書院は桁行九間、梁行五間

である。北野隆「毛利家文書「江戸屋敷」の指図について」『日本建築学会中国・九州支部研究報告』第2号、一九七二年。

第二章　近世初期の幕府関係居城における小広間（白書院）と黒書院の住宅様式

はじめに

近世初期の将軍御所をはじめとする武家住宅における主要殿舎の構成は、室町時代後期の将軍御所および管領邸に比べ大きく変容した。その主な点をあげると、主殿に代り広間（大広間）あるいは対面所と呼ばれる大型建物が現れたこと、邸宅への正式な入口である玄関（車寄）をもつ遠侍が整備されたこと、広間あるいは対面所と御座間との中間に新たに書院が設けられたことである。近世初頭の上層武家住宅における広間と書院の性格について、川上貢氏はつぎの点を指摘されている。

1　広間は晴の対面座敷であり、公的行事を執行する場である。広間という呼称は天正十年代から主殿に代り用いられるようになった。

2　書院は主人の常居所を意味し、そこに客を招ずることがあっても、それは私的な性格をもち主客ともにくつろぎを与える場であって、晴の接客座敷とは言えず、表向の晴の座敷である広間と厳に区別していた。

さらに、武家住宅に書院と呼ぶ建物が現れる時期について、慶長・元和の頃の書院に相当するものは天正頃に「奥之間」「奥之座敷」と呼ばれていたものであって、天正十年代には書院と呼ぶことは武家の間で普及していなかったこと、天正二十年十一月に出された豊臣秀吉の「書院振舞沙汰書」などからみて、天正二十年には武家の間でも常居所を書院と呼ぶことが一般化していたことを指摘されている。また、書院の呼称が天正年間に入って武家の間に広く普及するにいたった契機として、茶の湯の流行を示唆されている。(1)

一方、江戸時代における武家住宅の中心殿舎の構成について、平井聖氏は大要つぎのことを明らかにされた。

江戸時代初期の武家住宅は広間－書院の構成を基本に、広間、対面所、書院、あるいは大広間、白書院（小書院）、黒書院のように多くの殿舎によって接客・対面のための殿舎群を構成していた。寛永末から明暦頃を境として広間（大広間）は諸大名の屋敷ではほとんど造営をみなくなり、それと共に接客・対面のための殿舎群は大書院（書院）―小書院の構成が基本になり、これに御座間を加えて中心殿舎群を作り出した。明暦以降の書院の平面は一列に二〜三室を並べ、上段・下段の間とした一列系平面で、これが近世武家住宅の典型的平面になる。(2)

これに関して、つぎの点を考慮する必要がある。近世初頭における武家住宅の書院は私的接客と饗応に用いられた建物であり、公的行事の執行と対面を旨とした広間ないし対面所と異なる性質を持っていた。それ故、表の対面所を書院あるいは大書院と呼称するようになるには、中世において主人の常居所兼書斎を意味した書院の語が、近世において公式の対面所を意味する、より一般的な概念になっていたと思考される。

幕府関係居城のうち江戸城では、奥の書院を黒書院と呼ぶのに対して、表の対面所である小広間を白書院と称した。従来、白書院と黒書院の呼称が定まるのは幕府の典礼が制定された元和元年（一六一五）と考えられている。(3)それは『元寛日記』の記述をもとにするが、この日記は幕府の公式記録でなく、その編者および成立年代も未詳とされており、(4)その内容は検討の余地がある。また、小広間を白書院と称することに関して、その呼称が建築意匠に関係するか否かの問題がある。すなわち、小広間の住宅様式が問題になる。これらの問題は書院造の住宅様式と成立時期を考える上で注意すべきことであると思われるが、従来論ぜられていない。

小広間の住宅様式に関して、通説では二条城二の丸小広間は書院造の基本形とされる。(5)この説の特徴は、書院造は室町時代末の主殿が変化・発展して成立した住宅様式とすることである。これは推論であり、それに拠り様式的に完成した二条城二の丸小広間ないし殿舎を書院造と称したと思われる。それ故、小広間の住宅様式を書院造とする根拠及び書院造の定義が曖昧であるのは否めない。本章では通説を批判的に検討し、小広間の住宅様式を明らかにする。

江戸城本丸黒書院の住宅様式については、その名称から面皮材による数寄屋造を類推し、そうした建物が草創期の江戸城本丸に含まれていた可能性も推定されている。(6)本章では、黒書院の建築系統と住宅様式を明確にする。

本章は、幕府関係居城において主要殿舎の構成とその名称がほぼ定まる寛永年間までの各殿舎を考察の対象とする。内容は五節よりなる。第一節から四節において、伏見城本丸、二条城二の丸及び本丸、江戸城本丸及び西丸、大坂城本丸の各居城における主要殿舎の構成とその殿舎名を考察する。また小広間（白書院）及び対面所と黒書院の平面規模と形式を検討し、それらの意匠的特徴を明

表４　慶長末年～寛永年間の幕府関係居城における主要殿舎名

	広間	小広間他	黒書院	御座間	数寄屋関係	主な典拠
伏見城本丸 元和九年	広間	対面所、大書院 小広間	書院	御殿	茶湯座敷	中井家文書（京都府立総合資料館蔵）
二条城二丸 元和・寛永	広間	小広間（前殿・書院）	なし	御座殿 北御殿	書院、数寄屋（茶室）	本光国師日記、中院通村日記、駿府記、二条城中絵図
二条城本丸 寛永三年	広間	なし	書院（黒書院）	御座間	数寄屋	二条城中絵図、 徳川実紀
江戸城本丸 元和・寛永	大広間	小広間（対面所・書院・白書院）	書院（黒書院）	御座間	数寄屋、書院 鎖の間	本光国師日記、東武実録、御本丸惣絵図、寛明日記
江戸城西丸 寛永元年	広間	小広間（対面所・書院・白書院）	なし	御座間	数寄屋 鎖の間	本光国師日記、東武実録、寛明日記
大坂城本丸 寛永五年	広間	小広間、対面所	黒書院	御座間	数寄屋、書院 鎖の間	大坂御城総絵図、大阪御城図
駿府城本丸 慶長十六年	南殿	前殿	書院	御座間		駿府記

らかにする。第五節は、第四節までに考察した小広間（白書院）と黒書院の意匠的特徴をもとに、両者の住宅様式を明らかにする。

近世初期の幕府関係居城のうち、主要殿舎の名称とその配置が知られる早い例は寛永五年（一六二八）建立の大坂城本丸である。その主要殿舎は表より奥に広間－小広間及び対面所－黒書院－御座間の順に配置されていた。

表４に、慶長末年から寛永年間の幕府関係居城における主要殿舎の名称と構成をまとめた。これによると、表から奥に広間、小広間（白書院）、書院（黒書院）、御座間を配置する寛永度江戸城本丸の構成が整っている。本論で考察するように、二条城二の丸および江戸城西丸は黒書院を欠き、二条城本丸は小広間を欠いていた。一方、伏見城本丸（元和九年）は広間と書院の中間に対面所、大書院、小広間があり、また、大坂城本丸は広間と黒書院の間に小広間と対面所を配していた。

なお、近世初期の幕府関係居城における殿舎は同一殿舎が史料により異なる名称で記載されることが多い。そこで史料に記載する殿舎名を示す場合は、原則として「　」を付ける。ただし、大広間（広間）、御座間はその名称により、主要殿舎中における位置関係が特定できるので、煩雑になるのを避け「　」を省略することが多い。また、奥向の書院（黒書院）

であることを示す場合は、大坂城本丸の例にならい黒書院の語を用いる。

注

1　川上貢「近世初頭における書院の性格（上層武家住宅の場合）」『日本建築学会研究報告』第三一号、一九五五年五月。同著『日本建築史論考』中央公論美術出版、一九九八年所収。
2　平井聖『日本近世住宅の殿舎平面と配置に関する研究』私家版、一九六一年。
3　注2に同じ。
4　内閣文庫所蔵史籍叢刊六六、『元寛日記』解題。
5　太田博太郎『書院造』東京大学出版会、一九六六年。
6　注2に同じ。

第一節　伏見城本丸

武家住宅における小広間の初見は『駒井日記』文禄三年（一五九四）四月二十六日条にみえる豊臣秀吉が指月に造営した伏見城の小広間である。この時期の伏見城に広間、小広間、小座敷の存在が知られる(1)。

慶長三年（一五九八）八月に豊臣秀吉が没し、翌四年閏三月、徳川家康は伏見城本丸に入り、そこを居城とした。その後、慶長五年八月一日、伏見城は兵火により焼失した。

『義演准后日記』によると、家康は同年中に伏見城の造営を始め、翌六年正月十八日には本丸殿舎七、八棟ほどが作事中であった。同年三月二十三日、家康は伏見城本丸に移徙した。その後、慶長七年六月に伏見城の造営があり、同年中に御殿が出来たらしく、家康は十二月二十五日に伏見城に入った。そして、翌八年二月十二日、同城にて征夷大将軍の宣下を受けた。

一　元和三年頃の伏見城本丸の主要殿舎

『西笑和尚文案』（相国寺所蔵）に収める160文書に、つぎの記事がある。〈 〉内は割注を示す、以下同じ。

　大広間小広間立具分

遣戸三十枚〈広狭在之〉　　五枚襖障子

〈広狭在之〉

　此内弐枚可遣伏見也、

　書院立具

遣戸〈二間半ヲ四枚ニメ〉拾枚　　遣戸

間中戸　拾弐枚

襖障子　二間半四枚ニメ四枚　　襖障子

　間中戸　四枚

この文書を収めた［第三冊］の表紙に「辛　伏見小広間・大広間立具并書院立具」とあり、この記録は、慶長五年八月に焼失した伏見城の再興に関係し、本丸の大広間、「小広間」「書院」に用いる建具の一部を記したものと考えられる。「書院」の建具のうち遣戸について「二間半を四枚にして、拾枚」とあるのは、入側通り母屋柱間二間半を二等分して、その各柱間に遣戸二枚を立てること、その柱間が入側通りに五柱間あることである。「遣戸　間中戸　十二枚」は入側通りの一間もしくは二間の柱間に半間の遣戸を十二枚（六間分）立てることを示す。また、襖障子について「二間半四枚にして、四枚」とあるのは、梁間二間半座敷の間仕切に襖障子四枚を立てること、「間中戸四枚」は二間の間仕切に四枚の襖障子を立てることである。これによると、「書院」は座敷が二室以上あり、そのうち梁間二間半の座敷は二室あったこと、入側通りの母屋柱間寸法に二間半を二等分した一間八尺一寸二分五厘と一間六尺五寸を用いていたことが推定される。

「書院」は御座間の前方にある黒書院と考えられる。この時期の書院は、『舜旧記』慶長十年三月十二日条に、伏見城に罷り出て「奥之書院」で碁を指したことがみえる。奥の書院は将軍の私的接客座敷であったことが窺える。

伏見城は、慶長十年（一六〇五）六月に本丸殿舎の作事があり、同年中に修理を終えたと考えられている。(2)　また、元和三年（一六一七）

に書院と御殿及び廊下三棟の作事があった。[3] これは、同年六月、二代将軍徳川秀忠の上洛に備えた作事であり、秀忠は伏見城本丸を宿館とした。

京都府立総合資料館蔵・中井家文書100に収める元和九年六月十六日付「伏見御本丸所々御繕木割之帳」は、本丸殿舎について、奥から表の建物順に、それぞれの修理に要した材木を記載する。それによると、元和三年頃の本丸主要殿舎は、表より奥に広間－大書院－書院－御殿の順に配置されていたこと、広間と「大書院」の間に長廊下があったこと、広間の近くに「小広間」があったことが推察される。[4]「大書院」は広間に続く表の書院、「書院」は黒書院と考えられる。

その後、元和九年（一六二三）七月二十七日の伏見城における徳川家光の将軍宣下式に先立ち、伏見城本丸は修造された。しかし、元和九年閏八月廿日、帝都の守城として、伏見城に代わり大坂城の築城が決定され、伏見城の天守並びに殿舎は寛永二年（一六二五）までに破却され、二条城及び大坂城などに移築された。[5]

二　元和三年頃の伏見城本丸書院と大書院

さて、元和年間の伏見城本丸殿舎作事に関する文書が京都府立総合資料館に中井家文書として保管されている。中井家は、元和年間の伏見城本丸殿舎作事において大工頭を勤めた家柄である。京都府立総合資料館蔵・中井家文書98に元和三年正月十八日付「伏見御城御本丸御書院仕覚」（以下、「御書院仕覚」と略す）があり、書院の仕様の一部を知ることができる。それによると、「書院」は上段の間以下数室よりなり、間仕切の襖障子に金泥引墨絵を描いていた。上段の間は真塗りの上段框を用い、床框も真塗りであった。「御書院仕覚」に、

一上たんのかまち志んぬり

一とこか満ちも志んぬり

と記す。上段の間の天井は折上絵天井、小壁は内外張付に絵を画いていた。入側通り建具は遣戸と障子（内張付、外塗舞良戸）、側廻りに雨戸と腰障子を立てていた。「書院」は桧材を用い、柱太さ六寸二分角、鴨居内法高さ六尺二寸、天井高さ一丈二尺五寸程である。

なお、「御書院仕覚」に、

一大書院とたち中御家との間の

つほの内まわりニ、といをつけ候て、ミな〱くれゐんなり、ふるき書院むさく候ハヽ、杉板ニてはた板ニ可仕事

と記す。「たち中御家」は新築する書院のことで、「大書院」との間に坪庭があった。(6)「書院」は古き書院を建て替えたのである。

一方、「御殿」は九間に十二間の大きさであった。これは寛永建立の大坂城本丸御座間の九間に十三間の規模に匹敵する。

三　元和九年新築の対面所

先述のように、元和九年（一六二三）七月の伏見城における将軍宣下式に先立ち、伏見城本丸殿舎は修理され、新たに対面所が造営された。対面所は広間の近くにあり、その間を塀で隔てていた。京都府立総合資料館蔵・中井家文書108元和九年十月二十日付「伏見御本丸御対面所・焼之間塗物等検地帳」所々塀壁検地の項に「高壱間壱尺八寸、横八間、御広間北ノ廊下より西ノ塀、うら面まて」に要した白土（下塗中塗共）の坪数をのせ、同じく「高壱間弐尺、横六間、御広間と御対面所間ノ塀仕たし、うら面延テ」に要した白土（同上）の坪数をのせる。また、先述の元和九年六月十六日付「伏見御本丸所々御繕木割之帳」に「御対面所南のへいのたし」と「御対面所東四間のへいの分」の明細が見える。対面所南塀は、対面所新造以前からあった広間北側を隔てる塀である。これにより、対面所は広間の北側に建てられたと推定される。

元和九年に新造された本丸対面所については、川上貢氏により推定復原平面図が作図されている。(7)それによると、対面所は桁行十二間、梁行八間半の規模で、東西九間、南北六間の母屋四周に入側縁をめぐらす。平面は上段の間十五畳敷を西北隅に置き、その南に中段の間、次東に三の間各十八畳敷を並べ、東側に四の間二十畳敷、四の間と上段の間の間に納戸十八畳敷を配する。上段の間は北面に二間の框床と一間棚、西面に一間付書院を備える。各室の広さは梁間三間を基本とし、上段の間と納戸の境を襖障子で間仕切るなど、将軍家の対面所としては格式ばらない意匠である。特に、上段の間の二間床を蝋色塗の框床としたことは注目される。奥向書院の床は真塗りの框床であった。上段の間と中段の間境は開放し、三の間と中段の間及び四の間境は襖障子を立てる。天井は上段の間が折上格天井、他に格天井、棹縁天井が用いられた。入側通り建具は腰障子である。柱太さは五寸角程、鴨居内法高さは上段の間が六尺程と推定されている。これは同じ本丸書院の柱より細く、内法高さも低い。

川上氏は伏見城本丸対面所について、平面規模及び二列系五室構成の平面よりみて、二条城二の丸小広間に近い間取をもつと考えられている。そして、両者はトコ、タナ、付書院を備えた上段の間を主室とした、当時代にみる書院造の完成された形式を備える、

とされる。五室構成の平面よりみるとそうした解釈もできるが、二条城二の丸小広間は上段の間に押板と格式的な帳台構を備えるのに対して、伏見城本丸対面所は上段の間に框床を用い、また、帳台構を設けない。後者の座敷飾は、幕府関係居城では黒書院上段の間に特有の形式である。また、伏見城本丸対面所の主室は梁間三間が基本であり、柱太さなど各部の寸法も黒書院に近い。二条城二の丸小広間の住宅様式については後に考察する。

注

1　内藤昌・大野耕嗣・高橋宏之「伏見城Ⅱ――武家地の建築、近世都市図屏風の建築的研究」『日本建築学会論文報告集』第一八二号、一九七一年四月。
2　城戸久「秀吉没後における伏見城改修破却に就いて――伏見城に関する研究その三――」『日本建築学会論文集』二五号、一九四二年。
3　元和年間の伏見城本丸殿舎については、川上貢「元和年間伏見城本丸殿舎考」『日本建築史論考』（中央公論美術出版、一九九八年）所収によるところが多い。
4　川上貢「近世初期大名居館の御対面所について」『日本建築史論考』（前掲）所収を参照。
5　注2に同じ。
6　元和三年二月二十七日付「伏見御本丸御作事（御殿）釘鎹（鏁カ）入札書」京都府立総合資料館蔵・中井家文書99。
7　川上貢『日本建築史論考』第三編五、元和年間伏見城本丸殿舎考二「本丸殿舎御対面所の推定復原」（前掲）。

第二節　二条城二の丸及び本丸

Ⅰ　創建期の二条城主要殿舎構成

二条城は将軍上洛の時の宿館に充てるため、慶長七年（一六〇二）から造営が始められ、翌八年三月には天守などを除き、殿舎はほぼ完成したらしい。同月二十一日、徳川家康は伏見城より二条城に移徙した。

慶長創建期における二条城の主要殿舎構成については、川上貢氏の研究がある。[1] 川上氏は論考「創築時の二条城の規模と建築」において、『言経卿記』『義演准后日記』『当代記』『駿府記』『中院通村日記』『本光国師日記』など同時代記録にみえる奥ノ間、常御所、数寄屋、御成之間、広間、南殿、前殿、奥御座間、御書院、泉水御座敷などの名称をあげ、それらの異同を検討した上で、主要殿舎は表から奥へ広間（南殿）―書院（前殿）―奥御座間（奥ノ間、常御所）の順に棟別に接続する構成をもっていたと考察されている。すなわち、書院は前殿と同じ建物であり、奥ノ間と常御所は奥御座間に同じとする。また、数寄屋は奥御座間の近くに設けられたこと、泉水御座敷は泉水に臨んだ奥向座敷で、奥御座間あるいは数寄屋内の一室を意味したのではないかと推定されている。

前殿は広間に続く対面所であり、寛永三年の二条城二の丸作事文書にみえる小広間に相当する。[2] 創建期の二条城については、『天寛日記』元和九年閏八月朔日条に引く『異国日記』に二条城「小広間」がみえる。

つぎに、創建期の二条城殿舎について御書院と前殿、奥御座間、奥ノ間、常御所、数寄屋の関係を再検討する。

一　御書院と前殿、奥御座間、常御所及び奥ノ間の関係

①　『言継卿記』慶長八年四月一日条に

殿中へ御礼ニ、冷、四、竹内等令同道参了、後刻御対面候、申次城織部助也、（中略、対面公家衆の名略す）、酒有、大樹奥ノ間ニ御出、其後ニ御酒出了、次予、六条、冷泉等ハ、御酒ナカハニ常御所へ参了、数刻御雑談有之、小将棋有之、七時分ニ、両三人同道退下了、

と記す。この日、将軍家康は「奥ノ間」に出御、公家衆と対面した。山科言継等が酒半ばに参り、家康と雑談、将棋を指した「常御所」は、川上氏のいわれるように御座間に相当する。しかし、「奥ノ間」は、文意から御座間の前方にあったと考えられる。

なお、『駿府記』慶長十九年十月二十九日条に「今日表無出御、於奥之間御咄、」とある「奥之間」は御座間とも考えられるが、『駿府記』は、二条城の御座間を「奥御座間」「奥之御座間」と記すことが多い。[3] また同記慶長十九年三月二十六日条に、駿府城本丸の「常之御書院」で管弦楽があり、「奥之間」で女中方がそれを聞いたことを記す。『駿府記』は「常之御書院」を「奥之御書院」とも記す。[4] 「常之御書院」は奥向書院で、同記慶長十六年八月朔日条にみえる「御書院」に同じと考えられる。女中方が楽を聞いた「奥之間」は同じ奥の書院である。

二条城の「奥之間」は、また『本光国師日記』慶長二十年五月九日条に「二条之御殿へ出仕。奥之間にて御対面也。」とみえる。五月七日、大坂落城後、将軍秀忠は伏見城より二条城へ出仕、「奥之間」で大御所家康と対面した。この「奥之間」も書院と解して矛盾しない。『本光国師日記』に記す江戸城本丸奥之間は、後述のように黒書院と解釈できる。

② 『本光国師日記』慶長二十年閏六月六日条に

二条城御殿へ公方様御成。御書院へ被為召。忝き上意共也。本佐州。上州御取成也。於河内寺領可被下旨被仰出候也。

と記す。また、『駿府記』同日条に、つぎの記事をのせる。

将軍家、従伏見渡御二条御所、則於奥之御座間有御閑談、本多佐渡守、同上野介伺候、今日於前殿真言論議有之、(中略)、今日〈南禅寺〉金地院末寺河内国矢尾真観寺領千石被下由、将軍家被仰出、未刻将軍家伏見還御云々、

両記によると、将軍秀忠が二条城へ御成後、両御所は奥の御座間で閑談した後、「前殿」に出御して真言論議を聴聞した。この日、以心崇伝は将軍秀忠に召され、「御書院」にて金地院末寺河内国真観寺に寺領千石を下さる由、仰出のあったことが知られる。真言論議があった「前殿」と「御書院」の関係は、この記事では分明でないが、「御書院」は大御所家康の御座間と異なると考えてよい。

③ 『中院通村日記』元和元年八月朔日条に

今日昵近衆御礼也、(中略)、於広間御対面、親王摂家門跡公家衆済々、殿上人ハ於御書院在此事、依御草臥云々、(後略)

と記す。この日、二条城にて八朔の賀礼があった。大御所家康は広間にて親王、摂家、門跡、公家衆と対面した。殿上人とは「御書院」にて対面した、草臥によるという。これについて、川上は、書院が家康と殿上人の対面座敷にあてられ、広間の対面と対照的に扱われているため、書院は前殿と同じ建物である、と考えられている。前殿(小広間)を書院と称した例として注意される。これについては後述する。

二　御書院と御数寄屋、数寄屋之御書院の関係

① 『中院通村日記』元和元年七月十九日条によると、中院通村は二条城に参り、大御所家康と「御書院」にて対面し、明日、源氏本を持参することを約束した。その座に以心崇伝と唯心軒(日野輝資)などが同席していた。翌廿日条に、つぎの記事をのせる。

巳上刻計、令同道、参二条、伝長老云、一両度有御尋云々、向予一段懇切也、以御小姓被申入歟、少時御出、直ニ御書院ノ西、

御数寄屋ノ中間ノ廊廈ノ座敷へ渡御、則（書院）西方杉戸ヲ開、長老被出、先予、次冷ニ気色、予ヲ可被同道云々、（山科内蔵頭）言緒朝臣追従、於杉戸下、長老入来有問敷候由被示之、於彼所申御礼、則御近所へ祗候、奥入令持出給、〈入箱、但不被入本箱〉、奥入ハ冷ニ給、源氏引歌等、冷可被読之由仰也、彼所八畳敷歟、前大樹東向、南光坊〈豪海僧正叡山、〉西向、長老同西向、冷〈縁北向西方〉、予同〈東方〉少向前大樹御前候、予向長老始也、（後略）

この日、中院と冷泉は大御所家康の前で源氏物語を講読した。中院と冷泉は二条城へ参り、以心崇伝に出仕を伝えた。小姓の申入れで、家康は少時出御、直ちに「御書院」の西にある「御数寄屋ノ中間ノ廊廈ノ座敷」へ渡御したという。「書院西方杉戸」は、「御書院」と「御数寄屋」の座敷との間に廊が渡され、それと「御書院」西入側縁との境に立てられた建具であろう。この座敷は八畳敷で、南に入側縁があった。家康の御座は八畳の西方東向、天海僧正と以心崇伝の座は同東方西向に、冷泉と中院の座は南入側縁の西と東、それぞれ北向に設けられた。この座敷は、御数寄屋と呼ばれ、次の間があった。

中院の源氏物語講読は、その後も続いた。『駿府記』元和元年七月二十九日条に「於御数寄屋、令中院読源氏物語箒木巻給、金地院、冷泉伺候云々、」とあり、同年八月二日条に「於御数寄屋、中院源氏箒木之巻令読給、其後紫野大徳寺長老天叔、松岳、玉室召三人、一人宛仏法之事令聞給、南光坊僧正、金地院御次之間伺候云々、」とある。なお『駿府政事録』元和元年七月二十九日条に「御数寄屋において、中院をして源氏物語箒木巻を読ませ給う、金地院、冷泉伺候云々、障子を隔てて女中衆同じく聞き給う」と記す。(5) 上記にある「御数寄屋」は次の間があるので、いわゆる茶室と相違し『中院通村日記』に記す「御数寄屋ノ廊廈ノ座敷」に同じと考えられる。同じ「御数寄屋」で大徳寺長老に仏法の事を聞いたことが参考になる。「御数寄屋ノ中間ノ廊廈ノ座敷」の意味は不明であるが、廈は大屋のほかに両廂、廊の意味がある。(6) 源氏物語の講読があった八畳座敷は東側に次の間を付属するので、細長い数寄屋風建物の中間の座敷というほどの意味であろうか。

この「御数寄屋」は、『本光国師日記』に記す「数寄屋之御書院」と同じ建物と思われる。すなわち、同日記慶長二十年六月晦日条に、宗哲と上田善次は「数寄屋之御書院」で雲叔上り本九十六部の目録を点検したことをのせる。この「数寄屋之御書院」は「御書院」と異なり、書籍目録校合の例からみて、源氏物語講読に用いられた「御数寄屋」と同じ建物と考えられる。また、その名称から見て、二条城内における数寄屋施設を構成する数寄屋の書院と考えられる。二条城内に茶室があったことは、『舜旧記』元和元年七月三日条に「金子八郎兵衛ヨリ申来、二条御城数寄屋露地ニ敷松落葉三十俵持遣也、」と記すことから知られる。この「数寄屋」は露地のある茶室であり、数寄屋の書院の近くにあったと思われる。

②『駿府記』慶長二十年（元和元年）七月十七日条に、つぎの記事を載せる。

将軍渡御二条御所、垸飯以後、大御所出御前殿、有御対面、於泉水御座敷、召両伝奏被仰出曰、公家法度之儀、則二条殿菊亭、於御前令聞右法度給、有十七箇条、広橋兼勝読進之、伝長老、二条実条、其外諸公家伺候、二条殿昭実、菊亭晴季、被仰出之法度最神妙、無残所之由被申感云々、

この日、両御所は二条城に摂家華族と公卿殿上人を参会させた。饗応の後、大御所家康は「前殿」に出御、対面した。その後、「泉水御座敷」に両伝奏を召して、公家法度の儀を仰せ出された。菊亭晴季は御前において法度十七条を聞かせしめた。広橋兼勝がそれを読み進めた。以心崇伝、二条実条、そのほか諸公家が伺候した、という。これによると、公家法度を読み聞かせた所は「泉水御座敷」とも考えられるが、詳らかでない。ただ、公家法度を読んだのは武家ではなく、公家の広橋大納言である点は注意される。

「泉水御座敷」は池庭に臨んだ座敷である。後述のように、「御書院」は前殿（小広間）と同じ建物と考えられるので、その西方にある「数寄屋之御書院」は、現小広間西南に広がる苑池に臨むことになり、「泉水御座敷」の可能性がある。

以上、創建期における二条城の書院は御座間より前方にあり、また、書院の西方に数寄屋の書院が存在したことを明らかにした。徳川氏が慶長・元和年間に営んだ伏見城、江戸城、駿府城の各本丸殿舎の例からすると、この書院は黒書院の可能性も考慮されねばならない。けれども、寛永三年に改修された二条城二の丸殿舎のうち広間、小広間、御座間は旧殿を改修した建物であることが明らかにされている（後述）。すなわち、寛永度の二の丸は黒書院を欠いていた。この事実からすると、川上氏の指摘されるように、書院は前殿と同一建物とみるのが妥当である。

これを要するに、創建期の二条城主要殿舎は広間、書院（前殿＝小広間）、御座間の構成で、黒書院を欠いていた。また、書院の西方には数寄屋の書院と数寄屋（茶室）が設けられたと推察される[7]。

創建期の主要殿舎については、つぎのことが知られるにとどまる。

『義演准后日記』慶長八年四月四日条によると、広間は母屋西側に上段の間・中段の間・下段の間を南北に並べた平面であった。

『資勝卿記抄』元和九年八月十四日条によると、二条城にて御能があり、「奥ノ御対面所」において振舞があった。奥の対面所は小広間（書院）のことで、上段の間と下段の間を南北に続けていた。また、下段の間の東に三の間があった。

Ⅱ　寛永改修後の二条城二の丸

一　二条城二の丸の主要殿舎

二条城は、後水尾天皇の行幸を迎えるにあたり、寛永二年から三年六月にかけて行幸御殿及び本丸の新造と二の丸殿舎の改修が行われた。この時、造営された各御殿の建物配置と各殿舎の平面規模は、造営時に作成された「二条御城中絵図」により窺える。[8] また、この時期に改修された二の丸殿舎については先学による詳細な研究があり、現在の二条城二の丸の主要殿舎は寛永三年改修時の形態をよく伝えると考えられている。[9]

「二条御城中絵図」によると、寛永改修後の二の丸主要殿舎は、敷地の南面東端に開く唐門の内、正面に玄関を張出した南向の遠侍があり、その西北に式台を挟んで広間が南面して建つ。そして広間の北西に小広間が雁行して並び、その北方に二つの御殿を南北に配していた。広間、小広間と二棟の御殿は寛永度の造営文書に広間、「小広間」「南ノ御殿」「北之御殿」と記される。[10] 南御殿は将軍の御座間である。北御殿は将軍の「御座之間小キ御殿」といわれ、寛永二年に新造された。[11] このうち広間、小広間、南御殿は、創建期の建物を改修したことが明らかにされている。[12] すなわち、寛永改修後の二の丸は創建期と同様、奥向の黒書院を欠いていた。創建期にあった数寄屋の書院及び数寄屋（茶室）は撤去されたと考えられる。現在、二の丸殿舎は北御殿を欠き、小広間を黒書院、御座間を白書院と呼んでいる。この呼称は江戸時代末期になって行われたと言われる。[13] ただし、『大猷院殿御実紀』に引く幕府日記に、寛永度の二条城二の丸小広間は「黒書院」と記される。[14] これは同時代の日記類に見えないので、参考までに注記した。

二　二条城二の丸広間（大広間）及び小広間と御座間

（1）広間（大広間）

広間は現在大広間と呼ばれている。「二条御城中絵図」に描く広間の平面は現在の大広間のそれと同じであるが、柱間割に一部異なるところがある。[15] 広間は桁行十五間、梁行十三間半の規模をもつ入母屋造り本瓦葺の建物で、もと屋根は栩葺または杮葺であった。母屋は東西九間半、南北十一間半、その南・東・西三面に幅二間の入側縁、北面に幅一間半の入側縁をめぐらす。平面は、母屋の西北隅にある上段の間（四十八畳敷）を主室とし、その南に下段の間（四十四畳敷）、次東に三の間（四十四畳敷）、その北に四の間（五十二畳半敷）を配し、上段の間と四の間のあいだを南・北二室に分け、北側を帳台の間（十四畳敷）、南側を板敷の物置とする。上段の間は、広間にあって座敷飾を備えた唯一の座敷であり、北面に床（押板）と違棚、西面に付書院、東面に帳台構を備える。天井は上段の間が最も格式の高い二重折上格絵天井、下段の間が折上格絵天井、他は広縁とも格絵天井で、物置のみ猿頬天井である。

創建期の広間は上段、中段、下段の構成であったが、寛永改修時に現状の上段、下段の構成に改められたこと、上段の間の床（押板）、違棚、付書院は寛永改修時の新材になることが指摘されている。上段の間・下段の間の境は上段框と落掛で見切り、建具を立てない。下段の間と三の間、三の間と四の間境は襖障子で仕切り、上部に丸彫極彩色の彫刻欄間を嵌める。各部屋と入側縁境の建具は当初と同じ遣戸と腰障子の組合せである。縁外廻りは東面（遣戸と腰障子）を除き、当初より戸袋に収容できる一筋引通しの替障子と雨戸を立てていたらしい。上段の間をはじめ主要各室の障壁画は内法上の小壁を含めて、いずれも金碧の上に彩色画を描き、その画題は大松を主題に花鳥草木を添える。また、天井は彩色を施し、格間に金地唐草を主題とした文様を描く。これらは、寛永改修時に狩野派の絵師などによって描かれたと考えられている。

以上、寛永改修の二の丸広間は、創建期の広間と異なり対面間を上段、下段の二室構成とする。また、上段の間と下段の間境を襖障子で仕切らず、上段框と落掛の構えにして開放する。これは、名古屋城本丸の広間（慶長二十年）が上段の間と下段の間境を襖障子で仕切り、内法上に筬欄間を嵌めるのと大きく異なる。上段・下段の間境を襖障子で仕切るのは慶長十三年の『匠明』当代「広間の図」も同じである。床（押板）、違棚、付書院、帳台構を備えた広間の上段の間は、昔主殿の御座の間（上段の間）の形式を継承すると考えられ、上段の間を襖で仕切るのは古い形式であると推察される。慶長創建広間の上段の間あるいは中段の間については未詳であるが、寛永三年改修の二条城二の丸広間の上段の間南面を開放する構成は新形式と考えてよいかもしれない。なお、広間の入側通り柱間は、広い部屋に合わせて三間半と四間を三等分した一間七尺五寸八分、八尺六寸六分、五間半を四等分した一間八尺九寸四分など多様な柱間寸法が用いられている。これは秀吉の大坂城本丸において規模の大きな対面所などに用いられた近世的な柱間割と同じである。また、広間の柱は建築規模と広い部屋に合わせて桧の太い八寸角柱とし、鴨居内法寸法は七尺一寸五分、天井高さは十五尺二寸と高い。これは、『匠明』の昔主殿の木割と異なる広間の木割であり、慶長八年創建の広間において採用されたと推測される。

（2）小広間

小広間は桁行十四間、梁行十間半の規模をもち、広間に次ぐ表の対面所である。広間は桁行十三間半、梁行十五間の規模であり、小広間は、面積で比べるとそれの約七割二分の広さである。小広間の平面は東西九間半、南北七間の母屋の西北隅に上段の間（三間半四方）とその東側納戸（三間半に二間）を配し、上段の間の南に二の間（四間半に三間半）、その東に三の間（五間に三間半）、次北に四の間（四間に三間半）を並べた二列系五室構成であり、その四周に入側縁をめぐらす（図28）。

上段の間は北面に二間半の押板と一間違棚、西面に間口十一尺四寸の付書院、東面に二間半帳台構と同北脇に一間違棚を備える。上段の間南面は上段框と落掛構えで開放する。二の間は間口が上段の間より一間広い。二の間から四の間は襖障子で間仕切り、二の間と三の間境の欄間に花狭間格子をはめ、広間の極彩色彫刻欄間と違えている。各座敷入側縁側の建具は舞良戸と腰障子、東面のみ襖障子である。天井は上段の間が折上格絵天井、ほかの各座敷および入側縁が格絵天井、納戸のみ猿頰天井である。室内障壁画は座敷毎に四季の景色を題材にした彩色画を金地に描き壮麗である。入側通り母屋柱間および柱太さ、内法と天井高さは広間と同様、近世的な柱間割と広間の木割に拠っている。すなわち、柱間は三間半及び四間を三等分、四間半及び五間を四等分した寸法が用いられている。また、柱は桧七寸角、鴨居内法高さ六尺八寸三分、天井高さ十三尺七寸四分である。

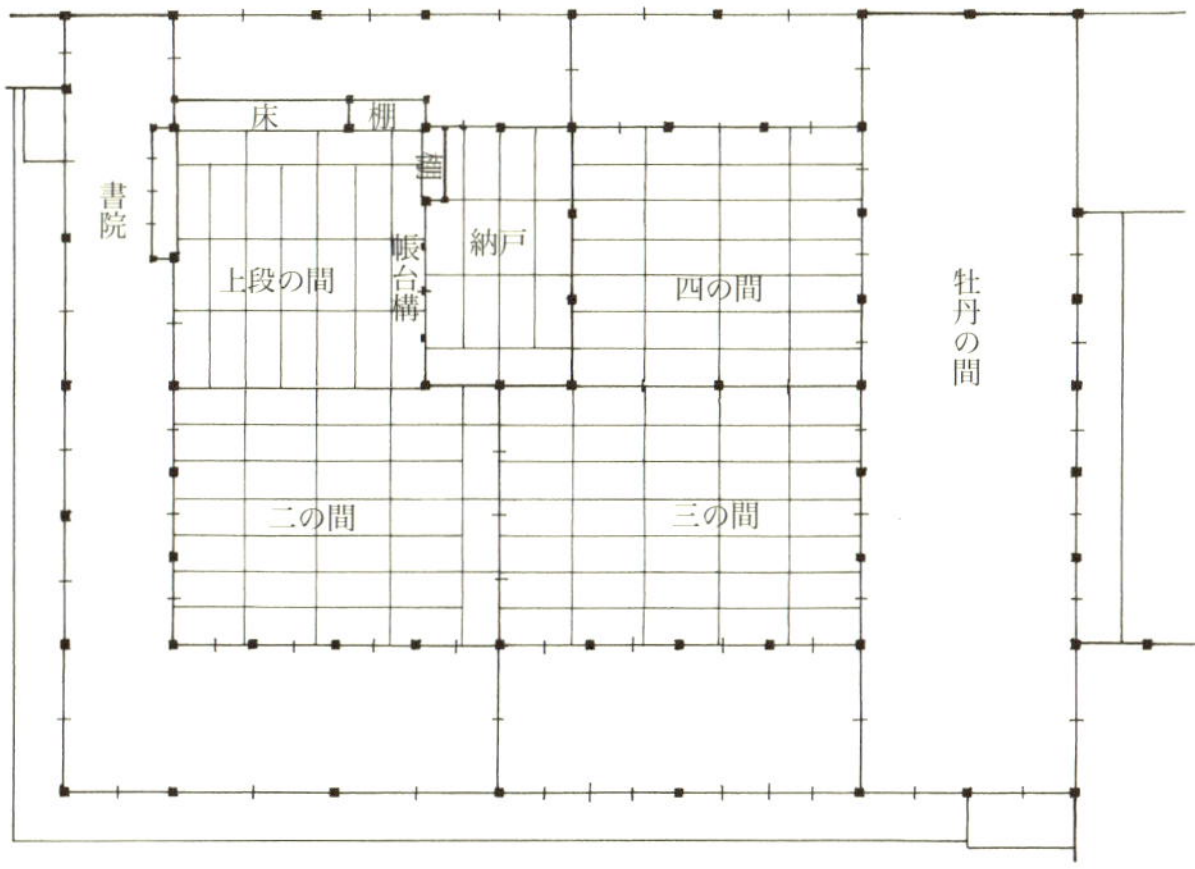

図28　二条城二の丸小広間平面図（寛永3年）（『日本建築基礎資料集成』書院Ⅱ）

以上のように、小広間は、広間に準ずる規模と格式を備えた建築である。

（3）御座間（南御殿）

南御殿は、貞享三年（一六八六）の破損見分帳に「御座之間」と記される[16]。現在、この建物は白書院と呼ばれている。御座間は桁行八間半、梁行八間の規模で、小広間に比べ小さい。屋根は入母屋造り本瓦葺、もと栩葺または柿葺であった。母屋は六間四方で、その南面に一間半の入側縁、ほか三面に一間の入側縁をめぐらす。平面は母屋西北隅に上段の間（十五畳敷）を設け、その南に二の間（十八畳敷）、次東に三の間（十八畳敷）、次北に四の間（十二畳敷）を配し、上段の間の東に納戸間（五畳敷）を設ける。天井は上段の間が折上格絵天井、ほかは格絵天井である。上段の間は北面に床（畳床、蹴込付）と違棚、西面に付書院、東面に帳台構を備え、南面上段框の外側に襖障子を立てる。二の間から四の間の部屋境の建具は襖障子、各部屋の入側縁側は遣戸と明障子である。上段の間をはじめ室内の障壁画は清楚な水墨山水画である。

御座間（南御殿）は慶長創建期の御座間に相当し、上段の間は将軍の御座間、御納戸間は寝所にあてられたと思われる。御座間は「九間」座敷が基本であるが、柱間割は三間を二等分した一間九尺七寸五分である。柱は桧六寸六分角、鴨居内法寸法は六尺五寸九分、天井高さ十二尺五寸五分であり、表向の小広間に対して柱太さ以下の寸法を小さくする。

Ⅲ　寛永新造の二条城本丸

一　二条城本丸の主要殿舎構成

本丸は、後水尾天皇の行幸を迎えるにあたり、大御所秀忠の宿館として造営された。「二条御城中絵図」によると、本丸は二の丸の西方にあって、東を正面とする。主要殿舎は東御門内に東面して建つ玄関・遠侍、その西南に広間が東面し、広間西側に「書院」、その西北に南向の「御殿」があった。

本丸「書院」については用例を欠くが、『大猷院殿御実紀』寛永十一年閏七月二十二日条に本丸の「黒書院」がみえる。この日、将軍家光の宿館本丸にて蹴鞠が行われ[17]、終って、将軍は登城した公卿・殿上人及び諸大名を饗応するように命じた。その席について、尾張、紀伊、水戸三家は「黒書院」、公卿、殿上人は「二丸黒書院」と記す。三家を饗応した本丸黒書院は絵図の「書院」に相当する。本丸は小広間を欠いていた。

二　本丸の広間と書院（黒書院）

（1）広間

広間は遠侍の西南に接して東向に立つ。「二条御城中絵図」によると、本丸広間は桁行十六間、梁行十間半の規模である。母屋は

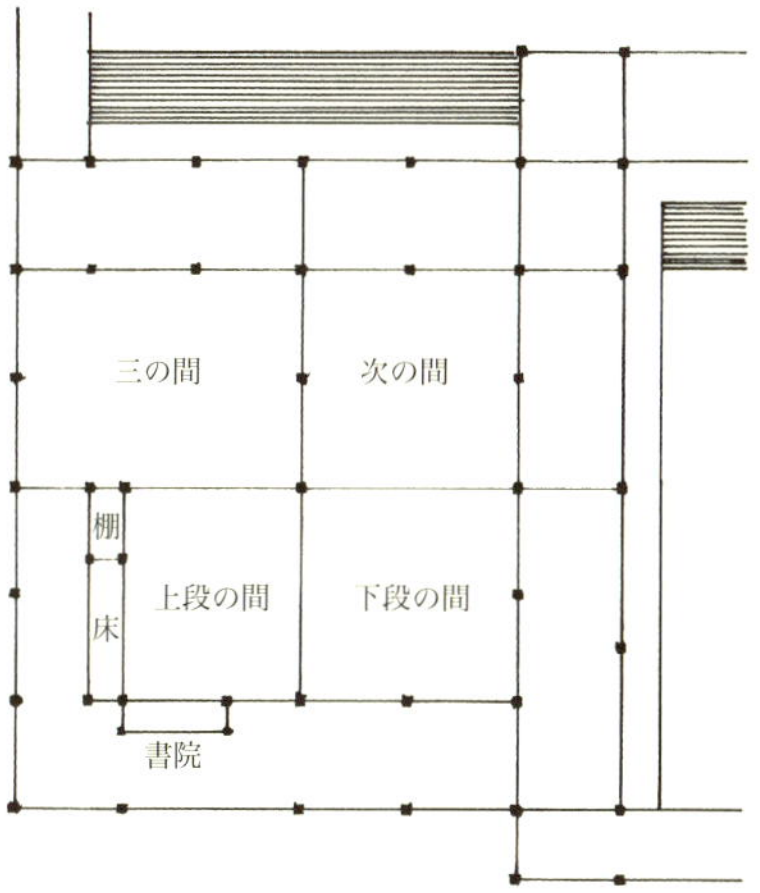

図29　二条城本丸書院平面図（寛永3年）（二条御城中絵図）

南北十二間、東西七間、その東・南・北三面に幅二間の入側縁、西面に一間半の入側縁をめぐらす。平面は、母屋梁行を二等分してその西南隅に上段の間（二十四畳半敷）、その東に下段の間（三十一畳半敷）、次北に次の間（五十二畳半敷）、その西側に三の間（二十八畳敷）と四の間（二十四畳半敷）を北と南に並べる。上段の間北側は納戸間（七畳敷）である。上段の間は西面に床と違棚、南面に付書院、北面に帳台構を備える。入側通りの柱間割は二の丸広間に準じ、部屋の広さに合わせて柱間寸法を定める。

（2）書院（黒書院）

本丸黒書院は南北六間、東西五間半の母屋四周に入側をめぐらした桁行九間、梁行八間半の規模である。広間の規模桁行十六間、梁行十間半に比べて小さく、黒書院の床面積はそれの約四割五分である。平面は母屋南側に西より上段の間（三間に二間半）と下段の間（三間四方）を並べ、北側東に次の間（三間四方）、西に西入側を採り入れた三の間（三間に四間）を配した四室構成である（図29）。上段の間は西面に二間床と一間違棚、南面に一間半付書院を備える。本丸黒書院は御座間と同様、「九間」の座敷を基本とする。入側通りの母屋柱間寸法は三間を二等分した一間九尺七寸五分の近世的柱間を採用していた。

注

1　川上貢「二条城の規模と建築の変遷」『日本建築史論考』第三編一、中央公論美術出版、一九九八年。
2　京都府立総合資料館蔵・中井家文書135④「二条御城御作事上リ御材木高払帳」（寛永三年十二月十三日）。
3　『駿府記』慶長十九年十一月九日、同十一日、同十二年閏六月六日、同十六日、同七月十一日、元和元年（慶長二十年）七月十六日条。
4　『駿府記』慶長十八年正月六日条。
5　『天寛日記』同日条に引く『駿府政事録』。
6　『辞源』廈の項。

7 西和夫・小沢朝江「二条城二の丸御殿白書院の復原研究　建築と障壁画の総合的検討」『日本建築学会計画系論文集』№489号、一九九六年一一月所収に、「泉水御座敷」は白書院（御座間に同じ）の事とされる。そして、白書院の周囲に泉水が存在したとすると、泉水は白書院の北または北東にあった可能性が高いという。これについては、今後の課題としたい。

8 「行幸御殿幷古御建物御取解不相成以前二条御城中絵図」中井正知氏所蔵・中井家文書130号。

9 川上貢「二条城の規模と建築の変遷」『日本建築史論考』第三編（前掲）所収。『重要文化財二条城修理工事報告書』第三集、附「二条城の創建及び沿革に関する考察」一九五八年。『日本建築史基礎資料集成』十七　書院Ⅱ、中央公論美術出版、一九七四年。

10 京都府立総合資料館蔵、寛永三年十二月十三日付の中井家文書134⑨「二条御城二ノ丸御広間ヨリ小広間へ御通之間　木払帳」、同文書137⑤「二条御城二ノ丸北之御殿御材木払帳」、同文書139「二条御城御作事御材木高払帳」。

11 高橋正彦『大工頭中井家文書』慶應通信一九八三年所収219文書「板倉重宗書状」（寛永二年六月二十九日付）。

12 川上貢「二条城の規模と建築の変遷」（前掲）。西和夫・小沢朝江「二条城二の丸御殿白書院の復原研究　建築と障壁画の総合的検討」（前掲）。西和夫・小沢朝江「二条城二の丸御殿大広間等諸御殿の復原研究」『日本建築学会計画系論文集』第492号、一九九七年。

13 『重要文化財二条城修理工事報告書』第三集、附「二条城の創建及び沿革に関する考察」一九五八年。

14 『大猷院殿御実紀』寛永十一年七月廿一日、閏七月廿二日条に黒書院が見える。

15 側通り柱のうち敷居上に立つ柱は後補材である。また、四之間東面柱割が異なる。

16 『重要文化財二条城修理工事報告書』第三集。

17 将軍家光は寛永十一年六月廿日、江戸城を出立し、七月十一日、二条城に入った。家光が本丸を宿館としたことは『大猷院殿御実紀』同日条の記載から推察できる。

第三節　江戸城本丸及び西丸

徳川家康は、天正十八年（一五九〇）八月に江戸入りし、太田道灌以来の江戸城に入った。家康が江戸幕府を開いたのは征夷大将軍に任命された慶長八年（一六〇三）二月である。翌九年六月より江戸城の普請を始め、慶長十一年九月には天守などを残し、本丸殿舎はほぼ完成した。そして、同九月二十三日、二代将軍秀忠は本丸に移徙した。翌十二年、本丸天守の石垣普請があり、天守はまもなく完成したと思われる。その後、慶長十六年（一六一一）三月、江戸城西丸の造営を始め、七月十日に西丸の造作も完成した。

本丸殿舎は元和八年（一六二二）二月から十一月にかけて大規模な修造が加えられ、表と中奥及び大奥よりなるその後の基本的殿舎の構成が確立した。また、西丸殿舎は寛永元年（一六二四）に改造があり、同十一年閏七月二十三日に焼失したが、寛永十三年（一六三六）には再建された。その後、寛永十四年二月より本丸の改造が行われ、同年八月二十七日に完成し、三代将軍家光は西丸より移徙した。『大猷院殿御実紀』寛永十四年八月二十七日条に、この日、家光は構造の作事奉行などを召出し、「今度新造の結構華麗に過たり、天下に倹を示す所以にあらず、華飾の所は速に毀ち去り、今より後、弥造作の華美を用ひまじき」旨を命じ、西丸に帰ったと記す。後に造作の華美を改めたので、家光は同年九月十九日に本丸へ移徙した。

本丸は、寛永十六年八月十一日に回禄したが、直ちに再建にかかり、翌十七年（一六四〇）四月に完成した。寛永十七年再建の本丸主要殿舎の規模・構成は、その後、江戸時代を通じて再建の都度、ほぼ踏襲されたと考えられている。(1)

Ⅰ　創建期の江戸城本丸の主要殿舎

江戸城本丸の主要殿舎は、元和元年の幕府典礼により名称が大広間、白書院（白木書院）、黒書院（黒木書院）、御座間と定められ、正月拝礼など儀式の仕法が整ったと考えられている（先述）。これは『台徳院殿実紀』の記事によるが、その記事は『元寛日記』を資料とする。『元寛日記』は元和二年正月朔日から六日条に、江戸城本丸の「黒書院」「白書院」「大広間」における将軍拝礼儀式の仕法を詳しく載せ、六日条に「自元日迄六日御礼之儀式如此、是御当家御礼之格式被定所也」と記す。けれども『元寛日記』はその後、江戸城本丸白書院の名を載せない。また『徳川実紀』において白書院（白木書院）の名が見えるのは、家光の寛永九年以降であり、それらは幕府の日記をもとにする。(2)

一方、『本光国師日記』『東武実録』など当時の日記によると、江戸城本丸殿舎について白書院の名がみえるのは寛永九年頃からであり、元和から寛永八年までは小広間の名称が一般的であった。また、小広間は小書院、書院とも記される。これは、小広間と白書院の関係を知る上で重要であると思われるので、本項及び次項で本丸殿舎のうち、主として小広間（白書院）と黒書院に関係する記事を検討する。なお、『東武実録』は元和二年から寛永九年にわたり江戸幕府の事を中心に記録した松平忠冬の日記である。

①『本光国師日記』元和三年五月朔日条に載せる、以心崇伝より京都板倉伊賀守勝重に宛てた書状に、

昨二十九日。御城御本丸にて御能御座候。御公家衆各へ。七五三之御振舞結構なる儀にて御座候。照高院殿。梶井殿。両伝奏は。御書院にて。公方様御相伴にて御振舞御座候。残御公家衆ハ。小広間にて。日野唯心。拙老御相伴被仰出。御振舞御座候。今朝何も御暇出可申由候。

と記す。日光山御祭祀に参向した公家衆を江戸城本丸「書院」と「小広間」にて饗応したことを伝える記事である。これについて、『資勝卿記抄』元和三年四月二十九日条に、

今日於御本丸ニテ御能アリ、未明ニ出仕申候、梶井宮、聖護院（照高院）宮、今度日光山役者之衆不残被寄召、両門跡、両伝奏衆奥ニテ御相伴、予以下ノ衆ハ小広間ニテ御振舞、唯心様、伝長老ニ被仰出、

と記す。将軍相伴で、両門跡・両伝奏を振舞った「書院」は、「奥」と記されるように黒書院である。「小広間」では日野唯心と以心崇伝が相伴して残りの公家衆を饗応した。この日、能を広間にて見物した。

②『資勝卿記抄』によると、翌五月一日、参向の門跡月卿雲客は帰洛の御暇を賜り、本丸に登城した。同日条に、

（前略）、奥小広間三間ニテ拝領共アリ、両伝奏ハ銀子五百枚つゝ、五百把つゝ、予銀子二百枚、袷五ツ、帷子五ツ拝領仕候也、御使酒井雅楽殿、土井大炊殿、本多上州也、（中略）、拝領共過候て後ニ、奥御書院ニテ御対面にて、御礼申上退出申候也、

と記す。両伝奏以下は、奥の「小広間」三間にて賜物を拝領した。将軍が御暇御礼の衆と対面した「奥御書院」は黒書院である。

③『本光国師日記』元和六年正月十五日条

御城へ出仕。如常。各半袴也。我等も黒衣。常ノ御書院にての御対面。其後江戸町中ノ御礼有。

「常ノ御書院」における月次朝会である。月次朝会は、将軍が黒書院に出御して、三家と対面するのが例であった。三家は半袴、僧は黒衣で対面したのであろう。駿府城の例であるが、「常ノ御書院」は「奥之御書院」ともいわれ[3]、黒書院と考えられる。

④『異国日記』元和七年九月朔日条によると、将軍は「大広間」に出御して、暹羅国両使と対面し、日本国王宛の国書を請けた。将軍は上壇に坐し、両使と通事は下壇へ上り拝礼した。礼終り、将軍は「小書院」に入御した。同日条に、

礼了而、三使退出、上様入御之後、於小書院、諸大名・諸侍、各朔日之御目見え、了而各退出、上様常ノ間へ入御、召伝、書ヲ被為読、

と記す。諸大名及び諸侍と朔日の対面をした「小書院」は小広間のことである。その後、将軍は「常ノ間」へ入御、以心崇伝を召して国書を読ませた。先述のように、常と奥は同義に用いられることがあるので、「常ノ間」は「奥ノ間」と解し、黒書院とみるのがよいと思われる。

以上、少ない史料であるが、元和二年以後の本丸殿舎について大広間、小広間、書院の呼称が用いられたことが知られる。

Ⅱ　元和八年改修後の本丸

一　本丸の主要殿舎

『本光国師日記』と『東武実録』にみえる、この時期の江戸城本丸主要殿舎は大広間、小広間（白書院）、黒書院、御座間の構成であった。つぎに、小広間（白書院）と黒書院の記事を検討する。

（1）『本光国師日記』

① 寛永八年七月二十八日条

御本丸諸大名出仕。水戸中納言。国師。奥之間に而御目見。諸大名小名諸侍衆御書院より廊下縁迄列座。西之丸へ御成之剋一列に御目見。

これは月次朝会の記事である。将軍は「奥之間」に出御して、水戸中納言と以心崇伝に御目見した。その後、西丸へ御成の時、「書院」の廊下と縁に列座した諸大名小名と諸侍衆に御目見したので、「奥之間」は「書院」と同じで、黒書院と考えられる。これについては『本光国師日記』寛永九年七月六日条に、以心崇伝は江戸城に出仕し、「奥之間」に於いて、将軍と対面した。土井大炊守、酒井讃岐守が御前に伺候したと記すのが参考になる。また、『寛明日記』寛永九年七月七日条に、

一巳後剋、奥ノ間御上壇出御御半袴、

一長福丸元服、御前へ被召出御諱字御判被
　下之御硯〈筥之蓋ニ〉入之、(後略)

と記す。「奥ノ間」は黒書院と考えてよく、黒書院は上段の間を備えていた。

② 寛永八年九月十三日条

勅使　院使西之丸へ出仕。(中略)。自其各本丸へ出仕。勅使両人へ将軍様御対面。其以後御振舞。御書院御対面所之次之間也。御相伴水戸様。国師御両人は三宝。勅使両人は足打。七五三之御仕立結構也。(中略)、其後将軍様。勅使両人へ又御対面。御暇下也。

勅使と院使は江戸城西丸で、大御所秀忠の病を見舞った後、本丸へ出仕し、将軍家光と対面した。その後、振舞あり、水戸中納言は両使に相伴し、以心崇伝がそれに与った。振舞の後、将軍は両使と対面、御暇を下された。

これは、勅使と院使が帰洛にあたり、将軍に対面した辞見の礼である。両使を振舞った所は「御書院御対面所之次之間」と記される。これは、書院すなわち対面所と読める。「対面所」は小広間と考えてよく、小広間の次の間で振舞があったと解釈できる。江戸時代に、勅使と院使が参向した時の将軍引見の儀礼と帰洛時の辞見の儀礼は白書院にて行うのが例であった。また、勅使と院使への振舞は白書院下段の間で行われた[4]。これは、白書院が公式の接客座敷であったからである。寛永八年九月十三日の勅使・院使への振舞は、水戸中納言と以心崇伝が相伴して、対面所で行われたと解してよい。「御書院御対面所之次之間」とある「御書院」は、公式の接客座敷の意味である。

③ 寛永九年五月朔日条に、

於御城。公家門跡衆御振舞。二条殿。竹門。妙門。梨門。并新宮。八宮。青門。〈是は上坦〉。三内府。日大。中御門大。高倉宰相。滋宰相。〈是は下坦〉。以上御相伴也。此外殿上人衆奥之白書院に而御振舞。尾州。紀州。水戸御相伴也。国出仕肝煎。

と記す。日光社参して江戸に帰着した公卿・門跡衆を江戸城本丸にて饗応した記事である。『大猷院殿御実紀』同日条によると、将軍家光が御相伴して公卿・門跡衆を饗応したのは「黒書院」である。その他の殿上人衆は尾紀水三卿が相伴して「白書院」にて振舞った。白書院は「奥之白書院」と記され、広間との関係が意識されている。これは『本光国師日記』における「白書院」の初見である。

④ 寛永九年六月二十二日条に、

御城へ罷出ル。黒書院に而御対面。御前に伺公之内に御目見衆有之。御用候間。相待候へと。直に被成御意候故。暫御次之間に相待。奥之御座之間へ被為召。先日道春を以。内々被仰出高野に石塔御建立如何と御尋候。

と記す。将軍家光は「黒書院」にて、以心崇伝および御目見衆と対面した。崇伝が控えた次の間は黒書院次の間である。「奥之御座間」は将軍の御座間である。

⑤　寛永九年八月二日条

公家門跡御城へ出仕。於白書院御対面。

（後略）。

本丸「白書院」における公家・門跡との対面の記事である。『本光国師日記』は、この日の対面について、公卿、門跡は一番と二番に分かれて、上段の間にある将軍座の左右に着座、御礼あり、三番の大納言以下殿上人までのうち公卿は閾の内にて御礼、殿上人は進物を閾の内、その身は縁にあって一礼する。四番の諸院家衆のうち、僧正は宰相並に閾の内、常の院家は殿上人並、進物閾の内、その身は縁、と記している。この日の白書院における公家門跡の対面作法は、『寛明日記』同日条にも細かく記載されている。両日記によると、江戸城本丸における将軍対面の作法は寛永九年頃に定められたことが推測される。

⑥　寛永九年八月七日条

於御城。諸門跡衆御振舞。御広間上坦。但依為大勢。御上坦三ツ続出ス。上坦之かまちハ其儘有。上様正座。左一仁門。右一一乗院殿。左二聖門。右二照門。左三随門。右三大乗院。左四実門。〈かまちの外続上坦〉。右四円門。左五三門。右五勧門。以上十人。大覚寺殿ハ御所労にて無出仕。御振舞之式。昨日同前。於小広間。僧正院家衆御振舞。国師相伴。松橋僧正。若王子僧正。理性院僧正。右座一列。閾之外に東北院家。神光院家。以上五。一列。左座国師一人。対松橋座ス。振舞面同前。

本丸において門跡、法親王などを饗応した記事である。将軍家光は広間上段の間中央に座し、その左右に諸門跡衆各五人が着座した。人数が大勢だったので、上段框の前に上段を続けて出したという。また、僧正、院家衆は「小広間」にて饗応にあずかり、以心崇伝が相伴した。座席は上段の間を用い、上段の間閾の外に上段を続け出し、東北院家と神光院家はそこに着座した。

なお『大猷院殿実紀』同日条に「日記」を引いて、門跡・法親王を大広間で、僧正等を黒書院で饗応したと記す。『寛明日記』寛永九年八月七日条は、『本光国師日記』と同じ大広間と小広間の上段の間で振舞ったとする。黒書院での饗応は、将軍が出御することが多い。寛永九年八月七日の饗応は広間と小広間を用いたとするのが妥当であろう。

以上、『本光国師日記』は元和から寛永八年頃まで江戸城本丸の主要殿舎を広間、小広間（対面所、書院とも）、書院、御座間と記し、小広間を白書院と記すようになるのは寛永九年頃からである。

（2）『東武実録』

① 寛永二年八月九日条によると、大御所秀忠と大御台所は、将軍に入輿した鷹司信房女が御台所になったのを賀して、本丸へ渡御した。秀忠は数寄屋にて御膳を召した後、「書院」に出御した。同日条に、

公、後ノ御炭遊ハサレ御勝手口ヨリ御書院ニ出御、猿楽上覧アリ、御能五番過、大奥ヘ入御在テ三献ノ御祝事畢テ、又御書院ニ出御、爰ニ於テ御膳〈御懸盤〉ヲ献セラル、御相伴将軍家、中納言忠長、参議頼房二卿〈公、将軍家ハ御上檀ニ御着座、忠長頼房二卿ハ下段ニ候ス〉、（後略）

と記す。大御所秀忠が能を上覧し、また御膳を献ぜられた「書院」は、つぎにあげる記事により小広間とみるのが妥当である。

② 寛永五年二月十三日、大御所秀忠は西丸より本丸に来臨、広間より数寄屋へ御成り、茶湯を楽しんだ。その後、鎖ノ間より「書院」に出御、能を上覧した。同日条に、

公、御鎖ノ間ヨリ御書院ニ出御、猿楽上覧アリ、三卿御次ノ間ニ候ス、（中略）御能三番過テ、将軍家ヨリ酒井雅楽頭忠世、土井大炊頭利勝ヲ御使トシテ、三卿ヲ御黒書院ニ召シ御酒ヲ賜ル、初献ノ時、御酌カハリ将軍家召シ上ケラレ御盃ヲ三卿ニ賜ル、（中略）、御能四番過、公御座ノ間エ入御アリ、爰ニ於テ御膳ヲ献セラル、三卿ヲ召シテ御相伴ス、（中略）、事畢テ、公、御書院ニ出御アリ、御能過テ後還御、三卿御小広間ヨリ、御先キニ立、御玄関御白州ニ出テ謁ス、

と記す。ここに、本丸の広間、数寄屋、鎖ノ間、「書院」「黒書院」、御座間、「小広間」、玄関の名がみえる。これは、江戸城本丸黒書院の初見である。大御所秀忠が出御して能を上覧した「書院」は、能半ばに三卿が召されて酒を賜った黒書院と異なる建物であり、小広間のことである。小広間を「書院」と記すことが注意される。なお、寛永四年二月二十七日条に「御書院ニ成ラセラレ猿楽上覧アリ、」とある書院も小広間と考えられる。

③ 寛永五年九月二十六日、同六年正月二十八日及び同七年正月二十二日条によると、本丸に数寄屋、数寄屋の書院、鎖の間があり、

その近くに「小広間」があった。

④　寛永六年七月十三日条に、駿河忠長と水戸頼房は黒書院にて美膳を賜り、将軍家光が黒書院に出御して、酒を賜るよう命じたことがみえる。黒書院は将軍の私的な振舞の場であった。

⑤寛永八年正月四日条

巳剋御小広間ニ出御〈御長袴ヲ着セラル〉御上壇ニ御着座、無官証人ノ御礼、

本丸「小広間」の上段の間がみえる。

⑥寛永八年六月三日、大御所秀忠は本丸へ御成り、「小広間」にて猿楽を上覧した。

以上、『本光国師日記』と『東武実録』によると元和度の江戸城本丸主要殿舎は表に広間と小広間、中奥に黒書院と御座間を配する構成であった。このうち小広間は元和七年頃から「小書院」「書院」とも記されるようになり、寛永九年以降、「白書院」と記されることが多くなった。

二　本丸の大広間、小広間と黒書院

元和八年（一六二二）十一月に改修成った本丸主要殿舎のうち、記録から知られる大広間、小広間と黒書院の主室について述べる。

（1）大広間

寛永十三年十二月十三日、将軍は江戸城本丸大広間において朝鮮使節に謁見した。

『寛永日記』同日条に、その時の作法の次第と謁見後に行われた朝鮮使饗応の時の大広間指図（図30）を載せる。それによると、大広間は母屋の西側に上段の間、中段の間、下段の間を北から南に並べ、その西南二面に入側縁を廻していた。上段の間は北面に床と違棚、西面に付書院、東面北寄りに棚を備え、その南脇は帳台構であったと思われる。将軍御座は上段の間中央に置かれた三重畳（上に茵を敷く）、床に獅子の香炉を置き、空焼を薫いていた。指図は将軍拝謁と朝鮮国王の親書上程が終わり、御盃の後、下段の間において朝鮮三使を七五三の膳で饗応した時の着座の様子を示す。下段の間の西側東向に尾張水戸両卿、東側西向に三使が対座し、両卿後の西入側縁に三使の給仕、三使後の次の間に家臣が着座した。饗応の時、将軍は退座し、上段と中段の間境の御簾を垂れていた。(35)

（2）小広間

小広間は上段の間と下段の間を主室とする。『寛明日記』寛永九年八月六日条に、将軍家光が本丸大広間に出御して親王、大臣を饗応し、また小広間において尾張・紀伊・水戸三卿が相伴して殿上人を饗した時の大広間と小広間の座配指図を載せる。小広間の指図（図31）によると、三卿は下段の間西側に東向に坐し、それより東に次の間を通して殿上人が南北に対座した。小広間は母屋西側に上段の間と下段の間を北と南に並べていた。同じ寛永八年五月十四日条に、将軍は小広間にて勅使を引見し、勅使の持参した御太刀を「床」に置くとあり、上段の間に床があった。

（3）黒書院

黒書院は上段の間を備えていた。『寛明日記』寛永九年九月二日条に、将軍家光は黒書院「北之間」に出御して近臣に御目見し、その後、黒書院「南ノ間」に出て、使番八人を召出して五字差物を仰せ付けたと記す。また、寛永九年九月十六日条に、「黒書院東間」の近臣に御目見したこと、黒書院「南之間」に出御、物頭、組頭に御目見したことがみえる。物頭などは下段の間東間に坐したと思

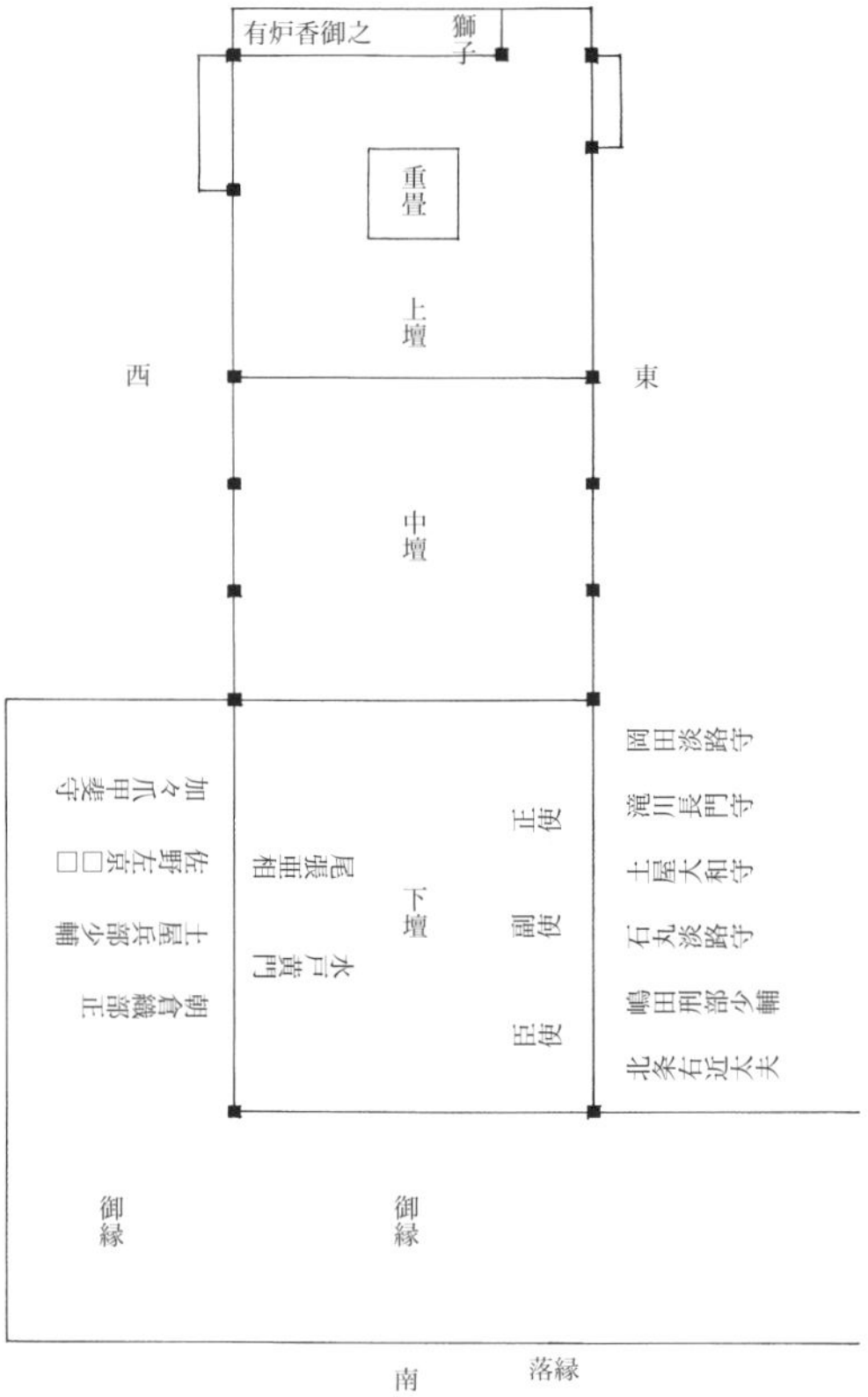

図30　江戸城大広間指図（『寛永日記』寛永13.12.13条）

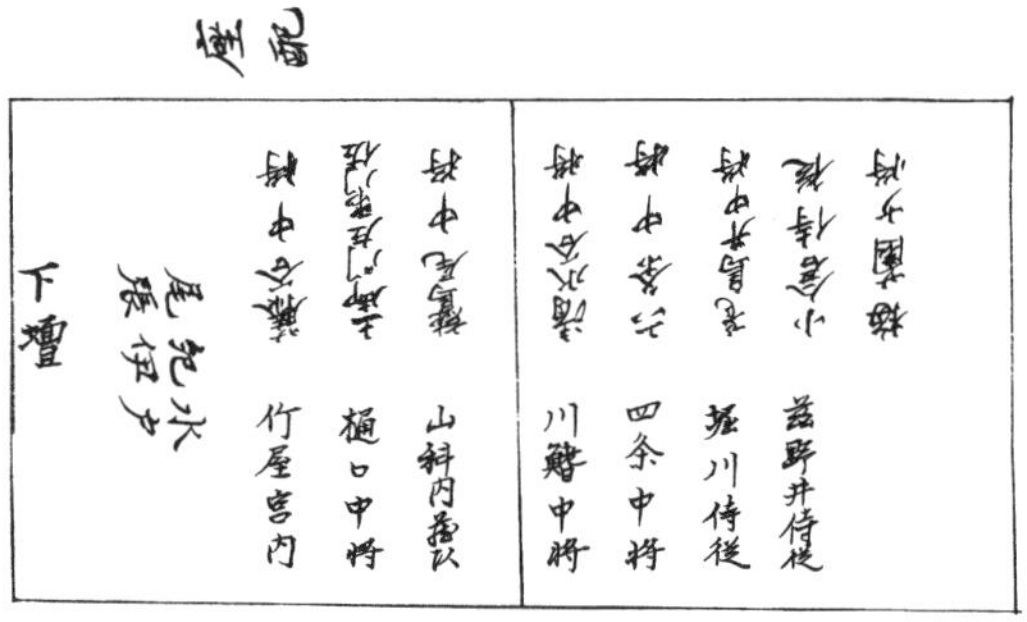

図31　江戸城本丸小広間座配図（『寛明日記』寛永9.8.6条）

われる。黒書院北の間及び南の間は上段の間及び下段の間と解釈するのが妥当である。(6) なお、同日記寛永九年九月十八日条に、

一御黒書院焼火之間へ出御、可得上宮事有
ヲ、物頭ノ面々御前へ被召出、御直ニ御
用被仰付

と記す。焼火の間は黒書院内の部屋とすると、後の囲炉裏間と同じ座敷の可能性がある。

Ⅲ　寛永十七年再建の本丸

一　本丸の主要殿舎構成

寛永十七年（一六四〇）再建の本丸殿舎については、甲良家伝「御本丸惣絵図」（大熊喜英氏蔵）が知られる。この惣絵図は、当時期の本丸殿舎の全体指図を伝えると考察されている。(7) 惣絵図によると、本丸は表と中奥及び大奥の殿舎を南北に整然と配置した構成が成立し、大奥の北に五層の天守が聳えていた。表と中奥のある敷地は南より北に広がる逆台形を呈し、南門より大奥南土塀までの南北長さ約百十二間、東西長さは中央で約七十二間である。南面東端に開く御門を入ると、正面に玄関・遠侍があり、その西方に中門をもつ大広間が南面する。惣絵図は遠侍と黒書院のほか殿舎名を欠くが、この時期の本丸について大広間上段・中段・下段の間、白書院上段・下段の間、黒書院上段の間が知られる。(8) 大広間の北側西寄りにある建物は白書院である。白書院の北方、中奥に黒書院があり、その北方にある建物は御座間と考えられる。

二　本丸の大広間、小広間（白書院）と黒書院

(1)　大広間

寛永十七年造営の本丸大広間については、甲良家伝「御本丸総絵図」のほかに、大広間の指図二枚が知られている。一枚は江戸幕府の彫物大工棟梁を勤めた和泉家に伝わった『御広間之木砕』に収められた「江戸城大広間」の平面（図32）である。この図は「寛永拾〈六年卯十月但十一月□□□、七年辰三月ニ御出来御成之也、〉岸上長太夫□□□　江戸御城之御広間也」の書入れがあり、当

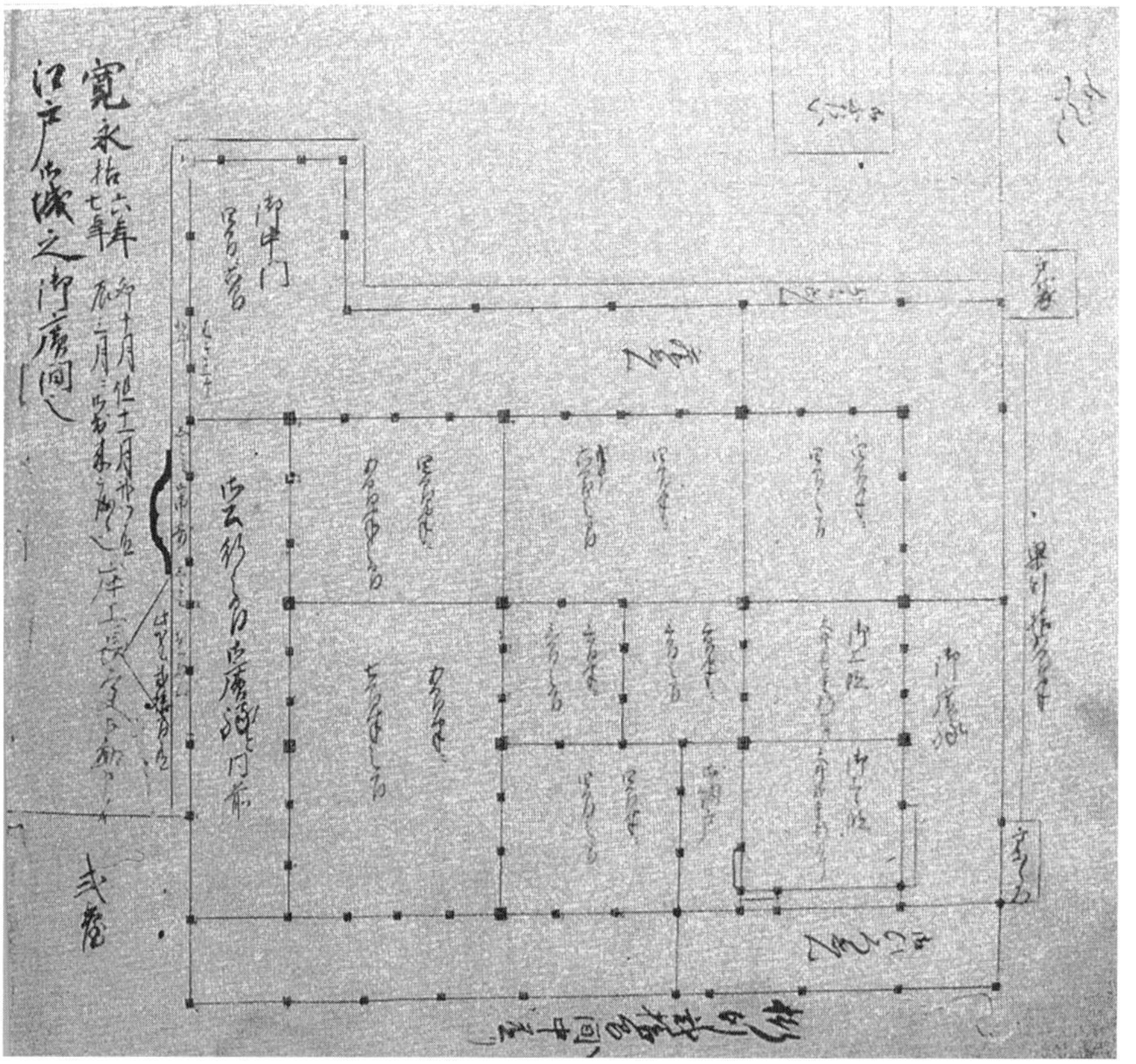

図32　江戸城大広間指図（寛永17年）（『江戸城Ⅰ〈城郭〉』より転載）

時期の本丸大広間の指図を伝えると考えられている。[9] それによると、大広間の規模は桁行二十間半、梁行十六間半、入母屋造りの屋根であり、南東隅より南に桁行三間半、梁行四間の中門を張出す。この規模は、「御本丸総絵図」の大広間と同じである。もう一枚は『大広間雛形并覚書』（大熊喜威氏所蔵）に載せる寛永十七年御造営の「御本丸御広間図」と伝える指図である。広間の規模は桁行二十二間、梁行十六間半で、南東隅より南に妻五間、出四間半の中門が張出し、前者より大きい。覚書によると、『大広間雛形』の平面は宝永三年に書かれた指図である。この指図については、杉戸の位置が不合理であること、上段、中段、下段の各間境に襖障子を立てるのは同時代の例と異なること、南側通り一間毎の柱間に外走り雨戸を立てるなど不合理な点がみられることから、直ちに信用することはできないとされる。[10]

「江戸城大広間」の図（図32）によると、大広間の母屋は東西十五間半、南北十二間、その東・西・南三面に幅二間半の入側縁、北面に幅二間の入側縁をめぐらす。平面は母屋桁行を三分割して、西側に北より南に上々段（二十八畳敷）、上段（二十八畳敷）、下段（三十六畳敷）よりなる対面座敷を並べる。当時の記録はこれを上段の間、中段の間、下段の間と記すので、以下それに倣う。上段の間は北面に床と違棚、西面に書院、東面北に棚、南に帳台構を備える。これは元和八年改修の大広間と同じである。母屋の南側は下段の間の東に次の間（五十四畳敷）と三の間（四十九畳半敷）が並び（ともに奥行四間半）、三の間東の入側縁を公卿間としていた。三の間北側の四の間は奥行七間半の大部屋（八十二畳半敷）である。上段・中段の間と四の間のあいだは南北に二分し、北を上段の間隣の納戸間（十二畳敷）と東間、南を二室に分ける。なお、「本丸総絵図」は次の間と三の間を分けず、また、四の間の間口を「江戸城大広間」より一間狭い四間半とする。何れが正しいか未詳であるが、「江戸城大広間」の図は各室の広さを記入するので、それに依りたいと思う(11)。大広間の東面は軒唐破風を付けた公卿間車寄の両側に蔀戸を立て、その南脇二柱間をはき上連子とする。南・東・西三面の入側縁外に落縁を付け、南・西二面の入側縁は戸袋に引込む雨戸を備えていた。

江戸城本丸大広間は、上段・中段・下段の間の構成をもつ対面座敷を南北に並べる一方、中世以来の中門と公卿間をもつ主殿の形式を復活させていた。

（2）白書院（小広間）

惣絵図によると、白書院は桁行十三間、梁行十一間半の規模で、大広間の規模桁行二十間半、梁行十六間半に比べて小さく、その面積は大広間の約四割四分である。この値は二条城本丸の広間と黒書院の比に近い。それだけ江戸城本丸大広間は規模が大きかった。白書院は母屋東西八間半、南北七間半の規模で、その四周に入側縁をめぐらす。平面は母屋を西より三間半、南より三間半の位置で東西・南北に四分し、その西北隅に座敷飾を備えた上段の間を置く。惣絵図は室名を記入しないが、寛永度の白書院及び黒書院の平面規模と形式は万治度の白書院及び黒書院と同じであり、室名はそれを参考にしてよいであろう(12)（図33）。白書院上段の間は間口三間半、奥行四間の広さで、北面に二間半の床と一間違棚、西面に付書院（間口八尺六寸）を備え、東側に奥行一間の納戸間を設ける。上段の間と納戸間の間仕切は帳台構を備えていたと推定される。上段の間の南は下段の間（三間半四方）である。母屋東側は南に次の間（五間に三間半）、北に三の間（三間半に四間）を配し、三の間の西面に四間の大床を備える。万治度の白書院は次の間を帝鑑間、大床を備えた三の間を連歌間という。

（3）黒書院

黒書院は白書院の北方にあって南面し、白書院の西より北に折れる廊下で繋がる。規模は桁行九間半、梁行九間であり、白書院に

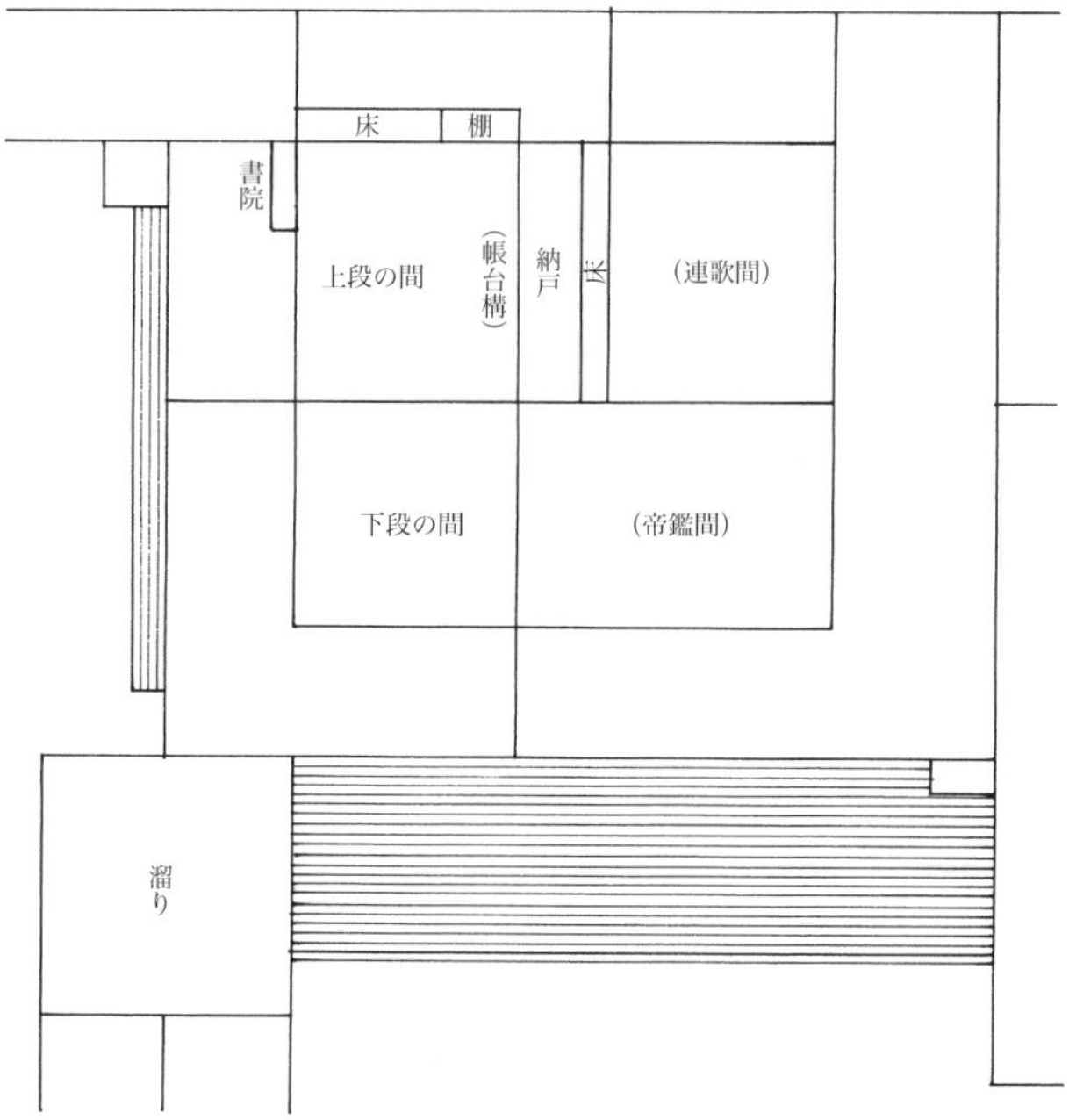

図33　江戸城本丸白書院平面図（寛永17年）（御本丸惣絵図）

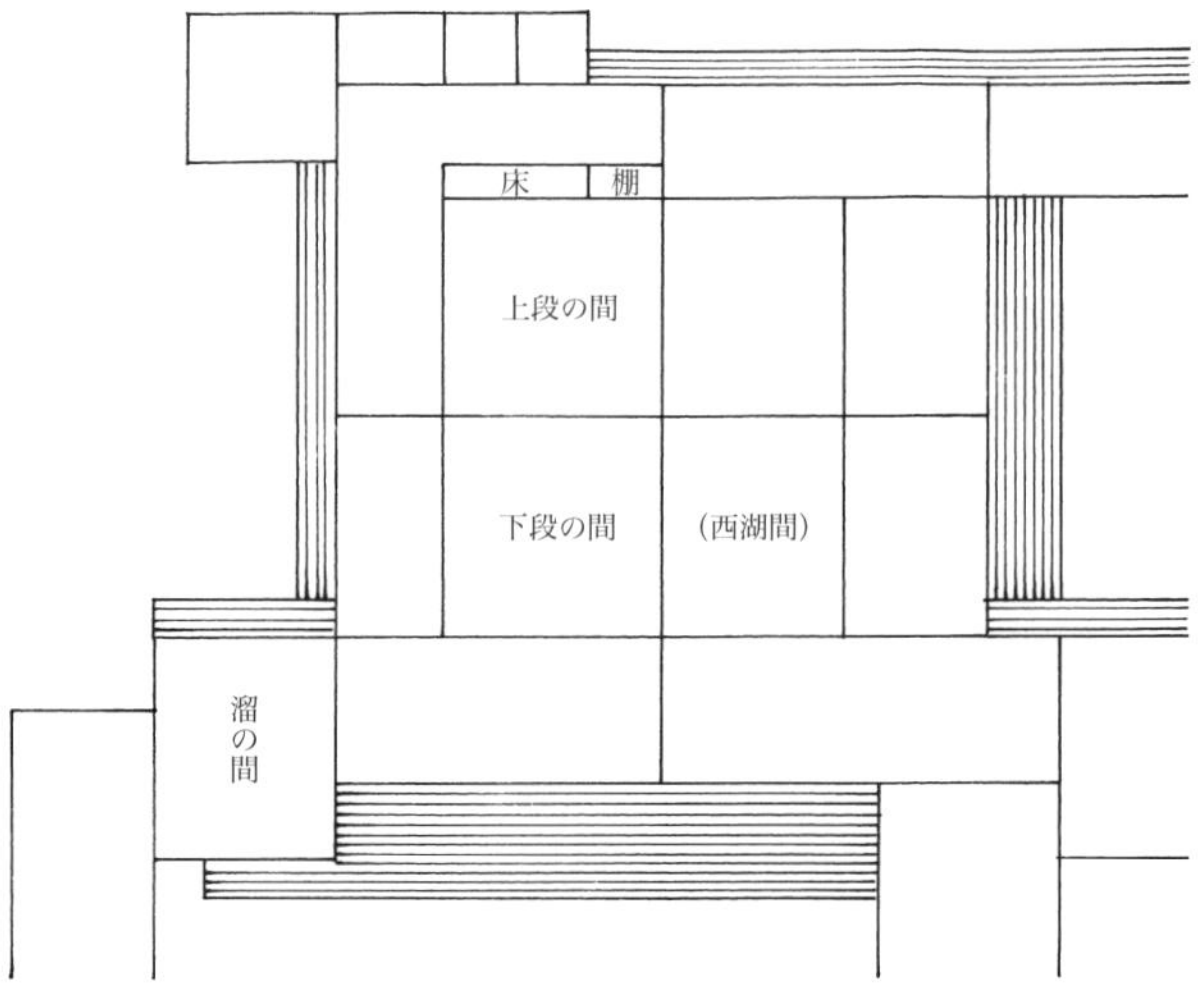

図34　江戸城本丸黒書院平面図（寛永17年）（御本丸惣絵図）

比べて小さく、面積にして五割七分である。母屋は東西五間半、南北六間、その四周に入側縁をめぐらす。平面は田の字形四室構成で、西側に上段・下段の間（各三間四方）を北と南に続け、東側に次の間と三の間（各二間半に三間）を並べる（図34）。上段の間は北面に二間床と一間違棚を備えるが、付書院を設けない。近世の書院は必ずしも付書院を必要としなかったようである。万治度の黒書院は次の間を西湖間という。

なお、寛永十七年（一六四〇）再建の江戸城本丸殿舎は、明暦三年（一六五七）正月に焼失した。その後、万治二年（一六五九）八月に再建された本丸表・中奥における主要殿舎の構成及びそれらの平面規模と形式は、その後に再建された本丸殿舎にほぼ踏襲されたことが指摘されている。[13] 表5に、寛永度以後に再建された本丸の大広間、白書院、黒書院について各造営年度別に平面規模と上段

表5　江戸城本丸主要殿舎の造営年度別平面規模と上段の間の広さ及び座敷飾

		寛永度	万治度	弘化度	万延度
大広間	平面規模(間) 上段の間広さ(間) 座敷飾	20.5×16.5 4×3.5 床・棚、付書院 帳台構・脇棚	21.5×16.5 4×3.5 同左	22.5×16.5 4×3.5 同左	22.5×16.5 4×3.5 押板・棚、付書院 帳台構・脇棚
白書院	平面規模(間) 上段の間広さ(間) 座敷飾	13×11.5 3.5×4 床・棚、付書院 (帳台構)	13×11.5 3.5×3.5 同左	13×11.5 3.5×3.5 同左	13×12 3.5×4 押板・棚、付書院 帳台構
黒書院	平面規模(間) 上段の間広さ(間) 座敷飾	9×9.5 3×3 床・棚	9×9.5 3×3 同左	9×9.5 3×3 同左	9×9.5 3×3 框床・棚
典拠		御本丸惣絵図 (大熊家蔵)	御本丸御表御中奥 御大奥惣絵図 (都立中央図書館蔵)	御本丸御表御中奥 御殿向惣絵図 (東京国立博物館蔵)	万延元年御普請絵図 (都立中央図書館蔵)

の間の広さ及び座敷飾をまとめた。万治度の白書院と黒書院は寛永度の平面規模と形式を踏襲し、また、各上段の間の座敷飾の配置も同じである。一方、万治度の大広間は北側中央間にあった閤の間を中庭式の簀子縁に改めて、コ字形の平面に変更された。それ故、屋根の形式は寛永度に比べ大きく変わった。しかし、平面規模は万治度の大広間が桁行で一間大きいだけであり、寛永度大広間上段の間の広さと座敷飾は万治度及びそれ以後の大広間に踏襲されたことが推察できる。表5にみるように、大広間と白書院及び黒書院の各上段の間座敷飾の形式は万延元年（一八六〇）十二月に再建された殿舎の例が知られる[14]。そのうち上段の間の床についてみると、万延度の大広間と白書院は押板、黒書院は框床であった（「万延元年御普請絵図」都立中央図書館蔵・江戸城造営関係資料）。この床形式は寛永度の各殿舎に遡る可能性が大きいと思われる。

Ⅳ　寛永度の西丸主要殿舎

『本光国師日記』及び『東武実録』によると、寛永元年改修後の西丸主要殿舎に広間、小広間、対面所、書院、白書院、御座間の名がみえる。つぎに、両日記により西丸の小広間と対面所、書院、白書院の関係を検討する。

（1）『本光国師日記』寛永七年三月二十六日条に、将軍家光は西丸に御成り、大御所秀忠とともに「小広間」にて、法華宗身延と池上の出入を穿鑿したことを記す。

（2）『東武実録』

①　寛永七年正月二日条

公、小広間ニ出御アリ、御家門ノ面々及ヒ国主ノ輩御礼、畢テ後大広間ニ成セラレ、在府ノ群侯幕下ノ諸士御礼、例ノ如ク御流レヲ賜ル、

これは正月二日の拝礼である。大御所秀忠は西丸の「小広間」に出御して家門及び国主の拝礼を受け、終って大広間に出御して諸大名と対面した。

②　寛永八年正月二日条

辰ノ刻、御小広間ニ出御、御上壇ニ御着座、御太刀〈秋田行平〉大沢侍従基重〈右京亮〉御腰物本多美作守忠相、是ヲ役ス、（中略）、御盃引終テ後、大広間ニ出御、御上壇ニ着坐、時ニ御三盃出、（中略）事畢テ入御ノ節、御小広間　御対面所ニ於テ列居ノ輩残ラス拝賜ス、（後略）

前年と同じ西丸「小広間」と大広間における正月二日の拝礼である。広間、小広間とも上段・下段の間の構成であった。『寛明日記』同日条は同じ内容を伝え、後段のところを「入御之刻、御小広間　御対面所々ニテ不残御目見」と記す。両記によると、将軍は大広間より入御の時、小広間の対面所々において、列居の者の拝賜を受けたと解される。

③　寛永八年正月十五日条によると、将軍家光は西丸に出御、御座間で大御所秀忠に対顔した。将軍還御の後、秀忠は三家と家門の拝謁をうけ、その後、「対面所」において諸大名に対面した。これは月次拝賀である。類例は、寛永八年五月五日条における端午の賀について、三家・家門拝謁後の諸大名拝賀を「御小広間ニ出御、諸礼例年ノ如シ、」と記す。また、『寛明日記』寛永八年二月朔日条に、西丸における月次拝賀について「御小書院江出御、諸大名御礼如例」と記す。小広間は、対面所あるいは小書院と称されたことが推察できる。

④　寛永八年正月十六日条

酉ノ刻、御白書院ニ出御、大職冠ノ舞幸若ニ仰付ラル、

大御所秀忠は「白書院」に出御して大職冠の舞を見物した。『大猷院殿御実紀』同日条に「西城にて幸若舞御覧あり。」と記す。これは西丸白書院の早い例である。

⑤　寛永八年六月六日条によると、尾張大納言義直は帰国の暇を賜り、西丸に登城して大御所秀忠に拝謁した。義直は御座間にて美膳を賜り、また、義直の家臣は料理間及び「小広間」の人廊下で、同じく美膳を賜った。その後、義直の家臣は賜物を「書院」にて拝戴した。同日条に「御書院ニ於テ拝戴ス、酒井阿波守忠行是ヲ申シ渡ス、」と記す。『寛明日記』同日条も、義直家臣の賜物について「右之分於御書院被下、酒井阿波守役」と記す。『東武実録』にみえる西丸書院の記事はこの一例のみであるが、『寛明日記』は、寛永八年正月十六日条に、大御所秀忠は西丸「書院」へ出御、大織冠舞を幸若七九郎に仰せ付けると記す。「書院」は白書院である。

⑥　寛永九年正月二十二日条

是日、日光山ヨリ御札ヲ献ス、酒井阿波守忠行御対面所ニ於テ是ヲ請取リ、御上段ノ御床ニ是ヲ置ク、（中略）、御小広間ニ於テ大僧正天海毘沙門堂御札各三束一巻ヲ献ス、

上述の用例からみて、「対面所」は小広間と考えられる(15)。

以上、『本光国師日記』『東武実録』及び『寛明日記』に西丸黒書院の記事がみえないので、寛永度の西丸は広間、小広間、御座間の構成であった考えられる。小広間を白書院と記すのは『東武実録』寛永八年条が早い例であり、それまでは小広間、対面所、書院、小書院と記し、白書院の呼称が多くなるのは寛永九年以降である。この時期に西丸広間、小広間などの規模は未詳である。

注

1　内藤昌『江戸と江戸城』鹿島研究所出版会、ＳＤ選書４、一九六七年、講談社学術文庫、二〇一三年。

2　『台徳院殿御実紀』元和七年九月朔日条に引く『異国日記』に、将軍は本丸大広間にて暹羅国使を引見した後、白木書院に渡御、諸大名諸士各常日の賀を受けたと記す。ただし、『大日本史料』同日条に引く［異国日記］は、それを「小書院」とする。

3　『駿府記』慶長十八年正月六日条の「奥之御書院」と同十九年三月二十六日条の「常之御書院」は同じ書院である。

4　平井聖「儀式典礼からみた御殿の機能」『日本名城集成』四・江戸城、小学館、一九八六年。

5　『大猷院殿御実紀』寛永十三年十二月十三日条。

6　審査者の御教示による。
7　平井聖・伊東龍一『江戸城Ⅰ〈城郭〉』城郭・侍屋敷古図集成、至文堂、一九九二年。
8　正保二年四月廿三日から五月八日の「家綱公御元服記」国会図書館蔵。
9　平井聖・伊東龍一『江戸図Ⅰ〈城郭〉』城郭・侍屋敷古図集成（前掲）。
10　平井聖『日本の近世住宅』鹿島研究所出版会、ＳＤ選書30、一九六八年。
11　「江戸城大広間」の各室に記入する広さの一間は、同時期の二条城二の丸御殿大広間や名古屋城本丸広間及び上洛殿の例からみて、六尺五寸であったと推定される。
12　万治度「江戸城御本丸御表御中奥御大奥総絵図」都立中央図書館蔵。
13　注7に同じ。
14　「万延元年御普請絵図」都立中央図書館蔵・江戸城造営関係資料（甲良家伝来）による。
15　類例は、『寛明日記』寛永八年二月朔日条に、将軍は「小書院」に出御して、日光の札を請けたことがみえる。

第四節　大坂城本丸

Ⅰ　大坂城本丸の創立と殿舎構成

徳川氏の大坂城本丸は、豊臣時代の大坂城本丸の旧地に築造された。本丸は寛永二年（一六二五）に石垣普請を終え、翌三年正月に小堀政一を大坂城天守と本丸殿舎の作事奉行に任命、中井正侶を大工頭として造営が始められた。そして、寛永五年（一六二八）八月には本丸殿舎と天守が完成した。

大坂城はその後、寛文五年（一六六五）正月二日、落雷により天守を焼失した。天守は再建されなかったが、本丸の主要殿舎は江戸時代を通じて寛永創建期の規模をよく保存していた。しかし、慶應四年（一八六八）正月、大坂城は兵火に罹り焼失した。(1)

寛永建立の大坂城本丸殿舎については、大坂城本丸大工頭を勤めた中井家に伝わる「大坂御城総絵図」が知られる。(2)これは小指図であるが、内容は正確に描かれている。また、国会図書館所蔵の「大坂御城図」は大坂城全図で、一間を三分とする縮尺である。本丸に天守を描くので、この図は寛文五年天守焼失以前の本丸殿舎の様子を伝える。「大坂御城総絵図」と比べると、総絵図に描く広間南庭の舞台と楽屋及び小広間北方の鎖の間と数寄屋がなく、また、本丸殿舎東面廊北端より天守東南に延びていた北面廊がなくなっている。

一方、「大坂御城図」に描く御座間東北の金蔵は「大坂御城総絵図」になく、後に建てられたと考えられる。これにより「大坂御城総絵図」は「大坂御城図」より古く、寛永建立間もない頃に作図されたと推察される。

「大坂御城総絵図」に書入れる主要殿舎名は表より奥へ広間、「小広間」「御目見へ之間」「黒書院」「御座御殿」である。また、「大坂御城図」の書入れは大広間、「小広間」「対面所」「黒書院」「銅御殿御座間」である。対面所は御目見の間ともいわれた。御座御殿は御座間である。

さて、大坂城本丸は南正門を西向に開く。正門を入ると左手に玄関を張出した遠侍が南面し、広間はその西方に式台を挟んで南面して建つ。広間の北方に小広間、その東側に対面所があり、それぞれ廊下と付属部屋で繋いでいた。黒書院は対面所の北にあり、その東北にある御座間との間に廊下を渡していた。

つぎに、「大坂御城図」により広間、小広間と対面所及び黒書院の平面にみられる特徴を記す。

なお、寛永度の大坂城本丸殿舎に関係する史料に大阪城天守閣所蔵の「大坂城本丸御殿内部明細写」（一巻）がある。内容は大広間、白書院、対面所、黒書院、銅御殿など主要殿舎の平面と床、棚、付書院まわりの展開図及び断面詳細を描き、主要部の寸法と仕上げを書き入れる。この史料は幕末期に、本丸殿舎修理などの時の覚えとして大工が実測した図の写しと考えられる[48]。幕末期の史料であるが、主要殿舎の平面規模・形式は「大坂御城図」と一致し、各殿舎上段の間の広さ及び座敷飾の配置も同じである。本丸は、創建期の広間、小広間、対面所、黒書院、御座間など主要殿舎が幕末まで存続した。「大坂城本丸御殿内部明細写」に記入する主要殿舎の柱間寸法（基準尺一間六尺五寸）、柱太さ、内法高さ天井及び天井高さなど主要部の寸法及び上段の間の座敷飾は創建期の形式を考える上で参考にして良いと思われる。

II　大坂城本丸の主要殿舎

一　広間

「大坂御城図」によると、広間は桁行十八間半、梁行十三間半の規模で、寛永度江戸城本丸大広間に次ぐ規模である。母屋は東西十四間半、南北九間半、その四周に幅二間の入側縁をめぐらす。平面は母屋桁行を三つに割り、西側に上段の間と下段の間を北と南に続け、中央南側に二の間、その東に三の間と四の間を南北に並べる。中央北側は西を調台、東を南北に二等分して雪の間と闇の間とする。上段の間は間口四間、奥行四間半、三十六畳敷の座敷で、北面に二間半床と一間半違棚、西面に一間半付書院、東面北に一間半違棚、同南に三間の帳台構を形の如くに設ける。

「大坂城本丸御殿内部明細写」によると、上段の間の床は押板であり、上段の間と下段の間境は上段框と落掛の構えとして開放する。天井は上段の間が二重折上格絵天井、下段の間が折上格絵天井である。柱太さは八寸二分角、鴨居内法高さは七尺三寸五分、天井高さ十四尺三寸であり、柱間寸法ともに近世的広間の木割によっていた。

二　小広間

「大坂御城図」によると、小広間は桁行十二間半、梁行十間半の規模である。母屋は東西九間、南北七間半、その四周に入側縁をめぐらす。平面は母屋西側に上段の間と下段の間を北と南に続け、その東側南に二の間、北に三の間を配し、三の間と上段の間の間に奥行一間の調台（納戸）を設ける（図35）。上段の間は間口四間、奥行三間半、二十八畳敷の広さで、北面に三間の床と一間違棚、西面に付書院（間口十尺）、東面に帳台構と同北脇に一間棚を備える。下段の間は上段の間と同じ広さ、二の間は間口五間、奥行三間半、三の間は間口三間半、奥行四間である。三の間は連歌間といい、西面に間口四間の大床を備えていた。入側通り母屋柱間寸法は三間半と四間を三等分、五間を四等分した値である。

「大坂城本丸御殿内部明細写」によると、上段の間の床は押板であり、上段・下段の間境を上段框と落掛構えにして開放する。柱太さは七寸二分角、鴨居内法高さ七尺二寸八分、天井高さ十三尺七寸七分であり、柱間寸法ともに近世的広間の木割による。

三　対面所

「大坂御城図」によると、対面所は桁行九間、梁間三間の母屋を西より三間目で東西に二分し、西側を下段の間、東側を次の間とし、下段の間北側に間口三間、奥行二間半、十五畳敷の上段の間を張出し、それらの南・西二面および次の間北面にそれぞれ幅一間半の入側縁を付けた平面である（図36）。上段の間は北面に二間床と一間棚を備える。各座敷は梁間三間であり、これは黒書院と同じである。入側通り母屋柱間寸法は近世的に部屋毎に間口及び奥行を等分した値である。

「大坂城本丸御殿内部明細写」によると、上段の間の床は押板で、下段の間境を上段框と落掛構えとする。柱太さは六寸五分角、鴨居内法高さ六尺四寸三分、天井高さ十二尺九寸であり、この寸法は小広間より小さく、後述の黒書院に近い値である。

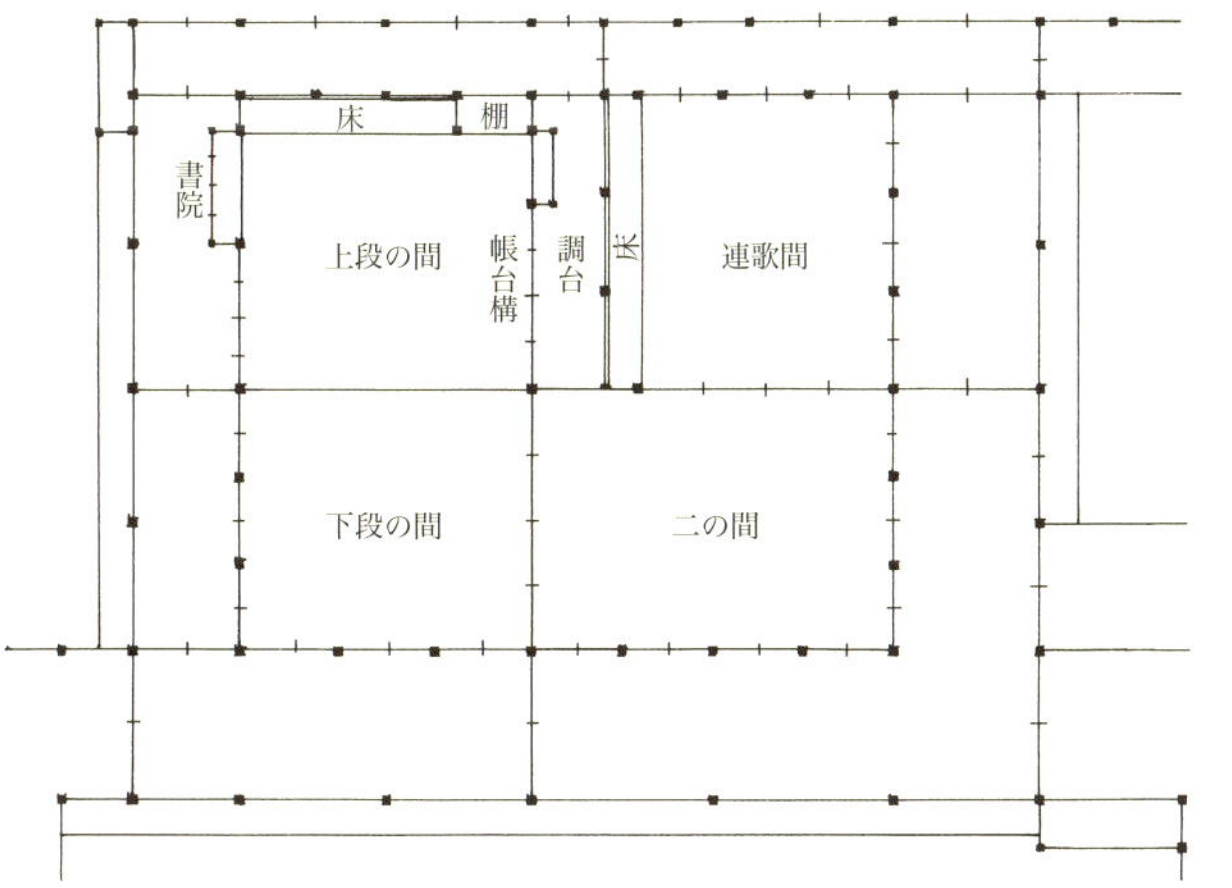

図35　大坂城本丸小広間平面図（寛永五年）（大坂御城図）

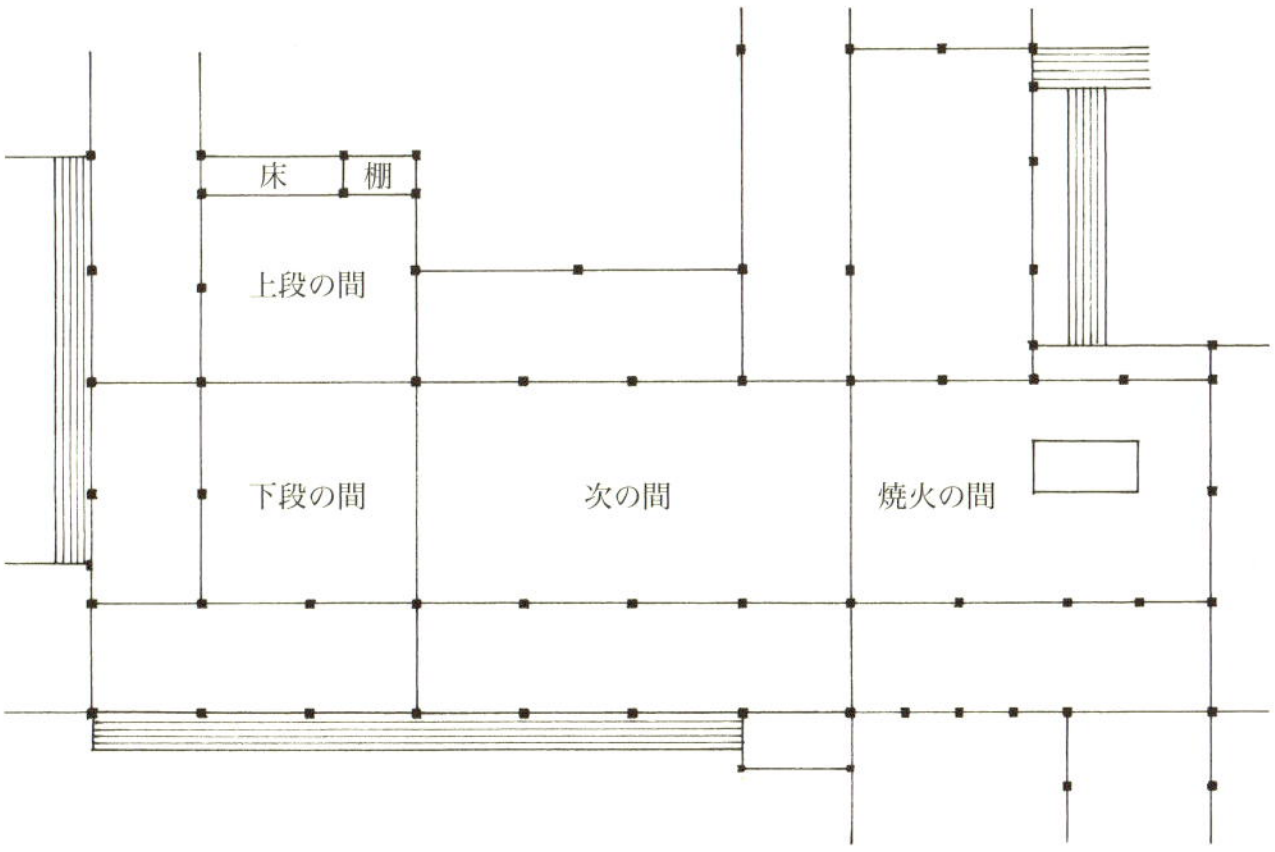

図36　大坂城本丸対面所平面図（寛永五年）（大坂御城図）

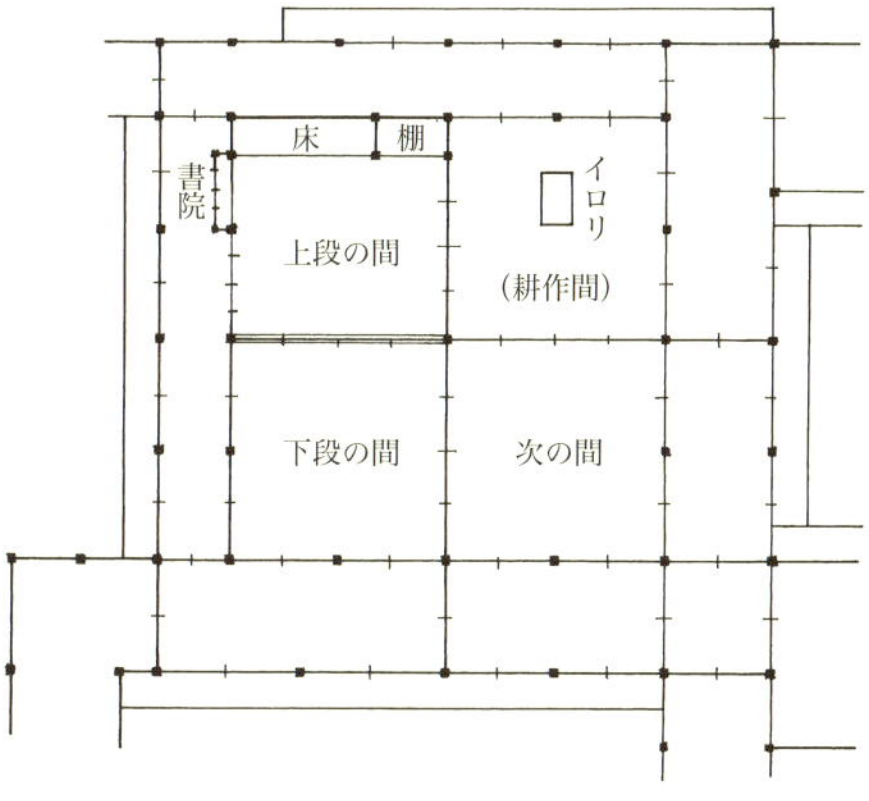

図37　大坂城本丸黒書院平面図（寛永五年）（大坂御城図）

大坂城本丸は広間の奥に小広間と対面所を並置する。ともに表の対面所であるが、小広間は広間に次ぐ規模と格式を持つのに対して、対面所は南側に二座敷を並べ、下段の間北側に上段の間を張出した略式平面である。上段の間の床は押板であるが、格式的な帳台構を設けない。この手の平面は近世初期の大名屋敷における小広間にみられる(4)。

四　黒書院

「大坂御城図」によると、黒書院は六間四方の母屋四周に入側縁をめぐらした八間半四方の規模である。小広間に比べると、規模は小さく、小広間床面積の約五割五分である。これは江戸城本丸の小広間と黒書院の床面積の比五割七分に近い。平面は母屋を四等分した田の字形で、西側に上段の間（間口三間、奥行二間半）と下段の間（三間四方）を北と南に続け、東側南に次の間、北に囲炉裏のある耕作の間（各三間四方）を配する（図37）。上段の間は北面に二間床と一間違棚、西面に一間付書院を備える。各座敷は「九間」の広さを基本とし、入側通り母屋柱間に三間を二等分した寸法を採用する。

「大坂城本丸御殿内部明細写」によると上段の間の床は黒塗りの框床であり、上段の間と下段の間及び耕作の間境に襖障子を立てていた。黒書院は桧造りで近世的な六寸二分角の太い角柱を用い、鴨居内法高さ六尺四寸五分、天井高さ十三尺三寸一分である。この値は広間及び小広間より小さく、建物規模に合わせて設計されていたと推測できる。

注

1　山田幸一「寛永建立の大坂城殿館について」『日本建築学会研究報告』第31号一九五六年。
2　「大坂御城総絵図」中井正知氏所蔵・中井家文書147号。
3　平井聖「大坂城本丸御殿について（研究ノート）」『日本城郭大系』12、新人物往来社、参照。研究ノートによると、これとほぼ同じ内容の史料が東京工業大学所蔵の『古橋家文書』にある。
4　毛利家江戸上屋敷の小広間（元和七年頃）、北野隆・尾道建二「毛利家文書「江戸屋敷」の指図について」『日本建築学会中国・九州支部研究報告』第2号、一九七二年。

第五節　幕府関係居城における小広間（白書院）と黒書院の住宅様式

表6に、寛永年間に造営された二条城二の丸（改修）及び本丸、大坂城本丸、江戸城本丸（寛永十七年）の小広間と黒書院、それに元和九年新造の伏見城本丸対面所について、平面規模と上段・下段の間の広さ及び上段の間の座敷飾、それに母屋の柱間、柱太さ、内法高さなどの寸法をまとめた。

一　小広間（白書院）の住宅様式

小広間は黒書院に比べて規模が大きく、大坂城本丸の小広間は面積にして黒書院の約一・八倍である。それに合わせて小広間は各部の寸法が大きい。二条城二の丸小広間は柱太さ七寸角、鴨居内法高さ六尺八寸三分、天井高さ十三尺七寸四分である。小広間の平面は母屋西側に上段の間と下段の間を並べた二列系五室構成である。上段の間と下段の間はともに梁間三間半を基本とし、座敷広さは三間半四方と三間半に四間乃至五間である。これは、黒書院の主室が梁間二間半乃至三間を基本にするのに対して大きく異なる。入側通りの母屋柱間は部屋毎に等間に割付ける近世的柱間割が一般化していた。

小広間は上段の間の北面に押板と違棚、西面に付書院を備え、東面に帳台構を設けてその内を納戸間とするのが特徴である。これは広間上段の間の座敷飾形式とほぼ同じである。小広間の室内仕様は二条城二の丸小広間により窺うことができる。二の丸小広間は上段の間の天井が折上格絵天井、ほかの各座敷が格絵天井、室内障壁画は四季の景色を題材にした彩色画を金地に描き壮麗である。

以上、寛永年間の幕府関係居城における小広間は、広間に準ずる規模と格式を備えていた。小広間は広間と同様、上段の間の座敷飾に押板、違棚、付書院、帳台構を備え、帳台構の内を納戸間とする。

慶長十三年（一六〇八）の『匠明』殿屋集に「天正ノ比、関白秀吉公聚洛ノ城ヲ立給フ時、主殿ヲ大キニ広ク作リタルヲ、広間ト俗ノ云ナラワシタルヲ、爾今広間ト云リ。」と伝える。この伝承は広間及び小広間が室町時代後期の主殿平面を継承することを示唆する。

『匠明』殿屋集にのせる昔六間七間主殿の図によると、主殿は桁行七間、梁行六間の規模で、母屋が東西六間、南北五間、その南

表6　寛永年間の幕府関係居城小広間と黒書院及び伏見城本丸対面所の規模と仕様　　（　）内は万延度の例

居城名	二条城 二の丸	大坂城 本丸	江戸城 本丸 寛永17	二条城 本丸	大坂城 本丸	江戸城 本丸 寛永17	伏見城 本丸 元和9
建物名	小広間	小広間	小広間	黒書院	黒書院	黒書院	対面所
建物規模（間）	14×10.5	12.5×10.5	13×11.5	9×8.5	8.5×8.5	9×9.5	12×8.5
母屋規模（間）	9.5×7	9×7.5	8.5×7.5	6×5.5	6×6	5.5×6	9×6
上段の間広さ（間）	3.5×3.5	4×3.5	3.5×4	3×2.5	3×2.5	3×3	3×2.5
同上座敷飾	押板・棚 付書院 帳台構	押板・棚 付書院 帳台構	（押板）・棚 付書院 （帳台構）	床・棚 付書院	框床・棚 付書院	（框床）・ 棚	框床・棚 付書院
同上天井仕上	折上格絵 天井						折上格 天井
下段の間広さ（間）	4.5×3.5	4×3.5	3.5×3.5	3×3	3×3	3×3	3×3
同上天井仕上	格絵天井						格天井
母屋柱間寸法（尺）	7.3, 8.13	7.58, 8.66	7.15, 7.8	8.12, 9.75	9.75	6.5, 9.75	6.5, 9.75
柱太さ（寸）	7.0	7.2	（6.5）		6.2	（6.0）	5.0
鴨居内法高（尺）	6.83	7.28	（6.12）		6.45	（6.11）	6.0
天井高（尺）	13.74	13.77	（13.0）		13.31	（12.37）	

典拠：『日本建築史基礎資料集成』書院Ⅱ。「大坂御城図」「大坂城本丸御殿内部明細写」。江戸城「御本丸惣絵図」。江戸城造営関係資料「万延元年御普請絵図」。「二条城中絵図」。川上貢「元和年間伏見城本丸殿舎考」

面に幅一間の広縁、東面に幅一間の入側を付け、東入側の南に中門を突出する形である。平面は母屋南側に西より東へ上段の間（三間に三間）、「九間」、公卿間（三間に一間）の三座敷を並べ、北側に西より納戸（三間に二間）、「六間」、「二間」の三室を配する。上段の間は西面に矩折の八畳敷上段を設け、その上西面に二間「トコ」と一間「タナ」、北面に二間の帳台構、南広縁に張出す上々段南面に一間の付書院と西面に一間「タナ」を備える。帳台構の内は納戸である。上段西面の「トコ」は、『匠明』殿屋集・内作分の項に「床押板」とあり、押板である。上段の間東側の「九間」は座敷飾がなく、その北側の「六間」は西面に一間半の床と半間違棚を備える。

この主殿を中心に描く「東山殿屋敷ノ図」は、主殿より奥の殿舎に行幸間と対屋（夫人御所）を書くが、主人の常御殿を記さない。これについて参考になるのは、三条西実枝（天正七年卒）の『三内口決』に記す公家と武家の「殿並家作等事」の記載である。それによると、室町時代末における上層住宅の主要殿舎は主殿、対ノ屋（夫人御所、武士では奥屋という）、会所であり、別棟の常御殿がなく、主殿が常御所を兼ねていた。すなわち、主殿は、『匠明』の昔六間七間主殿と同じ規模で、南側に東より公卿座、対面所を並べ、その西側の押板がある座敷を「主人常住安座の所」と記す。この座敷は主人の常御所であり、その西面に押板、北側に納戸があり、納戸の南面に帳台構を設けていたと考えられる。

『三内口決』に記す主殿を参考にすると、『匠明』昔主殿図における母屋南西隅の上段の間は常御所、その東間は対面所を示すと推察できる。

『匠明』に載せる「当代広間ノ図」は昔主殿をより大きくした広間の平面であり、母屋西側に上段・下段の間を並べる。上段の間の座敷飾は主殿のそれとほぼ同じである。

一方、寛永度及び万治度の江戸城本丸広間は母屋西側に上段（上々段）・中段（上段）・下段の間の三座敷を北から南に続け、上段の間の北面に押板と違棚、西面に付書院、東面に帳台構とその北脇棚を備えていた。帳台構の内は納戸である。これは、『匠明』当代広間の上段・下段の間の構成をより整理、発展させた形式である。江戸城本丸広間上段の間の座敷飾は、『匠明』に載せる当代広間の上段の間ひいては昔主殿上段の間の座敷飾を継承すると言えるであろう。また、江戸城本丸小広間は広間に比べ規模が小さいが、上段の間の座敷飾は両者にほぼ共通する。小広間上段の間にある押板、違棚、付書院、帳台構などの座敷飾は室町時代末の主殿における常御所のそれを継承したと考えてよい。この小広間の座敷飾は書院のそれと異なる様式である。近世初期に書院と呼ばれた建物は、黒書院上段の間に見るように床を框床とし、また、格式的な帳台構を設けていない。

以上、小広間は主殿系統の建築であることを述べた。慶長末から寛永八年頃の日記に小広間を書院と記すのは、それが接客・饗応座敷であることを意味すると思われる。二条城小広間を「奥之間」と記すのはそれに通じる。『本光国師日記』寛永八年九月十三日条の書院は公式の接客座敷を意味する。また、小広間を白書院と呼ぶのは、小広間の住宅様式によるのではなく、公式の接客を主としたその用法によると推察される。公的儀式を執行する大広間は小広間と同じ住宅様式であるが、書院と記されないことが注意される。従来、書院造の基本形として慶長頃の主殿や広間をあげ、二条城二の丸殿舎をそれの代表とされるが、この通説は再考を要すると思われる。

二　黒書院の住宅様式

黒書院の平面は田の字形四室よりなり、表側に上段の間と下段の間を並べる。上段の間と下段の間の広さは三間に二間半乃至三間である。入側通り母屋柱間寸法は部屋毎に三間及び二間半を二等分した近世的柱間割である。

「大坂城本丸御殿内部明細写」によると、大坂城本丸黒書院は柱太さ六寸二分角、鴨居内法高さ六尺四寸五分、天井高さ十三尺三寸一分である。黒書院は、小広間に比べ規模が小さいが、それらは規模に合わせて近世的木割法により設計されたと推測できる。

黒書院上段の間は框床と違棚及び付書院を備えるが、格式的な帳台構を設けず、上段の間奥に囲炉裏間を設け、両室境に襖障子を立てていた。黒書院の室内仕様については未詳であるが、元和度の伏見城本丸書院は上段の間を折上絵天井に作り、襖障子に金泥引墨絵を描き、小壁も張付壁に絵を描いていた。同じ奥向殿舎である二条城二の丸御座間は上段の間を折上格絵天井、他を格絵天井に作る。室内障壁は墨絵淡彩泥引の風景画及び水墨山水画を描き、小広間と異なり清楚である。

黒書院の特徴は、上段の間に框床を用いること、格式的な帳台構を備えないことである。江戸城本丸黒書院及び大坂城本丸黒書院は上段の間に框床を用いていたことが推察できる。(1) 元和三年再建の伏見城本丸黒書院は上段の間に真塗りの框床を備えていた。二条城本丸黒書院も上段の間に框床を用いていた可能性が大きい。それについて、近世初期の禅院における書院（小書院）は上の間に框床を用いたことが参考になる。(2) 近世初期武家住宅における書院上段の間の床は未詳であるが、名古屋城本丸御成書院上段の間の床は蹴込付畳床、二の間北面の床および松の間西面の床は框床であった。また、御成書院の北側にあった黒木書院は八畳敷上段の間西面に一間半框床と半間違棚を備えていた。

なお、川越喜多院客殿は、江戸時代初期の上層武家住宅における奥向書院の様相を伝える遺構と考えられている。(3) 平面は四室よりなり、母屋西側に二間半四方の上段の間と次の間を並べる。上段の間は北面に一間半框床と一間違棚を備える。柱は五寸三分角、内法高さ六尺九分、天井は上段の間が格天井（蛇腹付）、他が棹縁天井、次の間天井高さは十一尺四寸三分である。上段の間と次の間境に襖障子四枚を立て、上部に筬欄間を嵌める。上段の間格天井の格縁を黒漆塗り、格間板に草木・花の彩色画を描く。障壁画は墨絵の山水画である。

これらの例により、近世初期の武家住宅における書院上段の間の床は框床が一般的であったと推察できる。黒書院の特徴のうち、上段・下段の間の構成及び母屋柱間寸法と木割は近世的であるが、上段の間の座敷飾は室町時代に遡る。

ところで、書院は中世の禅院に発祥する。室町時代になると、五山禅宗寺院では方丈及び塔頭本坊の奥向に小書院（書院）と呼ぶ別棟の書院が発生する。(4) 文明十七年（一四八五）十二月に新造された鹿苑院書院は本坊の奥向にある別棟の建物で、その内にある書院（院主の居間兼書斎）は付書院と書棚を備え、冬季に炉が開かれた。文明十五年再建の相国寺雲頂院意足室及び長徳三年（一四九一）再建の雲頂院松泉軒の内にある書院も付書院と書棚、囲炉裏を備えていた。当時、禅院の方丈及び書院は押板や床がなく、軸物を客殿や書院の長押に掛けていた。室町時代後期になると、立て花及び茶の湯が流行し、上層住宅では書院や小座敷など奥向座敷に座敷飾として框床及び付書院を備えるようになる。

前篇第四章第一節で述べたように、『仙伝抄』（天文五年正月、池房専応）に収める「奥輝之別紙」に表の大客殿における押板三具足の花に対して、書院および小座敷における柱飾の花を記す。「奥輝之別紙」は文阿弥伝書の写しと伝えられ、大永（一五二一〜二七）頃のものである。その内容は、公方様御成の時の五飾など押板に飾る三具足の花が中心であり、ほかに違棚の花、柱花瓶の花の記述がある。三具足の花は押板に飾る真の花である。それに対して、柱花瓶の花は床および書院（付書院）の柱に掛ける草の花である。「奥輝之別紙」に柱飾について、

はしらもののくぎは、なげしより、五すん下なり。大きやくでんには、うつ事なかれ。書院、又小ざしきのものなり。

と記す。柱物は柱花瓶などの柱飾であり、それを掛ける釘は長押より五寸下に打つもので、大客殿に打たず、書院または小座敷のものとする。この小座敷は長押を用いるので、わびの茶湯座敷ではなく、書院と同じ奥向の小座敷である。柱飾については相阿弥・源次吉継宛『君台観左右帳記』（永正八年十月）に、

柱のかざりは、書院のほかに、しぜん床などのはしらにはかかるべく候。押板・違棚にはかかるべからず候。書院のはしらも面にはしかるべからず候。はしらの内の方にかかるべく候也。

と記す。柱飾は奥座敷の付書院または床の柱に懸けるものであった。床は押板及び付書院と区別されており、柱飾を掛けるので框床（畳床）と考えてよいであろう。押板が三具足の花を飾る真のトコであるのに対し、框床は草の花を飾る草のトコといえるかもしれない。

一方、天文頃の茶会記に框床と付書院及び囲炉裏を備えた大座敷（書院）がみえる。

『宗達茶湯日記〈自会記〉』によると、天文頃の津田宗達邸に小座敷と大座敷があり、大座敷は框床と付書院及び囲炉裏を備えてい

た。(5)また、『宗達茶湯日記〈他会記〉』にのせる天文十八年二月十一日の三好越前守政長邸における茶会記によると、茶会のあった客座敷は囲炉裏と床、付書院があった。この床は船の花瓶を釣り、金仙花、柳、梅を生けるので、茶湯座敷における床と同じ框床である。なお、天正四年以前の津田宗及（宗達子息）邸の大座敷も框床と付書院及び炉を備えていた。(6)宗及邸では、天正四年十二月に小座敷が新座敷（四畳半茶室）に改められたのに伴い、大座敷は「書院」と呼ばれるようになった。

これによると、茶の湯における大座敷（書院）は、禅院における書院座敷に茶湯座敷における框床をとり入れたと推察できる。『山上宗二記』に載せる武野紹鷗の四畳半茶室は東側の一帖敷勝手を挟んで書院四畳半敷と次の間四畳半敷を続けていた。書院四畳半敷は南面に五尺の付書院を備えるだけである。この座敷は紹鷗晩年（天文頃）の作と考えられ、茶の湯における大座敷（書院）に床がとり入れられるのは天文頃であるかもしれない。

第四章で考察したように、上層住宅における奥向書院は、室町時代末から桃山時代に茶の湯の流行に伴い濃茶後の書院振舞の座敷として発達したと考えられる。(7)近世初期の武家住宅における奥向の書院はこうした私的接客座敷を継承したと考えられる。その座敷を書院と呼ぶ早い例は、天正度の大坂城本丸表御殿の黒書院である。そして、奥向の書院は天正二十年には武家住宅のあいだで普及していた。

幕府関係居城における黒書院はこうした奥向書院を継承する。すなわち、書院は主殿と異なる系統の建築である。なお、書院の框床と広間の押板の関係について、太田博太郎著『書院造』に「書院造の「押板」が「トコ」と呼ばれるようになったのは、茶室の影響であると認められよう。そして、その形が変わったのも、同様に考えてよかろう。」といわれる。(8)これによると、押板と床の間（框床）はともに書院造の座敷飾りであり、その形が押板から框床に変わったのは茶室の影響であると解されている。幕府関係居城における黒書院の框床は茶室の影響を受けたとみて間違いないが、広間と小広間上段の間の床が押板である事実よりすると、書院造の框床が押板から変わったとする説は成立しないようである。

以上によると、近世初期における幕府関係居城の主要殿舎は、表向に主殿と同様式の広間と小広間、奥向に中世の奥向書院に起源をもつ黒書院を配していたことになる。この主要殿舎の住宅様式に関連して、伏見城本丸対面所及び二条城二の丸小広間などは書院造の完成された形式を備える、と言われる。(9)けれども主要殿舎のうち書院は黒書院と数寄屋の書院など奥向殿舎に見られる段階であり、大名居城並の伏見城本丸において広間の奥にあった大書院及び対面所が注意される位である。幕府関係居城における広間、小広間の住宅様式は、むしろ、主殿造（仮称）が爛熟した時期の形式であるとするのが妥当と思われる。

書院造の基本形式と成立時期については、大名屋敷及び国許居城における大書院・小書院が問題になる。これは第七章で考察するが、書院造は書院を中心とする住宅様式とするのがよく、それは近世大名屋敷で成立したと推定される。幕府関係居城における黒書院の住宅様式は、そうした書院造の初期形式であると考えられる。

まとめ

1　幕府関係居城における主要殿舎は初期に大広間（広間）、小広間、書院、御座間と呼ばれた。小広間は慶長度の伏見城小広間が早い例であるが、豊臣秀吉時代の伏見城に小広間があった。

二条城小広間は、慶長末年の日記に書院と記される。また、江戸城本丸小広間は寛永八年頃までは書院、小書院とも記され、寛永九年頃から白書院と記されることが多くなった。西丸小広間もほぼ同じである。白書院の呼称は住宅様式によるのではなく、奥向の黒書院に対して公式の接客座敷であるその用法によると考えられる。

黒書院は古く書院と記された。黒書院の早い例は、寛永四年の大坂城本丸黒書院であるが、その名称は天正度の大坂城本丸表御殿の黒書院に遡る。

2　寛永年間の幕府関係居城における小広間は広間に準ずる規模と格式を備えていた。平面規模は桁行十四間～十二間半、梁行十間半～十一間半である。平面は母屋西側に上段・下段の間を並べた二列系五室構成である。上段・下段の間はともに梁間三間半を基本とする。上段の間は北面に押板と違棚、西面に付書院を備え、東面に帳台構を設け、その内を納戸とするのが特徴である。これは広間上段の間の座敷飾の形式とほぼ同じである。

広間、小広間は上段の間の座敷飾よりすると、主殿系統の建物である。その座敷飾は、框床を中心とする書院の様式と異なる。小広間は室内の天井、障壁画などの仕様も黒書院と異なり豪華である。小広間を白書院と称するのは、住宅様式によるのではなく、公式の接客を主としたその用法によると推察される。

二条城二の丸殿舎は書院造の典型とされるが、この通説は再考を要すると思われる。

3　寛永年間の幕府関係居城における黒書院は小広間に比べ規模が小さく、平面規模は桁行九間～八間半、梁行九間半～八間半である。平面は田の字形四室よりなり、表側に上段・下段の間を並べる。上段・下段の間の広さは三間に二間半乃至三間である。上段の間の座敷飾は中央に框床と違棚、向って左手に付書院を備える（江戸城本丸黒書院は付書院を欠く）のが特徴であり、格式的な帳台構を設けない。室内障壁画は泥引墨絵淡彩の風景画や水墨山水画であり、室町時代以来の禅院書院における水墨画の様式を継承している。黒書院は茶湯における書院振舞の座敷として、近世初期の武家住宅に広まった奥向書院が発達した建築である。

幕府関係居城における黒書院の住宅様式は、近世初期の大名屋敷で成立した書院造の初期形式であると考えられる。

注

1　「万延元年御普請絵図」都立中央図書館蔵・江戸城造営関係資料（甲良家伝来）。「大坂城本丸御殿内部明細写」（大阪城天守閣所蔵）。

2　近世初期の禅院で書院上の間に框床を備えた例は大徳寺大仙院書院、同龍光院書院、建仁寺正伝院書院、南禅寺金地院書院がある。また、禅院以外の例に知恩院小方丈、勧修寺書院が知られる。

3　『日本建築史基礎資料集成』十七　書院Ⅱ「喜多院客殿」中央公論美術出版、一九七四年。

4　第二章第一節　室町時代後期の相国寺方丈と塔頭を参照。

5　『宗達茶湯日記〈自会記〉』天文十八年十一月十四日、永禄二年十一月二十五日の茶会記。

6　『宗及茶湯日記〈自会記〉』永禄十一年十一月二日、元亀二年四月十六日の茶会記。

7　『宗湛日記』天正十五年正月三日条によると、この日、大坂城で行われた茶湯会の座敷は間口二間ほどの床及び違棚を備えていた。その飾りは床と違棚境の柱に水仙を生けた青磁の筒を掛け、また、床に掛けた晩鐘、青嵐、雁絵の三幅絵の前に名物の撫子、四十五、松花の茶壺を置いていた。前述の「奥輝之別紙」及び『山上宗二記』大壺之次第によると、床は框床であったと推定できる。この座敷は本丸表御殿の黒書院と考えられる。

8　太田博太郎『書院造』第Ⅴ節1　押板からトコノマへ、東京大学出版会、一九六六年。

9　川上貢「近世初期大名居館の御対面所について」『日本建築史論考』第三編五、所収。

第三章　書院造の基本形式とその特色

慶長十三年の『匠明』に載せる当代「屋敷の図」によると、近世初頭の武家住宅における主要殿舎は広間を中心に対面所、書院、御寝間が表から奥へ配置され、それに将軍御成を迎えるために御成御殿と数寄屋施設が設けられた。広間、対面所、書院、御寝間よりなる主要殿舎構成は慶長末年の名古屋城本丸御殿と同じである。主要殿舎のうち、対面所は表向の接客・饗応座敷であり、近世初期に小広間あるいは大書院とも呼ばれた。(1) 寛永末から明暦頃になると、大名屋敷では広間がほとんど造られなくなり、それに代って小広間あるいは大書院が正式の対面座敷になった。それに伴い、小広間あるいは大書院の奥にある書院は表向の接客・饗応座敷として形式を整えた。明暦以降の大名屋敷は大書院が正式の対面座敷であり、その奥に小書院と御座間・寝所を配する構成が一般的になった。

小広間は広間を簡略化した建築であるのに対して、大書院は奥向書院より発達した建築と推定される。これについては、元和三年頃の伏見城本丸が参考になる。伏見城本丸の主要殿舎は広間、小広間、大書院、書院、御座間の構成であった。各殿舎の規模・形式は未詳であるが、大書院は小広間と異なる建物であった。

近世初期の大名屋敷及び居城における主要殿舎について知られる例は少ない。本章第一節では大名屋敷における御成書院の系統と形式について述べる。第二節では大名屋敷における大書院・小書院を中心とする殿舎構成の発達過程を考察する。また、第三節で近世初期の公家住宅における奥向書院について考察し、第四節において書院造の基本形式とその特色を明らかにする。

第一節　大名屋敷における御成書院の系統と形式

大舘常興が文明頃に著した「諸大名衆御成被申入記」によると、将軍が諸大名第へ御成の時の座敷作法は、大要つぎのようである。寝殿の御座にて式三献あり、席上亭主より白太刀、御弓、征矢・鎧等を進上する。終って中門の内、公卿座へ出御、進上の御馬を御覧になる。その後、会所に御成、そこで相伴衆も同席して盃と茶菓あり、初献の時、亭主より黒太刀、三献目に小袖五重色々、引合十帖を進上、終って少し休息、御逗留の後、同所にて猿楽を観賞する。

これによると、室町時代後期には会所を御成の間に充てたことが知られる。天皇、上皇が将軍邸に行幸の時、行幸の間は同じく会所であった。『匠明』殿屋集にのせる「東山殿屋敷ノ図」は主殿の西方にある建物を「行幸間」と記す。この建物は、『三内口決』「殿並家作等事」に記す会所に相当し、座敷飾として押板、付書院などを備えていた。

近世初期になると、行幸あるいは将軍御成の時、休息所として行幸御殿あるいは御成御殿が造られた。織田信長は安土城に桧皮葺の御幸の間（行幸御殿）を造ったと伝えられる。また、豊臣秀吉は聚楽第に儲の御所を造営し、天正十六年（一五八八）四月、後陽成天皇の行幸を仰いだ。行幸御殿は桧皮葺で、階隠間に輿寄せがあった。

寛永三年（一六二六）九月の二条城行幸に先立ち、徳川幕府は、寛永元年から二の丸の西方に新たに本丸御殿を造営し、また二の丸庭園の南方に行幸御殿、中宮御殿以下の建物を営んだ。行幸御殿は柱間数にして桁行十三間、梁行十一間の規模をもつ総桧造桧皮葺の建物であった。平面は内裏常寧殿のように桁行と梁行を三行三列に分け、西を上とし南面中央に階隠を設けていた。南上段の間は西面に押板と棚を備えていた。

寛永三年九月六日、後水尾天皇は二条城へ行幸、新造した儲御所（行幸御殿）の南階より簾中に入御、休息所に移御された。亥刻に晴の御膳があり、主上は行幸御殿南面中央間の北面南向の御座に出御された。大御所徳川秀忠の御座は中央間西面東向に、将軍徳川家光の御座はその南、北向に設けられた。諸卿座は階隠東の簀子上に円座が置かれた。翌七日、行幸御殿にて、将軍より祝膳（式三献）があり、進物が献上された。主上と女院、中宮の御座は南上段の間に、将軍と大御所の御座は東間に設けられた。また同日、行幸御殿南庭に設けられた舞台で行われた舞を御覧の時、主上の玉座を中央階隠の御簾際に設け、西間を中宮と女院の御座、東間を両御所の御座とした。八日に行幸御殿にて大御所よりお礼の進物献上があった。また、同殿にて和歌御会があり、主上御座は南上段の間東向に置かれ、その前方南北に対座して大御所、将軍以下公卿の座が設けられた。また十日の行幸御殿南庭における献上馬御覧の時、主上御座は階隠間御簾際に置かれた。

以上、主上が南面中央間に出御した晴御膳、南庭舞台の舞、献上御馬御覧などがあり、また、主上が南上段の間に出御して将軍と大御所よりの祝膳、進物献上、和歌会があった。

中上段の間は天皇の居間であり、そこに衣桁、鏡台、洱杯、黒棚と御座が置かれていた。中上段の間の東側は帳台構を備えた帳台(寝所)である。北上段の間は内々の対面所であり、十日に天皇、中宮還幸の時、そこで三献の祝儀があった。主上と中宮は上段の間、両御所の御座は次の間に置かれた。北上段の間には座敷飾はなかった。行幸御殿南上段の間の床を押板とするのは会所以来の様式である。

御成御殿は、慶長十三年の『匠明』にのせる当代「屋敷の図」に御成門の内、広間の西方にある。その平面は母屋の西北隅に床、棚を備えた上段の間を置き、南面二座敷と東北間及び上段の間東側の納戸間を合わせた五室よりなる。つぎに、近世初期における大名屋敷の御成御殿と御成書院について検討し、御成御殿が書院あるいは御成書院と称されるようになった時期とその意匠上の特徴を考察する。

一　京都聚楽の毛利輝元亭

天正十八年（一五九〇）九月十八日、豊臣秀吉は京聚楽にある毛利輝元亭へ御成りになった。『天正十八年毛利亭御成記』によると、豊臣秀吉は車寄まで御輿を召し、そこより広間へ入御、そこで形の如く式三献と御進物献上があった。祝膳の時の相伴衆の座は、広間上段の間に置かれた上様御座の左に聖護院、右に菊亭、下段の間左に勧修寺他四人、右に豊後侍従他二人が分れて着座した。能式三番は広間の前に舞台を構えて行われた。御膳の後、御成の間により休息した。御成の間は御成御殿であり、この日、秀吉は御成御殿に宿泊した。

『毛利亭御成記』の「御坐敷ノカサリ」によると、祝膳の時、上様の御座は広間上段の間に高麗縁畳を置き、その上に錦御茵を敷いた。上段の間の床には池の坊により真松が立てられた。また、御成の間の飾りは「清楼棚」に香合三、下の棚左の方に香炉、香箸、香合、灰押、金挟五品を金の盆に乗せ、同右の方に金の鬢掻を櫛台に置いていた。上様休息の用に上段に繧繝縁畳二畳を置き、その上に御茵役、御櫛道具、脇に御手巾掛があり、白赤の手巾二枚を掛けていた。また、清楼棚の下に猩々緋枕二つと鏡、及びすきからしの方の床に硯箱料紙、水引があった。上段の長床には池の坊による真鶏頭の立花を飾り、上段左脇に御上召一足、下段に台子を飾り、納戸構に御衣桁があった。

これによると、休息間（御座間）は御成御殿の上段の間であり、上段に繧繝縁畳二畳を置き、御茵を敷いていた。上段の間は長床と清楼棚及び帳台構を備えていた。長床は蹴込のある畳床と考えられ、そこに真鶏頭の立花が飾られていた。下段の間に台子棚を飾り、納戸構は清楼棚と矩折れに設けられ、そこに御衣桁が飾られたらしい。この時期の御成御殿は将軍の御座間であった。

二　伏見の大谷吉継第と伊達政宗第

西笑承兌の日記「日用集」（『鹿苑日録』第二巻）慶長二年（一五九七）九月二十四日条に、新造木幡山伏見城下の大谷吉継第へ太閤秀吉が御成になった時の記事をのせる。

早朝太閤発象馭於大谷刑部少輔華第。刑少久所労也。以為悪疾。五六年不出。養子大学助出迎。先於数寄屋御茶。御相伴江戸内府・富田左近・有楽也。御茶已後到広間。於広間進物御太刀・御馬金鞍皆具・御腰物・火段子御小袖二十・銀子百枚・綿子百把。大覚助舎弟其外長男衆七八人。綿子百把充・御馬・太刀進上。秀頼様。政所様。北政所様遂一御服等有進物。刑少一分之領知六万石歟。過分之進上也。午刻御膳。内府・拙也。其外七八人御相伴也。本印坊與利元圍碁。本印先。利玄九目輸。太閤與宗具碁。及晩。又御小漬。昏黄還御。

大谷吉継第は華第といわれた。数寄屋における御茶の後、広間に到りそこで太閤及び秀頼、政所、北政所への進上物が披露された。午刻に御膳が出され、圍碁を興じた座敷は書院であろう。この書院は大谷第の広間の奥にある奥向書院と考えられる。

同じ西笑の「日用集」慶長二年十月廿六日条に、太閤秀吉の伏見伊達政宗屋敷への御成を記す。

早朝赴大崎少将殿。太閤今晨御成也。御茶過於広間進物被懸御目也。御小袖弐十被献太閤。ベン花千斤充政所様・秀頼公之御母儀。ミツタダノ御劍幷御服三重・御茶湯道具一飾献秀頼公。其後於御書院雑話。学問所記於御前読之。尤御感也。帰後襖障子一

枚ニ書記。掛楼門之上備高覧。則竪間中。横一間二尺可燃云々。（後略）

大谷第御成の例からみて、御茶は数寄屋で召したと思われる。御茶過ぎて広間にて進物を御目に懸けた後、「御書院」へ移り雑話有り、御前で西笑は学問所記を講読した。この書院は伊達政宗第の奥向書院であり、そこを御成の間に充てたと推察される。

三　江戸の前田利常第

徳川家康が征夷大将軍に任命され江戸に幕府を開いた慶長八年以来、江戸における将軍の御成は二代将軍徳川秀忠の代に多くなる。二代秀忠の最初の御成は、家康の一周忌を終えた後、元和三年（一六一七）五月十三日、松平筑前利常（前田利常）第への御成である。『台徳院殿御実紀』同日条によると、御所（秀忠）は露地口より茶室へ御成り、そこで御膳と御茶を召した。相伴は日野唯心（日野輝資）と藤堂高虎である。御茶を終えて「書院」に御成になり、熨斗と御祝の御膳・三献があり、利常は御盃を賜った。ついで「広間」へ御成になり、利常へ守家の御太刀・一文字の御刀・平野藤四郎の脇差（先に中納言利長が献上した）などを賜った。利常からも守家の太刀・鞍置の馬一疋等を献上し、家司等も将軍に拝謁し、各々進上物を献じた。つぎに猿楽七番が始り、三番を終えて後、もとの「書院」へ還御になり、そこで七五三の御膳を奉り、利常と日野輝資、水無瀬親具、藤堂高虎が御相伴に与った。御膳過ぎて「広間」へ出御、猿楽を御覧になり、終えてもとの露地より還御になった。

これは数寄屋より入り、数寄屋より還御した略式の御成である。『慶長日記』慶長十九年正月条に、松平筑前守の屋敷はその頃、江戸大名衆の内で屋形の結構成が一番であったという。元和三年五月十三日の前田利常第御成に先立って筑前殿に幕府年寄衆が集まり、御成の用意を話し合った。金地院以心崇伝もその席に呼ばれ、その時の様子を書簡にして五月十日付で京都の細川越中守に送った。『本光国師日記』同月十日条に、

（前略）、事々敷御作法可被成御推量候。御進上物〈御年寄衆御異見にて三百枚に成申候〉、金子千枚、巻物、糸綿、御太刀、御馬、御腰之物。何も名物共。其外御小袖、御袷、長持以下。数を尽たる御用意共と相見え申候。朝は数寄に被為成。其より御書院へ被為出。御一献上り。其より広間へ出御候而。御能可在之様子に候。（後略）

と記す。以上によると、江戸における最初の将軍御成ということで屋形の整った前田利常第を選び、御成の用意を周到に行った様子が窺える。前田利常第の主要殿舎構成は未詳であるが、元和五年頃、秋田藩佐竹義宣の神田上屋敷は広間、小広間、書院、御座間の

構成で、ほかに「御成書院」があった。(2)これを参考にすると、祝膳と三献式及び七五三の御膳が行われた前田利常第の「書院」は御成書院であった可能性が大きい。

四　江戸の尾張義直第

尾張、紀伊、水戸御三家が江戸城内に造営した第宅は、元和六年閏十二月に落成した。臨駕のために造営した御成門など結構花麗をつくしたという。翌七年正月九日、尾張、紀伊の両屋敷へ御成あるべしと仰せ出され、以心崇伝に吉辰を選ばせ、それぞれ日時が決まった。しかし、正月二十三日暁に尾張義直の新第より出火して、その火は城溝を越えて諸大名屋敷を延焼したため、御成は延滞になった。その後、元和九年二月に尾張屋敷が再興なり、二月十三日、御所秀忠は尾張義直第へ御成になった。つぎに、『東武実録』同日条によりその概要を記す。

御所来臨あり、相伴の紀伊黄門頼宣、水戸参議頼房二卿と藤堂和泉守高虎は黎明に尾張義直第の捨露地の辺に参り御成を待つ。御所来臨あり、頼宣、頼房、高虎は露地の外に出て迎える。御所は捨露地のクツロケ所にて下輿あり、内露地に渡御、相伴の三人供奉し「数寄屋」に入御する。掛物を御覧の後、御膳を献ず、銚子三遍過ぎて御湯を出し、中立あり、露地の辺御休息所に暫く成らせられ、また数寄屋に入御する。数寄屋にて茶を召し、「鎖の間」へ渡御、鎖の間と銅壺の間の飾りを上覧する。暫くして御所は長袴を召し替えて「御成書院」へ出御する。そこで御所より義直へ進物あり、また式三献の祝があった。終って「広間」へ出御、そこで義直よりの献上物を披露する。過ぎて義直の家臣等縁側に出て拝謁する。その後、広間の次の間と三の間のあいだの襖障子を立て、ここにおいて能を御覧になる。終って露地口より還御された。

これにより、広間に続く御成御殿を「御成書院」と称したことが知られる。(3)御成書院では御所より尾張義直への賜物と式三献祝があり、広間では義直より将軍への献上物を披露し、終って能を観覧した。『東武実録』によると、元和九年二月十八日に大納言徳川家光が尾張義直第に御成になった時には、「御成書院」にて能を御覧になった。

なお、寛永二年二月二十六日、将軍徳川家光は尾張義直第に御成になった。『寛永日記補闕』同日条に記す御成書院の飾りに「一上段のおし板の内三幅一対墨絵」とあり、上段の間の床は押板であったらしい。また、御成書院上段の間は付書院と納戸及び納戸脇違棚を備えていた。上段の間の押板は室町時代末の会所における御座間の座敷飾を継承するのであろう。

五　江戸の紀伊頼宣第

元和十年（一六二四）正月二十三日、大御所秀忠は竹橋にある紀伊頼宣第に御成り、同二十七日、将軍家光は同第に臨駕した。『南紀徳川史』第十四冊、典礼第一にのせる両日の御成記によると、紀伊頼宣第の主要殿舎は式台の間、広間、対面所、黒書院、御成書院があり、御座間もあったであろう。ほかに数寄屋施設として数寄屋、鎖の間、勝手・台所などがあった。これは『匠明』の当代「屋敷の図」にみえる武家屋敷の殿舎構成に類似する。『南紀徳川史』寛永元年（元和十年）正月二十三日の大御所御成次第により大要を記すと、

大御所秀忠は数寄屋口より御成り、数寄屋にて御膳と茶を召し、次に鎖の間と洞子の間の飾りを御覧になり、終えて御成書院に成らせられた。頼宣は御成書院にて大御所に拝謁、大御所より御太刀（吉平）、銀子三千枚、呉服二百、八丈縞三百端などを賜った。ついで同書院にて祝膳があった。その後、大御所は広間に出御、頼宣より大御所に進上物を献じ、ついで能式三番を上覧、終えて御成書院へ成らせられ、そこで七五三本膳が出された。相伴は紀伊頼宣、水戸頼房である。それより広間へ成らせられ四番目能始まる。能過ぎて数寄屋より還御された。

とある。正月二十三日の御成次第にのせる御成書院の飾りに、

御成書院の飾

右の棚に

右

とうひんからの物直に　せひし盆同直に

右の下　　　　下の中に

食籠盆に　何も堆朱　食籠青貝堆朱の盆に

床の内

二幅対〈かんさん十徳〉かんき筆　小机弐つ　胡銅の花入二つ〈花入池坊〉

左の棚

廻りかうろ〈金の台きんし盆〉うかい茶わん二つ〈ぬり台二つに乗て置〉

上より二棚　　右上より二の棚
硯箱くり〳〵　印籠　きんし同盆に
下の右　　　　　下の左
せきしやう〈せいし鉢〉　食籠　同盆堆朱
　板書院
上に釣香炉　盆山の石〈末のまつ山　金の鉢　砂から物〉
蒔絵の台子　たく高の御茶入台天目たゝすに入て

と記す。これによると、御成書院上段の間は床の右と左に棚があり、また付書院を備えていた。また、『南紀徳川史』典礼第一に、寛永十七年五月十四日、将軍徳川家光が紀伊頼宣の竹橋邸へ御成になった時の御座敷所々の飾りと図をのせる。それによると、御成書院の床は間口二間の押板であったらしく、三幅一対絵〈中央顔暉・酸吸三教、左牧渓・大公望、右牧渓・普説〉を掛け、その前に立花三瓶を飾っていた。寛永三年に同邸へ御成の時には、御成書院の床に三幅一対画を掛け、その前に置いた小机の上に花入二つ（花入池坊）を飾っていた。また、付書院は間口一間半である。床左右の違棚の間口は未詳であるが、御成書院上段の間の間口を三間とみると、押板の間口二間であり、左の違棚は間口一間と考えられる。すると右の違棚と付書院は上段の間より広縁に張出した上々段（三畳敷床）に設けられたのかもしれない。

六　名古屋城本丸の御成書院（上洛殿）

寛永十一年（一六三四）、三代将軍徳川家光の上洛に際して名古屋城が宿館に定められた。名古屋城では将軍を迎えるため、本丸の内に新しく将軍の御座間として御成書院を造営し、それに付属する上御膳所、黒木書院、湯殿書院などを建設した。本丸御成書院は、戦災前の上洛殿に相当する建物である。

上洛殿は対面所の西南にあって、その間を梅の間南面の廊下で繋いでいた。上洛殿の規模は桁行十二間半、梁行九間（一間は六尺五寸一分）、屋根は入母屋造銅瓦棒葺であるが、当初柿葺であった。母屋は東西九間半、南北六間で、その四面に幅一間半の入側縁をめぐらす。平面は母屋西北隅に上段の間、その南に一の間、一の間の東に二の間、三の間、その北に四の間を続け、上段の間と四の間の間に納戸間を配した二列系六室構成である。

上段の間は間口三間、奥行二間半の十五畳敷で、北面に二間畳床（蹴込付）、一間違棚、東面に二間半帳台構を備え、帳台構の内を納戸間十畳敷とする。天井は二重折上格絵天井、西面入側境二柱間に各舞良戸（内面張付）二枚と明障子一枚を立て、一の間境を上段框の上に立てた襖障子で隔て、内法長押上に花鳥の極彩色彫刻欄間を入れる。一の間は三間四方の十八畳敷、天井を折上格絵天井に作り、二の間と襖障子で隔て、内法長押上に花鳥の彩色彫刻欄間を入れる。南西二面入側縁境二柱間の建具は各舞良戸（内面張付）二枚と明障子一枚である。二の間は三間半四方の部屋の西北隅に間口二間半の出床（框床）を設けた二十二畳敷である。天井は格絵天井、一の間境と同様三の間境を襖障子で隔て、内法長押上に彫刻欄間を入れること及び入側縁境の建具は一の間と同じである。三の間は三間に三間半、二十一畳敷で、四の間境を襖障子で隔て、内法長押上部を張付壁とするほか天井、入側縁境建具は二の間に準ずる。また、上段の間東側の納戸間は格天井、北面に腰障子を立て、西面帳台構の北側襖のみ片引戸とする。

上洛殿は柱六寸七分五厘の面取角柱を用いた素木造で、内法高さ六尺五寸、天井高さは一の間が十五尺九分である。各室の天井格縁及び床框は黒漆塗仕上、天井格間絵は水墨画である。表向の各部屋障壁画は内法長押上の小壁とも水墨画で、上段の間と一の間の画題は帝鑑図である。なお、納戸間の障壁画は小壁以下金碧地に藤棚、葡萄棚に流水を配した彩色画であった。

上洛殿は、寛永造営当寺、御成書院あるいは書院と称された。寛永十一年七月四日、将軍徳川家光は名古屋城に入り、本丸御成書院を宿館とし、翌日名古屋を出立した。『大猷院殿御実紀』同月四日条に「やがて名古屋の城にいらせ給ふ。大納言義直卿饗せられ。なごや貞宗の脇差。二字国俊の刀を献ぜらる。貞宗の御刀。国次の御脇差。銀千枚。晴服二百遣はさる。家司竹腰山城守正信。成瀬隼人正正虎にも賜物あり。」と記す。御成書院の上段の間が将軍の休息間に充てられたと考えられるので、将軍を饗応し、献上物と賜物の儀式が行われたのは御成書院の南面一の間と二の間であったと推察される。翌日、藩主義直は将軍を二の丸に迎え、徳川家康自筆の兵法一巻に銃五挺を添えて献上した、と伝える。

まとめ

御成書院は御成御殿ともいわれ、室町時代末の武家住宅における会所を継承する建物である。慶長十三年の『匠明』にのせる当代「屋敷の図」に御成御殿がみえる。大名屋敷において御成御殿を書院あるいは御成書院と称するのは、元和三年五月に将軍徳川秀忠が前田利常第へ御成りになった時の『本光国師日記』の記事及び『梅津政景日記』元和五年三月八日条にみえる秋田藩佐竹義宣の江戸上屋敷の「御成御しょいん」が早い例である。御成書院の呼称は元和から寛永年間に一般化したと思われる。元和から寛永頃の大名屋敷に建てられた御成書院は将軍の御座間であった。

江戸時代初期に将軍御成りの時、御成書院において式三献と祝膳および将軍よりの進物があり、また、相伴衆が同席して七五三の祝膳が出された。一方、広間では将軍が出御し、藩主より進物が献上され、そこで能を上覧した。能上覧は御成書院で行われる場合もあった。これらの用例からすると、御成書院は将軍の御座間であるとともに、その表向座敷は接客・饗応座敷であったと推察できる。名古屋城本丸の御成書院は上段の間と一の間の障壁画に帝鑑図の水墨画が描かれていた。これは将軍の御座間を飾る障壁画として相応しい画題であるが、御成書院が表向の接客・饗応に用いられたことからすると、水墨画の障壁で飾った室内仕様は寛永頃の大名屋敷における表書院の様式を示していると思われる。これについては、本章第四節で改めて考察する。

注

1　細川三齋が慶長七年十一月に移った豊前小倉城の本丸に大書院があり、その表座敷東面広縁を囲った長六畳台目の茶室図が『細川三齋茶書』に伝えられる。大書院は囲を付属するので大広間の奥にある表向の書院と考えられる。また、『元寛日記』元和五年六月の福島正則除封特賜津軽地四万五千石の条によると、広島城本丸は大広間、大書院、御座間があった。

2　『梅津政景日記』元和五年三月八日、同年六月三日条。

3　『元和年録』同日条も同じ。

第二節　大名屋敷における大書院・小書院を中心とする殿舎構成の発達過程

Ⅰ　名古屋城本丸

一　名古屋城の創立と創建期の本丸殿舎

名古屋城は、徳川家康が東海の守城として尾張清洲城に代わり名古屋の地に築いた平城である。城の普請は慶長十五年二月から諸大名により始められ、それが終った同十七年ころから本丸の作事にかかった。慶長二十年（一六一五）二月に本丸殿舎が完成し、藩主松平義利は移徙した。奥御殿はそれより遅れ、元和二年四月頃に完成したらしい。(1)

名古屋城本丸御殿については、慶長度の本丸造営時に大工頭を勤めた中井大和守正清の子孫である中井家に「なこや御城御絵図」（図38）が伝えられている。(2) この絵図は慶長末年の本丸造営に関連する指図で、計画図の一つであると考えられている。(3) 同絵図によると、本丸の敷地は東西六十間、南北六十六間程で、その内北半は西北隅に御殿守と小殿守が建つため、東西が狭く三十八間程である。南大手馬出の東側に開く御門を入ると、南正面に車寄を張出した遠侍、その西方に南面する広間があり、その間を廊で繋ぐ。広間の西北には対面所と書院が雁行形に配置され、それらの北方に御殿があり、それぞれ渡廊下で結ばれている。対面所と書院の西南は庭が広がり、その西面と南面に塀をめぐらす。

一方、書院と対面所の東方には台所と小台所、局、料理間などがあり、また、御殿の東に風呂屋と御末、その北側に御局がある。慶長二十年四月十二日、松平義直（旧名義利）の北方が輿入した時、本丸大奥に主殿を建てたと伝えられる。(4)「なこや御城御絵図」に主殿は描かれていない。名古屋城は、元和三年（一六一七）十一月に本丸の東方に二の丸殿舎が造営され、同六年に藩主は本丸より二の丸に移徙し以後、二の丸が藩主の御殿となった。二の丸の主要殿舎は広間、書院、夜居の間の構成であったと伝えられる。その後、寛永十一年の将軍上洛に際して、宿館として寛永十年に本丸内に御成御殿以下の殿舎が造営された。

戦災前の本丸には慶長末年の造営にかかる建物である遠侍、大廊下、広間（表書院）、対面所などが保存され（寛永十一年御成りの時、一部改修）、また、寛永十一年（一六三四）七月の将軍家光上洛に際して、将軍を迎えるために新たに造営された御成書院（上洛殿）

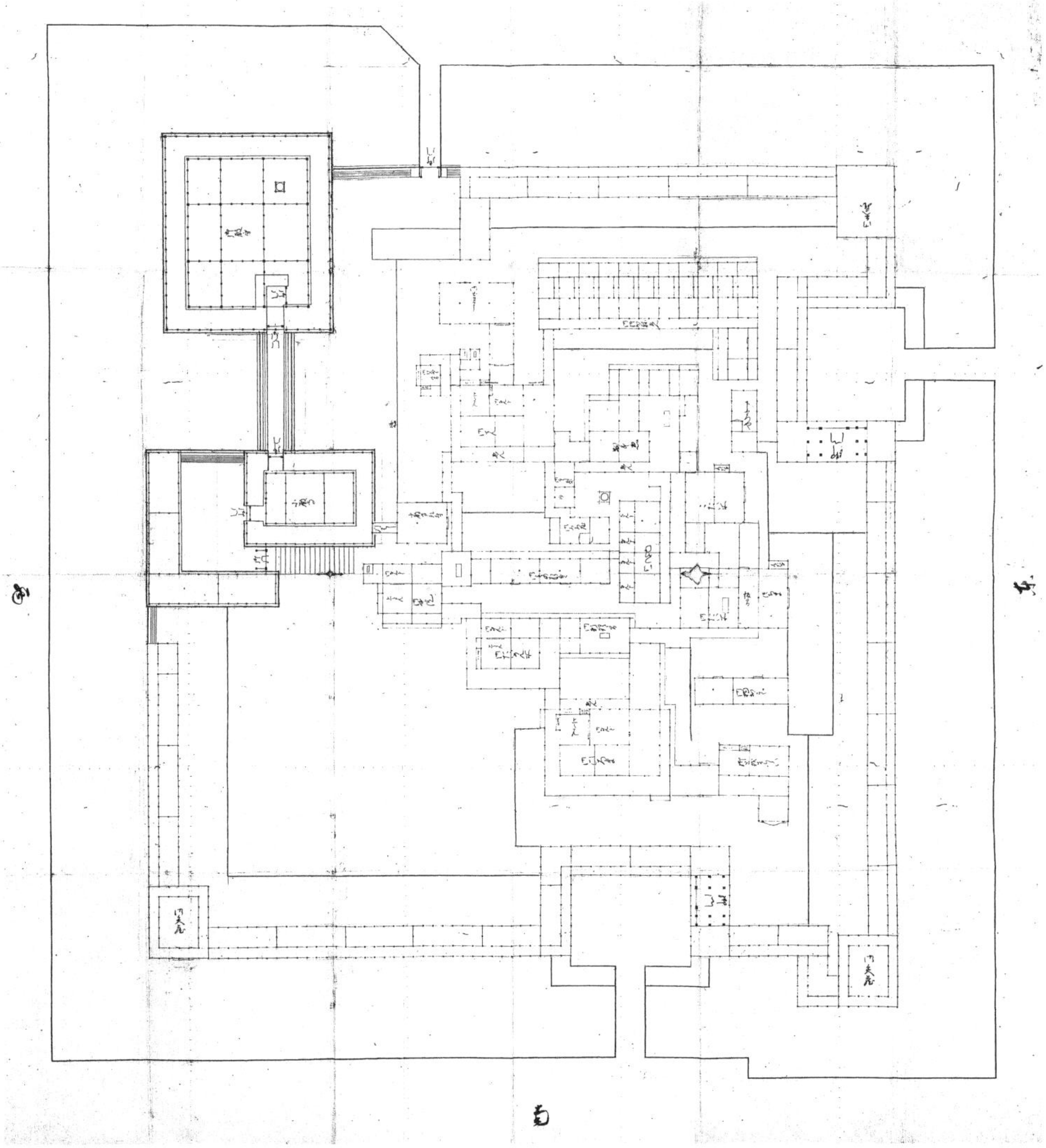

図38　なこや御城御絵図（中井家蔵）（谷直樹『大工頭中井家建築指図集中井家所蔵本』による）

と上御膳所、黒木書院、湯殿書院などが存在した。つぎに「なごや御城御絵図」と戦災以前の名古屋城の建築に関する先学の研究をもとに[5]、創建期の広間（表書院）、対面所と書院について述べる。

二　本丸の広間、対面所と書院

（1）広間

慶長の絵図に描く「御広間」は、戦災前の「表書院」に相当する。それと比べると、規模はほぼ同じであるが、部屋の広さなど一部異なるところがある。絵図によると、広間は桁行十二間半、梁行九間半の規模で、そのうち母屋は東西十間、南北六間半、南面と西面に各幅二間と一間半の入側縁、東・北二面に幅一間の入側縁をめぐらす。平面は母屋西側七間を南より三間の位置で南北に二分し、その北側西に上段の間、十八畳敷（間口三間、奥行三間）、その東に納戸、二十八畳敷、南側西に一の間、その東に二の間、各二十一畳敷（三間半に三間）を並べ、それらの東側桁行三間に南北に長い三の間、三十九畳敷（三間に六間半）を配する。上段の間は北面に二間床と一間違棚、西面に一間半の付書院、東面に納戸構を備える。

戦前の表書院は母屋の規模が同じで、西入側縁の幅が二間であった。屋根は当初入母屋造柿葺であったが、享保十三年に桟瓦葺に改修された。平面は母屋西側七間を南より三間半の位置で南北に分ける[6]。上段の間は十五畳敷（間口三間、奥行二間半）の広さで、天井を折上小組格天井とする。上段の間の座敷飾は北面西に二間床（押板）と東に一間違棚、西面北に八尺一寸の付書院、東面に納戸構を備える。納戸構は形式的なもので、納戸側は竪板張壁であった。一の間との境の襖障子は上段框の上に立て、上部に筬欄間を入れる。一の間は間口三間半、奥行三間半の二十四畳半敷、天井を小組格天井とする。一の間と二の間境は襖障子で仕切り、上部に筬欄間を入れる。入側縁境の建具は腰障子である。

表書院は六寸八分角の面取り角柱を用いた総素木造で、内法長押下の張付壁に障壁画を描き、それより上の小壁を漆喰塗仕上げとする。障壁画は金張付による極彩色画で、題材は上段の間が床に大松、ほか松竹梅、一の間が桜花と雉子図であった。

『匠明』の当代「広間ノ図」に比べると、名古屋城本丸広間の特徴は、二列系平面であること、上々段および中門と公卿座をなくしたこと、外側に雨戸を用いる計画で、各室と入側縁境の建具に腰障子を用いたことである。柱間は近世的な柱間割であるが、柱太さは六寸八分角、鴨居内法高さ六尺六寸六分、天井高さ十三尺四寸八分である。この値は『匠明』の「当代広間」に近く、二条城二の丸

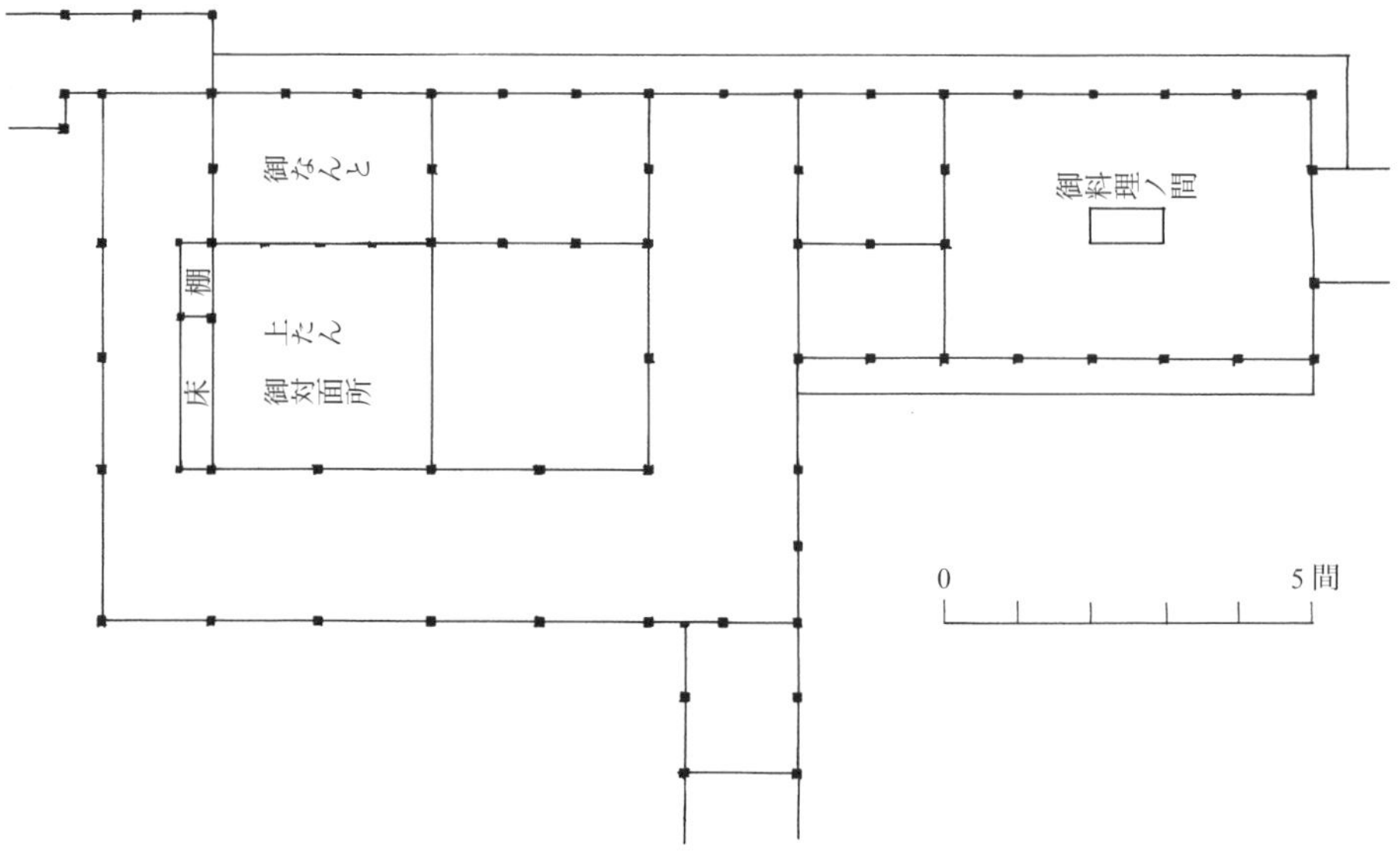

図39　名古屋城本丸対面所平面図（なこや御城御絵図）

広間や寛永度大坂城本丸広間の寸法より小さい。それは、名古屋城が藩主の居城であることに関係すると思われる。このように名古屋城本丸広間は主殿的な要素を払拭し、近世的な柱間割や建具を採用していた。ただし、上段の間は押板、違棚、付書院、帳台構を備え、主殿における常御所の座敷飾を継承していた。

（2）対面所（図39）

慶長絵図の対面所は桁行九間半、梁行七間の規模である。母屋は東西六間、南北五間で、その南・東二面に幅二間の入側縁、西面に幅一間半の入側縁をまわす。平面は南入側縁に面して西に上段の間、「九間」（十八畳敷）、東に同じ広さの次の間を並べ、上段の間の西面に床と棚を備える。両座敷の北側は十二畳敷を二室並べ、西間に「御なんど」の書入がある。上段の間と「御なんど」境に納戸構の表示がある。上段の間と次の間の南面および東面の柱間寸法は三間を二等分した一間九尺七寸五分であるが、次の間北面と北側二室は一間六尺五寸間隔である。対面所は東側に料理間を付属するので、表の接客と饗応にあてるよう計画されたと思われる。

戦災前の対面所は(7)、桁行九間半、梁行九間の規模、屋根は入母屋造桟瓦葺（旧柿葺）であった。表側座敷は絵図と同じであるが、背面に梁間三間の納戸上の間と次の間を設け、その北面に一間入側縁を付けていた。上段の間は西面に二間押板と一間違棚、南面に一間半付書院、北面に納戸構を備える。納戸構は形だけであり、納戸側を張付壁としていた。天井は二重折上小組格天井、次の間境に襖障子を立て、上部に筬欄間を嵌める。次の間は折上小組格天井に作り、北面三間を張付壁とし、東面入側縁境に舞良戸（内面張付）

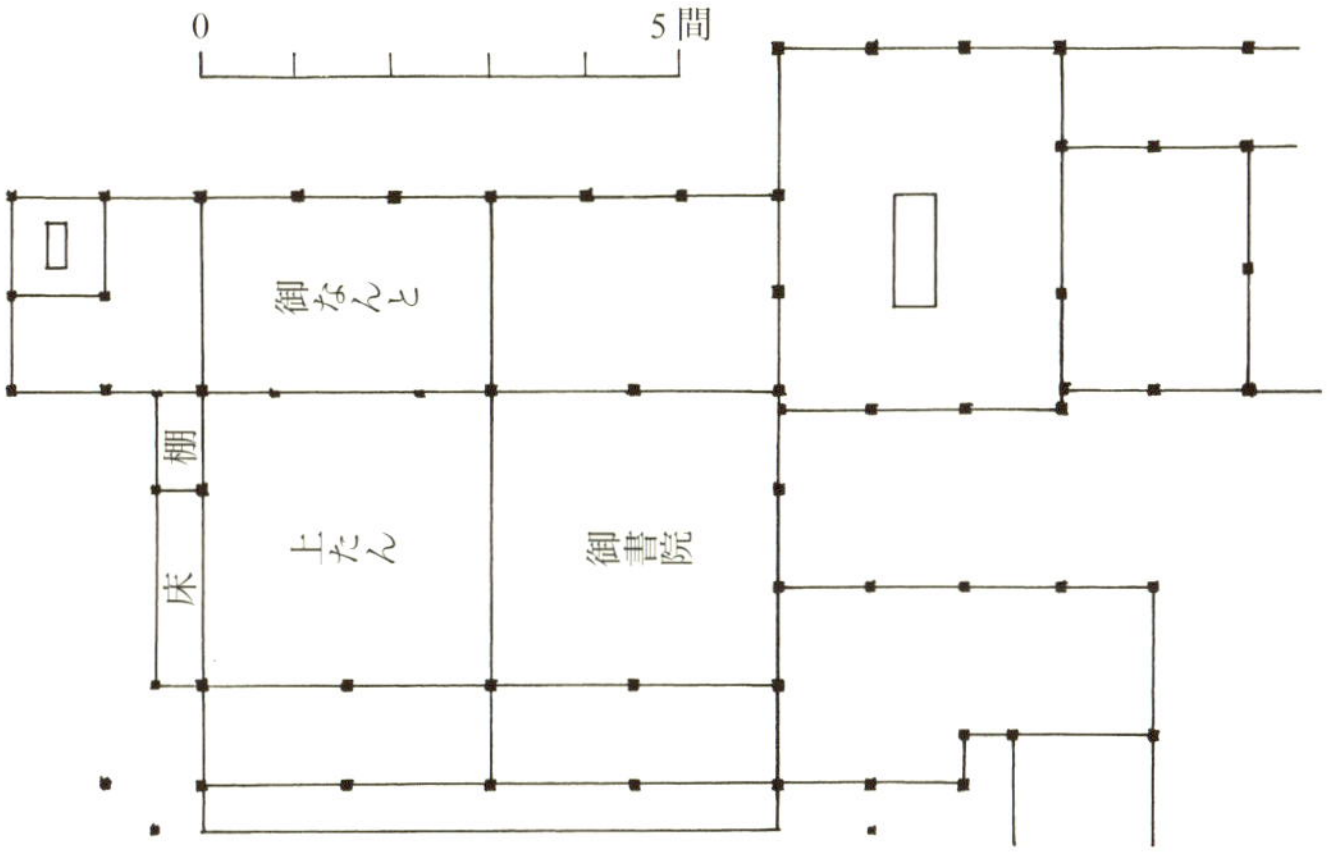

図40　名古屋城本丸書院平面図（なこや御城御絵図）

を立てていた。

対面所は素木造で、上段の間と次の間の天井格縁と組子及び上段の間帳台構を朧色塗とする。上段の間と次の間は内法長押より上の小壁を漆喰塗り、内法下の障壁画に金泥極彩色の風俗画を描いていた。対面所の平面形式は表座敷を南側に並べる点に特色がある。『匠明』の当代「屋敷の図」に描く対面所の平面形式はこれに類似する。これらの平面は対面所の奥にある書院と同じ平面形式である。ただし、名古屋城本丸の対面所は上段の間の床を押板とし、北面に形だけであるが納戸構を付けていた。この点からすると、名古屋城本丸対面所は小広間の系統に属するとみられる。

（3）書院（図40）

慶長絵図に描く書院は桁行六間、梁行六間の規模である。母屋は東西六間、南北五間、その南面に幅一間の入側縁をもつ。母屋の間取は絵図の対面所と類似する。すなわち、母屋南側に「九間」の上段の間と次の間を西と東に並べ、それらの北側に「六間」（十二畳敷）の部屋を二室配し、その西間を納戸とする。上段の間は西面に二間床と一間棚、北面に納戸構を描く。この床は書院の名称からして框床であったと考えられる。上段の間と次の間の南面柱間寸法は三間を二等分した値であるが、他は一間毎に柱を立てる。対面所と相異する点は、上段の間の床のほか、南面にのみ幅一間の入側縁があり、西面を土庇とすることである。

名古屋城本丸書院の特徴は母屋の南側（表）に「九間」（十八畳敷）の広さをもつ上段の間と次の間を並べることである。母屋の南側に上の間と次の間を並べる平面は天正年間の大坂城本丸表御殿の黒書院にみられる。表御殿黒書院の上の間と次の間は六畳敷「三間」の広さで、背面にも六畳敷の部屋を二室配していた。幕府関係居館の黒書院のうち、寛永三年の二条城本丸書院は「七間半」（十五畳敷）の上段の間と「九間」（十八畳敷）の下段の間を母屋の南側に並べていた。大坂城本丸と江戸城本丸の黒書院は、上段の間と下段の間を南北に続けた形式である。上段の間の広さは二条城本丸黒書院が十五畳敷、大坂城及び江戸城本丸黒書院が十八畳敷、下段の間はともに十八畳敷である（表6）。名古屋城本丸書院の上段の間と次の間の広さは幕府関係居館の黒書院に近いが、南面のみ

表7　備後国福山城本丸主要殿舎の規模

殿舎名	水野記 城中屋形畳鋪数	福山城本丸御殿指図	備陽六郡志 福山城内本丸
広　間	広間：獅子間、虎間ほか 畳数200帖	使者間、虎間ほか 10間半に9間半	虎間ほか 9間半に10間半
書　院	書院：上段間、次間、後座敷 同次間ほか、畳数127帖	大書院：上段間、次間、後座敷、 同次間ほか、10間に8間	書院 8間に11間
対面所	対面所：桐間、次間ほか 畳数59帖	なし	なし
居　間	上間、次間、三間、納戸ほか 畳数110帖	小書院：上間、次間、三間ほか 10間に6間	居間 6間に12間
御　殿	上段間、下段間、後座敷上間 同次間ほか、畳数127帖	表居間：上間、次間、納戸 同次間ほか、8間半に7間半	御殿 8間に8間半

典拠：『広島県史』近世資料編Ⅰ、三浦正幸「福山城本丸御殿の伏見城移築殿舎」『日本建築学会大会学術講演梗概集』1993.9、宮原直倁『備後叢書』(一)

入側縁を付け、西面を土庇とすることはそれらと大きく異なる。

Ⅱ　福山城本丸

備後国福山城は、元和五年（一六一九）八月に備後国を賜った水野勝成が西国の鎮衛として築いた城である。水野家の旧家臣吉田秀元（享保十八年没）の著した『水野記』(8)によると、福山城は元和五年より築城が始められ、元和八年に普請を終えた。福山城本丸の造営にあたり伏見城より御殿、三階楼、月見楼、大手門、多門一ケ所、塀百八十間余を幕府から賜ったというので、本丸の作事は伏見城が破却された寛永二年（一六二六）頃に始められ、寛永年間に完成したと考えられる。「備陽六郡志」(9)福山城内本丸の条に、

一　御屋形　勝成公御一代本丸に被成御座、勝俊公御代二丸に御屋形を御建御移り、夫より松平忠雅公、当御代迄、二丸に被成御座候。忠雅公御参勤之節ハ、御本丸より御発駕被成、御帰城之節も先御本丸へ御入、それより二丸之屋形へ御移被成候由。

とあり、二代勝俊の時、二丸を建設し、以後二丸が藩主の屋形となった。

元禄十一年（一六九八）五月五日、藩主勝岑が江戸にて卒去（寿二歳）、水野家は藩主断絶に付き備後国を収公された。同十三年正月十一日、松平下総守忠雅を山形より備後福山に転封した。その後、宝永七年（一七一〇）閏八月十五日、松平忠雅の伊勢桑名転封に伴い、阿部対馬守正邦は下野宇都宮より備後福山に転封され、以後幕末まで阿部氏が福山藩主を勤めた。

『水野記』に福山城の「城中屋形畳鋪数」として、本丸屋形の各建物について畳

敷の数を記載する。また、福山城本丸御殿については、阿部家に伝わる「福山城本丸御殿指図」（以下、「指図」と記す）があり、三浦正幸氏により考察されている。(10) それによると、この「指図」は阿部家において享保十五年までの間に作図されたこと、伏見城本丸御殿を福山城本丸に移した建物は『水野記』福山城「城中屋形畳鋪数」にのせる「御殿」であり、「指図」に書く「表居間」に相当することが指摘されている。この「指図」により福山城本丸主要殿舎の配置と規模が知られる。表7は『水野記』にのせる本丸主要殿舎畳数と阿部家時代の「福山城本丸御殿指図」に書き入れる主要殿舎名を対応させ、各建物の規模を示す。殿舎名の記載順序は「指図」をもとに表向から奥向の順とした。また、「指図」と同時代の史料である「備陽六郡志」により、それらに対応する本丸殿舎の名称と規模をのせた。つぎに、『水野記』にのせる本丸の広間（虎間）、書院、御殿、対面所、御居間について検討する。

（1）広間（虎間と獅子間）

『水野記』によると、広間は獅子間と虎間及び鑓間からなる。「指図」は獅子間を「使者間」とし、西向に玄関を張出す。『水野記』に虎間を四十帖敷、その奥にある獅子間（使者間）を十九帖敷とするのは「指図」と同じである。『水野記』に「書院ヨリ広間江ノ廊下〈二十牀〉、北南二間」と記す廊下は玄関・広間と書院を繋ぐ廊下であり、書院は広間の東側に立っていた。

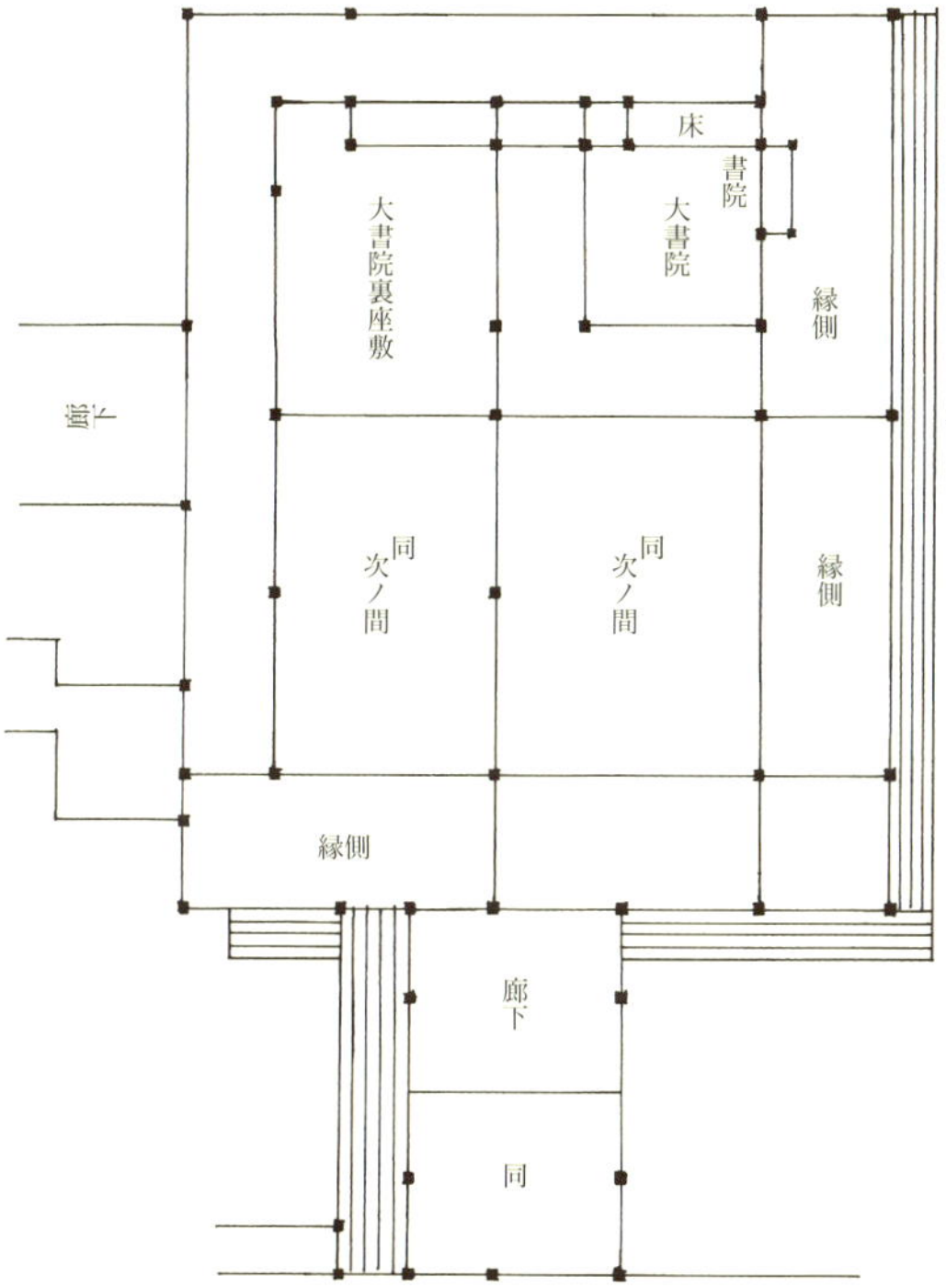

図41　福山城本丸大書院平面図（福山城本丸御殿指図、阿部家蔵、部分）

（2）書院（大書院）（図41）

『水野記』に「皇帝間書院」をのせる。書院は皇帝間上段（八帖）・下段（五帖、十一帖カ）、同次の間（二十四帖）、後座敷上の間（十七帖）、同次の間（二十帖）の四室よりなる。四室の構成と広さ、及び書院の南・西二面に幅一間半の入側縁（畳敷）、北・東二面に幅一間の入側縁（畳敷）を廻らすことは「指図」に書く「大書院」とほぼ同じであり、書院は大書院と呼ばれたことが知られる。「指図」によると、大書院は南向に立つ桁行十間、梁行八間の規模で、七間半に五間半の母屋四面に入側縁をめぐらす。平面は田字形四室よりなり、南面東に三間半に三間の大書院、西に四間に三間の次の間を並べ、各々の背面に大書院後座敷と同次の間を配する。主室大書院は東南隅に八畳敷の上段を造り、その上東面に一間半床、南面東に一間付書院を備える。二列系平面の大書院は古式であり、寛永の創建期に遡ると思われる。

（3）対面所

『水野記』によると、対面所は桐間（十二帖）と次の間（二十六帖）よりなり、畳数は入側縁を含めて五十九帖である。これに相当する建物は「指図」及び「備陽六郡志」にみられないので、阿部家の時代に取り壊されたと思われる。

（4）御居間

『水野記』は御居間を対面所のつぎに記す。『水野記』によると、御居間は上間（八帖）、次間（十八帖）、三間（三十六帖）、納戸（八帖）、仏壇間よりなっていた。「指図」の小書院は上の間（八帖）、次の間（十八帖）、三の間（三十六帖）であり、『水野記』の御居間に相当すると考えられる。小書院は大書院の西北にあり、居間書院であろう。小書院の上の間と次の間は、各々北面に二間の床を備えていた。「備陽六郡志」にのせる「御居間」は小書院に相当する建物である。それによると、御居間は障壁画に大津の景色など和絵が描かれていた。「備陽六郡志」は御居間の規模を六間に十二間とする。「指図」の小書院の規模は北側廊下を含めると桁行十間、梁行六間程であり、「備陽六郡志」に記載する御居間の規模とやや異なる。

（5）御殿

『水野記』は城中屋形畳鋪数の最初に御殿を記載する。それは御殿が伏見城より移築された建物であることを示している。御殿は上段の間（十八帖）、下段の間（二十四帖）と後座敷上の間（十八帖）、同次の間（二十四帖）の四室よりなり、南面と西面に入側縁を付けていた。「指図」の「小書院」東側にある「表居間」は南向桁行八間半、梁行七間半の規模で、東西七間、南北六間の母屋を東より三間、南より三間の位置で四分割し、その南・西二面に幅一間半の入側縁を付ける。四室の広さと配置は『水野記』の御殿と同じであり、「指図」の「表居間」は御殿に相当すると考えてよい。「指図」によると、「表居間」の東南隅にある主室は東面に二間床と一間棚、南面東に一間付書院を備える。主室は上段の間であり、主室後座敷は「納戸」である。これによると、御殿は「表居間」と称され、藩主の御座間であった。

以上、福山城本丸は書院（大書院）が表向の対面座敷であった。書院上段の間は「皇帝間」と称され、室内障壁に水墨画を基調とした漢画系人物が描かれていたと推察される。これは、書院が広間系建物ではなく、水墨漢画を基調とする書院系建物であることを示すと考えられる。

『水野記』の御居間は小書院に相当し、居間書院のことであろう。御居間の室内障壁画は総張付に大津の景色などを彩色した和絵であったらしい。御殿は藩主の御座間である。御殿の室内障壁画は惣張付墨絵山水であった。

Ⅲ　毛利家江戸上屋敷

長州藩毛利家江戸上屋敷は外櫻田門外にあって、内堀に面する北向の敷地である。屋敷は東を伊達屋敷と接し、北と西側を街路に面する。毛利輝元はこの屋敷地を慶長八年（一六〇三）春に拝領した。同年八月六日、桜田邸の仮屋が出来たので、毛利秀就は新邸に移った。その後、毛利輝元は秀就と越前中納言秀康の息女（将軍秀忠の養女美津姫）との婚礼に備えて、慶長十二年二月より上屋敷の本格的な普請を始めた。上屋敷の造営は、家臣益田元祥が担当し、大坂で木材を集め、工匠に命じて縄墨を施し、木津より江戸へ運搬させた。同十二年八月二十四日、桜田上屋敷の作事がほぼ完成したので。障壁画のことを雲谷等顔に命じ、十月にはすべて落成した。[11] そして、翌十三年七月十七日、秀就と美津姫の婚儀が同屋敷において執り行われた。

元和元年（一六一五）九月二十一日、毛利秀就第より出火し、伊達政宗、島津家久等の屋敷を類焼した。毛利家上屋敷は、同年冬より再建工事をはじめ、翌二年冬に落成した。しかし、元和七年正月二十三日、尾張義直の新第より出火して、その火は城溝を越えて上杉景勝、伊達政宗、毛利秀就等の屋敷を延焼した。火災後、毛利家上屋敷は同七年春より再建工事が始められ、翌八年春にはひとまず落成した。その後、寛永二十年八月二日、桜田邸内に世子千代熊（後の綱広）の別館が営まれ、綱広は別館に移居した。[12]

正保二年（一六四五）十一月二十三日、秀就と夫人及び千代熊は新築なった麻布下屋敷に移った。それにともない、上屋敷の作事があったらしい。『毛利四代実録』正保三年六月二日条に、桜田上屋敷東の伊達屋敷境にある長屋を解体し、堀障を築いたところ、伊達屋敷の長屋に窓と戸口を設けていたことが問題になっている。その後、明暦元年五月二日、桜田上屋敷の修理手斧始めがあり、翌二年四月から十二月迄に上屋敷を修造し、翌三年春には上屋敷に移徙する予定であった。[13] しかし、明暦三年（一六五七）正月九日の江戸大火により桜田上屋敷は全焼した。

毛利家江戸上屋敷については先学の研究があり、上屋敷の沿革および山口県文書館・毛利家文庫に収める江戸時代の上屋敷指図について考察されている(14)。そのうち、明暦以前の指図は二枚あり、一枚は「江戸御屋敷ニ而可有之候哉」の貼紙がある指図で、元和七年の作事に関わるとされる。もう一枚は明暦二年七月二十六日の銘がある「江戸上屋敷極リ之惣指図」で、明暦二年の作事に関わる指図と考えられる。つぎに、両指図にみえる表向主要殿舎のうち小広間と書院について、指図から窺える特徴を纏める(15)。

一　元和七年再建の小広間と書院

元和七年の指図によると、上屋敷は東西五十五間（一間は六尺五寸）、南北百三十二間から百三十四間の南北に長い敷地であり、北面やや東寄りに表門を開く。敷地の西面は街路に沿って長屋を連ね、南寄りに長屋門（裏門）を開く。南面と東面は同じく長屋をめぐらし、東面の北寄りに厩を設けていた。敷地は北より五十六間の位置に建てた東西棟の蔵により南北に二分され、北側を表御殿、南側を裏御殿とする。裏門の内、敷地の南側三十間ほどは空地である。

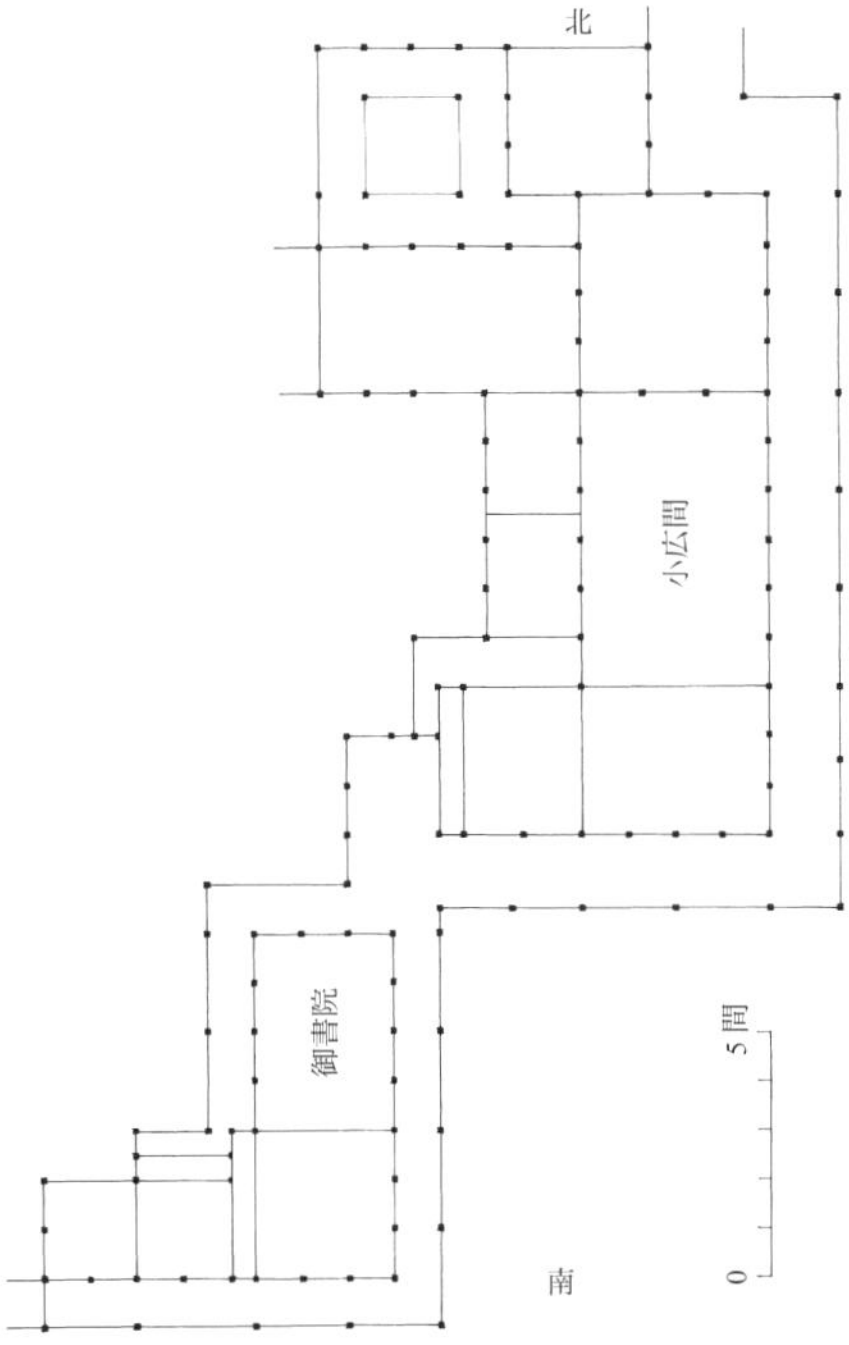

図42　毛利家江戸上屋敷指図（小広間・書院部分、元和7年頃）

表御殿は表門の内、中央に北向の遠侍が立ち、正面に玄関を張出す。遠侍の南東に続く東向の小広間は上屋敷の中心建物である。書院は、小広間の南西に接して東面する。書院の南西に南面する御座間があり、書院と二間廊下で結ばれていた。台所は遠侍の南西にあり、遠侍および御座間とのあいだを廊および付属屋で繋いでいた。書院の北西に接する建物は料理間と思われる。

（1）小広間（図42）

小広間の平面は母屋に三座敷を並べ、その上手南次の間の西に上段の間を張出し、四周に入側縁をめぐらした形式である。母屋は南北十三間、東西四間の規模で、その西面南三間より西に奥行二間半の上段の間を矩の手に張出す。十五畳敷の上段の間は西面に床を備えていたが、帳台構と付書院を設けない。母屋は南より次の間（二十四畳敷）、三の間（四十八畳敷）、四の間（三十二畳敷）に分れ、四の間の西北より西へ三間に五間半の曲り座敷（三十三畳敷）が付く。入側通りの柱間割は古式であり、一間六尺五寸間に柱を立てる。寛永五年建立の大坂城本丸対面所は、母屋に下段の間と次の間の二座敷を並べ、その上手に上段の間を張出す。上段の間は北面に押板と違棚を備える。帳台構と納戸間を設けないのは毛利家上屋敷の小広間と同じである。母屋梁間は三間で、幕府関係居館の対面所としては略式である。毛利家上屋敷小広間はそれより規模が大きく、母屋梁間四間であった。これより先、慶長十二年十月に落成した毛利家江戸上屋敷は式台、広間、書院があったので、(16)元和七年再建の小広間は略式の対面所であったと考えられる。

（2）書院（図42）

書院は南北七間、東西三間の母屋四周に幅一間の入側縁をめぐらした桁行九間、梁行五間の規模である。平面は母屋を南北二室に分け、南側十八畳敷を上の間として、西面に床を備える。入側通り母屋柱間寸法は小広間と同様、一間六尺五寸である。上の間の西側に続く曲り座敷は南入側縁に面して「四間」（八畳敷）の部屋を二室並べ、上の間北面に床を備えていた。書院は梁間三間の部屋を南北に並べた一列系の単純な平面である。書院は正式の接客・饗応に用いられたと推察される。

二　明暦二年頃の広間と新書院及び色付書院

元和七年再建の上屋敷は、その後正保二年（一六四五）頃修理があり、また明暦二年（一六五六）に大幅に改築されたらしい。明暦二年銘の「指図」によると、敷地は同じ広さで、北・西二面の街路に沿って長屋をめぐらし、北面中央に表御門、西面南寄りに裏門を開いていた。敷地の南面に内長屋、東面に厩と裏衆長屋があったが、裏衆長屋は解体されていたようである。

敷地の北側を表御殿、南側を裏御殿とすることは前期と同じであるが、表御殿の敷地は南に十四間ほど拡張されて、南北七十間になった。表御殿の主要殿舎は北より南に式台、広間、色付書院、新書院、御座間である。式台の南東にあって東面する広間は、小広間を建替えた表御殿の中心建物である。広間の南側に棟を並べて東面する色付書院があり、渡り廊下で繋がる。新書院は色付書院の西方にあって東面し、その西北に西面する御座間がある。

（1）広間（図43）

広間は桁行十七間、梁行十間の大型建物である。母屋は南北十三間、東西七間、その東・南・北三面に幅二間の入側縁、西面に幅一間の入側縁をめぐらす。平面は母屋桁行を南四間、中央六間、北三間の位置で三分し、梁行を東より四間位置で東西に二分した七座敷（納戸を含める）よりなる二列系平面である。母屋の南西隅に間口三間、奥行二間半（十五畳敷）の上段の間を設け、その西面に床と棚、南面に付書院、北面に帳台構を備え、その内を奥行一間の納戸とする。入側通り母屋柱間寸法は四間（一間は六尺五寸）及び四間半を三等分、三間を二等分、七間を五等分した値で、元和の小広間にくらべて近世的柱間割である。

（2）新書院（図43）

新書院は「最前之新書院引直申候、但、九尺ノ継足」の注記があり、元和七年の作事より後に新築され、それを引直したらしい。規模は桁行十一間半、梁行六間で、西北に曲り座敷を付ける。母屋は南北八間、東西三間、その東・西・南三面に幅一間半の入側縁、北面に幅二間の入側縁をめぐらす。平面は母屋を南より五間位置で二座敷に分け、南側上の間の西面南に二間床と一間棚、南面西に一間半付書院を備える。北次の間の西側に張出した曲り座敷（山吹の間）は「十二間」（二十四畳敷）で、西面に床と棚を備え、南・北・西三面に幅一間の入側縁を付ける。その注記に「最前之山吹之間引直申候」とあり、旧新書院にも山吹の間が付いていたらしい。

新書院は元和の書院と同じ梁間三間の母屋を上の間と次の間に分けた一列系の単純な平面であり、上の間に床、棚、付書院を備えていた。東・西両面入側通りの柱間寸法は一間六尺五寸で、広間と異なり古式である。新書院は広間の次にあって、表向の接客・饗応座敷であったと考えられる。新書院の北側に御料理の間が続くことはそれを証するであろう。新書院の西北に張出した曲り座敷（二十四畳敷）は西面に床と棚を備えるので、奥向の接客・振舞あるいは連歌などに用いられたと推定される。『毛利四代実録』寛永十九年正月十一日条に「御物初ノ御式行ハセラレ、山吹ノ間ニヲヒテ御連歌、公御出座、（中略）、其後御書院ニヲヒテ延命院ヲ召シ大般若御執行、畢ツテ御饗アラセラル、」とある。旧新書院は山吹ノ間を付属していたことがうかがえる。

（3）色付書院

色付書院は東面入側縁に面して、南側に「九間」（十八畳敷）、中央に四間半に三間半（三十一畳半敷）の座敷を並べ、北側に東西に長い三間に六間（三十六畳敷）の座敷を配する。南間は南面西に一間半の付書院、中央間は西面に二間半の床と一間半の棚を備え、また、北間は南面西端に二間半の大床を設けていた。中央間を主室とした表向三座敷の構成は室町時代後期の会所に類似する。すなわち、主室は対面所、北間は次の間、南間は御座間と推定される。南間の西側にある三間半に二間（十三畳敷）の部屋は西面南に一間床、東北隅に一間棚を備え、南側濡縁に沿って小便所と手水石があり、休息間と考えられる。それによると、色付書院は御成書院として造営された可能性がある。

色付書院は、木部を色付した数寄屋の書院と考えられる。入側通りの柱間寸法は一間九尺七寸五分の大きい値である。

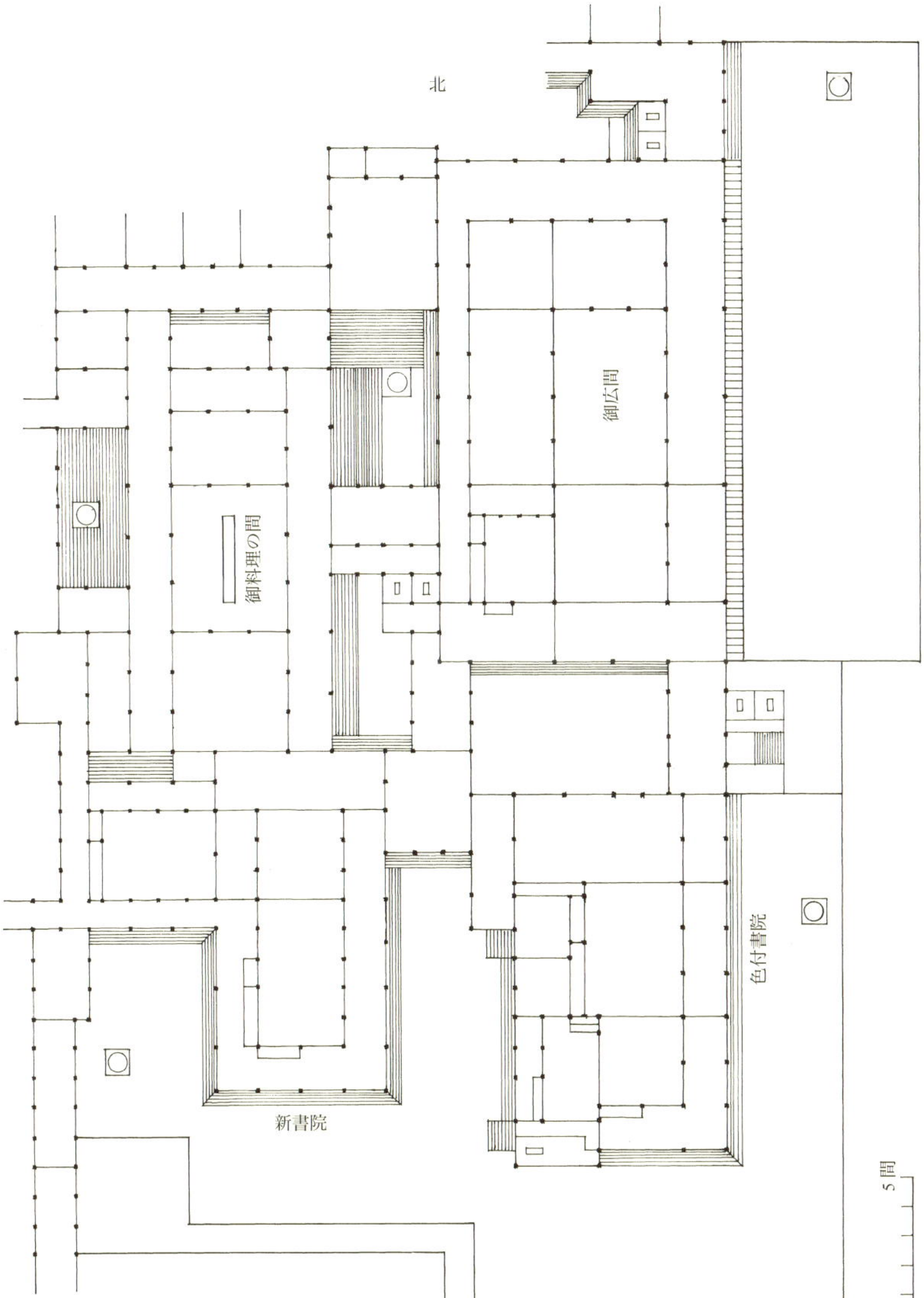

図 43　毛利家江戸上屋敷指図（広間と新書院部分、明暦 2 年）

三　明暦火災後再興の桜田上屋敷の主要殿舎

藩主綱広は慶安四年（一六五一）四月に家督を継ぎ、麻布下屋敷に居住した。そして、明暦元年（一六五五）五月に桜田上屋敷の改修を始め、翌二年十二月には表門もほぼ完成し、明暦三年春に桜田上屋敷へ移徙する予定であった。しかし、明暦三年正月十九日の江戸大火により毛利家の桜田上屋敷と新橋中屋敷は類焼した。

桜田上屋敷類焼後の造営はやや遅れて万治三年（一六六〇）頃から始められた。『毛利十一代史』「泰巌公記」万治二年十二月二十九日条に火災後の桜田邸工事に関して、営繕方役員と材木を国許より運輸のこと、大工出府のこと、及び江戸の大名作事探索の内容を江戸老臣より同十二月二日に国許へ通牒したのに対する国許役よりの回報をのせる。造営に関する主な内容は、つぎの通りである。

① 桜田邸の再興は当初、色台、小書院、台所、料理の間など生活に必要な建物を立てる計画であった。しかし、近くの伊達大膳や松平伊豆守などが再建した邸宅は書院、小書院を中心とした手広い普請であったのを見て、毛利家桜田邸表廻りは改めて指図を作り、木材見積をして式台、書院の材木は江戸にて買入れる計画に改める。特に、書院は広く作り、老中を招請する時の多人数の客に備える。

② 火災後の桜田上屋敷は大広間を再興せず、書院（大書院）を中心殿舎とする。書院における振舞と観能のために書院の前庭に舞台を設ける。

③ 表御殿の台所、勝手廻りの材木や表向造作材は国許より送る。

大広間を再興せずに書院（大書院）を中心建物としたのは、江戸老中を招請した時の振舞のことが重視されたのである。書院前庭に舞台を設けたのもそのためである。これは書院（大書院）が大広間を縮小した建物ではなく、表向の接客・対面座敷として計画されたことを示唆する。

桜田上屋敷は、寛文二年（一六六二）には表御殿がほぼ出来たと推定される。「泰巌公記」寛文二年正月朔日条に「公江戸邸ニ於テ年首ノ儀ヲ行フ、例ノ如シ、」とある。年首儀は上屋敷で行うのが例であった。同年二月二十六日、一門の宍戸九郎左衛門に青山邸の留守居を命じており、藩主は上屋敷に居住したようである。しかし、藩主綱広は、その後青山邸に移り、元禄二年（一六八九）四月に青山邸で没するまで桜田上屋敷に居住しなかったと伝えられる。[17] この時期、江戸加判役などは上屋敷に置かれ、江戸留守居以下へ指図していた。また、上使などの対応は上屋敷で行われ、正月の諸規式を行う時や藩主登営、着府などの時に上屋敷が用いられた。

桜田上屋敷が整備されたのは三代藩主吉就の時である。元千代丸（後の吉就）は寛文八年（一六六八）正月二十一日、綱広長子として江戸青山邸（麻布邸）で生まれた。延宝四年（一六七六）五月二十六日、吉辰につき、世子元千代丸は青山邸より桜田上屋敷の世子邸に移居した。「泰巌公記」延宝四年十一月十二日条に「世子居邸竣成之ニ移ル、世子書院へ出座、膳具ヲ供ス、老臣及付属ノ諸臣ニ陪食セシム、」とあり、正式に移るのは十一月十二日である。書院は世子邸の建物である。これより先、七月十二日に世子邸付属のため口羽助之進外八人に出府を命じた。世子邸は裏御殿の南側に建てられたと思われる。

「泰巌公記」延宝五年正月朔日条に「公臥病諸臣謁見ナシ、世子公ニ代リ出座、小座敷ノ規式ヲ行フ」とある。小座敷は表御殿の内向建物である。「泰巌公記」承応元年（慶安五年）正月元日帖に青山邸の小寝を「小座敷」と注記する。「泰巌公記」によると、当時の青山邸に正寝、小寝、内寝の記事があり、また、青山邸の中心建物は「大書院」と記され、主室に床、違棚、付書院を備えていたことが知られる(18)。桜田邸の小座敷は奥向の小書院と考えられる。

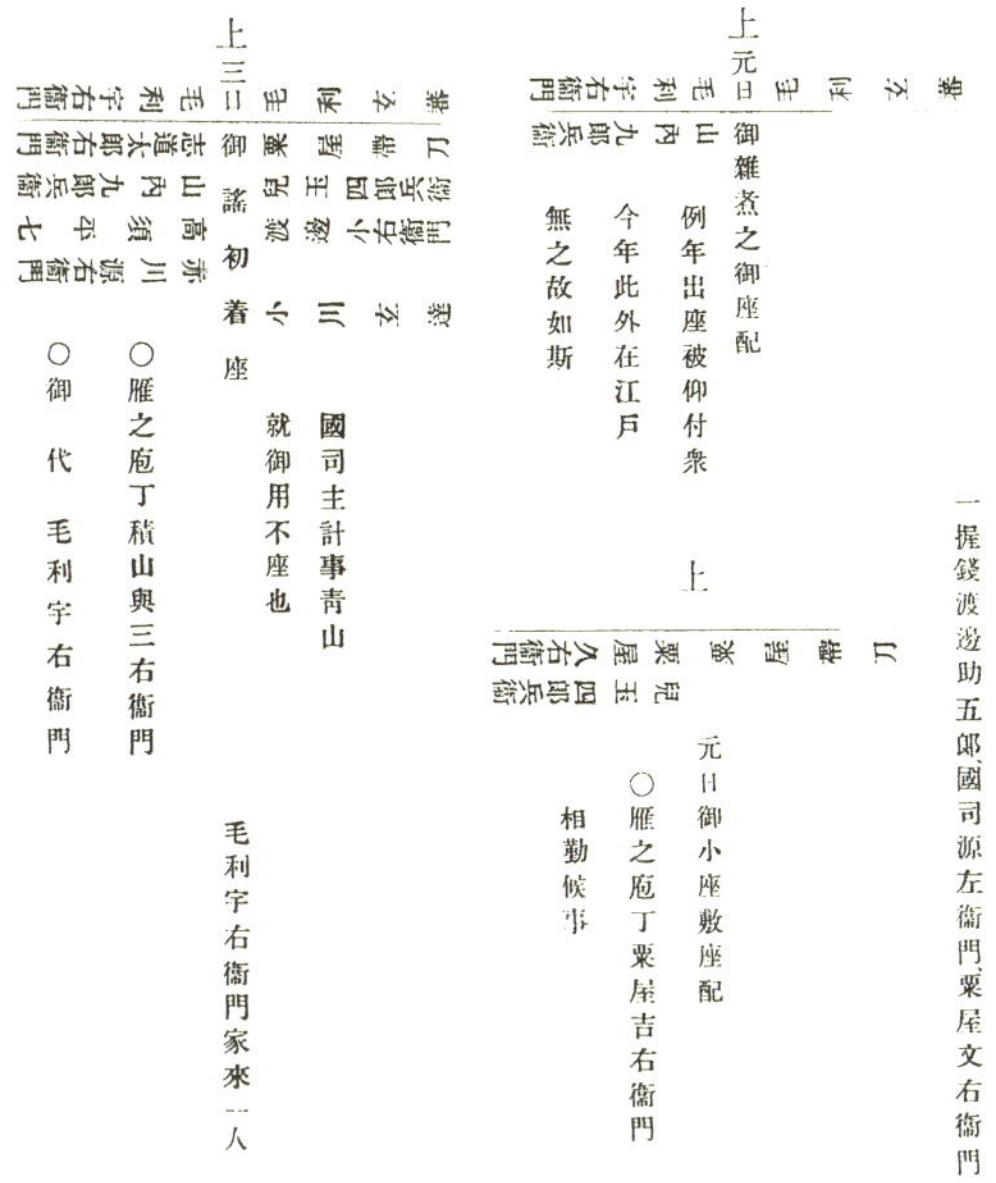

図44　毛利家桜田上屋敷、貞享三年正月儀式の大書院と小書院座配

天和二年（一六八二）元千代丸（吉就）は家督をついだ。翌天和三年七月三日、吉就は幕命により酒井靱負佐の女と結婚した。吉就夫人は桜田邸に入輿したので、それに先立ち裏御殿が整備されたと推察される。「寿徳公記」貞享三年（一六八六）正月元日及び三日の条に、藩主が江戸桜田邸書院と小座敷（小書院）で行った年首儀の時の座配をのせる（図44）。元日御雑煮及び三日謡初は書院、元日割雁式は小座敷である。座配に「上」とあるのは上の間にある藩主の座で、藩主が招いた一門と重臣が上の間と次の間に坐して行われた正月の儀式の様子が窺える。

貞享四年（一六八七）七月二十二日、桜田邸の敷地が狭いので、南隣にある大関信濃守所有地千八百九坪を購入した。敷地は合わせて一万三百八十八坪になった。元禄二年（一六八九）四月十七日、老公綱広は青山邸において没し、翌三年十一月三日には綱広夫人昌寿院が青山邸にて死去した。元禄四年六月、綱広の諸子が多数青山邸（麻布邸）

に住居し、教導も行われ難いので、綱広第十三子万吉君を桜田邸南長屋に移した。そこは近年まで長吉君の住居であったという。また、桜田邸の裏御殿一区に別房を修繕して、同年九月二十三日、綱広第十五子と十六子の幸姫と類姫を麻布邸より移徙させた。

元禄七年二月七日、吉就は桜田邸にて卒去した。同年六月四日、吉就の室長寿院は桜田邸より麻布邸に移居した。これにより、藩主吉就の時、桜田邸裏御殿が整備されていたことが窺える。

吉就以後の藩主は桜田上屋敷を住居とした。宝永四年（一七〇七）十二月、五代吉元は家督を継いだ。「泰桓公記」宝永五年五月五日条に「吉辰ニツキ世子左門君令三才、髪置行ワル、（中略）、同日髪置ヲ祝シ大書院舞台ニ於テ能舞アリ」と記す。桜田邸の中心建物は大書院であり、その前庭に舞台があった。正徳二年（一七一二）三月二十一日、桜田邸内に別邸が竣工し、世子左門は移居した。この時、別邸の部屋頭人、番頭、台所頭人以下数十人が任命された。世子別邸は裏御殿の南に建てられたと推察される。しかし、翌年七月十四日、世子は卒去した。

享保十六年（一七三一）四月十五日の江戸大火により桜田上屋敷と新橋中屋敷は類焼した。それにより、藩主吉元と夫人及び世子（大膳、中屋敷住）は麻布下屋敷に移居した。

四　享保類焼後の桜田上屋敷の主要殿舎

明暦火災後の桜田上屋敷の書院（大書院）と小書院の平面規模は未詳であるが、享保類焼後に再建された桜田邸の屋敷絵図が伝えられる。(19)つぎに、享保類焼後に再建された桜田上屋敷の主要殿舎配置と書院及び小書院について述べる。

桜田上屋敷は享保十六年四月類焼後まもなく作事が始められたが、同年九月十三日、吉元が麻布邸にて死去したため五男宗広が家督を継いだ。宗広はこの時十五才でまだ正室を迎えていなかったので、上屋敷はとりあえず表御殿だけを再興し、吉元後室の住居は中屋敷に新築することになった。上屋敷表御殿は享保十七年三月末に竣工し、新御殿の安鎮祈祷を行った。その間、蝗害による享保大飢饉に遭い、当初予定された作事の一部を延期し、式台廻りも仮普請に終わったという。その後、藩主宗広が福井藩主松平宗昌の長女勝姫を正室に迎えるため、元文元年（一七三六）十月から二年十一月にかけて裏御殿を新築した。この時期、表御殿にも作事が及んだと思われる。元文三年正月十八日、松平宗昌長女勝姫は桜田邸に入輿し婚姻式をあげた。

さて、作事記録研究会編『萩藩江戸屋敷作事記録』に江戸時代中期萩藩江戸屋敷の作事記録六点を翻刻し、それらと関連する屋敷

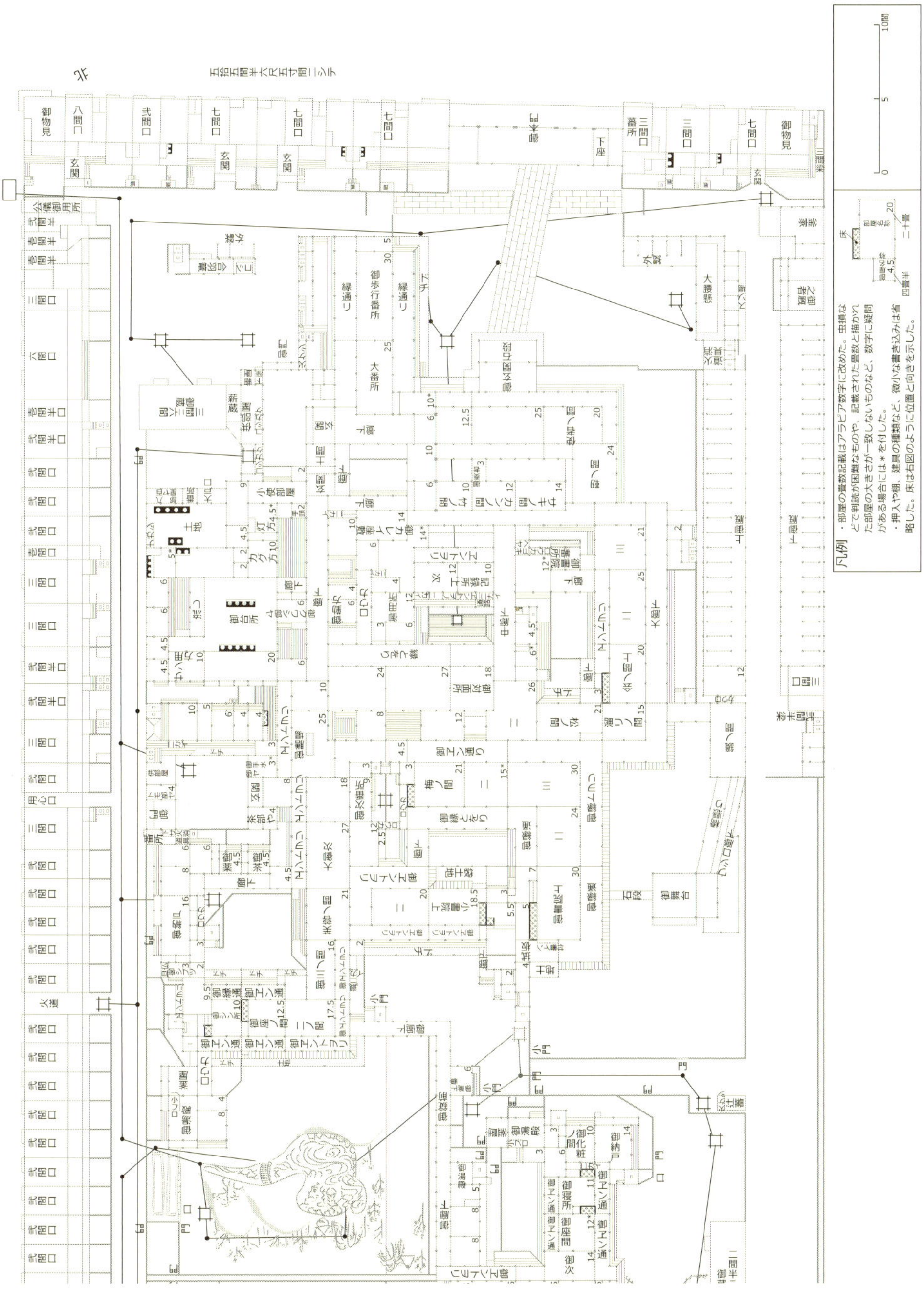

図 45　毛利家「桜田御屋敷之図」（表御殿部分）（屋敷絵図 1、元文三年四月）

絵図の読み取り図10点を付録として収めている。作事記録と屋敷絵図について、宮崎勝美氏の解説がある。そのうち「桜田御屋敷之図」[20]（屋敷絵図1）は、屋敷の全体図である。絵図1は添書に「元文三戊午四月改之」とあり、裏御殿が竣工し、桜田上屋敷全体の殿舎が完成した時期の絵図である。

屋敷絵図1の表御殿部分（図45）によると、表御殿は敷地の北面東寄りに開く御本門を入ると正面に北面する玄関・式台があり、その西北に大番所と歩行番所が南北に張出す。式台の東南にある東向の会之間を挟んで、その南西に上屋敷の中心建物である書院が東向きに立ち、その東庭に舞台を構える。書院の西側に続く小書院は南向建物で、その西南に御座間と御寝所が続く。御座間と御寝所は南庭の池に面し、西南に御湯殿を付属する。このほか、式台の南に記録所、御用所、対面所などの諸室があり、それらの西方に台所がある。また台所の南に、西面の御門（中ノ口）があり、それより玄関・広間に入ると北に諸役頭部屋、南に薬部屋などが通じていた。

（1）書院（大書院）

書院は十二間に三間の母屋四周に入側縁をめぐらした桁行十五間、梁行六間半の規模である。平面は母屋を三分し、南より上の間（三十畳敷）、二の間（二十四畳敷）、三の間（西入側を室内にとり入れた三十畳敷）を並べる。上の間は西面南に二間半床と一間半棚、南面床と矩折に一間半の付書院を備える。書院は三の間より西に桁行七間半、梁行六間の曲り座敷を付属する。曲り座敷は六間半に三間の母屋を二室に分け、西梅の間は二十一畳敷で西面に一間半の床を備える。書院上の間の座敷飾の配置及び西北の曲り座敷の形式は明暦三年火災以前の桜田上屋敷の新書院のそれに類似することが注目される。書院は、大広間の奥にあった新書院の規模を拡張して計画されたと推定される。

（2）小書院

小書院は八間に二間半の母屋の南に幅一間、北・西二面に幅一間半の入側縁めぐらした桁行九間半、梁行五間の規模で、南面に幅一間の土庇をつける。平面は母屋を東西に二等分し、東を十八畳半敷の上の間として東面に一間半の出床を備える。上の間北面の入側は土庇である。

Ⅳ　仙台城本丸及び二丸

一　仙台城本丸及び二丸の創立と主要殿舎

伊達政宗は慶長六年四月に仙台城に入り、城の普請を始めた。慶長八年に普請がひとまず成就し、政宗は移徙の祝儀を行った。大広間は慶長十五年に完成したので、この頃、本丸殿舎は規模が整ったと考えられる。政宗時代の本丸は北面し、北面西寄りに表門である詰御門を開き、その内、東南に北向の玄関・徒の間が立っていた。主要殿舎は徒の間の東北に在って北面する大広間、その東方に続く黒書院、数寄屋・鎖の間、御座間などより構成されていた。(21)

寛永十三年に家督を継いだ伊達忠宗は、翌々十五年に新たに二丸の造営を始めた。二丸は寛永十六年内には完成し、寛永十七年正月元旦の祝儀は二丸にて行われた。それ以後、藩主の居住する二丸が仙台城の中心になり、本丸は主として仏儀などに用いられた。二丸の主要殿舎は表向の対面所を小広間といい、その奥に書院、数寄屋、御座間および寝所を配していた。

仙台城本丸については、「仙台城本丸図」（青山公制定城郭木写之略図）と「仙台城本丸屋形図」（明和四年藤博兼写）及び「御本丸家作御絵図」（宮城県立図書館蔵）が知られる。前者は本丸全体の建物配置図、後二者は詰御門から大広間に到る表向殿舎の配置図で、大広間の平面と柱間割が示されている。また、二丸については、元禄改造以前（寛永末から延宝頃）の二丸初期殿舎の状態を伝えると考えられている「仙台城御二丸御指図」（宮城県立図書館蔵）が伝えられ、(22)全体の建物配置と各建物の平面および柱間割が知られる。つぎに、本丸大広間と二丸小広間および書院について、指図から窺えるそれらの建築的特徴を考察する。

二　仙台城本丸の大広間

仙台城本丸の大広間について、『政宗君治家記録引証記』慶長十五年条に、

　此年御城大広間営作成、竪長十七間半、横十三間半、北ヘ三間ニ弐間半、南ヘ七間半ニ六間之曲あり、奉行渡辺近内、油井善助、大工棟梁梅村彦作〈後称日向〉、親彦左衛門紀州ニ上リ其頃天下無双之匠人刑部左衛門ト云者ヲ雇来テ令得指図ト也、（後略）

と記す。これによると、大広間の規模は桁行十七間半、梁行十三間半で、南と北に曲り座敷を張出していた。大工棟梁は梅村彦作、

彦作の親彦左衛門が紀州から呼び寄せた工匠刑部左衛門が指図を画いたという。刑部左衛門は国次といい、紀州根来の住人鶴衛門国次である。(23) 仙台城本丸大広間については、上記のほかに「御本丸大広間地絵図」（斉藤報恩会蔵）が佐藤巧氏の著書『近世武士住宅』に招介されている。この絵図は大広間平面について詳細な寸法の書入れがある。佐藤氏はその寸法書を整理して「御本丸大広間寸法」として平面図をまとめ、その規模が『政宗君治家記録引証記』慶長十五年条に記す大広間の規模とほぼ一致することを明らかにされた。そして、この絵図は先述の「御本丸家作御絵図」とともに比較的信用しうると考えられている。「御本丸大広間地絵図」によると、大広間の東西長さ十七間二尺五寸は落縁外側柱間の寸法で、南北長さ十三間二尺五寸も同じである。また、曲の大きさは縁通外側柱よりの張出し長さで、北は三間三尺五寸に二間五尺、南は七間五尺に六間である。

「御本丸大広間地絵図」によると、大広間は母屋の規模が東西十二間半、南北九間、その四周に入側縁をめぐらす。北面広縁は幅一間半、南面入側縁は幅一間、西面入側縁は幅二間、東面入側縁は幅一間である。北西隅より北へ張出す曲（中門廊）は梁行二間、桁行三間半（広縁を含める）、南西隅より南へ張出す曲は桁行五間、梁行七間（鹿之間と西入側縁）である。また、入側縁と中門の周りに幅五尺ほどの武者走（落縁）を設け、下屋桁を受ける柱を立てる。

平面は母屋梁行を北より四間位置で南北に分け、北側（表向）に東より西に「鳳凰之間」（三十六畳敷）、「孔雀之間」（三十二畳敷）、「桧之間」（三十二畳敷）の三座敷を並べ、「桧之間」西入側に「紅葉之間」（公卿間）を設ける。「鳳凰之間」は東側に十八畳の上段を矩手に設け、その東面に三間床と一間違棚、南面に帳台構を備え、また、北面広縁に張出した六畳敷の上々段北面に二間付書院、東面に一間半の棚を備える。母屋南側は桁行東八間半を南より三間の位置で南北に二分し、南側列に東より西に「上段之間」（十五畳敷）、「鶴之間」と「鷹之間」、各十八畳敷の三座敷を並べる。「上段之間」は東北隅に六畳の上段を設け、上段上東面に二間付書院、北面に一間半床とその西側下段に一間棚を備える。中央列は東に「調台」、西に「芙蓉之間」（十六畳敷）を配し、その間に幅一間の通り口「柳之間」を設けていた。母屋西側桁行四間は南入側を採り入れた「虎之間」（四十八畳敷）で、その南の曲を「鹿之間」（四十畳敷）とする。

仙台城本丸大広間は、秀吉の聚楽第大広間と類似した三列系平面である。北側の「鳳凰之間」以下三座敷は表向の対面座敷である。本丸には黒書院と御座間が別に造られたので、中央列の調台と帳台構は形ばかりのものである。南側の三座敷は内々の対面に用いられたと思われる。

慶長造営の本丸大広間の規模は聚楽第大広間および慶長度の二条城広間より大きい。二条城広間の上段の間は間口四間、奥行三間であるのに対して、仙台城本丸大広間の「鳳凰之間」（上段の間）は間口四間、奥行四間半である。これは、地方にある大名居城の広間としては破格であり、実用を無視した権威主義あるいは形式主義的建築であったことを窺わせる。大広間の西方に御成門を開き、西面に中門と車寄のある公卿間「紅葉之間」を形式的に設けたのも同じである。こうした広間の形式は慶長十三年の『匠明』に載せる当代「広間ノ図」および当代「屋敷の図」にみられる。『匠明』殿屋集・主殿の項に「当世大なる主殿にして、表拾六、七間斗大小ニ仕候は、柱太サ六寸。又は間に付テ寸斗ニシテ。面八十めんニとるへし。」とあり、慶長頃の工匠の間に桁行十六間から十七間の大広間の木割がみられる。仙台城本丸大広間は紀州の工匠鶴氏が指図を画いたと伝えるので、鶴氏もこうした木割を伝えていたのかもしれない。「御本丸大広間地絵図」によると、大広間北面と南面の母屋入側通り柱間は古式で、一間（六尺五寸間）間隔に柱を立てる。

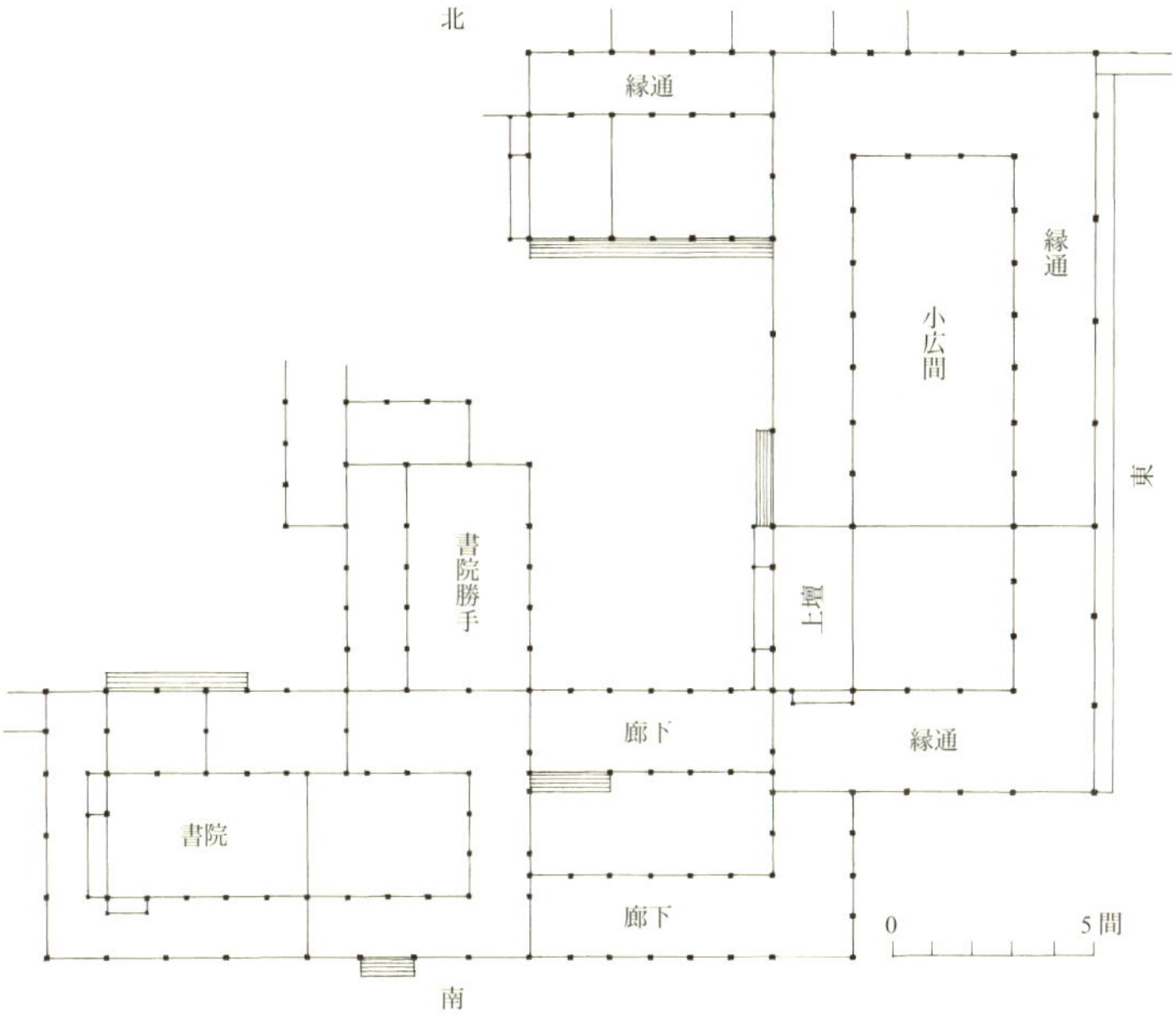

図46　仙台城二丸指図（小広間・書院部分）

三　仙台城二丸の小広間と書院

「仙台城御二丸御指図」によると、小広間は東向に建ち、その前庭に舞台と楽屋を設けていた。書院は小広間の南西にあって南面し、その南西に数寄屋と鎖の間、北西に御座間と御寝所を配していた。つぎに、主要殿舎のうち小広間と書院について述べる。

（1）小広間（図46、「仙台城御二丸御指図」部分）

二丸には大広間はなく、小広間が表向対面所である。ただし、『義山公治家記録』によると、寛永十六年創建時の二丸は主要殿舎を大広間、大書院、御座間、寝所と称していた。[24]「御二丸御指図」にみえる小広間、書院、御座間、寝所がそれに相当する。小広間と称するようになったのは、それが本丸広間に比べ略式の広間であったからと思われる。

小広間の規模は桁行十八間、梁行八間、そのうち母屋が南北十三間、東西四間、その四周に入側縁をめぐらす。入側縁の幅は東・西二面が二間、南・北二面二間半である。平面は母屋を南より四間目位置で南より次の間、三の間の二座敷に分け、次の間（三十二畳敷）の西入側に上段の間（十六畳敷）を張出す。上段の間は西面中央に二間床、その両脇に各一間棚、南面に一間半の付書院を備える。帳台構と納戸を設けないのは、毛利家上屋敷の小広間と同じである。入側通り母屋の柱間割は近世的で、四間を三等分、九間を七等分する。母屋入側通り建具は腰障子である。

『青山公治家記録』延宝四年二月十四日条に、初卯の御祝儀における小広間の床飾について、

今日小広間牀上御武具飾ノ式、御具足御鎧〈各萠黄絣〉、立物銀搓曳挨烏帽子直垂〈赤地錦〉、御母衣太刀〈国支〉、脇差〈青江〉、（中略）、馬卯〈吹流〉、同〈鳥毛二階笠〉、小馬卯〈紱箱〉。

と記す。小広間の床は、武具一式を飾るので奥行のある框床であったと考えられる。寛永十六年頃になると、框床は小広間にも用いられるようになったと思われる。

なお、小広間の西北隅より西へ曲り座敷が付き、そこに連歌の間（十二畳敷）と伺公の間（二十四畳敷）を設けていた。連歌の間は西面に二間床と一間棚を備え、そこで正月の連歌会がもたれた。これは江戸城本丸小広間の東北隅にある連歌の間を模したもので、それを曲り座敷に設けたのであろう。

小広間は年始御礼、月次御礼、年中規式など公的儀式に用いられた。江戸の上使との対面は上段の間と次の間を用いたようで、家臣など多人数の対面は次の間と三の間を用いるなど対面の相手により座敷を使い分けていた。

（2）書院（図46）

書院は桁行十二間、梁行六間半の規模である。母屋は東西九間、南北三間、その東・西・南三面に幅一間半の入側縁、北面に幅二間の入側縁をめぐらす。平面は母屋を西より五間の位置で東西に二分して西側を上の間、東側を次の間とした一列系平面で、上の間の西面に二間床と一間棚、南面西端に一間付書院を備える。『義山公治家記録』によると、書院上の間は上段の間であった。『義山公治家記録』寛永十七年二月七日条に、

上使能勢小十郎殿下着セラレ、直々白石刑部宗勝宅へ御入。即時ニ公御見廻アリ、御帰城以後、暮時小十郎殿登城、書院ニ於テ

御対面、御鷹ノ鶴一羽上段ニ上置キ、贈賜ルノ旨、並ニ伴天連普羅牟志須古穿鑿召捕リ差上ラル御感ニ思召サル品々上意ノ由仰渡サル。其後、御広間ニ於テ饗セラル。亥下刻小十郎殿帰宿。

と記す。この日、藩主忠宗は、江戸の上使と書院において対面した。書院は上段の間があった。上記の広間は小広間のことである。二丸書院は母屋梁間三間である。入側通りの柱間寸法は一部に一間九尺七寸五分と八尺一寸二分を用いるが、南面と東面の柱間は一間六尺五寸である。母屋入側通り建具は腰障子である。二丸の書院は儀式に用いられることは少なく、上使の饗応など格式を重んじる接客などに用いられた。書院の北東に書院勝手を続けるのはそれに関係すると思われる。

寛永十六年に創建された仙台城二丸の書院は、その規模と平面形式よりみて近世初期に成立する大書院の基本的形態を備えていたと推察される。大書院は小広間と異なり、奥向書院より発達したと考えてよいであろう。

V　弘前城本丸

津軽の統一を成し遂げた藩祖大浦為信（天正十七年に姓を津軽に改める）は、慶長八年（一六〇三）に高岡を領国経営の中心に定めた。高岡城が整備されるのは二代信牧の時で、慶長十五年二月に縄張りを行い、六月から城を築きはじめた。そして翌十六年五月には本丸が成り、信牧は堀越城より本城に移った。本城の築造に伴い、堀越より神社、仏閣、大小諸武士の屋敷などが城下に移築され、城内の二の丸、三の丸に重臣や上級武士の屋敷割が行われた[25]。寛永四年（一六二七）九月五日、高岡城本丸の西南隅にあった五層天守に落雷し、天守は焼失した。この火災により、屋形も被害にあったらしい。翌寛永五年六月、高岡城本丸の屋形を改修し、八月廿日に名称を弘前城と改めたという。

弘前城本丸については「寛文十三年丑二月」の肩書がある「弘前城本丸御殿絵図[26]」が伝えられる（図47）。絵図は本丸全図で、一間を六分の縮尺に描く。佐藤巧氏の指摘されたように、この絵図は本丸御殿の改造計画図と見られ[27]、本丸御殿絵図にみえる主要殿舎が完成したのは貞享二年（一六八五）頃である。

弘前城本丸御殿については、寛文十三年（一六七三）の絵図よりも古い時期の様子を伝える「弘前御城御指図」（以下、「指図」と記す）が弘前市立図書館蔵「津軽家文書」に伝えられる（図48）。「指図」は本丸全図で、一間を四分の縮尺に描く。この「指図」は、表御

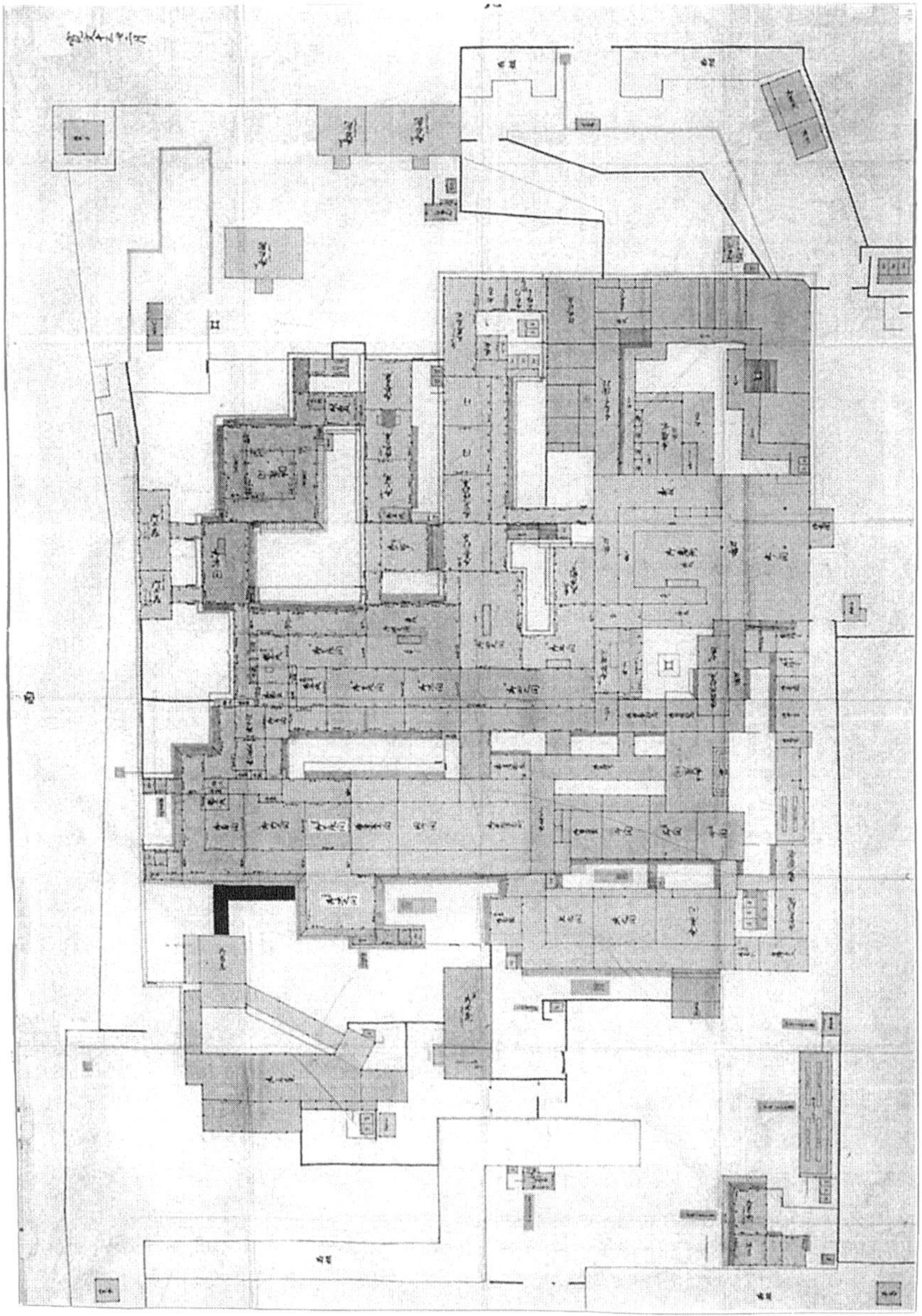

図 47　弘前城本丸御殿絵図（寛文十三年）
（佐藤巧『近世武士住宅』第三章、弘前城本丸居館、叢文社 1979 年）より転載。

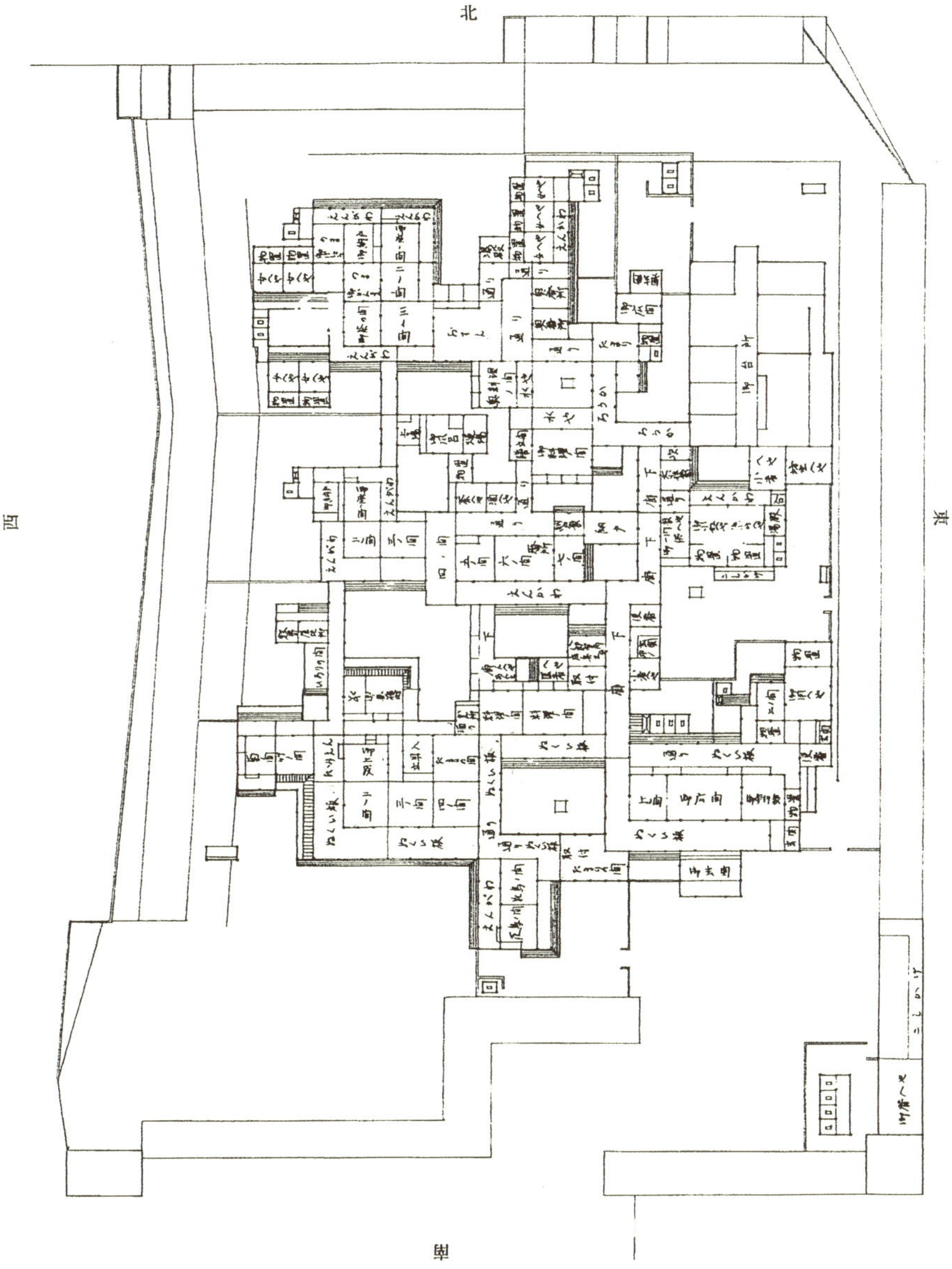

図 48　弘前御城御指図（佐藤巧『近世武士住宅』より転載）

殿が寛文十三年の絵図にみえる一列系平面の表書院と異なり、二列系平面であること、表御殿の南庭が狭いことなどにより、寛文初年以前の殿舎を示し、明暦以後に作図されたと考定されている。(28)

一　寛文以前の主要殿舎

弘前城本丸の敷地は石垣内で東西約四十九間、南北約七十間の広さである。寛文以前の本丸主要殿舎は玄関・広間棟、表御殿、「菊の間」棟、御座間よりなる。南正門を入って東に少し進むと、北方に玄関を張出した広間棟が南向に立つ。広間棟は母屋が十間に三間、その南・北・西三面に入側縁を廻した桁行十三間、梁行七間の規模で、南入側縁に面して中央に広間、西に上の間、東に歩行衆部屋を並べる。

（1）表御殿（大広間）

本丸の表御殿は玄関・広間棟の西方にあって南向に立ち、広間棟との間を廊で繋ぐ。表御殿は九間に六間の母屋四面に入側縁をめぐらした桁行十二間半、梁行九間の規模である。平面は母屋を梁行に二等分、桁行に三等分した二列系平面で、母屋西北隅に間口三間、奥行二間半（十五畳敷）の上段の間を置き、その南に二の間、三の間、四の間を鍵形に並べ、四の間の北を「たまりの間」、その西を「物入」とする。上段の間は北面に各一間半の床と棚、西面北に一間付書院、東面に帳台構を備え、帳台構の内を奥行一間の納戸とする。表御殿は、二列系平面における上段の間の座敷飾よりみて大広間と考えられる。

大広間東南の渡廊下より南に張出して桁行六間、梁行五間の建物がある。平面は六間に二間半の母屋を南と北の両「花鳥の間」に分け、その東・西・北三面に入側縁を付ける。南「花鳥の間」は南面西に一間半の出床、西面南に一間付書院を備える。この建物は大広間に付属する客座敷と推察され、その部屋名から室内障壁に花鳥画を描いていたと考えられる。

（2）書院

大広間の西側、上段の間の西入側縁より西に張出した桁行五間、梁行四間半の建物がある。平面は五間に二間半の母屋を西「菊の間」、東「竹の間」の二室に分ける。「菊の間」は西面に床と棚、南面西に付書院を備える。両座敷は南・北両面に幅一間の庇を付けるが、「竹の間」の南庇は切目縁を付けた土庇であり、大広間西面の入側縁西に付けた土庇に続いていた。

「菊の間」と「竹の間」よりなる棟は奥向の書院に相当すると考えられる。「指図」によると、奥向書院に相当する建物はほかに見当たらないからである。大広間入側縁は「ぬぐい板敷」であるが、上段の間西の「竹の間」との間の入側縁を畳縁とするのも、「菊の間」棟が奥向書院であることを示唆する。

（3）御座間

御座間は大広間の北方にあり、大広間との間を廊下で繋いでいた。御座間は、東西五間半、南北二間半の母屋を西より二間半位置で「二ノ間」と「三ノ間」に二分し、「二ノ間」の北面に二間半四方の上の間を張出した平面で、南・西両面に幅一間半の入側縁、上の間の東・北二面に幅一間の入側縁を付ける。上の間は西面に床と棚、北面西に付書院を備える。上の間の西側に納戸の間があった。また、「三ノ間」の東に四の間、五の間、六の間、七の間が続く。

二　寛文から貞享二年における本丸御殿の造営経過

先述のように、寛文十三年（一六七三）の「弘前城本丸御殿絵図」（図47、以下「御殿絵図」と記す）は本丸御殿の改造計画図とみられ、その主要殿舎が完成したのは貞享二年（一六八五）頃である。寛文から貞享における本丸御殿の改造については佐藤氏により考察されているが、その造営経過は大書院の性格に関係すると思われるので、つぎにその間における本丸御殿の造営経過について改めて検討する。

（1）大書院の新築

本丸御殿の改造は大広間の西北に大書院を新築することから始められたようである。『弘前藩日記』寛文元年六月五日条に、この日の晩、「書院」にて仙千代殿、宇左衛門殿、八兵衛を振舞ったとある。また同十日条に、家中御礼を「御座間」ならびに「大書院」において申し上げたことがみえ、書院（大書院）は寛文元年には出来ていた。

佐藤氏は、『弘前藩日記』寛文七年（一六六七）八月十五日条にのせる本丸大書院図を紹介され、それを寛文十三年「御殿絵図」にみえる書院の間取りとくらべて、寛文七年の大書院は寛文十三年図の書院と類似しているが、「二ノ間」東縁部分は寛文十三年図の詰座敷に相当する部分と明らかに異なっている、と述べている。しかし、大書院と寛文十二年に新築された詰座敷との関係については触れていない。

寛文七年八月十五日に行われた御祝儀の時の大書院図（図49）によると、大書院は西より「上ノ間」と「二ノ間」を並べていた。「上

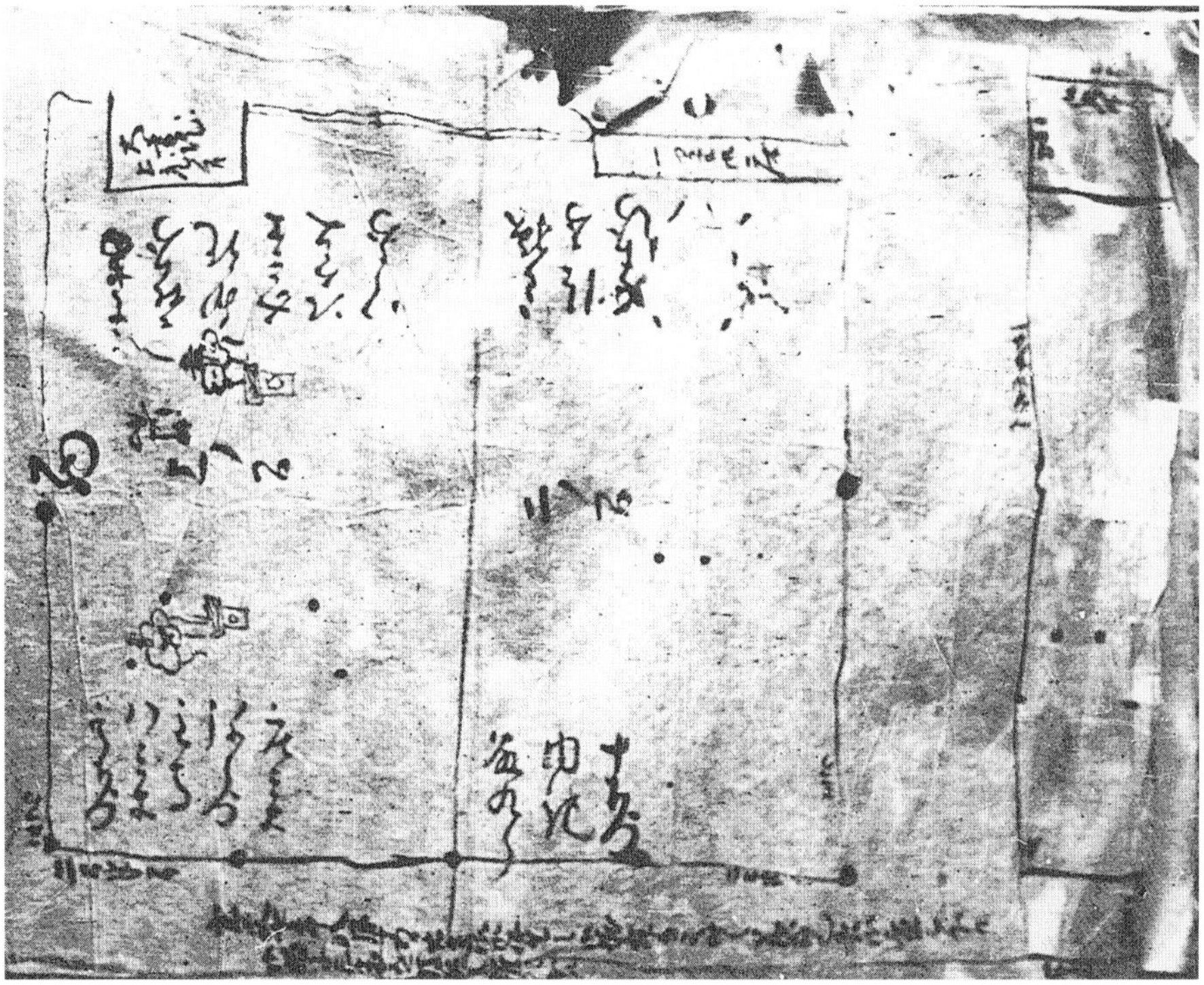

図 49　弘前城本丸大書院図（寛文七年）

ノ間」は北面西寄りに上段畳があり、そこに「大書院上臺ノ間」と書入れる。また、「二の間」は北面東に一間半の出床を備える。「上ノ間」の西面に「御前」の書入れがあり、藩主は上ノ間の西面に東向に坐し、一門及び家臣はその前に上ノ間と二ノ間を通して南北に対座していた。

大書院図によると、「上ノ間」西南隅の西面に「三間」、南面に「二間半間」の記入がある。これは「上ノ間」が南北三間、東西二間半であることを示すと思われる。南北三間は、寛文十三年「御殿絵図」の書院が南北三間半であるのと異なる。なお、大書院図によると、「上ノ間」上段畳と「二ノ間」床の北面は同じ通りにあり、「上ノ間」は北面入側半間を室内にとり入れて南北三間半であった可能性がある。「上ノ間」は南面と西面に中柱を立てていた。また、「二ノ間」東南隅の東面に「三間」、南面に「二間半」の記入がある。「二ノ間」は東西二間半、南北三間で北面の床を入れると三間半になる。「二ノ間」は南面と東面に中柱を立てていた。大書院は南縁があり、「二ノ間」東面に縁が廻っていた。「二ノ間」と東縁の平面形式は寛文十三年の「御殿絵図」に記す書院と異なる。後述のように、「御殿絵図」の大書院「竹の間」の東にある「書院下段の間」及びその南に続く「書院次の間」は貞享元年（一六八四）に新築されたので、寛文七年の大書院「二ノ間」東縁は入側縁であり、大書院は東・西・南三面に幅一間半の入側縁、北面にも入側縁を廻していたと推察できる。大書院図によると、書院東北隅及び東南隅より東へ延びる廊下がある。両廊下は東方にある料理の間に通じていたと推定される。大書院図は略図であり、「上ノ間」上段の形式に問題があるが、「御殿絵図」の書院「菊の間」と「竹の間」の原形は、寛文七年頃には出来ていたとしてよいであろう。

寛文以前の「指図」（図48）と寛文十三年の「御殿絵図」（図47）をくらべると、書院（大書院）南側柱通りは大広間南側柱通りより北へ約七間入った位置にある。また、大書院西側柱通りは「指図」の「菊の間」西側柱通りとほぼ同じ位置にある。大書院を新築するにあたり、大広間と「花鳥の間」棟及び「菊の間」「竹の間」棟及び大広間北面にある「和歌浦の間」を撤去したと推定される。

（2）寛文十二年の玄関・広間棟と詰座敷の造営

元禄十四年（一七〇一）の「御城郭廻御作事御修復覚書」[29]（以下、「作事修復覚書」と記す）によると、本丸の玄関・広間棟は寛文十二年八月廿日に棟上、同十月に作事を終えた。[30]「指図」と「御殿絵図」を重ねると、玄関の位置は旧玄関とほぼ同じであるが、広間棟は玄関正面に広間を置き、それより西側に次の間と上の間を並べる。旧広間棟は東に歩行衆部屋、西に上の間を配していた。広間棟の規模は桁行十三間半、梁行四間半であり、その西側通りは旧広間棟より西に四間ほど寄った位置にある。

詰座敷は寛文十二年頃に新築されたことが、佐藤巧氏により明らかにされている。「御殿絵図」によると、詰座敷は書院の東方にあり、規模は十一間半に三間の母屋南・北・東三面に幅一間半の入側縁をめぐらした桁行十三間、梁行六間である。母屋は西より「上の間」「二の間」「三の間（手廻番所）」の三室に分れていた。大書院と詰座敷の間に三間の空地があり、両建物間を南廊下と北廊下で繋いでいたと推定される。詰座敷の新築に先立ち、旧料理の間は撤去されたと考えられる。

（3）延宝二年の舞台新設

「作事修復覚書」によると、「御殿絵図」に描く舞台と楽屋は延宝二年八月に新設された。「本藩明実録・本藩事実集」上も同じで、延宝二年八月廿一日条に「御能御舞台、御書院御白砂江新規御取建、」とある。この「御書院」は、「上ノ間」と「二ノ間」よりなる大書院であり、舞台は「上ノ間」の南方に建てられた。同年十一月朔日より三日まで、舞台において初めて御能が行われ、家中の面々が見物した、とある。

（4）天和年間の中の口と御用部屋及び台所の造営

「作事修復覚書」によると、中の口と御用座敷は天和二年に建替えられた。中の口は東門を入って正面にある入口で、その奥に広間（広敷）があり、その北側に目付部屋、南側に御用座敷があった。また、広敷より西に延びる廊下より詰座敷に到ることが出来た。御用座敷は桁行十一間、梁行三間の規模で、西より上の間、二の間、三の間、四の間に分れていた。また、「作事修復覚書」によると、台所は天和二年十一月晦日に建替えられ、翌三年三月に完成した。(31)「御殿絵図」にみえる御台所と賄所がそれであろう。

（5）貞享元年書院の改修

「作事修復覚書」に「御書院」について、

一　貞享元年五月より御書院御住居替、芙蓉・鷺之間ニ取付、七月八日ニ不残出来仕候、

とあり、貞享元年五月より七月にかけて書院の作事があり、芙蓉の間と鷺の間が増築された。芙蓉の間と鷺の間は、「御殿絵図」にある「書院下段の間」と「書院次の間」である。「御殿絵図」によると、貞享元年の書院作事により「竹の間」は旧「二ノ間」東入側縁境の中柱を撤去して東入側縁を室内にとり入れ、東西四間の広さに拡張されたことが推定できる。この時の書院作事により、「上ノ間」（菊の間）が改修されたかもしれない。「御殿絵図」によると、書院菊の間は東西二間半、南北三間半の広さで、その西北隅に三畳敷の上段を設けていた。上段は北面に一間半の床と西面に一間付書院を備える。菊の間と竹の間は襖障子で隔て、菊の間及び竹の間と入側縁境に腰障子を立てていた。

竹の間の改修とともに竹の間と詰座敷の間に三間四方（十八畳敷）の芙蓉の間を新設し、書院と詰座敷を一体化した。芙蓉の間は「書院下段の間」とされるので、菊の間と竹の間より床を一段低くしていたと考えられる。芙蓉の間と竹の間及び詰座敷はそれぞれ襖障子で隔てていた。また、芙蓉の間は南面に襖障子、北面に腰障子を立てていた。

鷺の間は芙蓉の間の南入側縁を挟んで南に張出した建物で、「書院次の間」といわれた。

（6）貞享元年の対面所と御座間の造営

書院の北側にある対面所と御座間は貞享元年に新築された。「作事修復覚書」に「山水之間」について「一　貞享元年七月二日より御住居替ニ取付申候、出来之月日相知不申候、」とあり、「山吹之間」について「一　貞享元年七月二日より御住居替ニ取付、秋中ニ出来仕候、仕廻之月日相知不申候、」と記す。また「浪之間幷御次」について「一　貞享元年御住居替仕候、取付・仕廻之月日相知不申候、」とある。

「山水の間」は対面所上段の間である。また、「山吹の間」は御座間上段の間、「浪の間」は同下段の間の次の間である。対面所と御

座間の造営についって、「本藩明実録・本藩事実集」上の貞享元年十月十八日条に「御座間御対面所御普請御出来ニ付、今朝御移徙被遊、御料理弐汁五菜、（後略）」とあり、十月十八日に御座間へ移徙した。対面所及び御座間の新築に先立ち、旧御座間は撤去されたと考えられる。

（7）奥御座間と大奥御座間の造営

「作事修復覚書」によると、貞享元年に奥御座間とそれに付属する風呂屋、小納戸、小姓部屋などが新造された。奥御座間は、「御殿絵図」にある「御寝間」と「次の間」であり、御寝間の東側に小納戸と風呂屋、湯殿があり、また、それらの東側に小姓部屋があった。「本藩明実録・本藩事実集」上の貞元元年十二月十三日条に「御寝間御普請出来ニ付、御移徙、為御祝儀玄蕃、大学より、御肴左上申候、御寝間江大学木村杢之助、一町田権之進被為召御熨斗御直被下候。」とあり、十二月十三日に御寝間へ移徙した。

なお、「作事修復覚書」によると、翌貞享二年に「小座敷」と「大奥御座間」の作事が始められた。小座敷は書院「竹の間」の北入側縁に接して立つ建物で、八畳敷の上の間と二の間を南と北に並べる。上の間は南面に各一間の床と棚、西面南に一間の付書院を備え、また二の間は北面西に一間の床をもうける。上の間と二の間は襖障子で隔て、東・西両面入側縁境に腰障子を立てていた。

大奥御座間は「御殿絵図」にみえないが、奥御座間の北方にある夫人の御座間である。「本藩明実録・本藩事実集」上の貞元二年十二月六日条に「大奥御移徙、久祥院殿御入被成候、」とある。貞享二年十一月晦日、本丸が完成したので、最勝院により安鎮御祈祷が修された。

三　寛文から貞享年間改造後の主要殿舎

（1）書院（大書院）

前項に考察したように、寛文から貞享二年にかけて改造された弘前城本丸主要殿舎は玄関・広間、書院（大書院）、対面所・御座間、奥御座間（御寝間）の構成である。佐藤巧氏は、弘前城本丸の表御殿である寛文以前の大広間と寛文十三年以降の書院（大書院）の関係について、大要つぎのように述べている[32]。

寛文以前の「指図」の書院西側にある小座敷の部屋名（菊の間と竹の間）が、寛文十三年の「御殿絵図」で書院の部屋名として用いられているが、このことは、従来の小座敷が書院（大広間）に替ってそのまま中心的建物に移行したことを意味するものではない。

寛文十三年の「御殿絵図」にみえる書院は、基本的には寛文以前の書院（大広間）をうけついでいるものと思われる。

ここに、寛文以前の表御殿は書院（大広間）とされるが、その平面形式よりみて大広間とするのが妥当と思われる。書院（大書院）は前期の大広間に替る表向の対面座敷である。寛文七年頃の大書院は「上ノ間」と「二ノ間」の二座敷よりなり、その部屋名が「菊の間」と「竹の間」であることを考慮すると、寛文以前の「指図」にみえる大広間の西に張出した「菊の間」「竹の間」棟を発展させたとするのが妥当であると思われる。座敷飾の配置は寛文以前の「菊の間」「竹の間」棟と異なり、「上ノ間」北面に三畳敷の上段、「二ノ間」北面に一間半の出床を備えた新しい形式である。寛文十三年の「御殿絵図」にみえる書院「菊の間」は東西二間半、南北三間半の広さで、西北隅に三畳敷の上段を設け、その北面に一間半の床、西面に一間付書院を備える。「竹の間」はもと東西二間半、南北三間半の広さで、北面に間口一間半の床を備えた十五畳敷の座敷であったが、貞享元年の書院改修により東側の入側縁一間半に三間を取り入れて二十五畳敷の座敷となった。「菊の間」と「竹の間」は襖障子で隔て、南入側縁境に腰障子を立てていた。「菊の間」と「竹の間」の座敷飾は大広間の表向座敷の形式をうけついだともみられるが、大書院として新たに計画されたとするのが妥当であろう。「竹の間」の東に続く十八畳敷の書院下段の間は「芙蓉間」である。また、「芙蓉間」の南入側縁を挟んで南に張出した書院次の間は「鷺の間」である。「鷺の間」は桁行四間半、梁行三間半、入母屋造の建物である。鷺の間は東・西・南三面各柱間に戸障子を立て、北面は東一間半の柱間に杉戸を立て、芙蓉の間南縁境の三間を開放していた。また、書院南入側縁東妻と詰座敷南入側縁西妻に杉戸をたてていた。

（2）対面所と御座間

「御殿絵図」によると、対面所は十九間半に二間半の母屋の南面に幅一間半の広縁を付けた大きさである。平面は母屋を西より上段の間、下段の間、次の間、四の間に分ける。上段の間（山水の間）は十畳敷で、西面に一間半の床と一間棚、南面西に一間付書院を備え、下段の間及び北面御座間下段の間と襖障子で隔て、南広縁境に舞良戸を立てる。下段の間は二十五畳敷、次の間（梅の間）及び北面御座間下段の間及び同次の間と襖障子で隔て、南広縁境に腰障子を立てる。対面所は奥向書院に相当すると考えられる。

御座間は対面所上段の間北側に接して設けた御座間下段の間の西側に上段の間を配する。下段の間の東に次の間、四の間、五の間が続く。上段の間（山吹の間）は十二畳敷、西面に各一間半の床と棚、北面西に一間付書院を備え、下段の間及び南面物置と襖障子で隔て、北入側縁境に腰障子を立てる。下段の間は五間に二間、二十畳敷で、次の間（浪の間）と襖障子で隔て、北入側縁境に腰障子を立てていた。

書院（大書院）の北側にある対面所は上段の間を「山水の間」、下段の間次間を「梅の間」と称した。対面所は上段の間の呼称から室内に墨絵山水画を描いていたと考えられる。対面所は書院（大書院）の奥向にある小書院と考えてよいであろう。

VI　伊達家桜田上屋敷及び愛宕下上屋敷

一　伊達家江戸桜田上屋敷の創立と沿革

伊達家江戸上屋敷は慶長七年（一六〇二）に造営されたらしく、翌八年正月元日の祝儀はこの桜田上屋敷で行われた。元和元年（一六一五）九月二十一日、毛利秀就邸より出火し、伊達家の桜田上屋敷と本屋敷は共に類焼した。焼失後、元和二年十一月一日には上屋敷の再建成り、同日移徙祝儀が行われた。しかし、その建物は元和七年正月二十三日に尾張中納言義直第より出火した火災により類焼した。

元和七年八月、伊達政宗は仙台より上府し、一時下屋敷の仮屋に住し、同年十一月二十四日、桜田上屋敷の造営が成就したので、移徙祝儀があった。その後、寛永十二年（一六三五）七月十三日、島津家久邸の出火により桜田上屋敷が類焼した。焼失後、翌寛永十三年四月に上屋敷は再興され、同月二十八日に出府した伊達政宗は新造の桜田上屋敷に入った。そして、同年五月二十四日、藩祖政宗は同屋敷にて病死した。

明暦三年（一六五七）正月の江戸大火により、伊達家の桜田上屋敷及び本屋敷、愛宕下中屋敷、浜下屋敷はすべて焼失した。明暦大火後、諸大名の江戸屋敷替が行われ、伊達家では、万治元年（一六五八）五月、桜田本屋敷が品川樟原に屋敷替され、寛文元年（一六六一）三月十四日、桜田上屋敷が浅布白金台に屋敷替となった。寛文七年、伊達家は愛宕下中屋敷を上屋敷とすることに決めた。愛宕下上屋敷は寛文九年四月十日に完成し、落成の賀儀が行われた。その後、延宝四年（一六七六）、愛宕下上屋敷の敷地が狭少であったため、藩主綱村の時に浜屋敷を新造し、同年十二月九日、綱村は浜屋敷に移徙した。それ以後、浜屋敷が伊達家の上屋敷となった。伊達家の桜田上屋敷については元和七年正月火災後、同年十月に造営がなって移徙した時期と、寛永十二年七月罹災後、翌十三年に再建された時期の主要殿舎名とその用例が知られるにとどまる。

二　元和造営の桜田上屋敷

元和七年造営の桜田上屋敷について、寛永十二年七月に罹災するまでに記録に見える主要殿舎は小広間、書院（小書院）、御座間、御成書院で、ほかに西湖間、数寄屋、鎖の間などがみえる。伊達政宗は上屋敷に式正の御成りを迎えるため大広間と御成門を造営していたが、造営半ばで寛永十二年七月の火災により焼失した。

小広間は、大広間にかわる表向対面所であった。『貞山公治家記録』によると、寛永七年四月六日早朝、将軍徳川家光は伊達政宗の桜田上屋敷へ御成りになった。白川宰相長重、柳川侍従宗茂が御相伴して数寄屋において茶事あり、終って「表」へ出て能をご覧になった。「表」は小広間である。当日の小広間の飾りについて、

御小広間台子御道具

茶入〈棗〉、木地天目台〈青貝〉、香合〈染付〉、炭入〈菜籠〉、三羽、

床　三幅一対中達磨〈顔輝筆〉、左右梅〈梁階筆〉、クリクリノ香台、

香炉〈青磁四角〉、香匙、火筋、

と記す。小広間の床飾りは三幅一対絵を掛け、前にクリクリの香台と香炉を置いていた。床は押板と考えてよいであろう。台子に茶道具を飾っていた。

小広間の奥にある書院は饗応を主とする座敷であり、同日の記事に「御書院御料理膳部」のことがみえる。

三　寛永再建の桜田上屋敷

寛永十二年七月に罹災した桜田上屋敷は間もなく再興されたようで、翌十三年四月二十八日、伊達政宗は出府して直ちに桜田上屋敷の新宅に入った。『貞山公治家記録』及び『義山公治家記録』によると、再建後の上屋敷は小広間、小書院（書院）、御座間が中心殿舎で、ほかに西湖間、数寄屋、鎖の間などがみえる。なお、『義山公治家記録』に寛永十六年元旦の祝儀は桜田上屋敷の「大広間」へ出御して行われたことがみえるが、この大広間は小広間と同じ建物と考えられる。

さて、寛永十三年に再建された桜田上屋敷は明暦三年（一六五七）正月の江戸大火により焼失した。その後、伊達家は寛文九年（一六六九）に愛宕下に上屋敷を再建したが、その計画にあたり桜田上屋敷の指図をもとにしたと伝えられる。伊達家の愛宕下上屋敷については、寛文七年（一六六七）に作成された指図が二枚残されている。一枚は「四間梁初度之御指図」、もう一枚は「三間梁追而被相直候御指図」である。[33]「四間梁初度之御指図」は幕府に提出した指図であり、「三間梁追而被相直候御指図」は幕府の審査により梁間四間の建物を梁間三間に改めた指図である。「三間梁追而被相直候御指図」に添えた寛文七年正月廿八日付の覚書に、[34]桜田上屋敷との関係について、大要つぎのことを記す。

① 藩主亀千代は幼少であり、成長された後に建替えがない様、用意周到に指図を作成した。

② 藩主伊達政宗自身が指図した桜田上屋敷は政宗の代に、将軍家三代の御成りがあった吉例の上屋敷である。表座敷ばかりは、先ず桜田上屋敷の吉例の作事の模様に仕立てた。

③ 愛宕下上屋敷は、桜田上屋敷より坪数がつまっているので、広間・虎之間・紅葉の間・焚火之間・長廊下・小広間・書院などの取付を少し直し、舞台を小広間の南へ付け、大台所・上台所・物置・勘定屋に至るまで、桜田上屋敷に相違なく仕立てたが、御座間・御寝所・物置・小姓衆の間・物書部屋・坊主部屋などは直した。

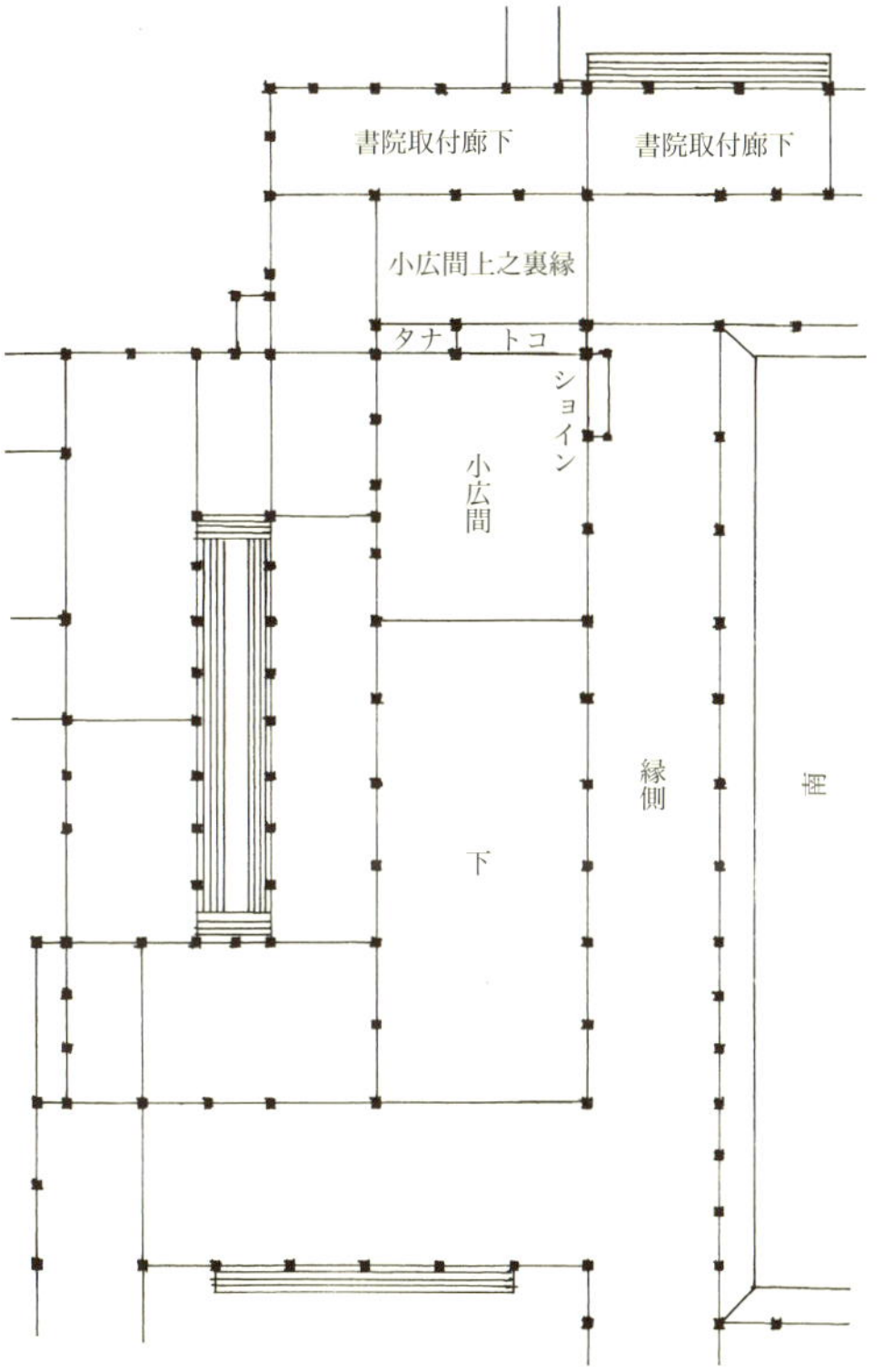

図50　伊達家愛宕下上屋敷図「四間梁初度之御指図」（小広間部分）

これによると、「四間梁初度之御指図」により、明暦大火以前の桜田上屋敷の小広間と書院の形式を窺うことが出来る。

（1）「四間梁初度之御指図」にみる小広間（図50）

南向の小広間は桁行二十間、梁行九間の規模である。平面は梁間四間の上段の間と次の間（指図の次の間に「下」の書入れがあり、下段であった）を東と西に並べ、その四周に二間半と三間の入側縁をめぐらした一列系平面である。上段の間は五間に四間、四十畳敷で、東面に二間半の床と一間半の違棚、南面東端に一間半の付書院を備える。これは、寛永十六年に造営された仙台城二丸の小広間とほぼ同規模であるが、二丸小広間の平面は梁間四間の母屋の南側次の間の西側に間口四間、奥行二間の上段の間を張出した形式である。上段の間は西入側に設けられ、西面に床と棚、南面に付書院を備える。小広間の名称と母屋を梁間四間にするのは寛永十三年再建の桜田上屋敷の小広間に倣ったのであろう。

（2）「四間梁初度御指図」にみる書院

小広間の東南に続く南向の書院は桁行十六間半、梁行六間半の規模である。平面は梁間三間の上段の間と次の間（指図の次の間に「下」の書入れがあり、下段であった）を東と西に並べ、その四周に二間と一間半の入側縁をめぐらした単純な一列系平面である。上段の間は四間に三間、二十四畳敷で、その東面に二間床と一間違棚、南面東端に一間半の付書院を備える。この平面形式は「三間梁追而被相直候御指図」の書院（図52）とほぼ同じである。ただ、後者の指図は書院次の間に「下」の書入れがない。寛永十六年造営の仙台城二丸書院は「四間梁初度御指図」の書院とほぼ同じ規模の一列系平面で、上段の間に床、違棚、付書院を備えていた。仙台城二丸の書院は「大書院」ともいわれ、近世初期に成立する大書院の基本的形式を備えていた。この形式は寛永十三年に再建された伊達家桜田上屋敷の書院に遡る可能性が大きい。

なお、寛永十三年再建の桜田上屋敷には数寄屋があった。『義山公治家記録』寛永十六年元旦条に、

江戸屋形ニ於テ御祝儀アリ、（中略）、御膳過キ、西湖間御圍ニ於テ御手自茶事ヲ執セラル。嗣君幷清水有閑、清水道閑、古内主膳、（中略）。

御飾

御床　清拙墨蹟、花入荒儀〈梅椿水仙〉、（中略）。

とある。その後、大広間へ出御し、御礼儀式があった。大広間は小広間のことである。茶湯があった西湖間は書院に付属する圍（数寄屋）と考えられる。数寄屋は床を備え、そこに清拙正澄の墨蹟を掛けていた。

四　寛文再建の伊達家愛宕下上屋敷

（1）愛宕下上屋敷の主要殿舎

明暦三年（一六五七）正月十九日の江戸大火により、伊達家の桜田上屋敷、本屋敷、愛宕下中屋敷、浜の下屋敷は全焼した。大火後、浜の下屋敷を再興し、一時上屋敷に充てたらしい。[35]その後、上屋敷を愛宕下に移すことになり、その造営計画が進められた。寛文七年（一六六七）正月に愛宕下上屋敷の指図が出来、幕府の許可を得て造営がはじめられ、翌八年十二月九日吉日により、藩主綱村は浅布屋敷より上屋敷へ移徙し、御座間において賀儀を行った。そして、翌九年四月に上屋敷が完成し、同月十日、上屋敷において落成祝を催した。『肯山公治家記録全書』寛文九年四月十日条に、綱村は落成賀饗に入来した賓客を表門まで出迎えて、「書院」において熨斗を出し、饗応、囃三番あり、その後、跡見の賀儀を「小広間」にて行い、吸物の後、囃三番あったと記す。

先述のように、愛宕下上屋敷は、幕府の指示により母屋梁間四間を三間に改めた「三間梁追而相直候御指図」と題する屋敷図[36]に基づき実施されたと推察される。

三間梁の指図によると、屋敷は西面百十間、南面九十間、北面百二十二間程、東面を北東に振った台形の敷地で、敷地の四面に惣長屋を並べ、西面中央に表門、南面中央に南門、北面西に中門、同東端に裏門を開く。表門の内、東南に西向の玄関を張出した桁行二十間、梁行七間の広間（旧遠侍に相当する）が建ち、その内に馬上衆番所、広間、使者の間、客の間などの部屋を設けていた。中心建物である小広間と書院はそれらの東南にあって南面し、使者の間より東に延びる長廊下で通じていた。

小広間は敷地の南面中央にある表の対面所であり、南庭に舞台と楽屋を設ける。書院は小広間の東南にあり、その北側に勝手が続き、その北方に御座間と寝所がある。広間・使者の間棟と御座間の間には、西より虎の間・紅葉間・焚火の間のある棟と上焚火の間の棟があり、それらの北方に西より大台所、上台所、納戸などが立ち並び、また、御座間の北方に夫人の御座所である御上方と長局などが並んでいた。

（2）小広間（大書院）と書院（小書院）（図51、52）

小広間は、東西十四間半、南北三間の母屋を東・西二座敷に分けた一列系平面であり、四周に幅二間半と三間（西面のみ）の入側縁をめぐらす。東側上段の間は三十畳敷の座敷で、[37]東面南に間口十尺五寸の床、同北に九尺の違棚、南面東端に一間半の付書院を備える。西側次の間は五十四畳敷である（図51）。母屋入側通り柱間寸法は部屋ごとに柱間を等分する近世的柱間割りを採用していた。

書院は、東西十間、南北三間の母屋を東・西二座敷に分けた一列系平面で、南・西二面に幅二間の縁通、東・北二面に幅一間半の縁通をめぐらす。平面は東側を上の間二十四畳敷とし、その東面南に間口二間の床、北に一間違棚、南面東端に一間半の付書院を備える。西側の次の間は三十六畳敷である（図52）。母屋入側通り柱間寸法は、小広間と同様、部屋毎に柱間を等分する。

先に、仙台城二丸小広間上段の間の床は框床であったと推定したが、つぎに引く『肯山公治家記録』の記事により、愛宕下上屋敷の小広間上段の間と書院上の間の床も框床であったと考えられる。

①　寛文九年四月十日条に、この日行われた上屋敷落成祝賀の時の書院と小広間の床飾りについて、

書院

一　床　三幅対〈古法眼筆〉、立花二瓶、破笠香炉〈彫物卓〉

小広間

一　床　三幅対〈中達磨左右芦雁、顔輝筆〉、大砂物

と記す。書院の破笠香炉、小広間の大砂物は草の飾りである。

②　寛文十二年二月己卯条に、具足着初賀儀の小書院床の飾りについて

小書院牀尊曾祖考貞山公ノ画真ヲ掛ラレ、左ニ弓箭、中央ニ尊祖考義山公御着服ノ甲冑〈黒札緋胴黒糸威〉左右ニ公ノ甲冑〈金札皆紅黒札緋胴紺掻綴〉二領、中央ニ上帯〈黒段子〉、具足櫃蓋ノ上ニ載せ飾之、（後略）

と記す。具足などは小書院の框床に飾られたであろ

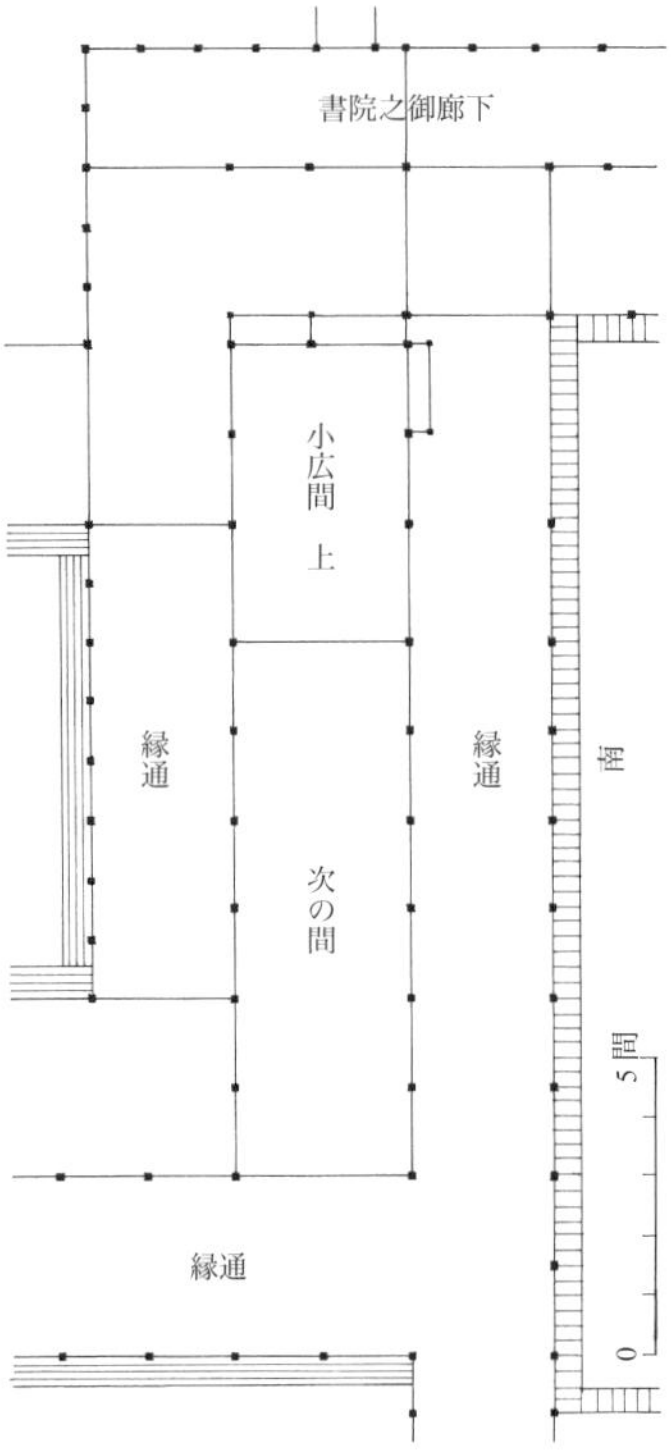

図51　寛文七年愛宕下上屋敷「三間梁追而相直候御指図」大書院（小広間）部分

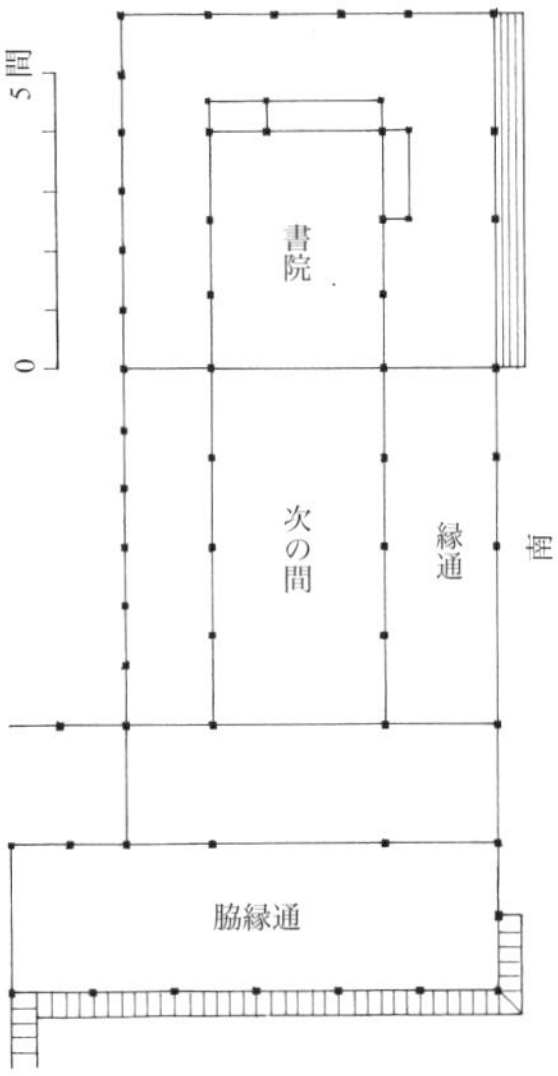

図52　寛文七年愛宕下上屋敷「三間梁追而相直候御指図」小書院（書院）部分

う。小書院は書院のことである。これによると、寛永末年から寛文頃になると、表向の対面所に框床を用いるようになったことが知られる。

ところで、愛宕下上屋敷の小広間は、正規の儀式の時に「大書院」と記されることが多い。『肯山公治家記録』によると、最も重要な正月元日の御礼および二月初卯日の御鎧召賀儀は「大書院」で行われた。それに対応して書院は「小書院」と記される。愛宕下上屋敷における「大書院」の初見は「肯山公治家記録全書」の寛文十一年正月元日条であるが、「小書院」は同書・寛文九年十二月九日条にみえる。この日、亀千代君（後の綱村）の元服が御座間にて行われた。晩に「小書院」にて賀饗あり、宇和島侍従宗利、伊達兵部大輔など十二人が来賀し、饗応と囃三番があった。『伊達家文書』に、寛文十二年二月、藩主綱村の具足召初の賀儀が「小書院」にて行われ、その後、綱村は「大書院」に御成りになり、武頭惣侍中一同に御目見した、ことを記す。これによると、愛宕下上屋敷の中心建物は「大書院」と「小書院」が正式の名称であったと推察できる。ここに、近世武家住宅における大書院と小書院を中心とした表向殿舎の基本的構成と、框床と違棚及び付書院を備えた上段の間（上の間）及び次の間よりなる一列系の書院形式が成立している。この住宅様式は大書院・小書院を中心とするので、書院造と呼ぶのが相応しいと考える。

Ⅶ　宇和島藩伊達家上屋敷及び麻布中屋敷

『伊達家御歴代事記』によると、宇和島藩伊達家は初代秀宗の時、明暦元年（一六五五）に江戸麻布屋敷二万六千四百四坪を沖津内記より購入した。伊達家はこの屋敷を中屋敷とする計画であった。明暦三年正月の江戸大火により、日比谷御門口にあった伊達家の上屋敷は焼失した。同年七月廿一日、秀宗は隠居して二代秀利が家督を継いだ。同年十二月、麻布屋敷の西御門外道の土地四百八十坪を買い入れた。

明暦大火後、万治元年（一六五八）に上屋敷を普請した。また、麻布中屋敷は寛文十年（一六七〇）正月より普請が始められ、翌十一年八月には完成したらしい。この時期に再建された宇和島藩伊達家の上屋敷と新造された麻布中屋敷については、屋敷図が伝えられている。(38)

一　伊達家日比谷御門口上屋敷の書院

上屋敷指図によると、上屋敷は東西六十八間、南北五十七間の広さで、東・西・北三面に長屋をめぐらし、堀に面した西面中央に表門である長屋門を構えていた。西面の長屋門を入ると、正面に玄関を張出した広間（旧遠侍）がある。主要殿舎は玄関・広間の南側に南向の書院があり、その北面東側より座敷舞台棟を張出す。書院は表向の対面座敷である。書院の東北に居間と寝間の棟がある。また、書院と居間の北方に料理の間と台所などが配置された。

南向の書院は桁行九間、梁間三間の母屋を東西に二分し、西側を上の間（二十七畳敷）、東側を次の間（二十七畳敷）とした一列系平面である。上の間は西面南に間口二間の床と南面床脇に一間半付書院を備えるだけの簡素な形式であった。書院は次の間の北面東より三間に四間半の座敷舞台を張出し、それらの四周に幅一間半ないし二間の入側縁を廻らす。

上屋敷は書院が正式の対面座敷であり、小書院を欠いていた。客の饗応には書院の次の間と、その北側に続く座敷が用いられたと思われる。

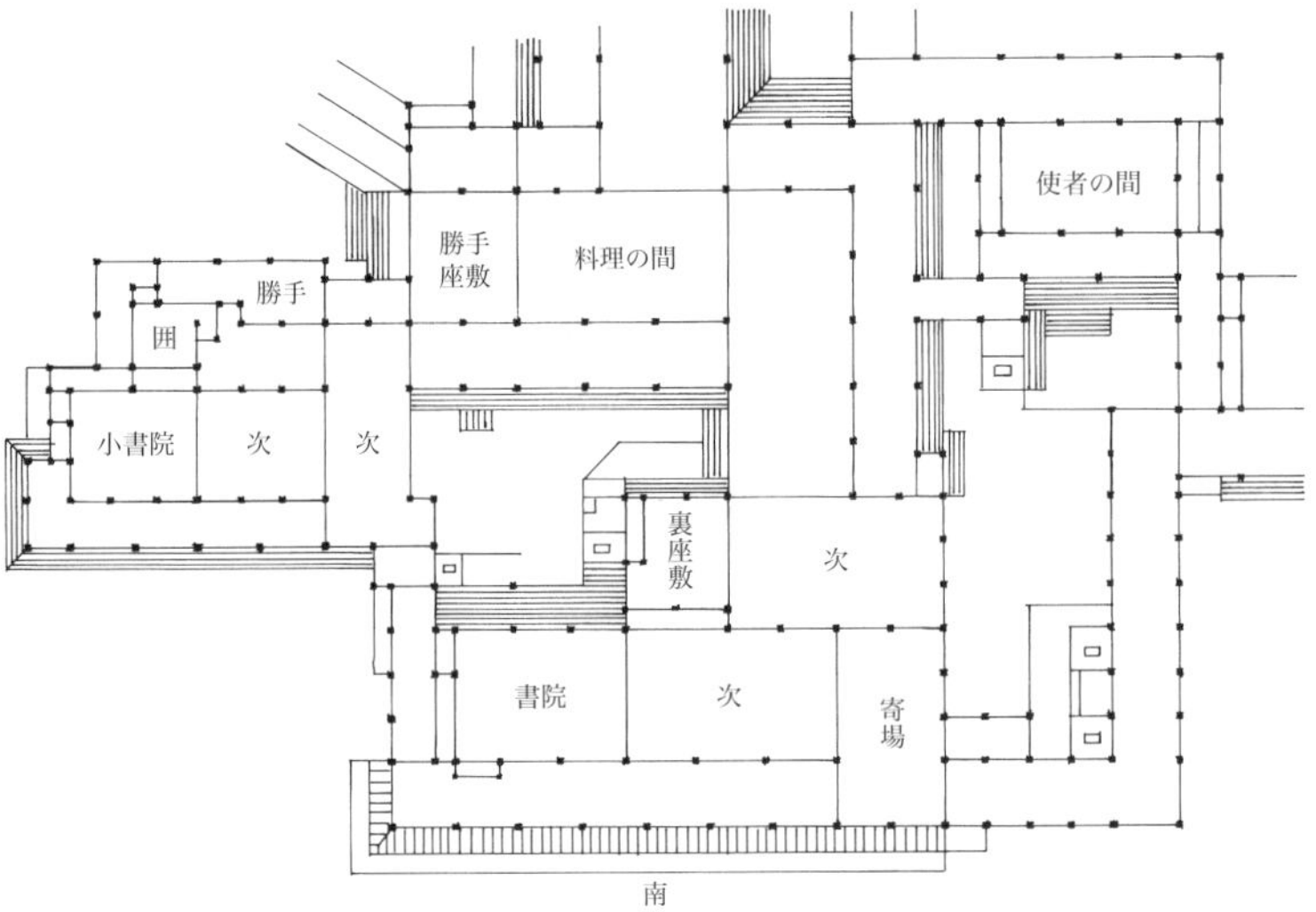

図 53　宇和島藩麻布中屋敷書院、小書院平面図

二　麻布中屋敷の書院と小書院（図53）

麻布中屋敷は東面北寄りに表門（長屋門）を開く。表門の内、西南に玄関を張出した広間（旧遠侍）があり、主要殿舎はそれより西南、敷地の南中央に南向の書院、その西北に小書院と御座間および御寝間が雁行形に配置された。この書院・小書院を中心に、その奥向に御座間と御寝間を配する構成は明暦江戸大火以後の大名屋敷の典型的な姿であるといわれる。[39]

南向の書院は桁行十三間、梁行七間半の規模で、北面東寄りに七間半に三間の次の間及び裏座敷を付属する。平面は梁間三間の母屋西側に上の間、東側に次の間を並べた一列系平面で、南面と西面にそれぞれ幅一間半と一間の入側縁を付け、東面に四間半に二間半の寄場を設ける。また、上の間の北面に幅一間の榑縁を付ける。

上の間は四間に三間、二十四畳敷の座敷で、西面に二間の床と一間の棚、南面床わきに一間の付書院を備える。次の間は五間に三間、三十畳敷、北面西寄りに二間半の床を備える。書院の上の間と次の間の床は框床であったと推察される。

書院の西北にある南向の小書院は南入側縁（幅一間）に面して梁間二間半の上の間と次の間を西と東に並べた一列系平面である。上の間は三間に二間半、十五畳敷の座敷で、北西隅に一間半の床（北面）と幅四尺五寸ほどの棚（西面）を矩折に造り、その南に幅四尺二寸五分ほどの付書院を備えていたらしい。上の間と次の間境及び上の間北面東間は唐紙障子で仕切り、南・西両入側縁境に腰障子を立てる。次の間は上の間と同じ十五畳敷で、北面三間を張付壁、南入側縁境に腰障子、東面広縁（次の間）境に唐紙障子を立てる。東広縁（次の間）は二間に五間の広さである。入側縁南面の建具は腰障子と雨戸である。小書院は上の間北側に四畳半台目の囲（数寄屋）と勝手を付属しており、振舞と茶湯により客をもてなす座敷であろう。小書院の東北に勝手座敷と料理の間が続くのは、小書院が主として客を饗応する座敷であったことを示すと思われる。

宇和島藩伊達家の上屋敷と麻布中屋敷の書院を中心とする主要殿舎構成は、江戸時代の大名屋敷に普遍的にみられることが明らかにされている。[40] この住宅様式は書院造と称するのが妥当であると思われる。

まとめ

1　慶長から元和年間の大名屋敷及びその居城は表より奥に広間、対面所、書院、御座間を配していた。対面所は小広間もしくは大書院とも呼ばれた。寛永末年から明暦頃になると大名屋敷では広間が造られなくなり、それに代り小広間あるいは大書院が表向の中心建物になった。

小広間は広間を簡略化した形式である。そうした小広間の例に元和七年（一六二一）再建の毛利家桜田上屋敷小広間がある。同上屋敷は東向の小広間を表向対面所とし、その西南に東向の書院、書院の西南に南向の御座間を配していた。小広間は東西十三間、南北四間の母屋を南より次の間、三の間、四の間に分け、次の間（二十四畳敷）の西に間口三間、奥行二間半（十五畳敷）の上段の間を張出し、その四周に入側縁をめぐらした形式である。上段の間は西面に床（座敷飾）を備えるが、帳台構及び納戸と付書院を設けない。

寛永十六年（一六三九）に完成した仙台城二丸の主要殿舎も小広間に書院、御座間及び寝所の構成である。二丸小広間と書院は創建時に大広間、大書院とも称された。小広間と称したのは、それが本丸大広間にくらべて略式であったからであろう。小広間は東面し、東庭に舞台を立てていた。小広間は南北十三間、東西四間の母屋四周に入側縁をめぐらした桁行十八間、梁行八間の規模である。平面は母屋を南より四間目位置で南より次の間と三の間に分け、次の間の西入側に間口四間、奥行二間の上段の間を張出す。上段の間は西面中央に二間床、その両脇に各一間の棚、南面に一間半の付書院を備える。帳台構と納戸を設けないのは毛利家桜田上屋敷の小広間と同じである。上段の間の床は框床であったと考えられ、寛永末年になると框床は小広間にも用いられるようになったことが分かる。

小広間の西南にあって南面する書院は桁行十二間、梁行六間半の規模である。母屋は東西九間、南北三間、その四周に入側縁をめぐらす。平面は母屋を二分し、西側を上段の間、東側を下段の間とした一列系平面である。上段の間は西面に二間床と一間棚、南面床わきに一間付書院を備える。書院は平面形式よりみて近世初期に成立する大書院の基本的形態を備えていたと推察される。大書院は小広間と異なり、奥向の書院より発達した建物と考えられる。

2　一方、大書院・小書院の構成は、寛文以降の大名屋敷及び居城で普及する。

寛永年間に完成した福山城本丸は南向の書院（大書院）が表向対面所であった。書院は東西七間半、南北六間半の母屋四周に入側縁をめぐらした桁行十間、梁行八間の規模である。平面は母屋南東隅に上段の間を配した古式な二列系四室構成である。上段の間は東南隅に八畳敷の上段を設け、その上東面に二間床、南面床と矩折に一間付書院を備える。

毛利家桜田上屋敷は明暦火災後、大広間が再建されず、表御殿は大書院、小書院、御座間の構成になった。『毛利十一代史』「泰巌公記」万治二年（一六五九）十二月二十九日条にのせる十二月二日に江戸老臣より国許に送られた通牒に対する国許役よりの回報によると、江戸の伊達大膳殿や松平伊豆守などが再建した屋敷は書院、小書院を中心としていたので、毛利家桜田上屋敷においても表廻りは改めて指図を作り、式台、書院（大書院）の材木は江戸にて購入すること、特に書院は広く造り、老中を招請する時の大人数の客に備えるようにするといっている。また、火災後の桜田上屋敷は大広間を再興せず、書院（大書院）を中心殿舎とすること、書院における振舞と観能のために書院前庭に新しく舞台を設けることを述べている。明暦大火後の大名屋敷は広間・小広間に代り、書院・小書院の構成が普及したことが推察される。大広間を再興せずに書院（大書院）を中心建物としたのは、江戸老中を招請した時の振舞のことが重視されたのである。これは大書院が大広間を縮少した建物ではなく、表向の接客・対面座敷として計画されたことを示唆する。

寛文十三年の「弘前城本丸御殿絵図」は本丸殿舎の改造計画図とみられ、その主要殿舎は寛文元年（一六六一）ころから造営が始められ、それが完成したのは貞享二年（一六八五）である。「御殿絵図」によると、弘前城本丸は南向の書院（大書院）を中心に、その奥向に対面所・御座間及び奥御座間を配していた。書院は九間半に三間の母屋南・北・西三面に幅一間半の入側を付けた桁行十一間、梁行六間の規模で、南東に桁行四間半、梁行三間半の次の間（鷺の間）を張出す。平面は母屋の西より「菊の間」と「竹の間」及び下段の間（芙蓉の間）を並べた一列系平面である。「菊の間」は北入側半間を室内にとり入れた二間半に三間半の広さで、その西北隅に三畳敷の上段を設け、その北面に一間半床、西面に一間付書院を備える。「竹の間」は四間に三間の母屋北面西二間半に半間の入側をとり入れて、その東側に一間半の出床を設けた二十五畳敷の広さである。「菊の間」と「竹の間」は上段であり、その東に十八畳敷の下段の間が続く。「菊の間」と「竹の間」の室名は寛文以前の本丸における奥向書院の名称を継承する。書院（大書院）は奥向書院を表向の対面所として新たに様式を整え、新造されたと解される。大書院の座敷飾は規式にとらわれない自由な配置である。

寛文九年に再建された伊達家愛宕下上屋敷の主要殿舎は大書院（小広間）、小書院（書院）、御座間、御寝所の構成であった。『肯山公治家記録全書』によると、大書院、小書院は愛宕下上屋敷における正式の名称であった。大書院は敷地の南面中央に立ち、その南庭に舞台を設けていた。大書院は東西十四間半、南北三間の母屋を東より上段の間と次の間の二座敷に分けた一列系平面で、四周に入側縁をめぐらす。上段の間（三十畳敷）は東面に十尺五寸の框床と九尺の違棚、南面床と矩折に一間半の付書院を備える。この座敷飾は武家住宅における大書院の正規の配置であり、前例は仙台城二丸書院にみられる。

大書院の東南にあって南面する小書院は東西十間、南北三間の母屋を東より上の間、次の間に分けた一列系平面で四周に入側縁をめぐらす。上の間の座敷飾は大書院と同じく正規の配置である。ここに近世武家住宅において大書院と小書院を中心とした表向殿舎の基本的構成と一列系書院の様式が成立している。

寛文十一年に新築された宇和島藩伊達家麻布中屋敷は敷地の南中央に書院、その西北に南向の小書院と御座間、御寝間を順次配置した構成である。書院は九間に三間の母屋を東西に分けた一列系平面で、西側上段の間の西面に二間床と一間違棚、南面床と矩折に一間の付書院を備える。小書院は五間半に二間半の母屋を東西二室に分けた一列系平面である。西側上の間は十五畳敷で、北面に床、西面床脇に違棚と付書院を備えていたらしい。小書院は座敷飾の配置に変化があり、背面に数寄屋を付属するので数寄屋風書院であったと推定されている。

宇和島藩伊達家の麻布中屋敷は、江戸時代の大名屋敷に普遍的にみられる大書院と小書院、御座間、居間・寝所を中心とした殿舎構成である。この構成をもって書院造の基本形式とするのが妥当であると考える。

注

1　城戸久「名古屋城本丸殿舎私考」『美術研究』第116号、一九四一年。
2　中井正知氏蔵「中井家文書」第6号1。
3　平井聖・後藤久太郎「名古屋城御殿表書院」『日本建築史基礎資料集成』十七　書院Ⅱ、中央公論美術出版、一九七四年。
4　城戸久「名古屋城概説」『名古屋城』一九五三年、彰国社。
5　注4および平井聖・後藤久太郎「名古屋城御殿表書院、上洛殿」『日本建築史基礎資料集成』十七、書院Ⅱ（前掲）。
6　城戸久「名古屋城概説」『名古屋城』彰国社、一九五三年。
7　注6に同じ。
8　『広島県史』近世史料編Ⅰ所収。
9　宮原直倁（安永五年没、寿七十五）の著した『備後叢書』（一）に収録。
10　三浦正幸「福山城本丸御殿の伏見城移築殿舎」『日本建築学会大会学術講演梗概集』一九九三年九月。
11　『毛利三代実録』輝元公条。
12　『毛利四代実録』。
13　森下徹「明暦二年萩藩江戸上屋敷普請関係史料」『やまくち学の構築』第7号、山口大学研究推進体、二〇一一年三月。
14　平井聖・後藤久太郎「毛利藩江戸上屋敷指図について」（1）（2）（3）『日本建築学会関東支部研究報告集』第44回、一九七三年。
15　両指図については、北野隆・尾道建二「毛利家文書「江戸屋敷」の指図について」（『日本建築学会中国・九州支部研究報告』第2号、一九七二年三月）の論考がある。
16　『毛利三代実録』慶長十二年十月条。

17　森下徹「明暦二年萩藩江戸上屋敷普請関係史料」『やまぐち学の構築』第7号、二〇一一年三月「やまぐち学」推進プロジェクト、山口大学研究推進体。
18　「泰巌公記」延宝四年十二月十一日条。
19　作事記録研究会編『萩藩江戸屋敷作事記録』中央公論美術出版、二〇一三年二月。
20　益田都氏所蔵（東京大学史料編纂所寄託、史料番号R−5）。
21　佐藤巧『近世武士住宅』叢文社、一九七九年。
22　注21に同じ。
23　『日本建築史基礎資料集成』十六、書院I「瑞巌寺本堂」。
24　『義山公治家記録』寛永十六年三月二十八日、同十二月廿日、同十七年二月七日、同十八年十一月五日条。
25　『新編　弘前市史』通史編2（近世1）。
26　弘前市立図書館蔵「津軽家文書」。
27　佐藤巧『近世武士住宅』三章一節。弘前城本丸居館、叢文社、一九七九年。
28　注27に同じ。
29　『新編　弘前市史』資料編3所収。
30　「本藩明実録・本藩事実集」上（『みちのく双書』第45集所収）、寛文十二年条に「八月廿三日、御広間御作事御棟上、十月十八日出来、御移徙住御祝義被仰付候、」とある。
31　「本藩明実録・本藩事実集）上、天和二年三月十五日条に「則日、御台所、葺替被御仰付候、奉行御手廻佐藤市右衛門、対馬庄左衛門、」同九月十一日条に「御本丸御勝手御普請御出来ニ付、棟上被仰付候。」とある。また、翌三年二月二日条に「来四日、吉日ニ付御城御勝手柱立、奉行大湯彦右衛門、油布宇太夫両人ニ被仰付候。」とある。
32　佐藤巧『近世武士住宅』（前掲）。
33　宮城県立図書館蔵伊達文庫所収。二枚の屋敷図は佐藤巧『近世武士住宅』に載せられている。
34　指図添書。『仙台市史』資料編2所収、文書［100］「仙台藩江戸上屋敷家屋之指図覚書」（寛文七年）による。
35　「雄山公治家記録」万治三年三月二十八日条。
36　注33に同じ。

37　「青山公治家記録全書」寛文十二年二月二日条に初卯の大書院に飾る牀机の位置を「上ノ閾ヨリ竪畳二畳目ニ置之。」と注記する。また、指図に東間を「小広間上」、西間を「次の間」と記入する。
38　平井聖『日本の近世住宅』、鹿島研究所出版会、SD選書30、一九六八年に指図が紹介されている。
39　注38に同じ。
40　平井聖『日本近世住宅の殿舎平面と配置に関する研究』私家版、一九六一年。

第三節　近世初期の公家住宅における書院（奥向書院）

Ⅰ　院御所における書院(1)

近世初期の院御所における主要殿舎構成は、広御所（対面所）―小御所（会の間）―書院（学問所）―常御殿よりなる寛永七年（一六三〇）造営の後水尾院御所が最も整った形であるが、一般的に広御所―書院―常御殿の構成であった(2)。院御所における書院の初例は慶長度後陽成院御所の二階書院と小書院である(3)。二階書院の指図によると、一階は二列系平面で、小部屋に細分されている。部屋の性格及び座敷飾の有無は不明である。小書院は梁間四間の母屋を桁行三間と二間の二室に分けただけで、座敷飾はなかったらしい。

一　寛永度後水尾院御所の書院（図54）

寛永七年造営の後水尾院御所の主要殿舎は広御所、小御所、書院、常御殿の構成である。

書院は東池庭に面してたつ桁行十間、梁行七間の規模で、東面北七間と北面東五間の矩折に広庇を付けていた。平面は桁行を二分して南半分を書院、北半分を学問所に充てていた。書院部分は東面北に八畳敷の主室を置き、その西側に六畳敷の奥書院、それらの南に十畳敷の三の間、奥書院と三の間の西に十二畳敷の四の間を配し、三の間と四の間の東・西・南三面に入側縁をめぐらす。主室は東北隅に二畳の上段を設け、その上北面に一間框床、東面に一間付書院を、また、框床の西側に一間違棚を備えていた。奥書院は北面と西面一間に矩折の棚（冠棚と大棚）を、また三の間は南面東に一間半の付書院を備える。

このように書院は複雑な平面形で、床、付書院、棚を多用した構成であった。特に奥の書院の座敷飾は冠棚と大棚のみで、冠棚は上段の間の棚と隣合わせにあった。『隔蓂記』寛永十三年九月十八日条によると、仙洞御所において茶屋と書院を用いた口切茶会があり、書院と茶屋が各々池坊により飾られた。その時の書院の飾りについて、

上段畳床　三幅一対、牧渓筆、中寒山拾得、両脇龍虎、三具足三頭共ニ銀子、
付書院　硯〈牛ノ図石也〉、水入、筆架〈筆御筆青磁〉、印籠、盆石、巻物盆ニノル、
奥の書院
棚　冠棚色々飾
大棚　金子の大香炉、

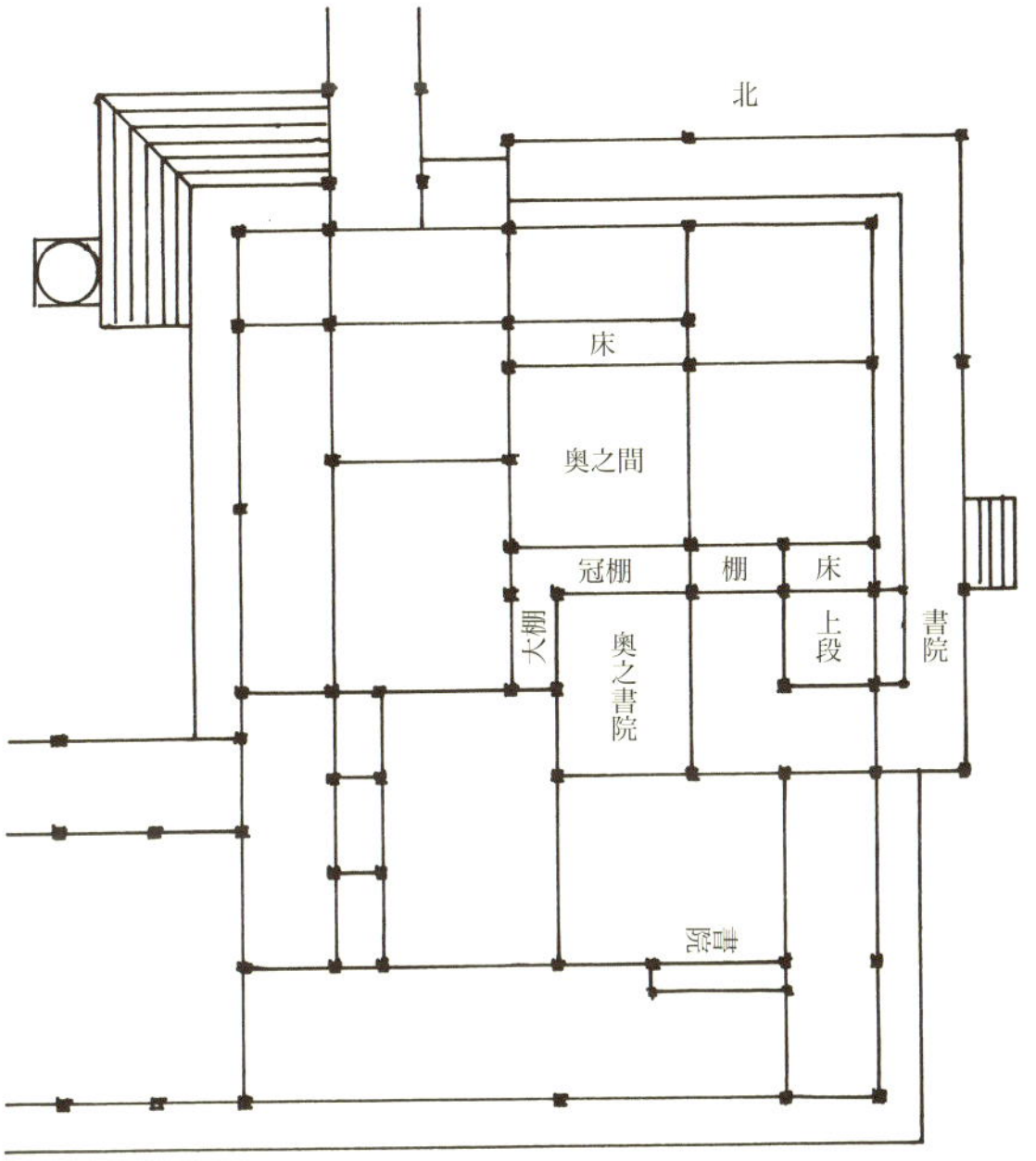

図54　寛永度後水尾院御所書院平面図

と記す。畳床、付書院、棚の飾りは唐絵と唐物が主であった。

二　寛永度及び寛文度の明正院御所の対面所及び書院

(1)　寛永度明正院御所の対面所と書院

明正院御所は内裏北の旧中和門院御所跡に営まれ、寛永二十年（一六四三）十月三日、明正院は新御所に移徙された。明正院御所は北面西よりに四脚門を開き、その内西面に玄関を張出した北向の殿上の間がある。主要殿舎は殿上の間東南にある北向の対面所で、その東方に東向の書院、書院の南方に南向の常御殿を配し、それぞれの間を渡り廊下で繋いでいた。

対面所は桁行十二間半、梁行八間五尺の規模で、その北西隅に北へ一半間に二間の中門を突出する主殿形式の建物である。平面は東西九間半、南北五間二尺の母屋を東西に三分し、そのうち東六間を

南北に二分する。東南隅にある上段の間は三間に二間二尺の広さで、南面に二間床と一間棚、東面南に一間付書院を備える。上段の間西側は奥行一間の納戸間である。なお、寛文度の明正院御所の対面所はこれと同形式で、納戸間東面に納戸構を備えていた。また、対面所の北・東両面庇は化粧屋根裏天井であった。

寛永度の書院は桁行八間、梁行七間の東向建物で、南北六間、東西五間の母屋四周に幅一間の入側縁をめぐらした形式である（図55）。平面は田字型の四室構成である。西南隅にある十二畳敷の上段の間は、西面に二間床と一間棚、南面西に一間付書院を備え、正規の座敷飾配置になる。上段の間は格天井、下段の間以下各室は棹縁天井、上段と東側下段の間境に筬欄間をはめる。各室と入側縁境の建具は遣戸二枚と明障子一枚の組合せ、壁は張付壁である。書院は敷地の東北隅にあって東・北両面を庭に面するが、数寄屋（茶室）を付属しない。明正院御所は常御殿の南方、敷地の東南隅に花壇が作られ、その南寄りに御茶屋があった。

（2）寛文度の明正院御所書院（図56）

明正院御所は、万治四年正月十五日、二条殿から出火した火事で内裏とともに焼失した。火災後、寛文二年（一六六二）四月に明正院御所の釿始めがあり、同年十月十九日上棟、十一月四日に明正院は新造御所に移徙された。寛文度の明正院主要殿舎構成は、寛永度と同じ対面所、書院、常御殿であるが、書院は一列系平面になり、東庭に苑池が作られた。

寛文度明正院御所の書院は桁行九間、梁行四間の規模で、主室と次の間を東と西に並べる。書院は南・東二面に幅一間の化

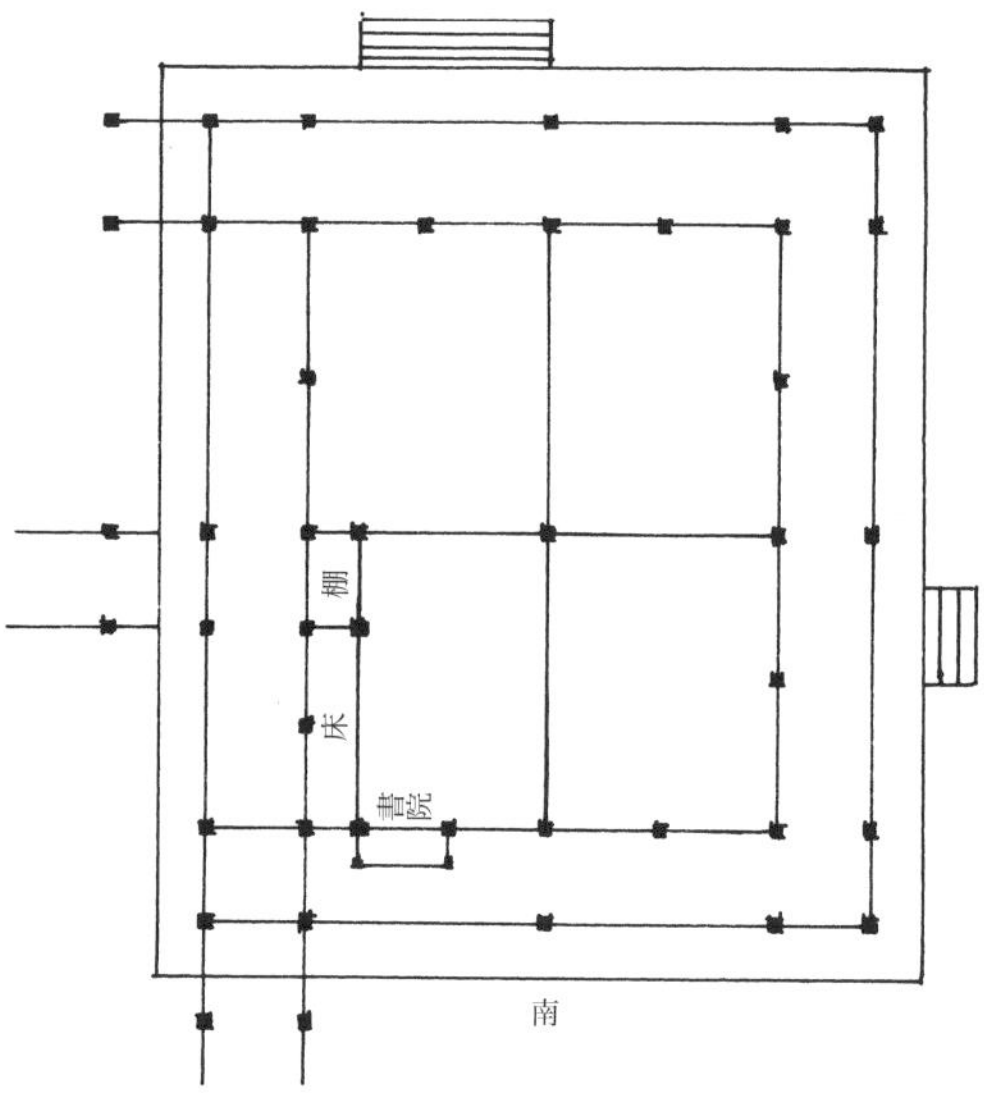

図55　寛永度明正院御所書院平面図

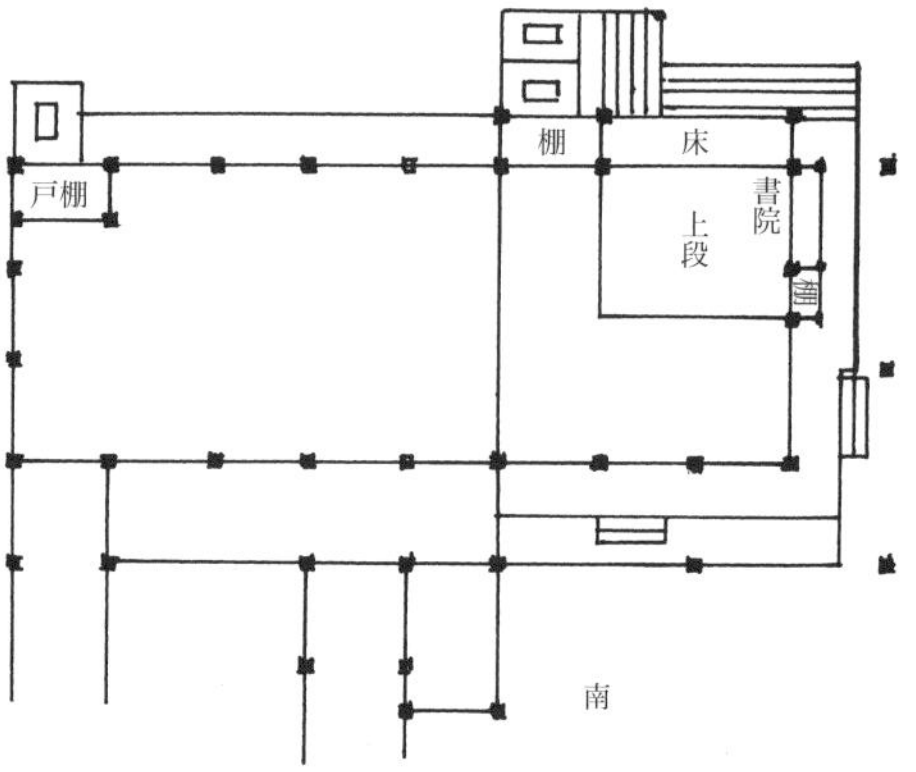

図56　寛文度明正院御所書院平面図

粧屋根裏天井の庇を付けるが、主室東・南両面の庇は土庇で落縁を付けていた。十八畳敷の主室は東北隅に六畳の上段を設け、その上北面に二間床、東面に一間付書院と半間の棚を備え、また、北面床の西側に一間棚を設ける。主室は小組格天井、床の内を張付壁とし、入側境に腰障子（内面張付）、次の間境に襖障子を立て、上部を筬欄間とする。次の間は五間に三間の西北隅に一間戸棚を張出した二十九畳敷の座敷で、南・北両面建具に腰障子を立て、西面壁を羽目とする。天井は棹縁天井である。入側通の母屋柱間は一間（六尺五寸）を基準とし古風である。

東苑池に臨む主室は座敷飾の自由な組合せがみられ、東南に土庇を付ける。この点から、寛文度書院の様式は数寄屋風書院と考えられているが、細部の仕様は未詳である。主室の小組格天井、張付壁、筬欄間などは書院造の意匠である。

寛文度の明正院御所は前期と同様、書院の南に常御殿を配し、常御殿の南庭に御茶屋を構えていた。書院は数寄屋を付属しない。書院の平面は、茶の湯の影響とするよりも、公家社会における連歌会や振舞の座敷として構成されたとみたほうが良いと思われる。

三　寛文度後西院御所の小御所と学問所

後西天皇は寛文三年正月に譲位され、一時近衛殿を仮御所とした。幕府は、内裏の南に新たに後西院御所を造営し、寛文四年（一六六四）八月二十一日、後西院は新造の御所に移徙された。

後西院御所は敷地東南の入隅に東向の唐門と四脚門を開く。主要殿舎は、東向の弘御所を中心に、その奥向にある小御所、学問所、常御殿より構成されていた。弘御所は東中門の内にある。小御所は弘御所の西北にあって南面し、また学問所は弘御所の東北にあって南面し、その間に配した番衆所の入側縁により結ばれていた。常御殿は学問所の北側にあり、その間を南北の廊下を渡す。

小御所は桁行八間、梁行五間の規模で、七間に二間半の母屋の南面に幅一間半の入側縁、北・東二面に幅一間の入側縁を付け、西面に床及び棚と雪隠を指出す。平面は母屋桁行を三分して、西に十畳敷の上段の間、中央に十五畳敷の下段の間、東に十畳敷の三の間を並べた一列系平面である。上段の間は西面に十尺の床と六尺二寸五分の棚を備え、天井を格天井に作る。上段の間は下段の間と襖障子で仕切り、南・北両面入側境に遣戸二枚と明障子一枚を立てる。下段の間は北面西に二間床を備える。上段の間と下段の間の床の内は張付壁である。下段の間と三の間の建具は上段の間に準じ、天井は棹縁天井である。南・北・東三面入側縁は拭板敷で、外側に半間の濡縁を付ける。天井は棹縁天井、外側建具は雨戸と腰障子、妻側に板戸二枚を立てていた。

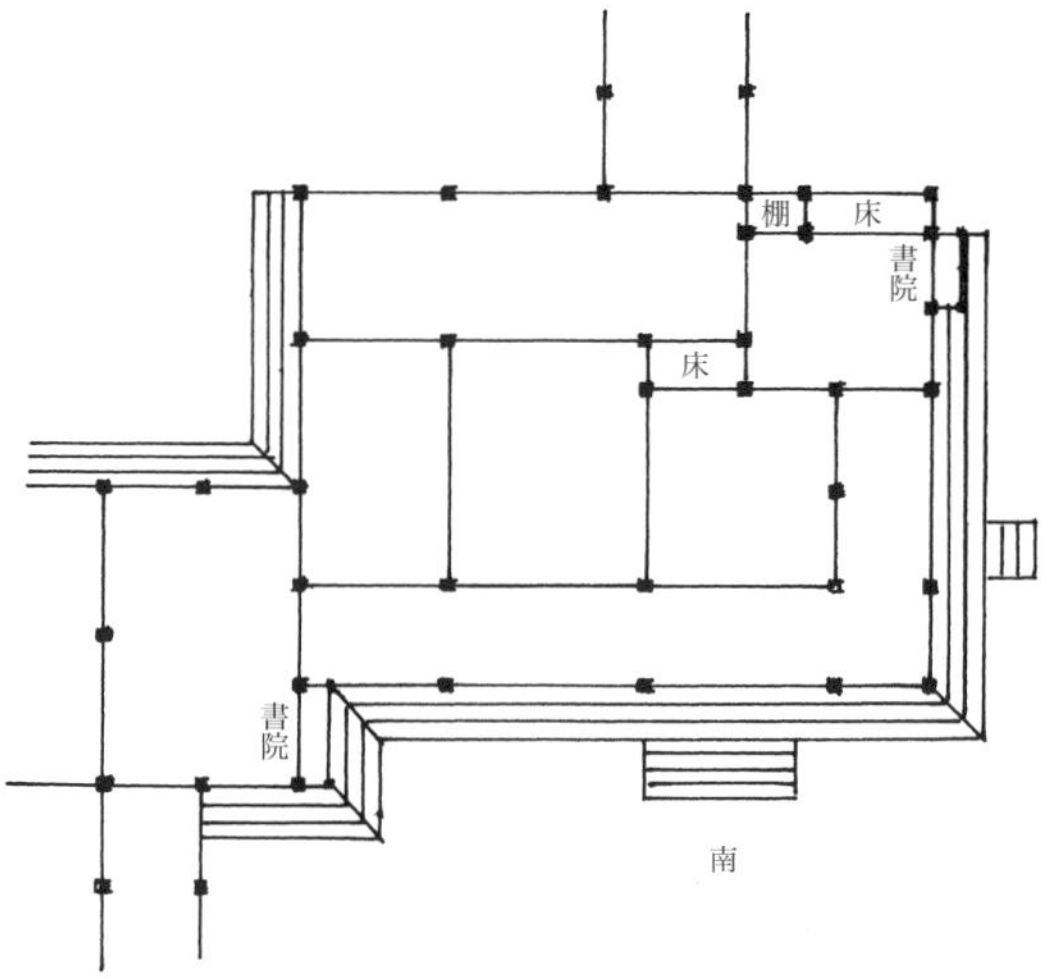

図57　寛文度後西院御所学問所平面図

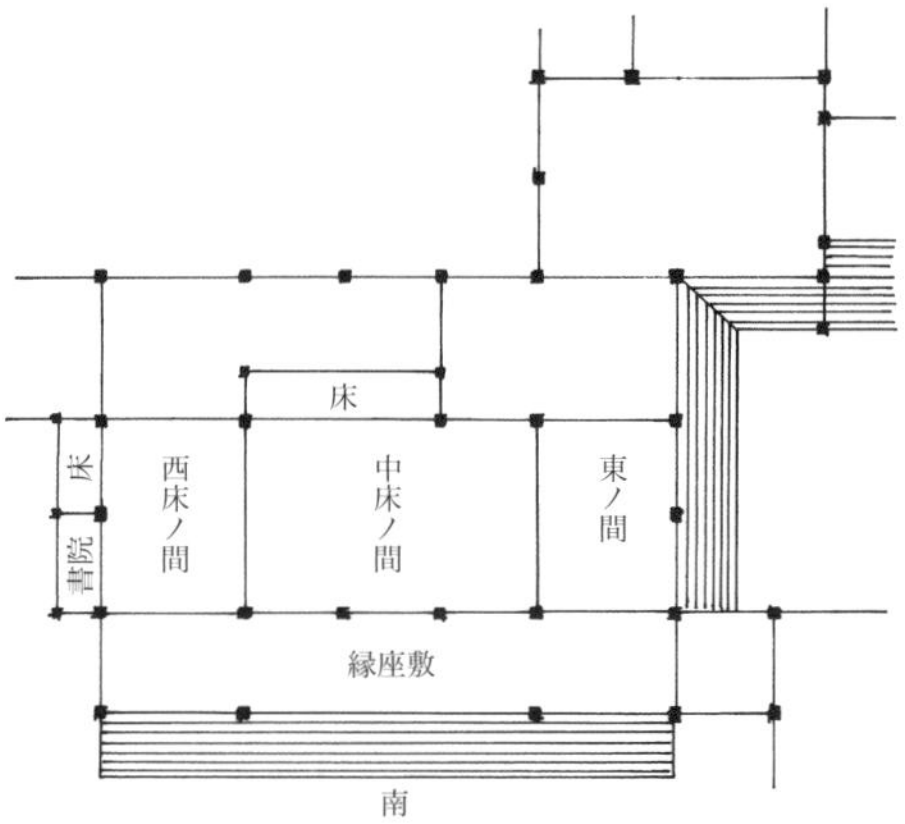

図58　延宝度後西院御所書院平面図

小御所は、中央間北面に二間床を備えた会所系の建物で、西上段の間は御座間となったであろう。小御所の東北に落間（囲炉裏間）と清間が続くのは、小御所が和漢会や振舞に用いられたことを示すであろう。

学問所は南向、桁行六間半、梁行五間の規模で、五間半に二間半の母屋の南・東二面に幅一間の入側縁、北面に幅一間半の入側縁を付けた形式である。平面は東北隅に東・北二面の入側を取り入れた六畳敷の書院座敷を設け、その北面東に一間半床と西に半間棚、東面北に濡縁に張出した一間付書院を備える。母屋は桁行を三分して、東より一の間（八畳敷）、二の間（十畳敷）、三の間（七畳半敷）を並べる（図57）。一の間は北面西に一間床を備える。室内仕様は各室棹縁天井、座敷境と北入側縁境が襖障子、南・東二面入側縁境が腰障子、南面と東面入側縁外側が雨戸と腰障子である。北入側縁北面は北廊下境に襖障子を立て、他を張付壁とする。「寛文度後西院御所指図」(4)の学問所の貼紙に「御学問所〈六間半、五間〉付書院」とあるので、東北隅の座敷は書院と呼ばれたらしい。学問所は書院と一の間の床内を張付とするので、各座敷は張付壁仕上げであったと推定される。

以上、小御所と学問所の住宅様式は、それらの平面と室内仕様よりみて書院造と考えられる。

四　延宝度後西院御所の書院（図58）

寛文度後西院御所は寛文十三年五月九日の火災により類焼した。その後、延宝三年（一六七五）三月二十七日に、後西院御所の新始があり、同年十二月二日に上棟式が行われた。後西院は同日新造御所に渡御された。

延宝度の後西院御所の敷地は、寛文度の敷地に比べて北側及び東側が削られ、南側に拡張された。それに伴い建物の配置も大幅に変更された。御所の敷地は南北に二分され、北側半分を後西院御所、南側東半分を女御御殿の敷地とした。(5)

延宝度の後西院御所は敷地の東面南寄りに表門を開く。主要殿舎は広御所、書院、常御殿で、寛文度に比べて学問所がなく、小御所に代り書院が造られた。表門を入ると正面に車寄を張出した殿上の間があり、その南側に東向の広御所がある。それらの西方に休息所・番所と書院が続き、廊下で結ばれる。書院は広い南庭に面して立てられた。常御殿と御座間は書院の西方にあり、渡廊下で繋いでいた。

書院は桁行六間、梁行四間半の規模で、屋根はとくさ葺寄棟造である。(6)平面は西より「西床ノ間」、「中床ノ間」、「東ノ間」を並べた一列系であり、南面に幅一間の縁座敷と落縁、北面に一間半の入側縁、東面に落縁を付ける。西床ノ間（上の間）は六畳敷、西面北に一間框床（黒縁）、同南に櫛形窓を付けた一間付書院を備える。床は鏡天井、内三方を張付壁とする。中床ノ間は十二畳敷、北面西に二間框床（黒縁）を備え、東ノ間は六畳敷である。各室の仕様は四寸四分角柱を用い、腰長押、内法長押、天井長押・蟻壁をまわし、天井を棹縁天井に作る。なお、指図の書入れは三室とも格天井、他を平縁天井とする。南入側縁境は腰障子、東ノ間東面二間張付戸四本と明障子二本、各部屋境と北面入側縁境を襖障子で仕切る。南の縁座敷は平縁天井、東・西両側に各杉戸、南面に腰障子と雨戸を立てる。

延宝度書院の平面は、寛文度小御所の平面に類似し、それをやや縮小し、上段の間をなくして上の間としたより寛いだ形式である。各室の仕様にみられるように、書院の様式は書院造であった。

五　延宝五年再建の東福門院御所奥対面所（現修学院離宮中茶屋客殿）

延宝五年（一六七七）に造営された東福門院御所の奥対面所（御休息所）は、天和二年（一六八二）に後水尾上皇の皇女朱宮が創立した林丘寺に移築され、現在、修学院離宮の中御茶屋客殿として存続する。客殿は南向の桁行六間、梁行六間半の規模で、屋根は入母屋造杮葺である。平面は南面西十二畳敷の一の間を中心に、その東側に各十畳敷の二の間と三の間を南北に続け、南面と西面に入側縁を付ける。一の間は北面西に一間の框床、東に一間半の違棚を備える。違棚はL字形の地袋の上隅に三角形の袋棚を重ね、それらの上部に五段の違棚を霞形に並べた華麗な意匠である。客殿にみられる装飾的要素は違棚が主なものである。客殿は柱太さ四寸二分角（側柱四寸八分）で、切目長押、内法長押、天井長押をまわし、天井を棹縁天井に作る。床の内は金砂子撒き、腰に金と群青の瓦敷模様を貼り、張付壁や襖障子、明障子の腰貼も同じである。当初、内法長押上の小壁の張付壁にも絵を描いていた。客殿は一の間の違棚（霞棚）や花車形の釘隠金具に装飾的な意匠がみられるが、書院造を基調とする建物である。

Ⅱ　公家住宅における書院（学問所）

近世初期の公家住宅における主要殿舎構成は広間（寝殿、対面所）―書院（学問所）―御座間を基本とする。

一　近衛殿の書院と表方御書院

近世初期の公家住宅については「近衛殿建物配置」（以下、「近衛殿指図」と記す）が伝えられている。(7)川上貢氏によると、この指図は寛永十三年（一六三六）に後水尾院の皇女昭子内親王が近衛尚嗣に降嫁され、その奥方御殿が造営された時に作成されたものとされる。近衛殿は、慶長十年（一六〇五）の公家町屋敷替えにともない内裏の北辺、今出川通りの南に移された。「近衛殿指図」によると、敷地は東西六十九間、南北五十四間の広さで、その内南側に表方御殿、北側に奥方御殿を配置している。指図は敷地内の建物配置と各建物の平面を描いている。『本源自性院記』元和九年閏八月十六日条に近衛殿における近衛信尋の関白宣下の時、献盃の式が行われた広間の指図をのせる。この広間は「近衛殿指図」にみえる広間と同じであり、表方御殿は元和年間に遡ると思われる。

表方御殿の主要殿舎は南面中央に広間が立ち、その西側に玄関・小広間棟があり、広間との間に廊を渡す。広間の東側にある書院は南面し、その北に表方御書院、それより北方に御休息所を配し、それぞれ廊下で繋いでいた。また、書院は東南に数寄屋と勝手及び膳所を付属し、その間に廊下を渡していた。表方御書院はその名称と平面形式からすると学問所の可能性がある。また、その北方にあって廊下で繋がる御休息所は主人の御座間と考えられる。御休息所の西方に奥方の御殿があった。また、御休息所の北に御文庫があり、その東辺に茶屋と春日社が建っていた。表方の台所は広間の西方にあり、付属建物で繋がれていた。

（1）書院（図59）

書院は東西八間、南北三間半の母屋四周に幅一間の入側縁をまわした桁行十間、梁行五間半の規模で、広い南庭に面していた。平面は母屋を東より三間位置で東西に二分し、東を上の間（二十一畳敷）、西を次の間（三十五畳敷）とする。上の間は北面に二間床と一間違棚、東面床脇に間口十一尺四寸の付書院を備える。また、次の間は北面東に二間床を設けていた。上の間の座敷飾の配置は北面を上座として南面するのが正規であり、次の間も南を正面とする。

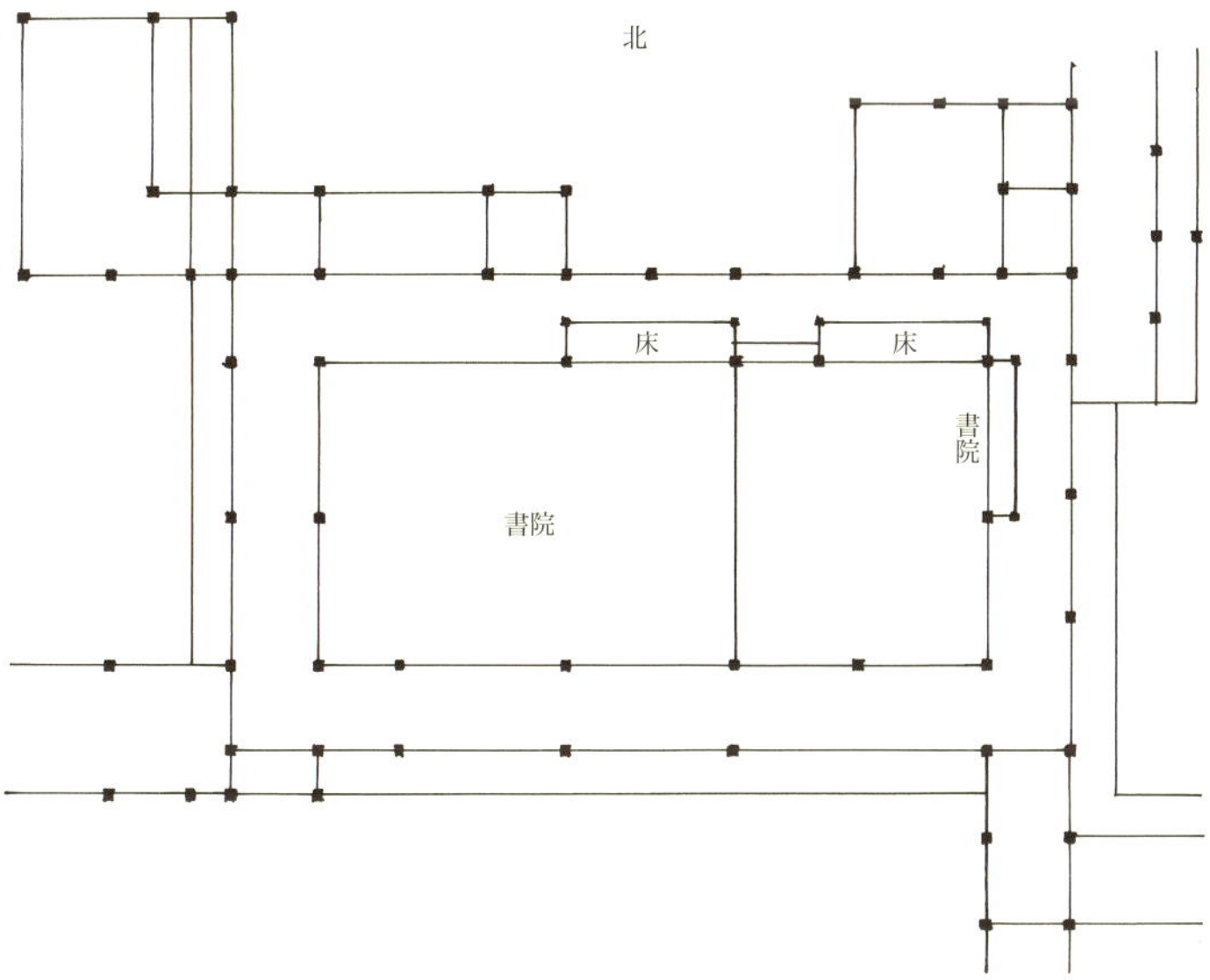

図59　近世初期近衛殿書院平面図

これは、武家住宅において書院上段の間の床間を背にして次の間に面する構成と異なる。近衛殿書院の上の間と次の間にみられる座敷飾の配置は、和歌や連歌会を主とする公家の接客座敷の特徴と考えられる。

『本源自性院記』寛永七年正月廿日条に、

和歌会始、入夜始〈近代毎年式日也〉、人数、烏丸大納言・四辻大納言・広橋中納言・柳原中納言・平宰相・藤宰相〈高倉〉・飛鳥井宰相・高倉三位・殿上人数輩、見懐紙、懐紙之内不参之人〻ハ、平松・広橋侍従両人計也、二献如例、了少〻乱酒、（後略）

と記す。和歌会始は近衛殿の書院で行われたと推察される。書院はまた、数寄屋における茶の湯後の雑談、振舞などに用いられた。『隔蓂記』正保四年正月十二日条に、

午刻、於近衛殿下応山入道公、而有御茶之湯、御客妙法院御門主・聖護院御門主・梶井御門主・予御相伴、於数寄屋而也。御掛物竹絵也。秀宮之御筆也。（中略）。後之御炭、妙門主御置、被成也。御茶後、於御書院、而御打談。其内左大臣殿者還御也。後段温麪也。又濃茶両種有之。

とある。書院は表の接客座敷であり、床、棚、付書院を備えた書院造の建物であるが、座敷飾の配置は公家風である。

（2）表方御書院

表方御書院は書院の北方にあって南面し、書院と廊下で繋がる。平面は桁行七間半、梁行四間半の主屋西北に付属室を張出した形である。主屋は南・東・西三面に幅一間の入側縁をめぐらし、南入側縁に面して東に八畳敷、西に十四畳敷を並べ、東八畳敷北側に一間の出床を備えた五畳敷を配する。西十四畳敷は北面に間口二間半の床を備えていた。

「近衛殿指図」によると、表方御書院は南に庭が作られていた。また、表方御書院の東方は広く開放されているので、そこに苑池が作られていたかもしれない。表方御書院は学問所であった可能性がある。

二　八条殿の書院

八条宮本邸（八条殿）は慶長十年（一六〇五）の公家町屋敷替えにともない内裏の北辺、今出川通りの南に移された。近衛殿の東隣に位置し、敷地は南北五十八間、東西六十四間半の広さを有する。慶長十一年五月二十三日、八条宮智仁親王は新殿に移徙された。この時、対面所、学問所、御座間、台所などは出来ていたと推測される。昕叔顕晫の日記「居諸集」によると、翌十二年八月二日より、八条殿において三体詩の講義が始められた。講師は両足和尚であり、親王と公家衆が聴講した。当時、書院は未だ出来ていなかったので、講義は親王の学問所で行われたと考えられる。三体詩の講義は九月二十七日に終わった。「居諸集」同日条に、

次於八条殿下三体之講。終講前聴衆来る。以赤飯為肴。被侑御酒。御前江出頭之衆者。於御前侑酒。愚也侑其員。講後於御前晩炊。愚亦侍席末。

とあり、講が終わり御前にて晩炊があった。「居諸集」にのせる慶長十四年十月八日の八条殿における漢和御会も同じ学問所を用いたと思われる。

『智仁親王御記』によると、八条殿では、慶長十四年に新書院が建てられ、十二月二日に振舞始があった（8）。同年十二月に八条殿で行われた連歌には照高院興意法親王、曼殊院良恕法親王、阿野、少納言、慶純、紹由、智仁親王が出座した。この連歌は新造の書院で行われたと思われる。

「居諸集」慶長十七年四月廿三日条に、つぎの記事をのせる。

斎了赴于八条殿下歌会之席。詩歌罷有舞。舞之後。於花圃帙筵而浅斟低唱。及初更而帰矣。愚也探題夕納涼之詩曰。

為避炎蒸傍一池。塵心洗尽碧漣漪。晩来吟歩納涼処。賡載少陵荷葉詩。
云々。四句杜詩荷浄納涼時之心也。（後略）

歌会の席は書院であろう。詩歌が終わり、舞があった。また舞の後、前の花畑に帙筵を敷き、酒と唱があった。この時詠んだ昕叔の詩によると、八条殿の奥向の庭に池が作られていた。これについて「居諸集」元和元年六月二十七日条に、

斎後詣八条殿下。寒温畢而賜盃。盃了赴園中池亭。池水清而新竹茂。実奇観也。又有弥勒石像。作亭蓋之。於亭喫茶而帰。

とある。苑内の池亭で茶の接待をうけた。この池亭は茶屋であろう、近くに弥勒石像を祀る亭があった。(10)

これより先、慶長十八年九月廿日、八条殿で御能があった。(9) 御能は対面所が用いられたと思われる。後の例であるが、『時慶卿記』寛永五年五月十六日条に、

一　殿下ニ御能八条殿被申入、常真ハ数寄ニ今朝ヨリ相客ハ阿野、白川ナリ、勝手ヨリ御出、巳刻ニ初歟、乞能共ニ九番ナリ、簾中ニハ八条殿、殿下、鷹大将、又後ニ四辻、阿野、白川等、常真ハ同上段ニ簾巻テ被候、予其元ニ在之、保長老同所也、（後略）

とあり、上段の間がある対面所で能を観賞したことが知られる。

『時慶卿記』慶長十八年十二月十日条に、

八条殿詩歌会、依御兼約参仕、（中略）、照門、竹門、阿野宰相、大弼、昌琢、昌儇、了具、中務等也、詩ニハ、保長老、藤長老、稽長老、益長老、卓長老、以上廿五首也、先麺ニテ一献、其後題ヲ探、詠草ヲ記メ後食アリ、新家具木具共、丁寧之義也、其後清書也、読上ハ右衛門仕候、盃ハ秉燭也、謡又乱舞、予二番、大夫遊行柳定家也、鼓大大弼小阿野、笛一、定家ハ鼓、照門ノ小姓衆二人也、其後能アリ、八条殿ノ衆也、酒及乱酒、夜半前ニ果候、各一同ニ立也、

と記す。八条殿で詩歌会があり、公家衆と五山の長老五人が出座した。詩会の後、謡と乱舞があった。これらは書院で行われたと考えられる。その後、八条殿の衆による能があった。能は対面所で催されたと思われる。(11)

『智仁親王御記』によると、その後、元和五年正月に数寄屋と鎖の間の作事始あり、同年五月三十日に数寄屋開きを催した。「居諸集」元和六年八月廿日条に、

午刻詣八条李部王。今日賜御茶。東福剛外和尚・舜岳西庵・俊甫西庵也。茶後到御書院。李部王曰。詩乎句乎請之云々。剛外言上句。漢和面八句有之。

とある。数寄屋で茶の湯の後、書院に席を移して漢和詩会があったと推察できる。

寛永六年（一六二九）四月七日、八条宮智仁親王は薨御された。五月十二日、桂光院五七日法要が御殿で行われた。これは対面所を用いたと思われる。なお、智忠親王は、寛永九年十二月に八条殿の殿宇改築をはじめ、その際、学問所を相国寺慈照院の昕叔に下賜したと伝えられる。現在の慈照院書院がそれである。八条殿の学問所は智仁親王の代の建物であろう。書院（学問所）は上の間八畳敷に床間と平書院を備え、次の間境に襖障子と筬欄間を立て、長押を用いず、棹縁天井の簡素な「数寄屋風書院」である。

智忠親王時代の八条殿の建築は未詳であるが、『隔蓂記』寛永十四年十月六日条に、

八条宮被請竹門御門主、御相伴予・建仁之常光院・万年之峑西堂也。於御数寄屋、有御茶湯、御茶湯了、於御茶屋、雲門・種々珍肴、被勧御盃。各爛酔、及初更、帰寺。

と記す。公家住宅では茶の湯後の振舞に茶屋と書院を使い分けていたと思われる。元和四年頃から始められた草創期の八条宮桂山荘における古書院及び苑池と茶屋は、八条宮本邸の奥向施設がもとになって、より広い敷地に営まれたのではないだろうか。(12)

まとめ

1　寛永度後水尾院御所の主要殿舎は広御所、小御所、書院、常御殿の構成である。書院は東池庭に面して立つ桁行十間、梁行七間の規模で、桁行を二分して南を書院、北を学問所に充てていた。書院は東面北に八畳敷の主室を置き、その西側に六畳敷の奥書院、それらの南に三の間、三の間と奥書院の西に四の間を配し、三の間と四の間の東・西・南三面に入側縁をめぐらす。主室は東北隅に二畳敷の上段を設け、その上北面に一間框床、東面に一間付書院を備え、また框床の西脇に一間違棚を付ける。奥書院は北面と西面に冠棚と大棚を備える。このように書院は二列系の複雑な平面をもち、座敷飾を多用していた。

寛永度明正院御所の主要殿舎は対面所、書院、常御殿の構成である。書院は対面所の東方にあり、東向に立つ桁行八間、梁行七間の規模である。平面は二列系四室構成で、西南隅にある上段の間の座敷飾は西面に二間床と一間棚、南面床と矩折に一間付書院を備えた正規の配置である。公家住宅における書院の座敷飾は自由な組合せが多く、正規の配置は珍しい。

寛文度明正院御所の主要殿舎は寛永度と同じであるが、書院は一列系平面になり、東庭に苑池が作られた。書院は八間に三間の母屋を二分し、東に上段を設けた主室、西に次の間を並べ、主室東・南二面に土庇、次の間南面に幅一間の庇を付ける。十八畳敷の

主室は東北隅に六畳敷の上段を設け、その上北面に二間床、東面に一間付書院と半間の棚を備え、また北面床西脇に一間棚を設ける。寛文度明正御所書院は主室の座敷飾に自由な組合せがみられ、土庇を付けることから数寄屋風書院と考えられているが、細部の仕様は未詳である。主室の小組格天井、張付壁、筬欄間などは書院造の意匠である。

延宝度後西院御所の主要殿舎は広御所、書院、常御殿の構成である。書院は六間に二間の母屋を西より「西床ノ間」「中床ノ間」「東ノ間」の三室に分けた一列系平面で、その南面に幅一間の縁座敷、北面に幅一間半の入側縁を付ける。六畳敷の「西床ノ間」は西面北に一間框床、南に櫛形窓を付けた一間付書院を備える。十二畳敷の「中床ノ間」は北面西に二間框床を備える。各室の仕様は四寸四分角柱を用い、腰長押、内法長押、天井長押と蟻壁をまわし、天井を棹縁天井に作る。

院御所では書院が茶屋と合わせて詩歌・管弦や茶湯あるいは振舞の座敷になった。院御所の書院はそうした用法にあわせて座敷飾を自由に組合せている。書院の室内仕様は寛永度明正院御所の書院、寛文度後西院御所の小御所及び学問所、延宝度後西院御所の書院及び延宝五年東福門院御所の奥対面所などの例からみて、書院造に準じていたことが推測される。

2　元和年間の近衛殿主要殿舎は広間、書院、表方御書院、御休息所の構成であった。表の接客座敷である書院は、広間の東側にあって南面する。書院は八間に三間半の母屋四周に幅一間の入側縁をめぐらした桁行十間、梁行五間半の規模である。平面は南入側縁に面して東より上の間（二十一畳敷）と次の間（三十五畳敷）を並べた一列系平面である。上の間は北面に二間床と一間違棚、東面床と矩折に間口十一尺四寸の付書院を備え、次の間も北面東寄りに二間床を備えていた。

近衛殿書院の上の間と次の間にみられる座敷飾の配置は和歌や連歌会を主とする公家住宅における接客座敷の特徴と考えられる。寛文度明正院御所の書院は同じ一列系平面で、上段の間の北面、南庭に面して床と棚を設けていた。こうした座敷飾の配置は室町時代末の連歌会や管弦をともなう振舞の座敷であった「数寄座敷」の形式を継承すると考えられる。これについては第八章で考察する。

元和から寛永初頃の八条殿は対面所、書院、学問所、御座間を主要殿舎としていたと考えられる。書院は表の接客座敷であり、近くに数寄屋と鎖の間を付属していた。また、苑内に池が掘られ、池畔に茶亭が建てられた。こうした建物の構成は同時期の近衛殿と類似する。現在の相国寺慈照院書院は、初代智仁親王の学問所を移築した建物である。書院（学問所）は上の間八畳敷に床間と平書院を備えた簡素な「数寄屋風書院」である。

注

1　院御所の指図については、平井聖編『中井家文書の研究』一・二・三（中央公論美術出版、一九七六・一九七七・一九七八年）による。
2　後藤久太郎「曼殊院と公家の数寄屋風書院」『日本古寺美術全集』9、集英社、一九八一年。
3　平井聖編『中井家文書の研究』一（前掲）による。
4　平井聖編『中井家文書の研究』二（前掲）、所収。
5　平井聖編『中井家文書の研究』三（前掲）による。
6　延宝度新院（後西院）御所の書院の仕様は平井聖『日本近世住宅の殿舎平面と配置に関する研究』私家版、一九六一年によった。
7　川上貢「桂離宮」、『桂離宮と茶室』原色日本の美術第15巻、小学館、一九六七年に掲載される。
8　『大日本史料』慶長十四年雑載所収の『智仁親王御記』。
9　「居諸集」慶長十八年九月廿日条。
10　八条殿の表向建物を対面所と称したことは、『時慶卿記』寛永六年七月十八日条にみえる。この日、八条殿対面所にて八条殿桂光院の百ケ日半斎が行われた。
11　『時慶卿記』寛永五年三月十六日条に「早天ニ出、八条殿御能七番但乞能一番アリ、（中略）、能過テ又宴、久水無瀬舞、日中無、四辻、常真ハ切々也、御振舞ハ牡丹ノ前ノ書院也、」とあり、牡丹の前の書院で振舞があったのが参照される。
12　川上貢「桂離宮」『桂離宮と茶室』原色日本の美術第15巻（前掲）、参照。

第四節　書院造の基本形式とその特色

Ⅰ　書院造の基本形式

本章第二節において、二条城二の丸御殿にみられる広間、小広間を中心とする住宅の様式を書院造とする通説は修正を要することを指摘した。そして書院造の基本形式は明暦三年江戸大火以後の大名屋敷において普及する大書院―小書院―御座間―居間の構成で

とめている。(1)あるとする、平井聖氏の説を妥当と考えた。平井氏は近世住宅の様式である書院造の基本となる形式について、大要つぎのようにま

1　近世の住宅は、書院群を中心とする書院造である。書院群は大書院、小書院、御座間、居間で構成されていた。これらの書院の前には観賞用の庭がつくられた。

2　書院群のうちで大書院と小書院は、接客・対面に使われ、御座間は身内などとの平常の対面や事務的な行為の場にあてられた。居間は、居住のための御殿であった。

3　書院群を構成する夫々の建物が単独の機能をもち、建物と機能との対応関係は一殿舎・一機能としてあらわされる。

そして書院の平面について、

4　個々の書院の平面は、東西に一列に並んだ二〜三室が中心で、南側が庭に面している。室内は最も奥の部屋を主室とし、床を一段高くして上段とする。上段には床・違棚・付書院の座敷飾を配する。その配列は型のとおり、下段からみて上段の奥、上段に座った人の背面に床と違棚を置く。床は座敷飾の中心で、背面の庭側にあり、床につづいて矩折りに付書院がある。部屋の南北に広縁を設け、さらに落縁を付けるのが主要な書院の一般的な平面である。

と記す。また室内の仕様について、つぎのように記す。

5　屋内は畳を敷きつめ、壁は張付壁で襖と共に、接客・対面のための書院では金地に極彩色で、居住のための書院では白地に墨絵で風景を描いた。天井は折上格天井・格天井・猿頬天井・棹縁天井を使い分ける。部屋と部屋は襖で区画するが、入側との間の仕切り、入側の縁境には腰障子をたて、入側の外側には一筋の雨戸を引く。したがって、軒下には障子の白い面が出来、桧皮葺・杮葺・銅瓦葺などの屋根と対照的であった。

右記のうち、一から三の特色は、寛文十一年（一六七一）に完成した宇和島藩伊達家麻布中屋敷の屋敷図により窺うことができる。しかし、近世初期大名屋敷の中心建物である書院（大書院）、小書院の座敷飾及び室内仕様については史料が少なく不明な点が多い。つぎに、前節までの考察をもとに書院（大書院）と小書院（奥向書院）の平面形式にみられる特色をまとめ、また、大書院と小書院の室内障壁画の特色について補足する。

II　書院の平面形式

明暦以後の大名屋敷において普及する書院（大書院）と小書院の平面は母屋を二室ないし三室に分けた一列系平面で、奥を上段の間（上の間）とし、母屋周囲に入側縁をめぐらす形式である。書院（大書院）は母屋梁間を三間とするのが一般的である。小書院（奥向書院）は母屋梁間を二間半から三間にする例が多く、また、同時期の公家住宅における奥向書院は母屋梁間を二間ないし三間とする例がみられる。

一　書院（大書院）

寛文九年（一六六九）に再建された伊達家愛宕下上屋敷の大書院は十四間半に三間の母屋を東より上段の間と次の間の二座敷に分け、四周に入側縁をめぐらした一列系平面である。上段の間の座敷飾は東面に間口十尺五寸の框床と九尺の違棚、南面床と矩折に一間半の付書院を備えた正規の配置である。母屋入側通りの柱間寸法は部屋毎に柱間を等分する近世的柱間割りによっていた。書院（大書院）上段の間（もしくは上の間）に框床と違棚及び付書院よりなる正規の座敷飾を備えるのは、寛文十一年に完成した宇和島藩伊達家麻布中屋敷の書院も同じである。

上段の間の座敷飾が正規と異なる配置である大書院の例に弘前城本丸書院（大書院）が知られる。寛文十三年（一六七三）の「弘前城本丸御殿絵図」によると、南向の書院は桁行十一間、梁行六間の規模で、その南東に四間半に三間半の書院次の間（鷺の間）を張出していた。書院は梁間三間の母屋を西より「菊の間」と「竹の間」及び下段の間（芙蓉の間）の三座敷に分けた一列系平面である。「菊の間」は東西二間半、北面入側半間を室内にとり入れて南北三間半とし、その西北隅に三畳敷の上段を設け、上段の北面に一間半の床、西面に一間付書院を備えていた。「竹の間」は四間に三間の母屋北面入側縁のうち西二間半に半間を室内にとり入れて、その東側に一間半の出床を設けていた。下段の間は方三間、十八畳敷である。

また、享保十七年の毛利家上屋敷書院（大書院）は南北十二間、東西三間の母屋を南より上の間、次の間、三の間の三座敷に分け、周囲に入側縁をめぐらした一列系平面である。三十畳敷の上の間は東庭に面して西面に床と棚、南面床と矩折に付書院を設けていた。

この平面形式は明暦三年大火以前の桜田上屋敷新書院の平面に類似する。

武家住宅における奥向書院の座敷飾は上の間の床と違棚を次の間に面して設けた正規の配置のほかに格式にとらわれない組合わせの例がある。前者の例は名古屋城本丸の書院、仙台城二丸の書院、伊達家桜田上屋敷の書院、伊達家愛宕下上屋敷の書院（小書院）である。後者の例は元和七年の毛利家桜田上屋敷の書院、福山城本丸の小書院、明暦二年（一六五六）頃の毛利家桜田上屋敷の新書院、宇和島藩伊達家麻布中屋敷の小書院が知られる。

寛文十八年に完成した宇和島藩麻布中屋敷の小書院は梁間二間半の母屋の西に上の間（十五畳敷）、東に次の間（十二畳半敷）を並べた一列系平面で、南面と西面南に幅一間半の入側縁を付ける。上の間は北面西に一間半の床、西面床と矩折に一間棚を造り、その南脇に半間の付書院を備えていた。小書院は北向に四畳半台目の囲と勝手を付属しており、茶湯後の振舞・饗応に用いられたと思われる。座敷飾の自由な配置は小書院が格式ばらない接客座敷であったことを示すと考えられる。

二　小書院（奥向書院）

一方、近世初期の近衛殿は広間（対面所）の東側に南向の書院を立てていた。書院は八間に三間半の母屋を東より三間目位置で上の間と次の間の二座敷に分け、四周に幅一間の入側縁をめぐらす。上の間は北面に二間床と一間違棚、東面床と矩折に付書院を備える。また、次の間は北面東に二間床を設けていた。この座敷飾の配置は和歌、連歌会などを主とした公家の接客作法によると考えられる。

院御所における奥向書院は、寛永度明正院御所の書院が二列系四室構成の古式な平面で、上段の間の座敷飾を正規に配置するほか、座敷飾に自由な組合せがみられる。寛永度後水尾院御所の書院、寛文度明正院御所の書院、延宝度後西院御所の書院がその例で、寛永度後水尾院御所の書院が二列系平面であるほかは一列系平面である。

延宝度後西院御所の書院は桁行六間、梁行四間半の規模で、六間に二間の母屋を西より「西床の間」、「中床の間」、「東の間」の三座敷に分ける。六畳敷の「西床の間」は西面北に一間框床、南に櫛形窓の付いた一間付書院を備える。また、十二畳敷の「中床の間」は北面西に二間框床を備えていた。柱は四寸四分角の面取角柱、各室とも内法長押、天井長押、蟻壁を廻し、棹縁天井に作る。

以上、武家住宅及び公家住宅における小書院（奥向書院）は寛文から延宝頃になると主室の座敷飾に自由な組合わせがみられる。

これは、この時期に成立した書院造の特色の一つと考えられる。

Ⅲ　近世初期における広間と書院の室内障壁画

一　幕府関係居城における広間と書院の障壁画

幕府関係居城における主要殿舎の室内障壁画の図様は、表向の広間が金地花鳥画、小広間が金地花鳥画及び四季の景色（寛永度二条城二の丸）、あるいは帝鑑図(2)（万治度江戸城本丸白書院）が知られる。これに対して奥向黒書院の室内障壁画は、水墨山水画（唐山水）（万治度江戸城本丸黒書院）あるいは砂子泥引墨絵（伏見城本丸黒書院）の例が知られる。すなわち、広間は金地に濃彩花鳥画が主体であったのに対して、奥向の黒書院は水墨山水画が基調であった。

奥向書院の室内障壁に山水などの水墨画を描くのは、室町時代後期の禅院書院以来の伝統である。それに対して、金地極彩色の障壁画は織田信長の築いた安土城天守の室内障壁画が初期の例であり、松永久秀による永禄ころの多聞城御殿内障壁画も金地に彩色の漢画及び和絵を描いていたらしい。『安土日記』（尊經閣文庫蔵）によると、安土城の七重天守は「悉黒漆也。御絵所皆金也。」とあり、天守内障壁画は金地に濃彩色の漢画或は和絵が描かれていた。その中にあって、上より六重目の十二畳敷の書院は墨画に梅の絵を描き、付書院の張付壁に遠寺晩鐘の景色を水墨画で描いていた。これは禅院における奥向書院の水墨画を継承するのであろう。

二　武家住宅における広間と書院の障壁画

名古屋城本丸の玄関・遠侍は七間に三間半の母屋南面に幅一間の広縁を付けた形である。平面は母屋を西より一の間（十八畳敷）、二の間（二十八畳敷）に分け、一の間北面に二間押板と一間違棚を備える。一の間と二の間の障壁画は金地に竹林豹虎図を彩色していた。

大広間の障壁画題は金地花鳥画を基本とする。上段の間の絵様は松と梅を題材として、それに唐鳥をそえる。一の間と二の間は金地着色花鳥図で、季節の景を描く。三の間は麝香猫を題材とする。

対面所の障壁画は、上段の間と次の間とも素地に彩色した風俗画である。画題は名所絵や年中行事絵などである。

『本朝画史』巻四「画二壁障一図様式法」(3)に、障壁画の式法について、つぎのように記す。

作レ図之序、純墨為レ初。而山水居多。淡彩為レ中。而人物居多。濃色為レ終。而花鳥居多。以及二荒草大樹一。是可レ知二其大意一。以二山水一為二殿中上段一。以二人物一為二殿中中段一。以二花鳥一為二殿中下段一。以二走獣一為二廡間之中一。或金殿玉楼自二上段一至二下段一。為二極彩色一画二雑図一。然則従二于時宜一応二於求一筆レ之亦一家之法而已。

図様式法というのは、殿舎全体に障壁画を描くときの図様の約束・作法をいう。殿中の上段、中段、下段、廡間の中は、それぞれ奥向の黒書院、表向の白書院（小広間）、大広間、遠侍あるいは虎の間に対応する、と考えられている(4)。

はじめに、図を作る順序は純墨を初と為す。すなわち山水画が多く占める。淡彩を中と為す。すなわち人物画が多く占める。濃色を終と為す。すなわち花鳥画が多く占める。以て荒草大樹に及ぶ。これその大意を知るべし、という。初、中、終は、次にくる殿中の上段、中段、下段に対応する。

山水を以て殿中上段に為すとあるのは、墨絵山水画が奥向書院に用いる図様であることをいう。人物を以て殿中中段に為すとあるのは、淡彩人物画に漢画と和絵があり、前者は書院系の大書院、後者は広間系の小広間に用いることをいうのであろう。また、花鳥を以て殿中下段に為すというのは、濃色花鳥画が大広間に用いる図様であること、走獣を以て廡間の中に為すというのは、濃色走獣画が遠侍などに用いる図様であることをいうと思われる。おわりに、或は金殿玉楼は上段より下段に至り、極彩色となして雑図を画く。すなわち時宜に従い、求めに応じてこれを画く、という。

名古屋城本丸玄関・遠侍、大広間の障壁画はこの図様に近いといえる。対面所の風俗画は和絵人物画に入るのであろうか。これは名古屋城本丸対面所が小広間系の建物であることに関係するのかもしれない。書院の障壁画は不明であるが、『本朝画史』から「純墨山水」であったと推定されている(5)。

名古屋城御成書院（上洛殿）は寛永十一年に将軍徳川家光が上洛に際して逗留した建物である。御成書院の障壁画題は『帝鑑図説』にもとづき上段の間及び下段の間の帝鑑図をはじめ、二の間の琴棋書画図に水墨淡彩金砂子撒の人物画を描く。三の間の障壁画題は花鳥画である。御成書院は将軍の御座間になるので、その奥向御殿に相応しい墨絵を基調とした帝鑑図を障壁画に選んだと思われる。

毛利家桜田上屋敷の式台は、明暦二年の「江戸屋敷極り之惣指図」によると桁行十七間、梁行八間半の規模で、東側十二間を竹虎の間以下の五室、西側五間を番所二室とする。東側五室の障壁画は総金地の彩色画を描く。中央の竹虎の間は東西七間、南北四間、五十六畳敷の部屋で、南面に四間の押板を備える。室内障壁画は総金地竹虎の図である。

大広間の障壁画題は総金地花鳥画である。上段の間の絵は惣金松梅、下段の間は惣金白菊、三の間は惣金芦に鶴鴨、四の間は惣金桜を題材とする。

色付書院の障壁画題は墨絵泥引山水画である。東面中央にある対面間は牧渓様山水泥引画、その南側の御座間は唐松原泥引画、その奥にある山水の間は休息間と考えられ、墨絵泥引山水画であった。色付書院北側の部屋は立木の間といい、立木に泥砂子引の障壁画である。新書院の障壁画は未詳であるが、『本朝画史』によると、墨絵山水画であったかもしれない。

三　武家住宅における書院（大書院）と小書院の障壁画

備後福山城本丸は書院（大書院）が表向の対面座敷であった。書院上段の間は「皇帝間」と称された。『備陽六郡志』福山城本丸条に玄関について「御玄関より書院へ取付の溜を仙人の間と云。」とあり、書院前の溜間に仙人の絵が描かれていた。書院は室内障壁に水墨画を基調とした漢画系人物が描かれていたと推察される。これは、大書院が水墨漢画を基調とする書院系建物であることを示すと考えられる。

『水野記』の御居間は小書院に相当する。「備陽六郡志」福山城本丸の条によると、御居間の室内障壁画は総張付に大津の景色などを彩色した和絵であったようである。御殿は藩主の御座間である。御殿の室内障壁画は惣張付墨絵山水であった。

注

1　平井聖「書院造について」『日本建築の特質』太田博太郎博士還暦記念論文集、中央公論美術出版、一九七六年。
2　東京国立博物館編「調査研究報告書　江戸城本丸等障壁画絵様」第一法規出版、一九八八年。
3　京・狩野永納（一六三一～九七）の撰述。
4　武田恒夫『狩野派障屏画の研究』吉川弘文館、二〇〇二年。同「表と奥――障壁画をめぐって――」『建築史学』第11号、一九八八年九月。
5　注4に同じ。

第四章　数寄屋造と「数寄屋風書院」の形式

第一節　数寄屋造に関する諸説

Ⅰ　堀口捨己氏による数寄屋造の定義

日本住宅様式の一つとして数寄屋造を定義したのは堀口捨己氏である。(1) 堀口氏は、日本住宅史の建築様式について寝殿造と書院造を定義した上で、この二つの様式に分けたとき、なお残るものは「茶室と茶室の影響によって特殊な傾向をもつ書院造りのあるものである」といい、その様式の特徴を書院造と対比して、つぎのように記した。

それは庭園と建築との連りが、きわめて密接に作られ、書院造りが角柱を用いた代わりに、皮付の丸太柱や、面皮柱を主として用い、長押もなかったり、あっても面皮であったり、壁も書院造りが多く長押の上は漆喰壁で、その下に彩色絵の張付壁が多かったものが、全部にわたって土壁になったり、張付でも絵がなくなったり、墨絵であったりする。特に左右相称を避ける。唐様の痕跡は残っているが、もはや仏寺建築の唐様とは異なってくる。

そして、「以上のような特徴をもつものを、書院造りの特殊なものと考えられなくもないが、建築の意匠的な発展という意味で、建築史上特別に著しいものがあることによって、数寄屋造りという名の一つの様式と考えた方がよさそうに思う。」と述べている。茶室すなわち数寄屋と、茶室の影響を受けて成立した、今日、数寄屋風書院と称されている形式を数寄屋造と定義したことが分かる。茶室を数寄屋造と定義したことは、その著作『書院造りと数寄屋造りの研究』の序説に、数寄屋造の様式について、

これは書院造りの一つの発展であって、書院造りの特殊なものとも見られるものである。建物としては主として小さな茶室であ

るが、しかしその建築構成理念が、非相称形という今まで外国にもあまりなかった理念のひたぶるな展開であって、それは近代建築にとって、非常に大きな意義をもつものである。

と述べているので明らかである。また、著書『利休の茶室』において、茶室に比べて開放的な茶屋を数寄屋造とするのも注意される。(2)

堀口氏は、日本住宅史を古代の寝殿造、近世の書院造と数寄屋造の三様式に大別し、その当時、中世住宅様式として提唱されていた主殿造（武家造）について、建築様式の一つとするには、あまりにも他と分ける特徴がないとされた。その考えの基になっているのは、書院造は寝殿造が変化・発展したものであるとする推論である。それにより、様式的に完成した園城寺光浄院客殿や二条城二の丸御殿を書院造の代表的遺構と考えられたのである。しかし、それが修正を要すること及び書院造の様式が寛永末年から明暦以後の大名屋敷で確立されたと考えられることは、第二章第五節及び第三章第二節に詳述した。これによると、日本住宅史は古代の寝殿造、中世から近世初頭の主殿造、近世の書院造と数寄屋造の四様式になるが、問題になるのは近世初期の大名屋敷で成立した大書院・小書院構成よりなる書院造と数寄屋造（数寄屋風書院）の様式上の相異である。特に、茶室の影響によって特殊な傾向をもつ書院造のあるものを「数寄屋造」とする場合の「数寄屋」の意味が問題になる。これについては、後に改めて考察する。

II　数寄屋造に関する諸説

現在、数寄屋造及び数寄屋風書院の様式については、諸説がある。つぎに、それらの様式に関する代表的な説をあげる。

一　数寄屋造を数寄屋風書院造とする説

太田博太郎著『書院造』V節3、数寄屋風書院造の成立の項に、『匠明』殿屋集にのせる当代「屋敷図」の「スキヤ」に続いて描かれた「クサリノ間」と「書院」について、つぎのように記す。(3)

「書院・クサリの間・スキヤ」が揃っているところはないが、茶室に続く座敷を作っているもの、たとえば桂離宮の松琴亭や大磯の如庵(4)のようなものはいくつかあり、それらから、その様式を推すことができる。それは様式的にみて、書院造と草庵風茶室の中間に位するものであり、『匠明』の本文がこれにまったく言及していないところからみても、茶人の手によって設計されたもので、工匠の手になる、いわゆる書院造のうちに入らないものであったと考えられる。

また、数寄屋造について「（前略）、しかし、数寄屋造は、茶室に伴って作られ、柔らかみのある意匠であったから、正式の接客空間である「広間」には用いられないで、別荘などに好んで用いられた。遺構としてもっとも早いものは、元和年間に建てられた八条宮の山荘、桂の古書院である。（後略）」と記す。

これによると、数寄屋風書院造は様式的にみて、書院造と草庵風茶室の中間に位するもので、茶人の手により設計されたこと、また、茶室に伴って作られ、柔らかみのある意匠であったから、正式の接客空間である広間には用いられず、別荘などに好んで用いられた、とされる。この説の特色は、千利休以後の武家茶匠により作られた鎖の間及び数寄屋の書院を数寄屋造あるいは数寄屋風書院造とすることである。なお、千利休の完成した「わび数寄」の茶室を数寄屋造とすることは言うまでもない。

二　数寄屋造という様式名を用いず、それを数寄屋風書院とする説

これは、川上貢氏の論考「桂離宮」にみられる。(5) 川上氏は、千利休によって体系づけられた茶の湯思想に裏づけをもつ新茶湯座敷の構えが完成されたことを述べた上で、数寄屋風書院について、つぎのように説明する。

この茶の湯座敷の意匠や手法が、日常の生活場所である居間・書斎の、くつろぎの場の組み立てにとりいれられて、晴れの儀式や接客の場である広間や対面所とちがった住居のつくりに仕上げられたのが数寄屋風の書院である。

そして、この種の実例として西本願寺黒書院、曼殊院大書院と小書院、桂離宮新御殿をあげる。また、数寄屋風書院の成立年代について、桂離宮の新御殿は数寄屋風書院のつくりの完成した姿をしめし、古書院と中書院は「書院造り書院」に数寄屋・茶室の意匠や手法が導入されて数寄屋風書院ができあがる過程における過渡的な姿をしめしている、とする。ここに「書院造り書院」というのは、近世初期の武家住宅及び公家住宅における奥向書院の意であると思われる。

この説の特色は、数寄屋造という様式名を用いないこと、数寄屋風書院は千利休により完成された草庵茶室の意匠や手法が、武家住宅や公家住宅などの奥向書院に採り入れられて成立したとすることである。これは前述の太田説に近い説である。太田説では、数寄屋の施設として数寄屋、鎖の間、書院をあげるが、近世初期の武家住宅で数寄屋施設の書院を整えた例は少ない。これに代る建物

として奥向書院に数寄屋あるいは鎖の間を付属する例がみられる。この種の奥向書院は、数寄屋の意匠や手法をとり入れていたと推察される。これについては第三節Ⅲ項で述べる。

三　桂離宮古書院の様式を草庵風書院とする説

これは、斉藤英俊氏の論考「桂離宮の建築様式の系譜」にみえる。(6) 斉藤氏は従来、書院造と数寄屋造（数寄屋風書院）の意匠上の相異とされてきたものを対比的に整理して表1(7)（十四項目）にまとめ、それをもとに従来の数寄屋造に対する諸説の問題点を二つあげる。

①「数寄屋風書院」や「数寄屋造」の必要十分条件が不明である。

②「数寄屋造」は茶室の影響を受けて成立したものであろうか。この点については、これまでに誰も論証していない。

そして①について、

堀口説では、表1の五・六・七項（丸太の柱や面皮柱を使うこと、長押を用いず、面皮や丸太の長押を打つこと、襖障子や張付壁に唐紙を用い、または水墨画とし、土壁は色土仕上げとすること、をいう）を「数寄屋造」の意匠としているが、他の項目はどうなるのか。とくに「数寄屋造」と称せられる建物の多くは、桂離宮の新御殿にみるように、自由な意匠の棚や欄間、飾金具などで飾られていて（表1の三・九・八項）、その装飾性がこの種の建築の特色とも思われるが、これらは「数寄屋」にはまったくみられない意匠である。この点をどのように考えるのか。

とする。また、これらの装飾的な意匠もその特色の中にふくめるとすると、「それを「数寄屋造」の概念で括ることに問題はないだろうか、」という。

①の問題は、「数寄屋」及び「数寄屋造」の概念が不明確であることによると思われる。斉藤氏は「数寄屋」を「わび数寄」の茶室に解されているが、古田織部や小堀遠州の時代になると新しい唐物数寄が復活し、数寄屋施設の中に上段の間と付書院及び床の間を備えた鎖の間が造られるようになる。鎖の間は数寄屋造の書院といわれる。また、大徳寺龍光院の茶室密庵のように床の間、違棚、付書院、台目構の点前座を備えた茶室が造られた。密庵の違棚は地袋と天袋の間に左上一段、右中二段の棚を造り、透彫装飾の嵌板を付けた雅趣に富む意匠である。堀口氏は密庵を露地草庵の茶室であり、数寄屋造としている。密庵は、書院造の造形要素をとり入

れた書院風の数寄屋である。

②について、

「数寄屋造」の建物に茶室と同様の意匠や手法がみられたとしても、それだけでは茶室の影響を受けて「数寄屋造」が成立したかどうかはわからない。

という。これは茶室が成立する以前に山科教言邸の景総庵のような建物が出来ていたことを踏まえた主張である。斉藤氏によると、応永十二年（一四〇五）に建てられた景総庵は、後の茶室や茶屋にみられる意匠的特徴を備えていた。(8) しかし、景総庵と近世初期に成立した「数寄屋造」との関係は詳らかでない。

さて、斉藤氏は「数寄屋造」あるいは「数寄屋風書院」に関する問題は、共通の概念として昇華されていないとして、桂離宮御殿の様式について「草庵風書院」と「綺麗座敷」という二様式を提唱された。すなわち「桂離宮の新御殿のような建物は、一つの様式の発展的形態と考えるよりは、異なった二つの様式が混在、あるいは融合したものと考えるほうが理解できる。その二つの様式とは、新しい造語であるが、「草庵風書院」と「綺麗座敷」である。」といい、二つの様式について、つぎのように説明している。

「草庵風書院」とは、基本的に書院造であるが、主要な部材に桧以外の木材を使用し、色土壁、起り屋根のものをいう。付帯的な事柄としては、木部に色付けがほどこされることや、竹が材料として用いられることなどもその特色である。桂離宮の古書院はこれらの条件を備えた好例である。

ここに「草庵風書院」の特色(9)（特色A）としてあげたものは数寄屋風書院の特色とほぼ同じである。「草庵風書院」は、基本的に書院造であるとするが、ここでいう「書院造」とはどのような様式を考えられているのであろうか。表1にあげた書院造の特色からすると、通説のように二条城二の丸広間を書院造の代表と考えられているようにうかがえる。しかし、第七章で考察したように、書院造は明暦以降の大名屋敷で成立したと推察される。表1の問題点については後に改めて述べる。いずれにしても「草庵風書院」という語の概念はよく判らない。茶の湯における草庵茶室（数寄屋）は茶匠により様式化されたが、草庵、茶屋は数寄屋にくらべて自由な意匠であり、様式概念となり得るであろうか。

一方、「綺麗座敷」の様式について、つぎのように記す。

「綺麗座敷」とは、棚、欄間、天井、建具、飾金具などに、格式的でない多様化した自由な意匠が用いられ、全般的に装飾性の強い空間、あるいはその建物をいう。「綺麗座敷」の典型は、修学院離宮の中御茶屋客殿である。

また、「綺麗座敷」は、寛永の宮廷文化サロンを中心とした人々の間で独特な美意識「綺麗」が形成され、それにもとづいて飾られた座敷であり、それは奥向の趣味的空間である、とされる。

斉藤氏が「綺麗座敷」という様式を新たに提唱されたのは、寛永文化の美意識を「綺麗」という言葉で表現したことのほかに、つぎのような問題意識があると推測される。数寄屋風書院の特色とされる項目（表1）の中にある、つぎの三項目を特色Bとしてあげる。

（一）間取りや座敷飾りには定形がなく、装飾的で自由な形がみられる。

（二）棚や欄間の意匠には定形がなく、装飾的で自由な形がみられる。

（三）釘隠や襖障子の引手などの飾金具の意匠は装飾的で、自由な形がみられる。

そして、これについて、つぎのように記す。

（前略）、しかし、特色Bは草庵的な要素とはいえない。しかも、桂離宮の古書院は、特色Aをもつ建物であるが、特色Bを備えているとは思われない。一方、修学院離宮中御茶屋客殿は特色Bを備えているが、特色Aにはことごとくあてはまらない建物である。したがって、特色Bは「草庵風書院」の特色とは認められず、それを定義するものとはならない。

特色Bにあげる三項目は茶室や茶屋にみられなくはないが、主として書院の座敷飾、書院の違棚と欄間の意匠及び長押などの飾金具に関するものである。特色Bは「草庵風書院」の特色でないと同様に「数寄屋風書院」の特色ではないと考えられる。書院の構成要素である座敷飾の自由な組立てや、棚、欄間などの装飾的な意匠は、数寄屋風の特色にあげられるが、数寄屋風の意味は主として数寄屋（草庵茶室）に用いられる材料とその意匠や技法に限定したほうがよいと思われる（前述の川上貢氏の説による）。これは、斉藤氏があげた「草庵風書院」の特色Aにほぼ該当する。

斉藤氏は桂離宮の中書院、新御殿にみられる特色Bのような要素は、「草庵風書院」における装飾化の結果であるとする。また、桂離宮の新御殿などにみられる意匠的傾向は建築だけのものではなく、絵画や工芸などの美術と軌を一にする寛永文化全般にわたる美意識の所産であるという。そして、このような美的傾向を当時の人々は、二条城二の丸大広間にみられる「豪華絢爛」に対する「綺麗」という言葉で表したとして、特色Bをもつ建物の様式を「綺麗座敷」と称したのである。

先述のように、斉藤氏は、修学院離宮の中御茶屋客殿を「綺麗座敷」の典型とされる。この建物は、延宝五年に再建された東福門院御所の奥対面所を移築したものである。特色Ｂの要素を持つ建物は近世初期の公家の山荘のほか、武家住宅及び公家・寺家住宅の奥向書院に多くみられる。延宝五年に再建された東福門院御所奥対面所はそうした公家住宅における奥向書院の例である。また、正保から明暦頃の醍醐寺三宝院宸殿、明暦頃の曼珠院小書院及び西本願寺黒書院などは寺家における奥向書院の例である。それによると、特色Ｂのような要素は「草庵風書院」における装飾化の結果だけでなく、近世初期の武家住宅及び公家・寺家住宅の奥向書院における室内構成要素の多様な発展、いいかえれば書院造の発展を示すと考えた方がよいと思われる。

なお、書院造と数寄屋風書院の意匠上の対比としてまとめられた表1の各項目を検討すると、書院造は通説により二条城二の丸広間に代表される形式を考えられている。しかし、書院造は近世初期の武家住宅あるいは公家・寺家住宅の奥向書院で発展した様式である。とすると、「書院造」と「数寄屋風書院」の意匠を対比した内容は表1と全く異なるものになる。たとえば、表1の一項に、座敷飾について「書院造では一定の原則に従って配置されるのに対し、数寄屋風書院では、とくに定まった原則はなく、自由に配置されることが多い」とあるが、武家住宅あるいは公家・寺家住宅の奥向書院は座敷飾を自由に配置した例が多い。また、二項に、床の形式について「書院造では押板とも呼ばれる板床形式であるが、数寄屋風書院では、畳床が用いられる」とあるけれども、書院造の床は「数寄屋風書院」と同じ畳床（框床）である。このほか、三項の違棚の形式、七項の障壁画、八項の飾金具、九項の欄間の形式なども書院造における室内細部意匠の多様な発展と解釈するのが良いと思われる。

斉藤氏は、表1の一項、三項及び九項と八項を特色Ｂとして、その特色をもつ建物の様式を「綺麗座敷」と定義された。特色Ｂのいくつかを備えた建物の早い例は、寛永年間に造営された小堀遠州の伏見奉行屋敷の鎖の間、奥小座敷、及び遠州好みといわれる大徳寺龍光院の茶室密庵や同寺孤篷庵の書院直入軒が知られる。これらの建物は座敷飾の自由な配置とともに違棚や欄間に透彫の板をはめた装飾的意匠が特徴である。特に透彫板をはめた棚飾りや欄間は遠州が好んで用いた意匠である。遠州はこうした好みを「きれいさび」と称した。これは、妙喜庵茶室待庵にみられる千利休流の厳しい「さび」の感覚と対照的に穏やかな装飾に富む意匠である。遠州の「きれいさび」は寛永文化の「綺麗」という美意識につながる。けれども、「綺麗」という言葉は時代によりその意味内容が異なるので、「綺麗座敷」を建築の様式概念とすることに問題はないであろうか。

注

1　堀口捨己「書院造りについて――様式的な特徴とその発達――」『清閑』第15冊、一九四三年。同著『書院造りと数寄屋造りの研究』鹿島出版会、一九七八年所収。

2　堀口捨己『利休の茶室』八、岩波書店、一九四九年、鹿島研究所出版会、一九六八年。

3　東京大学出版会、一九六六年。

4　現在、名古屋市に移築。

5　『桂離宮と茶室』原色日本の美術第15巻、小学館、一九六七年。

6　新編『名宝日本の美術』22、小学館、一九九〇年。

7　この表1は、後藤久太郎「曼殊院と公家の数寄屋風書院」(『日本古寺美術全集』9)を参考にされたものである。表1の二項に「床は、書院造では押板とも呼ばれる板床形式である」としているので、二条城二の丸広間に代表される御殿を書院造としている。

8　斉藤英俊「山科言継邸の景総庵について」『大会学術講演梗概集』日本建築学会、一九七二年度。

9　草庵風書院の特色Aとして、つぎの項目をあげる。

一　主要な部材に松・杉・栂など桧以外の材が用いられる。また、竹を用いる。

二　丸太材や面皮材が化粧材として用いられる。

三　長押が省略される。

四　化粧の木材に色付けをほどこす。

五　土壁には色土が用いられる。

六　起り屋根とする。

第二節　数寄座敷と数寄屋の概念

茶湯座敷を「数寄屋」と呼ぶのは天正頃からであるが、天文から天正年間の日記などに「数寄之座敷」あるいは「数寄座敷」と呼ばれる座敷が散見する。この「数寄座敷」は従来、茶湯座敷と解釈されている。(1)それに対して、宮上茂隆氏は、「数寄座敷」は会所のように連歌・和歌の会を催す開放的な座敷で、唐絵、文具などを飾っていたこと、「数寄座敷」は、後の数寄屋造と呼ぶ独特の形態の座敷に変わっていくと想定している。(2) つぎに、天文から天正年間の日記にみえる「数寄座敷」の内容を検討する。

Ⅰ　数寄座敷

一　山科言継の『言継日記』にみえる数寄座敷と茶湯座敷

① 天文二年七月廿日条に、

今朝朝飯平手中務丞所有之、各罷向候了、三人なから太刀遣候了、種々造作驚目候了、数寄之座敷一段也、盞出、八過時分迄酒候了、音曲有之、中務次男〈七歳〉、太鼓打候、牟藤息〈七歳〉、大つゝみ打候、自愛々々驚耳目候、笛者津島之物とて来候、十二歳之物也、何も奇特之事也、

と記す。これは、山科言継が尾張国津島にある織田大膳の城を訪ね、家臣平手中務丞（政秀）の所で朝食を振舞われた時の記事である。言継は「数寄之座敷」の種々造作に驚いている。この座敷は、酒宴と少年による音曲があり、開放的な座敷であったと推察できる。

② 永禄二年十月十日条に、

一、午時予・滋野井・内蔵頭等令同道、驢庵庭之菊為見物罷向、数寄之座敷、茶屋、菊〈南北十三間、東西七間云々、〉等驚目者也、盃度々方々にて出、及大飲、音曲等有之、移刻、澤路新三郎召具、狂言有之、

と記す。言継は、滋野井などを同道して京都の医師半井驢庵邸に行き、「数寄之座敷」と茶屋及び庭の菊を見物した。数寄座敷は茶屋と異なる。当日、酒宴と大飲、音曲、狂言があった座敷は数寄座敷もしくは茶屋であろう。ともに、開放的な座敷であったと推察できる。

③ 永禄十年四月二十二日条に、

（前略）、半井驢庵使有之、近日従堺上洛、夕方茶湯可用意之間来之由有之、次鞠懸之木洗事頼入之由申之、同心了、（中略）、午時半井驢庵へ罷向、松一本洗之、未刻四辻亜相被来、於山里晩湌有之、済々儀也、次二階之亭茶湯座敷等見之、驚目了、次花園林等見之、於林下盃出之音曲有之、及大飲了、両人罷帰之処、門前にて甲州武田陸奥守入道、伊勢備中守入道行合、又立帰、

於驢庵吸物にて酒有之及数盃、暮々帰宅了、

と記す。言継は半井驢庵邸における夕方の茶湯に招かれた。山里での晩湌が済んで、次に二階の亭の茶湯座敷等をみて驚目したという。この茶湯座敷は、この日茶湯を召した所で、それを見て目を驚かされたというので、言継が初めて見た座敷であろう。二階亭の茶湯座敷は、永禄二年十月に言継がみて目を驚かされたという「数寄之座敷」と異なると思われる。とすると、驢庵邸には二階亭の茶湯座敷と数寄座敷及び茶屋があったことになる。二階亭の茶湯座敷は開放的であったのではないだろうか。永禄二年十月十日条にみえる驢庵邸の「数寄之座敷」は酒宴と音曲あるいは連歌会を催す座敷で、唐物を飾る座敷飾を備えていたと推定される。茶湯が済み、次に花園林等を見物し、林下で酒と音曲があった。花園は広さ十三間に七間の菊庭であろう。驢庵邸には鞠懸の庭があった。晩湌は山里の茶屋で召したと思われる。

④　永禄十年十一月二十二日条に、

未刻祥寿院へ罷向、一条殿・予・坊城弟満千世・亭主・三井寺之三光院・堀川近江守・難波右馬権助等御相伴、晩湌有之、狸鮭雉以下種々儀也、御中酒以後、数寄之座敷御茶申之、床之小絵〈竹墨絵、與可筆〉、花立〈柑子口〉、台盃〈すいしょう〉等也、御茶以後又前之座敷にて御盃参、吸物〈餅入豆腐〉、食籠台物等也、御盃三め五度入也、及大飯音曲有之、押板之絵〈維摩、集丹玄筆〉、戌刻御帰、各帰宅了、

とある。祥寿院での茶の湯と振舞である。客は言継を含めて六人、公家と僧侶、武士である。晩湌と中酒の後、「数寄之座敷」にて御茶を召した。数寄座敷は床に小絵（竹墨絵）を掛け、花立、台盃を飾っていた。茶の後、また前の座敷にて振舞と音曲があった。前の座敷は茶の前に晩湌と中酒が出た座敷である。この座敷は押板があり、そこに維摩の絵を掛けていたので表座敷と考えられる。「数寄之座敷」は奥向にある接客座敷で、床を備え茶湯にも用いられた。

⑤　天正四年十二月八日条に、

一、竹内兵牛玉祭之間晩湌ニ呼、相伴予・下冷泉・中院・亭主・中御門・上冷泉・大和宗恕等也、飯以後数寄之座敷にて茶有之、次盃出、音曲及大飲、予方違之間早帰了、

とある。言継は、竹内兵督家の晩湌に呼ばれた。相伴は言継他公家六人、飯以後、席を「数寄之座敷」に移して茶があった。次に盃が出て、音曲、大飲に及んだとあり、「数寄之座敷」は奥向の接客座敷であった。

以上、「数寄座敷」は連歌、音曲を催す座敷のほか茶湯の座敷にも用いられている。「数寄座敷」は座敷飾のある開放的な座敷であったと推察される。

二　『証如上人日記』(『石山本願寺日記』)にみえる数寄座敷

①　天文十五年三月十六日、証如は浄照坊の宿所へ徒歩で行き、「数寄座敷」を一覧した。一覧の後、湯漬と肴二献があった。

②　天文十五年三月二十一日条に、証如は坊官下間兵庫助亭の「数寄座敷」を一覧するため、供者十二人などを同道して赴いた。母慶寿院は雨のため輿で小児と御越しになった。それに続けて、つぎのように記す。

先数寄座敷一見之。彼宿者仮屋立之。於其座敷先有雑煎。其後湯漬〈三膳也、汁三、菜十一〉。其次只盃召寄之処、又肴出之。其後茶子出之。自雑煎之時、相伴ニ兵庫召出也。其後又数寄座敷飾直間、又見之茶呑之。此時於数寄座敷、銅雀台瓦硯出之。其後既欲帰之処、盃台持来、温麺出之。小児呑盃之時、兵庫太刀持来、源五、源三郎一腰宛持参、則以輿小児〈あちゃ〳〵添乗之〉帰之。其後肴二三献、折、執居、食籠共出也。酉刻過令帰坊也。

「数寄座敷」を一見した後、その座敷で先ず雑煎があった。その後湯漬の振舞があり、終って茶子が出された。これは「数寄座敷」と別の所であろうか。その後また「数寄座敷」を飾り直したので、それを見て茶を飲んだ。この時、「数寄座敷」に銅雀台の瓦硯が飾られていた。新たに飾ったのであろう。この瓦硯は付書院に飾られたと思われる。その後、酒盃、温麺が出された。小児が盃を呑む時、亭主は太刀を持ち、また一族の源五と源三郎は各々一腰を持参したという。小児への贈物であろう。これによると、御茶のあった「数寄座敷」は閉鎖的な茶湯座敷ではなく、名物を飾る付書院を備えた書院座敷であったと推察される。

③　天文十六年正月四日条に、

丹後所へ、午刻過越也。(中略)。飯過後於数寄座敷、万里高山見せ度之由主申通、兼智被執申間、見之。慶寿院同前也。小童帰度之由候間、以輿帰之。絵不見前也。有雑煎。如毎年酌丹後也。末盃予飲之、即飲于丹後。其後各有召出、男女有交也。各飲。中、奥付于兼智、兼澄。雖為世上忩劇、此方無事目出々々。

とある。証如は丹後(下間光頼)の所へ赴いた。飯過ぎて後、「数寄座敷」において万里高山の絵を見せたいと亭主が申し出たので、それを見たという。証如の母も同座した。万里高山の絵は床に掛けられたのではないだろうか。その後、雑煎と酒振舞があったのは別座敷であろうか。「数寄座敷」は床と床飾りのある開放的な座敷と推定される。

④　天文十七年正月四日条に、

丹後所へ如例年越行也。先自慶寿院以輿御越、小童同輿也。供者源八、七里、寺内、七郎衛門、小三郎、（中略）。其後予歩行也。兼智同道也。（中略）。朝飯過後、於数寄座敷、葉茶壺、梁楷筆百鳥見せ度之由、以兼智雖申之、申延不見之。（後略）

とある。証如は例年の如く供をつれて丹後所へ赴き、母と小童などは輿で同行した。朝飯の後、亭主より「数寄座敷」において葉茶壺と梁楷筆の百鳥絵を見せたい旨の申出があったが、見ずに帰ったという。葉茶壺と百鳥絵は数寄座敷の床（畳床）に飾られたのであろう。③と合わせ考えると、丹後家の数寄座敷は床（框床）のある書院座敷と推定される。これについては、つぎに述べる『私心記』天文十三年閏十一月三日条に記す同じ丹後宿の「数寄座敷」の例が参考になる。

三　『私心記』（『石山本願寺日記』）にみえる数寄座敷と茶湯座敷

『私心記』は順興寺実従の日記である。日記に数寄座敷一例のほか、茶湯座敷、小座敷がみえる。

①　天文十三年十一月三十日条に、

朝飯、兵庫所へ。座敷茶湯見物、飯貝殿・予・富・堅也。汁二菜四茶湯道具見候。其後砂糖餅仕候。茶呑候テ帰リ候。

と記す。坊官下間兵庫助所へ座敷に飾られた茶湯道具を見物に行ったのである。座敷で汁と菜が出され、茶湯道具を見物、その後、砂糖餅が出され、茶を呑んで帰った。先述の『証如上人日記』天文十五年三月二十一日条によると、下間兵庫助亭に「数寄座敷」があった。実従が見物した茶湯道具は同じ数寄座敷に置かれていたのかもしれない。

②　天文十三年閏十一月三日条に、

晩景七時、丹後宿数寄座敷見物ニ行、飯・予・富・丹・兵也。飯汁二菜三精進也。其後座敷へ行候、茶呑候。夜五時ニ入麺アリ。酒一二返其後帰ル也。

と記す。実従など五人は丹後宿の「数寄座敷」を見物に行った。この座敷は『証如上人日記』天文十六年と十七年の正月四日条にもみえ、床と床飾りがある開放的な座敷である。精進料理が出た座敷は表向の座敷であろう。その後、座敷へ行き茶を飲んだという。この座敷は数寄座敷と考えられる。夜五時に入麺あり、酒が振舞われた。これは表向の座敷であろう。

③　天文十八年九月十七日及び永禄二年正月十日条に記す「小座敷」は茶湯の座敷であった。永禄三年六月に座敷の次の間として小座敷を増築した。その小座敷は棚などを備えていたらしい（永禄三年六月二十九日条）。

④　永禄三年正月十一日条に、

今朝大文字屋四郎左衛門宿ヘヨビ候、行候。百疋遣候。少将何モ不出候。飯、汁〈五〉菜〈十二〉、茶湯座敷ニテ、茶ヲ立候。後ニ雑煎、其後ムシムギアリ。其後肴一献ニテ立候。相伴越前・宮大夫・四郎左衛門也。

と記す。また、永禄四年三月九日条に、

朝飯、大文字屋ヘ行、茶可立由候。飯、汁〈四〉菜〈七〉、其後茶湯座敷ヘ行、有茶。其後面亭ニテ、ムシムギアリ。又小漬アリ、汁〈二〉菜〈三〉有酒帰候。

とある。ともに、大文字屋より茶の湯の招待があり、実従などは赴いたのである。茶湯座敷で茶を立て、その後、表亭にて振舞があった。茶湯座敷は茶席、表亭は表向にある振舞座敷（書院）と考えられる。茶の前に飯、汁菜がでたのは表亭であろう。

⑤　永禄三年三月八日条に、

御ウヘニテ、肴一献。其後飯、汁〈二〉菜〈三〉、其後茶湯座敷ニテ、茶給候。

とある。茶湯座敷は茶席である。類例は、永禄三年九月七日条に「朝飯、汁〈二〉菜〈三〉。昼、麦アリ。茶湯座敷ニテ、茶湯あり。有風呂也。」とある。茶湯座敷と風呂を用いた淋汗の茶湯である。

⑥　永禄三年五月七日条に「八過ニ富田ヘ参候。飯、茶湯座敷ニテ、再請飯、数奇ガヽリ也。」と記す。また、翌八日条に「朝、鶯合候。花予立候。飯、茶湯座敷□数奇ガヽリ也。茶之後、楊弓アリ。其後風呂アリ。」と記す。八日の記事によると、「数奇ガヽリ也」というのは茶湯座敷のことを言うらしい。数寄には「わび数寄」と「唐物数寄」があるが、実従の日記で「数寄ガヽリ」というのは、唐物を飾った座敷をいうのかもしれない。茶湯座敷にて飯と茶を召した後、風呂にはいった。この茶湯座敷は開放的座敷と考えられる。

四　『東国紀行』に見える数寄座敷

『東国紀行』は連歌師宗牧の日記である。宗牧は天文十三年秋に京を別れ、東国に旅立った。

①　天文十三年十月、宗牧は近江の守護大名六角氏の観音寺山城を訪れ、城主のもてなしを受けた。振舞のあった座敷は二階で、四

方の眺望は絶景であった。その振舞について、

数寄の御茶湯。名物かずをつくされ。献々はいふに及ばず。御菓子のかざり。花むすび。菓のゑようなどめもあやなり。盞はたびかさなれど。御養生堅固の事にて。各のみ酩酊正体無きほどなり。（前・後略）。

と記す。「数寄の御茶湯」とあるのは、名物の唐物を多く飾った座敷での茶湯を云うのであろう。二階座敷は開放的であり、そこで酒宴と猿楽があった。

②　天文十三年十二月十日、宗牧は尾張の西郡を立ち、大塚の里にて織部入道の新城を訪ね、その城下に泊った。その宿について、

旅宿とても別のかまへもなく。数寄の座敷へむざ〳〵なる旅の具どもはこばせ。やがて風呂。夕食ぐゞゐ雁が音のりやうり。尾州遠の名酒。路次不通の時分奇特の事なり。

と記す。「数寄の座敷」は座敷飾を備えた客座敷であろう。

五　「分類草人木」にみえる数寄座敷

「分類草人木」は、永禄七年三月に真松斎春渓の筆写に成る。その香炉類条に、

一　数寄座敷ニテ香ヲ聞事、二返ハ勿論也　貴人名物ナド　御焼アラバ三返モ

と記す。「数寄座敷」において香を二返聞くのは勿論で、貴人所持の名物などを焼いた時は三返聞くことがある、という。「分類草人木」の同じ香炉類条に、志野流の香について記載する。これは、貴人などが香を聞く時の作法を述べたもので、香は茶湯の時に焼くこともあったが、一般に奥向の客座敷において行われた。「分類草人木」は茶湯の座敷を単に「座敷」あるいは「座席」と記すので、「数寄座敷」は茶湯座敷ではなく、公家住宅において連歌や聞香を行う奥向の接客座敷であり、床（框床）を備えていたと考えられる。「数寄座敷」は近世初期の公家住宅における奥向書院に相当すると考えられる。

以上、天文から天正年間の公家及び僧侶などの日記にみえる「数寄座敷」は公家と武家などの住宅における奥向の接客座敷であり、また寺家・坊官の接客座敷であった。「数寄座敷」は框床あるいは付書院を備え、そこに唐物を飾り茶湯も行われたが、茶湯後の振舞・音曲あるいは連歌、聞香などに用いられた。これは、宮上茂隆氏の解釈に通じる。宮上氏は、「数寄座敷」の「数寄」には歌数寄・

唐物数寄の意味が込められている、という。「数寄座敷」は室町時代後期の会所における遊宴の性格を継承しているのであろう。近世初期の公家住宅における奥向書院や学問所はその用法と平面形式よりみて、室町時代末の「数寄座敷」を継承したと推定される。

II　数寄屋の概念

「わび」茶は、村田珠光（一四二三〜一五〇二）を開祖とし、武野紹鷗（一五〇二〜五五）を経て千利休（一五二二〜九一）により大成された。『匠明』殿屋集に、

一、天正の比、関白秀吉公聚洛《ママ》ノ城ヲ立給フ時、主殿ヲ大キニ広ク作リタルヲ、広間ト俗ノ云ナラワシタルヲ、爾今広間ト云リ。又茶ノ湯之座敷を数寄屋ト名付事ハ、右同比堺ノ宗益云始ル也。

と伝える。これによると、茶湯座敷を「数寄屋」と名付けたのは千利休であり、それは天正十四年頃である。茶会記などに数寄屋の名が見えるのは『宗湛日記』が早く天正十五年からであり、利休が茶湯座敷に数寄屋の名を付けたと云う伝承を裏付けている。なお、増田友也氏は『宗湛日記』にみえる数寄屋について、『宗湛日記』では数寄屋と茶屋を区別しているかのようでもあるが、これは利休の伝統にはなかったことである。江戸時代初期の茶譜に、利休流に数寄屋と言うこと無し、小座敷と言う、とあることから、利休流の侘びの茶湯座敷を数寄屋と呼ぶ伝承はなかったとする。むしろ寛文頃には宗湛のこの茶屋を数寄屋とも呼ぶ伝統もあったとして、「茶屋を数寄屋造の中核的観念」と見なしている。(3) しかし、『鹿苑日録』や『舜旧記』によると、文禄から慶長初めの日記に茶湯座敷を数寄屋と記しているので、(4)『匠明』の数寄屋の名称に関する伝承は重視してよいであろう。

『山上宗二記』に、関白秀吉の代になって、十年の内に「上下とも三畳敷、二畳半敷、二畳敷を用いる」と伝えるように、その頃の茶湯座敷は「わび」茶が流行していた。天正十六年に、千利休は聚楽の屋敷に四畳半敷と二畳敷の茶湯座敷を造った。この四畳半座敷は、武野紹鷗の四畳半座敷と異なり、躙口と連子窓を付けた閉鎖的な茶室である。こうした「わび数寄」の茶湯座敷を「数寄屋」と称したのである。

天正末から慶長頃の茶会記や日記は、明らかに数寄屋と鎖の間、奥向書院および茶屋を区別している。「古田織部正殿聞書」に、数寄屋とその建築技法について記載する。聞書一の一によると、利休の数寄屋は二畳台目で、四尺床であった。古田織部の代に御成

有る時、二畳台目では御座所近しとして、改めて三畳台目になる、という。また、聞書一の三によると、数寄屋は木部を色付にし、壁を赤土にて塗る。畳は六尺三寸に三尺一寸五分、厚さ一寸八分に定まっていた。畳表は備後が吉、縁は布色紺に定まっていた。

以上、数寄屋は天正十五年頃に流行していた四畳半敷あるいは二畳台目の閉鎖的な茶湯座敷に付けられた名称であり、「数寄」には「わび数寄」の意味が込められていた。千利休以後、武家の茶匠である古田織部や小堀遠州は、利休の「わび数寄」から武家好みの唐物数寄の傾向を強めた。それとともに「わび数寄」の意味も「風流数寄」あるいは「きれいさび」に変わったが、利休時代の数寄屋における露地草庵の思想は踏襲された。

数寄屋造は草庵茶室に茶屋を包摂した概念と考え、江戸時代初期の武家住宅にみられる数寄屋施設の鎖の間や数寄屋の書院あるいは奥向の書院のように草庵茶室の意匠と手法をとり入れた書院を数寄屋風書院と称するのがよいと思われる。これは太田説及び川上説と同じである。

注

1　川上貢「桂離宮」原色日本の美術第15巻、『桂離宮と茶室』小学館、一九六七年。
2　宮上茂隆「数寄座敷」「大会学術講演梗概集」計画系、一九七一年度。
3　増田友也『家と庭の風景　日本住宅の空間論的考察』ナカニシヤ出版、一九八七年。
4　『鹿苑日録』文禄二・一〇・二四、同三・二・二四、同三・一二・一条、慶長二・八・一六、同二・九・二四条、『舜旧記』慶長三・一〇・二条。

第三節　「数寄屋風書院」の形式と発達過程

数寄屋風書院の語は、書院を主殿系の広間の意味に解してきた経緯があり、それと区別するために数寄屋の意匠と技法をとり入れた奥向書院の形式を「数寄屋風書院」と記すことにする。「数寄屋風書院」は書院造の書院（大書院）と異なり、数寄屋の意匠をとり入れた奥向書院で、江戸時代初期には多く数寄屋（囲）あるいは茶立所を付属する。

Ⅰ　近世初期の茶匠住宅

一　千利休聚楽屋敷

千利休の聚楽屋敷は、天正十六年（一五八八）に京都葭屋町に造営された。利休の聚楽屋敷には広間（大書院）、色付九間書院と四畳半敷および二畳敷の数寄屋、それに茶屋があった。利休聚楽屋敷の建築については中村昌生氏の研究がある。[1]中村氏は、利休聚楽屋敷の建築史料としてあげた八種の史料について考証され、「利休居士聚楽之宅図取壱枚」と書入れのある絵図（表千家所蔵、以下、「聚楽宅図」と略す）、及び少庵本と伝えられる『座敷之本聚楽利休家之図』と題する寸法書（表千家所蔵、以下、「寸法書」と略す）を有力な史料と目されている。[2]中村氏は、それをもとに広間（大書院）、色付九間書院および小座敷について考察され、色付九間書院について室内展開の復原図を提案された。また、利休聚楽屋敷の広間（大書院）と色付九間書院の特徴について、大要つぎの点を指摘された。[3]

① 広間は上段を設けた十八畳敷で、最上の格式を備えているが、それは武家住宅における対面所の性格ではなく、茶の湯の作法を基本とする。

② 広間の畳の敷き方は公家や武家の殿舎のそれと異なり、明らかに茶座敷的作法を考慮に入れている。広間は台子の茶をもって賓客を遇するよう構成されている。

③ 内縁の座敷側半間に敷いた畳縁、低い鴨居内法寸法（五尺八寸）など、茶座敷的手法が見出される。

また、色付九間書院について、

① 江戸時代の残月亭の原型となったものである。色付九間書院は上段・中段を備えた格調にも拘らず、長押を用いず、木部を色付けとし、面皮框を用いるなど茶座敷に調和しうる特質を多分に備えていた。

② 六畳敷は茶立所の役割を果したのではないか。

と述べている。さらに、「利休聚楽屋敷について」の結論に「茶室を通して住居の全体にまで創意を及ぼしていた利休の態度は、数寄屋造りという新しい建築様式の発達をうながすものであった。」と指摘されている。[4]

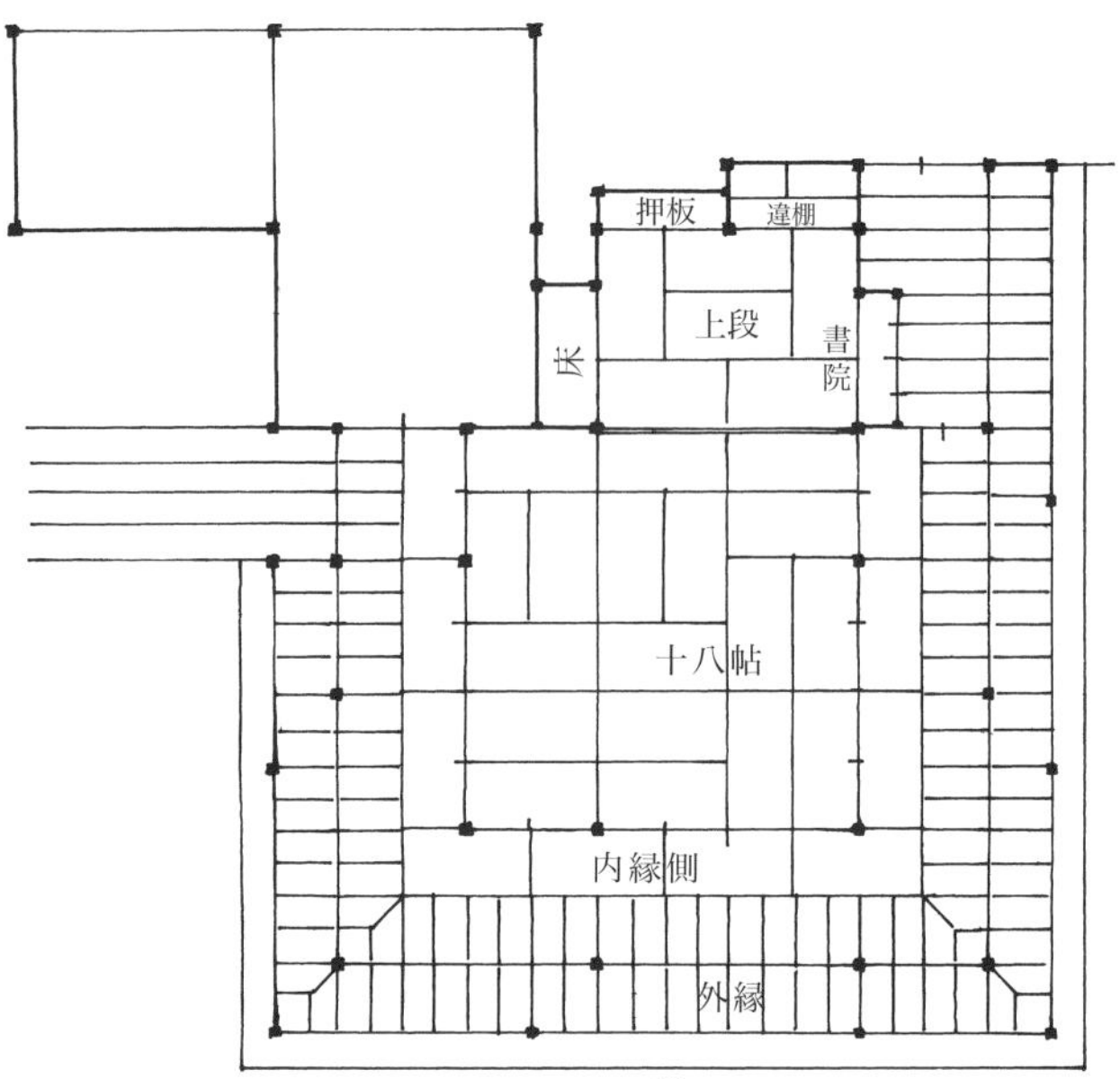

図 60　千利休聚楽屋敷広間（大書院）平面図・「利休居士聚楽之宅図」（表千家蔵）

つぎに、中村氏が考証された史料「聚楽宅図」と「寸法書」をもとに、両書院の建築についてまとめる。

（1）広間（大書院）（図60）

「聚楽宅図」によると、広間は東向屏中門の内に南面して建つ。広間は「九間」（十八畳敷）を中心に、その北側東に間口二間、奥行一間半、六畳敷の上段を張出す。上段は北面に一間の押板と違棚を東と西に並べ、東面南に一間付書院、西面南に間口一間以上の框床を備える。上段の座敷飾は室町時代後期の会所などの床にみえる座敷飾に框床を加えたものである。

広間十八畳敷は東・西・南三面に一間の内縁を廻らし、その外側に半間の外縁及び落縁を設ける。内縁は十八畳敷に沿った半間通りを畳縁とする。母屋の周囲に入側縁を廻らすのは近世的手法であり、また内縁の座敷側半間に畳を敷くのは豊臣秀吉の大坂城本丸表御殿の黒書院（天正十二年）に先例がある。これは、中村氏が指摘されるように茶座敷的作法によるのかもしれない。

広間は四寸二分角の桧柱を用いた素木造で、内法長押、天井長押、蟻壁をまわし、竿縁天井を張っていた。十八畳敷の天井高さは板敷より天井板まで一丈四寸、鴨居内法高さは五尺八寸であった。柱間寸法については、「寸法書」にあるつぎの記事が参照される。

「広間たるきこまいの事」に、

一　こまいのかす　十とおり
一　同こまいのある中すミから中すミへ　一尺一寸五分つゝ也
一　こまい十とおりのうち六とおりはゑんけたよりうちそとに四とおりハゑんけたの上ともに

とあり、内縁は化粧屋根裏小舞天井で、小舞は縁桁より内側に六通り、外側に四通り（縁桁上を含む）を配っていた。小舞の間隔は一尺一寸五分であるから、縁桁芯から入側桁芯までの垂木斜長さは六尺九寸である。これによると、縁桁は内縁外側通りの桁である。

一方、広間の柱高さについて、

一　はしらのたかさいたしきよりけたまで　一丈二尺六寸

一　ゑんはしらのたかさ　一丈九寸

一　ゑんのいたしき石よりたかさ　一尺六寸いたまで

の記事がある。縁柱は内縁外側通りの柱である。これによると、入側柱高さは板敷より桁下まで一丈二尺六寸、側柱高さ（板敷より桁下まで）は一丈九寸、内縁板敷高さは礎石より一尺六寸である。以上の史料から、つぎのことが分かる。

① 入側桁上と側桁上高さの差は約一尺七寸、両桁上を繋ぐ垂木の斜長さは六尺九寸であり、内縁の梁間寸法は約六尺六寸九分になる。柱太さ四寸二分角であるから、柱内法寸法は約六尺二寸七分であり、畳長さ六尺三寸に近い値である。これによると、柱間寸法は畳割制であった可能性がある。また垂木勾配は約二寸五分四厘である。(5) これは、『匠明』古法主殿の軒垂木勾配二寸五分に近い。

② 縁桁より外側の小舞は四通り（桁上小舞を含む）であるので、縁桁芯から軒出は四尺、茅負外面までの斜長は茅負の幅約三寸を加えた四尺九寸ほどになり、軒出は茅負外面まで約四尺七寸五分である。「寸法書」によると、広間の垂木大きさは下端（幅）二寸、背（成）二寸四分で、見付三分の面を取っていた。この寸法は『匠明』古法主殿の軒垂木寸法幅一寸五分、成一寸八分より大きい。

外縁の柱は上に桁を通して軒先の垂木を受けたと考えられるが、構造的には特に必要なかったであろう。外縁に高さ七尺五寸の竹の「れんたい」を立てたとあるので、それに関係するかもしれない。

以上、広間（大書院）の柱間寸法は畳割制であった可能性がある。入側通り及び側通りの柱間は二間もしくは一間である。柱は桧四寸二分角、鴨居内法高さ五尺八寸、天井高さ一丈二寸であり、柱間寸法ともに室町時代後期の古法の木割によっていたことが推察される。上段の座敷飾は室町時代後期の会所などの床にみえる座敷飾に框床を加えたもので、その先例は石山本願寺寝殿の「東九間」東側にあった「床の間」（上段の間）にみられる。(6) 框床は、その頃盛んになった立花のために必須の装置であった。

『宗湛日記』によると、天正十八年九月十日昼、利休聚楽屋敷にて茶会があった。客は球首座と宗湛の二人、茶席は書院上段の間である。上段の押板に天神名号を懸けて、その前に燭台の上に青磁の香炉を置いた。脇の方に台子の茶湯あり、アラレ釜、カネの水指、杓立、蓋置を置き、上に黒茶碗ばかりを置いていた。また、台子の先の壁に春甫の文字を懸けたという。先ず、振舞があり、そ

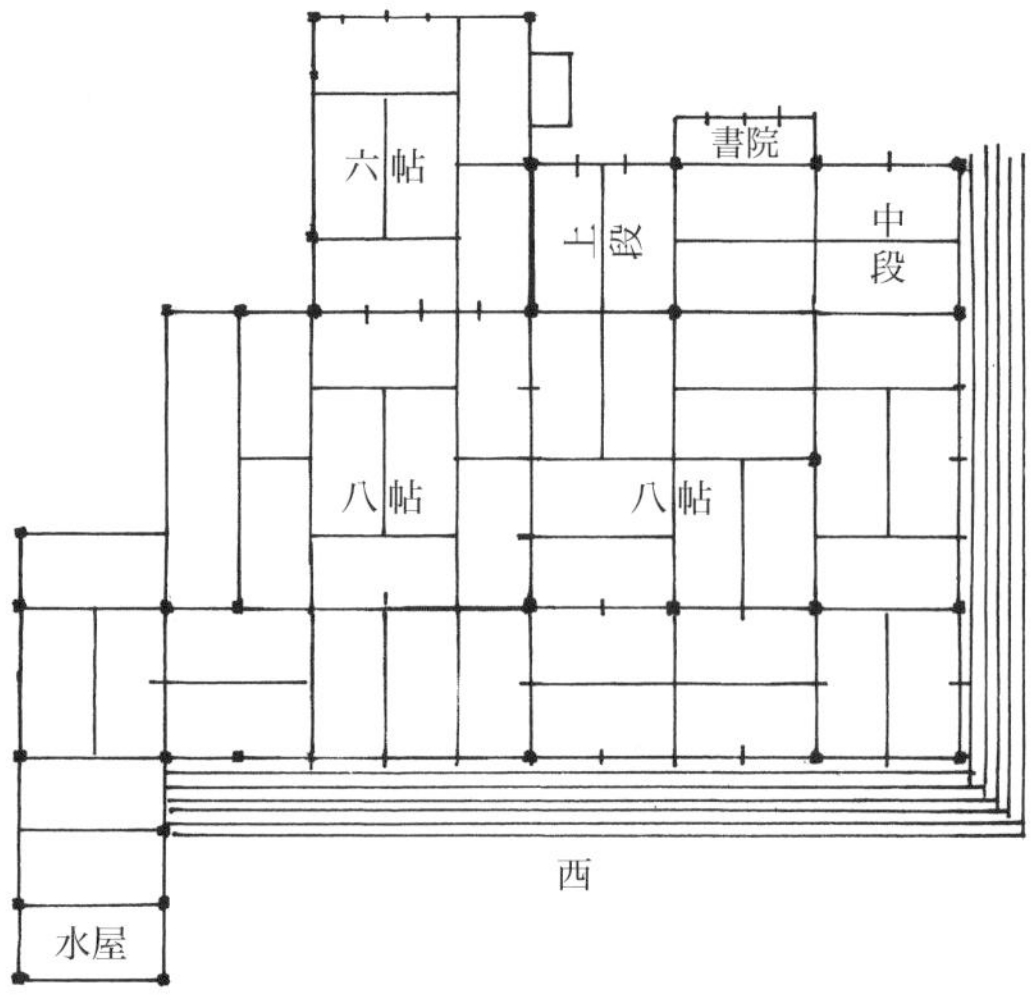

図61　千利休聚楽屋敷色付九間書院平面図・「利休居士聚楽之宅図」（表千家蔵）

の後に、内より棗を袋に入れて持出し、前に置いて茶を点てた。茶の湯と振舞を同じ上段の間で行ったのである。同年九月廿日、昼の同屋敷における茶会は宗湛一人が客であった。二畳敷の数寄屋で濃茶があり、その後、書院にて雑談があった、という。書院の付書院に硯と墨、高麗筆と筆架を置いていた。この書院は同じ大書院であろう。千利休聚楽屋敷の表向建物は広間というより書院あるいは大書院の名が相応しいと思われる。

（2）色付九間書院（図61）

色付九間書院（以下、色付書院と略す）は広間の西南にあって西向に建っていた。「聚楽宅図」によると、色付書院は南北四間、東西二間の母屋を八畳敷二室に分け、南を上の間、北を次の間とする。上の間は東・西・南三面にめぐらした梁間一間の入側のうち、東面入側の北に二畳敷の上段、南に四畳敷の中段を設け、南・西二面の入側を畳敷内縁とする。この内縁は次の間西面に続き、次の間北面は半間幅の内縁である。また、次の間東面南一間半より東に六畳敷の茶湯座敷が取付く。

色付書院は柱など木部に黒く色付した「数寄屋風書院」と考えられる。上の間は柱三寸四分角、長押を用いず、天井を平縁天井とし、天井高さ畳より天井板まで八尺、鴨居内法高さ五尺七寸である。

上の間東面の二畳敷上段は西南隅に中柱（幅三寸、厚さ二寸三分）を立て、中段境に丸木の面皮付框を入れ、上部に落掛を入れる。上段框は高さ二寸八分、厚さ一寸六分で、下に高さ一寸四分の蹴込板を嵌める。上段北面は壁で、そこに軸物を掛けたと思われる。上段東面は中敷居入りの窓に三枚の狭間障子を立て、西面は開放である。上段天井は高さ六尺五寸四分の板天井である。中段は正面中央の柱を省略して二間通しの塗框（成三寸八分、厚さ二寸）を用いていた。柱間装置は東面北側に狭間障子を四枚立てた一間付書院を備え、東面南側と南面各一間は引違建具であったらしい。「寸法書」の中段の記事によると、中段は化粧屋根裏天井で、屋根勾配三寸、突上窓を設けていた。また、同じ記事に「同のきのたかさハ上たんの天しやうのたかさ也」とあるので、中段の軒桁高さは上段の天井と同じで、中段の畳より六尺九寸六分である。南・西二面の側桁高さは中段の軒桁に同じとすると、内縁の畳敷より軒桁上まで七尺三寸四分となり、内縁は軒高の低い化粧屋根裏天井であったと推定される。(7)

色付書院を九間書院というのは、上の間八畳とその南・西二面の畳縁を合わせると三間四方の広さになるので、これを一室に見立てたのであろう。八畳敷と畳縁境の建具は腰障子と推定されるが、中段前の一間は無目敷居であった。両座敷及び次の間と六畳敷境は襖障子で間仕切していたのであろう。なお、六畳敷の茶湯所は数寄屋と考えられるが、「寸法書」に記す「天井の高さ畳より板迄九尺」の記事が六畳敷の天井とすると、その天井は座敷より高くなり不審である。

以上、千利休聚楽屋敷の広間（大書院）と色付書院は、同時期の大坂城本丸表御殿の黒書院及び奥御殿の小書院の平面に比べると、書院として特異な平面構成であったことが知られる。天正度の大坂城本丸表御殿黒書院の平面形式は、後の武家住宅における奥向書院に継承されたと考えられるが、利休聚楽屋敷の両書院にみられる平面形式は、ほかに類型をみない。これは中村氏が指摘されるように、茶頭であった利休が、茶の湯の思想と数寄屋の構成手法により、始めて実現した建築であったと考えられる。

そのうち特に注目されるのは、色付九間書院が「数寄屋風書院」であったことである。また、表向に上の間と次の間を並べ、次の間の奥に茶湯座敷を設けることも注意される。この形式は江戸時代初期の禅院における書院に類似する。また、上の間の東庇に二畳の上段と四畳の中段を設け、中段に付書院を備える形式も特異である。框床と付書院を備えるのは室町時代末の茶会記にみえる大座敷（書院）と同じである。しかし、それを茶湯の思想によって色付書院としたのは千利休の創案であるかもしれない。

（3）四畳半敷の数寄屋

千利休の聚楽屋敷四畳半数寄屋については、中村昌生氏の復原案がある。それによると、東向き四畳半敷は四方を壁で囲った茅葺の建物で、東面北端に「にじり口」、東面と北面に下地窓を付け、室内に明りを採り入れていた。「にじり口」は高さ二尺二寸五分、幅一尺九寸七分である。室内は前半間を化粧屋根裏天井、その奥一間を菰天井とし、化粧屋根裏に突上げ窓を切っていた。菰天井の高さは五尺九寸である。「にじり口」を入った正面に床を設ける。床は間口四尺三寸、深さ二尺四寸の畳床で、床框は桧黒塗、丸く坊主面を取る。南面東端に半間の勝手口、その西に洞庫があり、洞庫先に柱を立てる。四畳半の西南隅に炉を切っていた。この四畳半は利休の孫宗旦により再現された。

二　伏見の古田織部屋敷

豊臣秀吉が指月に築いた伏見城は、文禄五年（一五九六）閏七月十三日の大地震で壊滅した。その後、秀吉は木幡山に新しく伏見城を築き、慶長二年（一五九七）五月四日に本丸、西丸の殿舎をはじめ、天守が完成したので移徙した。古田織部の伏見屋敷も文禄五年の地震に倒壊し、慶長年間に木幡山の伏見城下に移ったと思われる。

『織部茶会記』[8]に引く『松屋会記』によると、松屋久好は慶長元年四月廿一日、伏見の古田織部を見舞い、書院にて振舞をうけた。これは指月にあった織部屋敷の書院である。

『宗湛日記』慶長四年二月廿八日朝の伏見織部屋敷における茶会（客は毛利輝元、小早川秀包、神谷宗湛の三人）によると、数寄屋は三畳大目で、囲炉に新釜を五徳にすえ、床に一山一寧の墨蹟を掛けていた。『今井宗久茶湯書抜』に、慶長六年閏十一月十三日の伏見織部屋敷における茶会について、

八ツ過ニ御見舞ニ参候。面書院にて昼会過ニ御振舞たへ入、夜前かや門ゟすきやへ参候。下地まと、皆すたれなし。座敷のうち障子、大目方東上まと、かけ戸一枚、

一、床に三角つゝを下地まとにかけ、水仙花ひかへに梅と紅梅花入、まへの方に。（後略）

と記す。「面書院」は織部屋敷の表書院であり、そこで昼食と振舞があり、夜前に数寄屋にて茶の湯があった。同じ織部屋敷における同六年十二月十四日の夜咄には新門跡、伊達政宗など客八人を招き、「大書院」にて振舞あり、それが過ぎて数寄屋へ参り、床飾り、炉の釜、二重棚の飾りおよび茶道具を一通り拝見してから茶が立てられた。茶の後、勝手へ出て「書院」にてまわり炭、それを過ぎて菜飯の振舞があり、そこで緩々と夜咄に及んだ、とある。「大書院」は表書院に同じ、その次に記す「書院」は数寄屋・勝手に続く鎖の間である。

慶長九年二月朔日昼に、同じ織部屋敷に万里小路充房、小堀作介、紹無の三人を招いた時の茶会記によると、数寄屋の会席と濃茶が済み茶入を一覧した後、織部は勝手の障子より出て、かよい口より「書院」へ客を通した。「書院」は炉が切られ、くさりで釜を釣り、袋棚を据え、そこで薄茶をたててもてなした。「書院」は付書院に喚鐘を吊り、その柱に撞木を掛け、硯と筆架・筆、源氏本十冊を飾っていた。この「書院」は鎖の間である。鎖の間は上段があった。同じ『織部茶会記』によると、慶長十二年正月元日、今井宗久は織部邸へ年始の礼に行った。「面の間」にて振舞あり、本膳の後、菓子と美濃柿が出された。織部は内へ入り、「書院間」より「くさり間」

へ参った。同会記に鎖の間の飾りについて、

一書院、硯、色々道具共有り。

一上段面のはしらに、から物丸き土花入かゝり、水仙花と白玉と生て。

一くさりにうば口釜、つるはもくかうのさうかん有。

一袋棚に高き所に柄杓、かねのふた置、ひくき棚ニから津へうたんの茶入、ふくろハもよき地のかたにかめのかうの紋有。緒ハくれなひ、せと黒茶わん、道具しこミ候て持御出候て御茶たち中候。こいちや一服、うす茶二ふく立候て、御茶入御見せ被成候。

とある。「面の間」は表書院のことで、そこで本膳の振舞があった。その後、内に入り「書院間」より鎖の間へ参ったとある「書院間」は、鎖の間の次の間と考えられる。鎖之間は付書院に文筆道具を飾り、上段の表柱に水仙花を生けた唐物花瓶を掛けていた。また、炉に姥口の釜を鎖で釣り、袋棚に茶道具を置き、織部はそこで濃茶と薄茶を点てた。

以上、伏見の古田織部屋敷には表書院（大書院）、書院（鎖の間）、数寄屋があった。

（1）表書院と堀川の桧書院

伏見織部屋敷にあった表書院の建築は未詳であるが、これについて、慶長十六年頃、京都堀川三条の織部屋敷にあった桧書院が参考になる。

中村昌生氏によると、堀川の織部屋敷には桧書院、鎖の間、三階座敷、三畳台目と四畳半台目の茶室があった(9)。桧書院は、伏見屋敷における表書院と同じ表の接客座敷であったと考えられる。桧書院は広さが未詳であるが、付書院を備えていた。中村氏の考証された「織部座敷寸法」によると、堀川屋敷の桧書院は柱太さ四寸五分、鴨居内法高さ六尺、天井高さは一丈一尺二寸八分である。主座敷は天井長押と蟻壁を廻していた。千利休の聚楽屋敷の広間（大書院）は桧造りで、柱は四寸二分角、鴨居内法高さ五尺八寸、天井高さ一丈四寸であり、それに比べると、桧書院はひとまわり大きく、座敷も同程度の広さを有していたと推定される。織部の伏見屋敷表書院も同じ古法の木割による建物であったと思われる。

（2）鎖の間

万治三年（一六六〇）刊行の「古織伝」くさりの間の次第の条に、鎖の間の指図を載せる。この図は織部の伏見屋敷の鎖の間であ

るか未詳であるが、織部の鎖の間を考える上で参考になる。指図によると、鎖の間は二畳敷の上段がある八畳敷の広さで、その前に六畳敷の次の間があり、次の間の右手に数寄屋の勝手があった。鎖の間と次の間を隔てる障子（四枚）を入ると、右手奥に上段二畳が有り、上段の右手に花灯窓のある付書院、その手前に中敷居を入れた明かり窓がある。上段の左側二畳に炉が切られ、その左手隅に袋棚を置く。鎖の間は左手前に障子二枚を立て、勝手に通じる。

織部の鎖の間については「古田織部正殿聞書」により、その仕様が知られる。

同聞書一ノ六に、

一鎖之間之事。是ハ書院也。上段之脇ニ自在又ハ鎖ヲ釣テ鎖之間ト云也。狭キ小座敷ト不可心得、惣座中壁ニ定候也、数寄出候時、新敷上塗をすへし。壁にサビナト出候ハ惣ヲ不及壁直ニ、柱際斗ヲ色紙之如ク廻リヲモ塗也。腰張之仕様何モ数寄屋ト同ジ、但茶前ハ書裏ニテモ又ハ惣座ト同湊紙ニテモ不苦、床ノ中ハ古ハ張付ニシテ少絵ナト書事有之、又ハハメニモシタル也。惣座中張付ニシタルニハ非ス、但唐紙ニハせス、此時分唐紙ト云ハ無之、今時モ床之中斗張付ニシテ少絵ヲカク也。床之中モ唐紙ニハせサル也。座中脇々ノ襖障子ハ唐紙ニモスル也。床之中ハ壁ニスル吉、壁ニシタル時モ腰張ハ不可有仕間敷也。

一鎖之間四方壁ニモスル。此時腰張之事。（中略）。

一鎖之間ハ書院成故ニ、書院床之外ニ何方ニモ明リ面ニ常ノ畳床有之也。此床ニモ掛物ヲ掛ル。尤墨跡ヲ可用、同竹釘之寸法、同打所、同掛様等何モ数寄屋モ同。但絵讃之物ヲ掛ル。又名筆杯ハ絵斗成トモ可掛也。此故表具杯モ少略儀ニシテモ不苦。

一鎖之間、広座ニハ床ニ中央之机ヲ可置、机之上ニハ香炉、金物・焼物等生類也。尤唐物也。（中略）。

一鎖之間四畳半之天井ハ一面ニ張也。

一鎖之間板之書院床ハ上段之中ニ付ル也。同畳床ハ上段之中ニ付ルハ悪シ、何方ニモ座之恰好ニ依テ可付、畳床ハ明リヲ請テ付ル事ヨシ、可心得。板床ト幷テ畳床ヲカギノ手杯ニ付候事悪シ、必不可有之。

と記す。鎖の間は書院なり、という。鎖の間は上段があり、上段に付書院を備えるものであった。鎖の間の広さは広座敷あり、小は四畳半座敷もあった。鎖の間は書院であるので、付書院のほかに畳床を設けるが、畳床は明るい面に設け、上段の中には付けず、という。

一方、鎖の間は四方土壁にして、腰張を付けていた。畳床の壁は古く張付壁にすることもあったが、今は土壁で、腰張を付けるという。これらの仕様は数寄屋と同じである。炉は室町時代後期の禅院の書院や近世初頭の茶の湯における書院に用いられたが、鎖で釜を釣るのは鎖の間の特徴であるかもしれない。鎖の間は書院の座敷飾を備えた「数寄屋風書院」である。

（3）数寄屋（凝碧亭）

織部の数寄屋は三畳台目に相伴席を付けた燕庵形式の茶室が有名であり、伏見屋敷において慶長四年頃には出来ていて、凝碧亭の額を掛けていた。

これより先、指月城下にあった織部屋敷の数寄屋は三畳台目で、未だ相伴席を備えていなかった。文禄五年三月九日（八日カ）朝、織部が伏見の屋敷に大鋸屋道賀と松屋久好を招いた茶会の時の茶席指図が『四祖伝書』に伝えられる。茶席は茅葺あづま屋の三畳台目で、南向に望覚庵の額を掛けていた。三畳敷の奥に四尺の床、その東側に台目畳の点前座を置き、台目構えに大竹の中柱を立てる。炉は台目切である。躙口は東面の南端にあり、その北脇に刀掛を付ける。これは、燕庵形式が点前座の反対側にある相伴席の手前に躙口と刀掛を設けるのと異なる。望覚庵は未だ相伴席がなく、西面の床脇に半間の通い口を付けていた。点前座の背面に茶立口、東面に窓を付ける。窓はこのほか西面に上一つ、下一つ、くゝりの上に一つあった。窓について「窓ノカキヤウ、大小ヒロセハアリ」と書き入れる。同じ茶会を記した松屋久好の会記によると、窓はこのほか南に一つ、風炉先一つ、突上窓下座に一つあり、窓を多く付け、その形も大小、広狭変化があった。

凝碧亭の額を掛けた三畳台目燕庵形式の茶室は、点前座と反対の面に相伴席を付け、躙口と刀掛をその前の土庇に設ける。三畳敷と相伴席は襖障子二枚で仕切り、客の人数、身分により相伴席を有効に使っていた。相伴席は榑板敷で、畳を敷くこともあり、その背面に給仕口を付ける。客は数寄屋から給仕口より勝手を通って鎖の間に席を移すことができた。織部の三畳台目の茶席は相伴席を備えるのが特徴であり、千利休の数寄屋に比べて、武家の身分を考慮し、また数寄屋と鎖の間を使った茶の湯に配慮した室内構成である。

三　伏見の小堀遠州奉行屋敷

小堀政一（遠江守）は元和九年（一六二三）に伏見奉行を拝命し、同時に大坂城本丸仮殿の構造奉行を命ぜられた。遠州の奉行屋敷は始め伏見六地蔵にあったが、屋敷地が手狭であったので寛永元年に、豊後橋詰にあるもと富田信濃守の屋敷跡を幕府より拝領して奉行屋敷を造営した。奉行屋敷は寛永二年（一六二五）七月に竣工し、移徙したと考えられている。[10]

小堀遠州の伏見奉行屋敷の建築についっては、屋敷の指図である「城州臥見御旧宅之図」（佐治家所蔵）が知られる。[11]「御旧宅之図」に描かれた四畳台目の数寄屋および鎖の間、小書院、茶屋は寛永十八年正月十日に伏見小堀遠州屋敷で催された茶会記にみえるので、[12]この指図は寛永年間における伏見奉行屋敷の建物を伝えると考えられる。屋敷は伏見通り大道の東側にあって、東の籔を含めて東西約八十間、南北約八十八間の広さで、東の籔が東南に入り込んでいた。屋敷の西面は長屋を連ね、その南寄りに表門、北寄りに裏門を開く。建物は敷地の西半に配置され、裏門の内、北塀に沿って厩と内長屋を並べる。表門を入って東南に式台を張出した広間棟があり、その内に広間と与力用部屋を設けていた。広間棟の南に公事場の施設があった。広間・与力部屋の東側にあって南面する表書院は奉行屋敷の中心建物であり、その東北に小書院棟が続く。小書院は南北棟建物で、その北側に料理間が接続し、同じく東側に中廊下を隔てて鎖の間、南側に囲炉裏間と小座敷および数寄屋が続く。また、鎖の間の東北に茶屋（亭）が建てられ、鎖の間東北隅より東に茶室と結ぶ縁廊下を渡していた。屋敷の東方には園池があり、茶屋はその泉水に臨んで建てられたと推定されている。

一方、表書院の北方には、中庭に面して東より上小座敷、勝手、勝手座敷、茶の間のある棟が建ち、表書院の北西より北へ延びる廊下で繋がる。また、上小座敷の北側に居間と納戸が続き、その北東に奥小座敷と二階座敷があった。広間・与力部屋のある棟の北方は内玄関と雑部屋が設けられ、その北に上台所と下台所が続けて建っていた。つぎに、「御旧宅図」に描かれた表書院および小書院と鎖の間、数寄屋について述べる。

（1）表書院（図62）

伏見奉行屋敷において、表書院は南面中央にある表向の対面座敷であることが注意される。これに対して「広間」は式台を構えた建物の内に設けられた。広間と与力用部屋のある建物は南北六間、東西五間の母屋四面に入側をめぐらした桁行九間、梁行七間半の規模である。広間は母屋の南側にある南北三間半、東西四間半、三十一畳半敷の座敷で、その東面と北面四間折廻しに半間の床を設けていたらしい。広間の南・西二面は幅一間半の縁側がめぐる。

正保三年（一六四六）正月二十六日、鹿苑寺の鳳林承章が伏見の小堀屋敷へ年頭の礼に訪れた時、遠州は所労故、対顔せず、広間において家老の小堀権左衛門と家臣村瀬左介が相対した。大和の内山僧正も来訪し、同じ広間において相逢したという。また、翌四

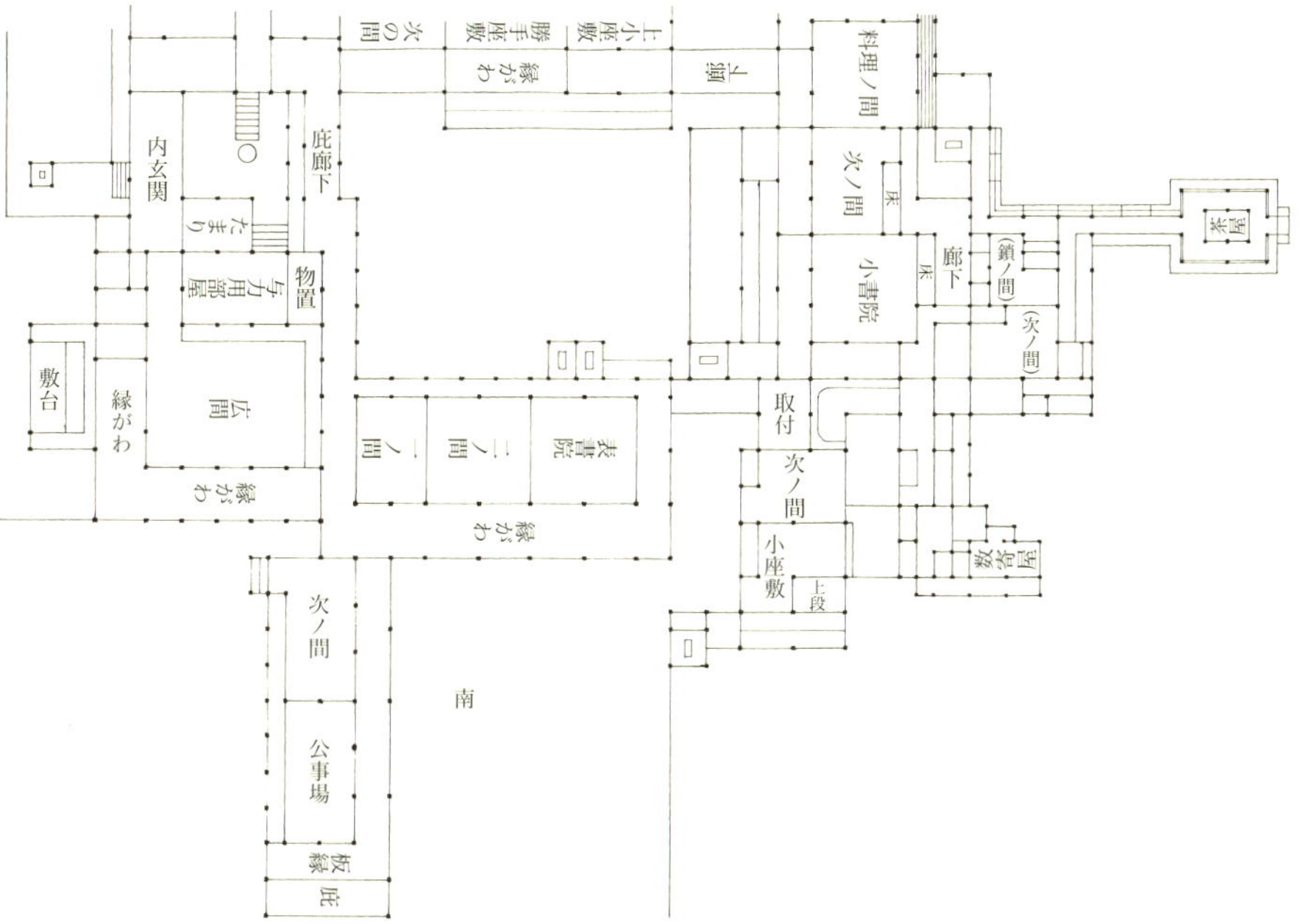

図62　伏見奉行屋敷表書院・小書院平面図（城州臥見御旧宅之図・部分、佐治家蔵）

年正月十九日に年始の礼に赴いた時も、遠州眼病の故、御目に掛らず、広間において家臣勝田八兵衛と村瀬左介が対面した[13]。これによると、「広間」は応接間であった。類似の広間は寛永十六年（一六三九）に造営された仙台城二丸の「用の間」にみられる。二丸の正式対面所は小広間である。それに対して広間は玄関の奥にある「用の間」（番所）内の一室（六間に三間）であり、同じ棟に次の間、中の間があった[14]。広間を遠侍内の一室名に用いるのは桃山期の大広間と異なり、広間が矮小化された例である。広間は小間に対する語として用いられるように、部屋の広さを示す均質的な概念であり、多様な性質をもつ書院のような様式概念を備えていない。江戸時代初期に広間に代り表の接客・対面座敷を表書院（大書院）と称するようになったのは広間と書院の両語がもつ概念の相異によるのではないだろうか。

敷地の中央南に建つ表書院は桁行十間、梁行五間の規模で南面する。母屋は東西八間、南北三間、その南に幅一間半の入側縁、東・西両面に幅一間の縁側をめぐらす。北面の入側は幅半間であり、南面と異なり側通り一間毎に柱を立てる。平面は母屋を三分し、西より東へ十二畳敷と十八畳敷二室を並べる。「御旧宅図」は、西より「一の間」「二の間」「表書院」と書き入れるので、西間が上の間らしいが、一の間、東間とも座敷飾を備えていない。表書院は「九間」（十八畳敷）座敷を基本とし、格式ばらない平明な座敷よりなるのが特徴である。この建物を小広間といわず、表書院と称するのは、その座敷が正式の対面座敷であり、接客・振舞にも用いられたことによると推察される。

『甫公伝書』に正保二年十月二十三日の小堀邸における茶会記をのせる。客は多賀左近、金森宗和、中沼左京、それに松屋久重の四人。久重は遅れて露地より参り数寄屋に入った。数寄屋にて点茶の作法あり、過ぎて鎖の間へ出て床、付書院の飾りを拝見した。次に「大書院」にて振舞があった。「大書院」には海堂ニ唐犬（徽宗筆）を掛けていた、という。この「大書院」は小書院を指している可能性がある。表書院の入側通り柱間割は一の間の南・北両面が一間六尺五寸の柱間、二の間と東間の南・北両面が三間を二等分した一間九尺七寸五分の柱間で、東西両面と座敷境は三間通しの柱間である。

（2）小書院（図62）

小書院は上の間と次の間の南・北二座敷よりなり、次の間の北に料理の間を続ける。上の間は「九間」（十八畳敷）で、東面北に間口二間の床を備える。次の間は南北三間、東西二間半の東南隅に間口二間、奥行半間の出床を設けた十三畳敷の座敷である。両座敷の西面にある幅一間の入側縁は北にある料理の間の西面に延びる。また、絵図によると、小書院上の間と次の間の西入側縁の外に木口縁があり、化粧屋根裏の庇を付けていたらしい。その先一間半の位置に南北行の塀を描くので、そこは坪の内であったと思われる。上の間の南・東二面と次の間の東面に屈曲して中廊下が廻り、それを挟み東側に鎖の間が張出していた。

『久重茶会記』によると、寛永十八年正月十日朝、伏見小堀殿において片桐石見守、伊丹玄斎、中井五郎助、藤森助之烝、松屋久重の五人を客とした茶会がもたれた。はじめに四畳台目の数寄屋にて膳を出し、茶菓の後、炭直しあり、濃茶が済んでから通口より勝手を経て「鎖の間」へ出て、また「書院」、「亭」（茶屋）に通されて所々の飾りを拝見した。同記に、「書院」の掛物は虎の絵（牧渓筆）と荷葉に川蝉絵（彩色絵、雪舟筆）とあり、上の間と下の間の床にそれぞれ掛けられたと考えられる。その後、「書院」にて薄茶を数服立てたが、振舞はなかったと記す。「書院」は小書院のことで、茶会後の薄茶と床の掛物の観賞に用いられた[15]。小書院は、上の間と次の間のそれぞれに間口二間の床を備えた書院造の建物である。

（3）鎖の間（図63）

鎖の間については「臥見御旧宅之図」のほかに、中井家所蔵の鎖の間指図（図63）などが知られている[16]。それらによると、鎖の間は北側の部屋で、その南に次の間がある。規模は桁行五間半、梁行三間半、そのうち母屋が南北三間半、東西二間半で、その南・北・東三面に一間の庇を付ける。北庇は半間を室内に採り入れ、その北半間を茶屋へ到る廊下とする。寛永十六年正月五日、朝、小堀奉行屋敷で行われた茶会記に鎖の間の座敷飾が見えるが、鎖の間、小書院の建設年代は未詳である。

鎖の間は、南面長四畳敷の北東に一畳の上段を設け、その北面に付書院を備える。また、長四畳敷の北西に二畳敷を続け、そのうち北一畳を点前座として炉を切っていたらしく、変化に富む構成である。柱は三寸七分角、鴨居内法高さ五尺七寸、長押成三寸三分、天井高さ七尺九寸であった。この寸法は、千利休聚楽屋敷の色付九間書院とほぼ同じである。上段は南面と西面の框が真の框、東面に竹格子障子二本を立て、天井は網代張りであった。付書院は花灯窓に狭間障子四本を立て、東脇壁に中敷居窓を付けていた。北西二畳のうち北の点前座は化粧屋根裏天井、北壁の上・下に窓を開け、上窓に竹格子を付けていた。鎖の間の西面は南に間口四尺程の棚を備え、その北側二尺五寸に襖障子を建てて茶道口とする。棚は下に板床、落掛と長押の間に透彫板をはめる。棚は棚板（右）と袋棚（左）を上下に配し、つり束で釣る。茶道口は落掛と同じ高さに鴨居を入れ、長押との間に透彫の欄間をはめていた。鎖の間の天井は平縁天井、壁は張付壁である。鎖の間東庇と次の間東庇北一間は化粧屋根裏天井で、座敷寄りに幅半間の木口縁を造り、その先半間通りを石敷とし、それより東方に茶屋と泉水を臨むことができたと思われる。鎖の間に飾棚を設けたのは小堀遠州の好みの一つである。遠州は奉行屋敷の八畳敷小座敷に手のこんだ作り物のある棚を作っている。

次の間は東西二間半、南北二間の西北隅に一間の出床を設けた九畳敷であり、東南隅の庇に折廻しの上段を設けていた。上段は南面に九尺の床（塗框）と四尺

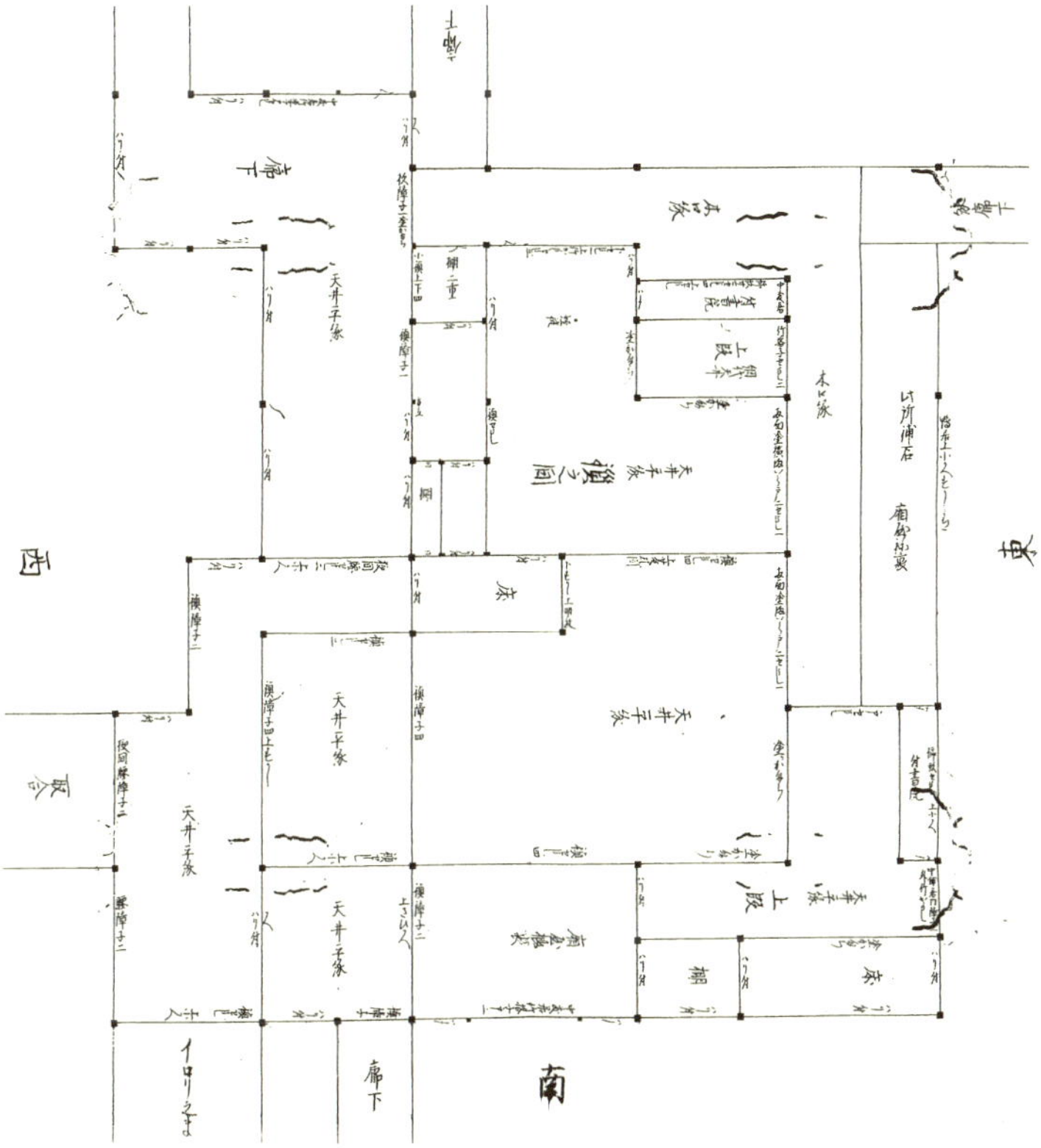

図63　伏見奉行屋敷鎖之間指図（中井家蔵）（谷直樹『大工頭中井家建築指図集中井家所蔵本』より転載）

の違棚、東面北に一間の付書院（櫛窓付）を備え、その南側半間に竹格子窓、上段北面に戸障子を立てていた。次の間と上段の天井は平縁で、天井高さは次の間九尺二寸、上段七尺八寸である。北面の出床は真框の畳床、次の間東南隅に取付く上段框は東・南二面とも塗框である。鎖の間と次の間は襖障子で仕切り、上部に筬欄間をはめる。東面入側境は両面塗り舞良戸二枚と障子一枚建て、南・西両側の部屋と襖障子で仕切っていた。壁は張付壁で、襖障子の絵は探幽作であると伝える。[17]おそらく、襖絵は水墨画であろう。次の間西側に襖障子で仕切った三畳敷がある。上段西側の南庇は化粧屋根裏天井の溜り部屋で、その西間二畳敷より南に延びる廊下により数寄屋の勝手に通じていた。

鎖の間と次の間は、書院の室内構成要素である上段と畳床、違棚、付書院などの座敷飾を自由に組み合わせ、それに数寄屋の手法を一部にとり入れて変化に富んだ室内を構成していた。これは、上段の畳床と違棚を背にして対面する形式が定型化した書院造の大書院の座敷構成と著しく相異する。一方、鎖の間と次の間は、数寄屋における茶の湯後に行われた書院茶の座敷であり、畳床、付書院、違棚に茶道具及び名物の唐物を飾り、客に観賞してもらうこと、また、客に茶、菓子、膳などを振舞い、主人と客が緩々と咄をする寛いだ雰囲気の座敷であった。

鎖の間と次の間の室内はともに張付壁で、次の間の襖障子に水墨画を描いていた。鎖の間は書院に茶の湯の点前座と炉をとり入れた形式であるが、次の間の室内構成は基本的に書院造である。

（4）数寄屋

数寄屋は小書院棟の南端にあって東に張出す。南方の露地より茅門を入り、南向の数寄屋に至る。数寄屋は四畳台目の形式で、南面に半間の土庇を付ける。南壁中央に立てた柱の東脇に躙口を設け、その西端に刀掛がある。躙口を入ると、左手奥に四尺床、正面に台目畳の点前座と曲り中柱を立てた台目構えがある。天井は上座三畳が蒲天井、下座一畳と点前座が化粧屋根裏である。点前座の背面に茶道口、それと矩折の北壁に通い口を付けていた。

窓は南面躙口の上に連子窓、その西脇壁に連子窓、その上に下地窓、東面に連子窓一つ、北面に下地窓一つ、点前座北面に二つ、風炉先に一つ、床の南壁に一つ、計九個所にあった。このほか突上窓が正面土庇と下座及び点前座の上に付けられ、窓の多いのが特徴である。壁は土壁で、腰に湊紙と反古紙（点前座）を張っていた。

以上、寛永二年に新築された小堀遠州の伏見奉行屋敷は表の接客・対面座敷を表書院（大書院）と称した。表書院は三座敷よりなる一列系平面で、上段の間を省略した形式である。

小書院と鎖の間は数寄屋における濃茶の後、座を移してそこで座敷飾りを観賞し、薄茶と雑話あるいは振舞をする座敷であった。特に、遠州屋敷では鎖の間と小書院の座敷飾は主人所持の名物を飾り、客に観賞してもらう場として重視されたようである。鎖の間と次の間は書院の室内構成要素を自由に組み合わせ、変化に富んだ室内を構成していた。鎖の間は数寄屋の手法を一部にとり入れた書院であったが、次の間は書院造である。座敷飾の自由な配置は、近世初期の茶匠などの数寄思想により造形されたと推察され、その手法は書院造における座敷飾の配置に大きな影響を及ぼしたと考えられる。

II　近世初期の禅院における書院（小書院）

一　近世初期の禅院における書院の遺構

近世初期の禅院における書院については、前篇第三章第五節に考察した。そのうち現存するのは、年代順に大徳寺龍光院書院（慶長十三年、慶安二年に一部改修）、大徳寺大仙院小書院（慶長十九年）、建仁寺正伝院書院（元和元年）、南禅寺金地院書院（慶長十年頃の書院を寛永五年に改修）である。これらの書院は上の間に框床を備え、数寄屋もしくは茶湯の間を付属する。柱は三寸七分から四寸の面取角柱で、龍光院書院がやや太く四寸六分の面取角柱である。壁は貼付壁（水墨画）もしくは土壁である。正伝院書院と金地院書院は長押を用いない。金地院書院は、寛永五年に小堀遠州の指図により改修された建物である。主室は十六畳敷で、その西面に四畳の上段とその西面北に一間付書院を備え、北面上段脇に出床と床脇畳を設けた鎖の間の形式である。ほかの書院は上の間に框床を備えるだけであり、同時期の武家住宅における数寄屋を付属した書院に類似する。ただし、禅院書院は院主の住房であり、内向きに眠蔵と居間を設けていた。近世初期の禅院における書院（小書院）は書院造が基調であるが、一部に数寄屋の手法をとり入れた建物があった。

二　大徳寺孤篷庵書院

小堀遠州が晩年に造営した大徳寺孤篷庵書院直入軒は、寛政五年（一七九三）に焼失したが、焼失前の書院指図と起こし絵図が孤篷庵に伝えられる。書院直入軒は、寛永二十一年（一六四四）八月七日に没した遠州の子息喜太夫（法名、湛然直入禅定門）のために造営されたと伝えられる。

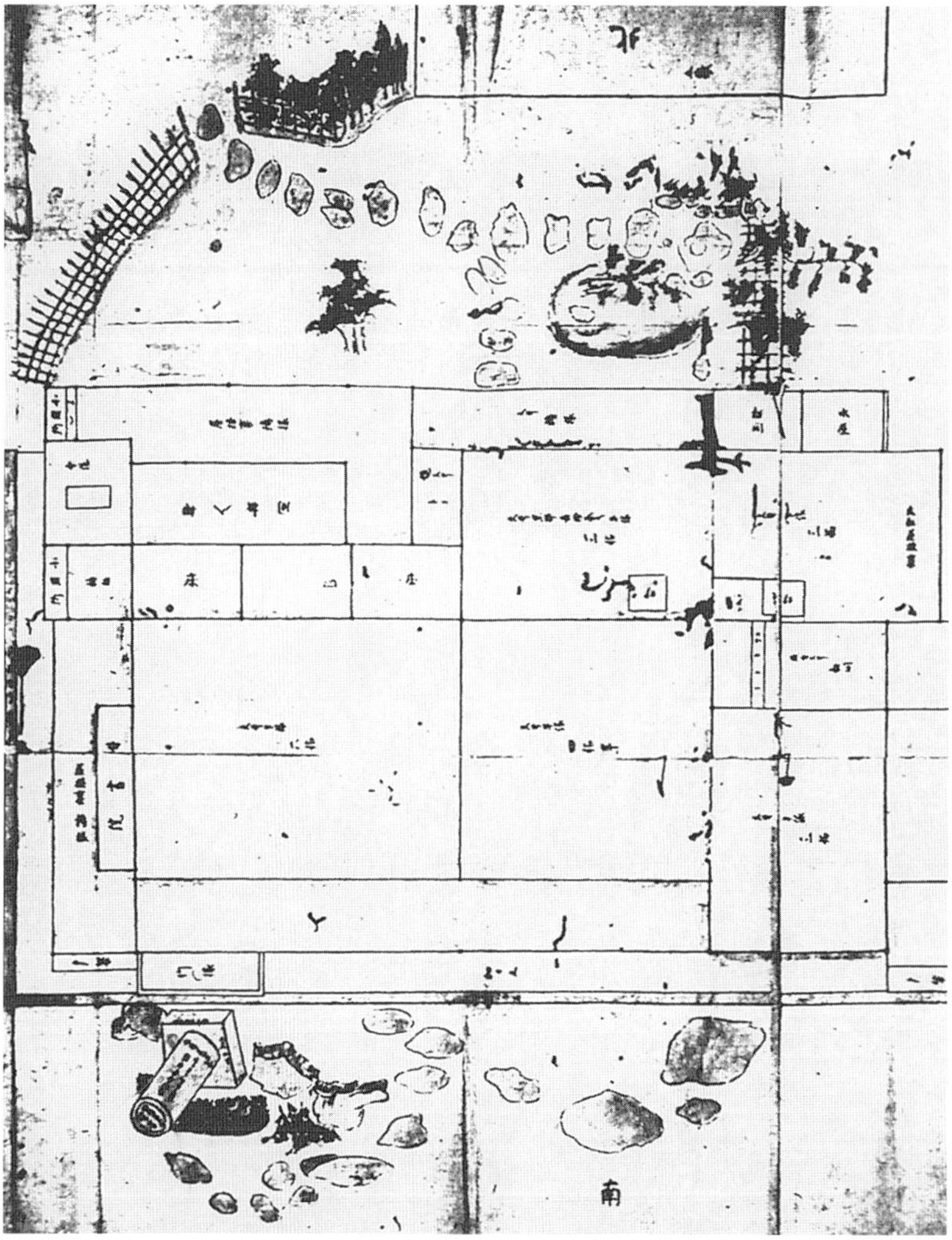

図64　大徳寺孤篷庵書院指図（堀口捨己「密庵席と山雲床並びに直入軒」より転載）

書院直入軒については堀口捨己氏の研究があり、書院の表向き座敷や茶室は小堀遠州好みの特異な意匠よりなり、数寄屋造の代表的建物と考えられている[18]。

寛政焼失前の古指図（図64）及び起こし絵図によると、書院は客殿の西北にあって、南庭に面して建てられた。平面規模は東西五間、南北三間半、南・北・西三面に幅半間から四尺程の榑縁を付ける。平面は南榑縁（幅一間）に面して西に六畳敷の上の間、東に四畳半敷の次の間を並べ、次の間北に三畳敷の茶室「縄枢」とその東に水屋を配する。上の間は北面中央に仏壇、両脇に同じ形式の床、西面南に一間付書院を備えた特異な座敷である。仏壇は一尺九寸ほどの高さに中敷居と左右に壁持ち枠を入れ、中敷居上三方に幅八寸の壁を残して左・右と上枠を組み、その内に両開き襖障子を立てる。襖障子は青鳥の子張、中に四つの丸形の墨絵を張っていた。枠の三方壁は白の羽目で、四分一を付ける。仏壇の下部はあいていて、奥の小壁の墨絵が見えた。仏壇長押上の小壁に「直入軒」の額を掛けていたので、仏壇に子息の位牌を安置していたと思われる。両脇の框床は落掛を用いず、杉丸太面皮付長押を四周同じ高さに廻す。床柱は杉丸太三寸二分の面皮付柱である。

古指図は西面の座敷飾を「付書院」と記すが、それは書院窓ではなく、約八寸の高さに中敷居と板床が付き、上に天袋を作り背面及び左右を羽目板壁金張付けとした飾棚で、中敷居下の壁に獅子の絵を描いていた。「付書院」北側柱は杉丸太三寸八分、南側柱に「くぬぎ」の皮付片蓋柱を立てる。片蓋柱は見付一寸五分、見込三寸八分で、隅柱との間に一寸三分幅の板をはめる。隅柱脇に片蓋柱を立てるのは、南禅寺金地院数寄屋三畳台目の床と同じ手法である。

上の間は四隅柱に三寸八分面取角柱を用い、床柱と「付書院」の柱を杉丸太面皮材とする。長押は四周同じ高さに杉丸太面皮付を廻す。床に落掛を用いず、同じ高さに長押を廻すのは孤篷庵客殿の忘筌と同じで、小堀遠州が好んだ手法の一つである。長押下端までの内法高さは五尺七寸、平縁天井の高さは板まで約七尺六寸ほどであり、室内高さは低く設計されていた。上の間南面建具は腰障子四枚立て、長押上の油煙出し欄間に板戸をはめる。次の間境は襖障子四枚、襖は鳥子白張に墨絵を描く。長押上小壁仕上は大坂土塗である。

次の間四畳半敷は柱、長押、天井、小壁の仕様が上の間六畳敷とほぼ同じである。東面北に半間の違棚を備える。違棚は南側柱を三寸七分の杉丸太面付柱とし、天袋と地袋を付け、その間に通し棚とその下に釣棚を作る。天袋の小襖は墨絵、地袋の小襖は砂子墨絵である。北面の四枚襖障子は鳥子白張に墨絵を描き、同長押上の欄間は上部を明けて、下を三分割して各々に七宝の透彫二つを施した薩摩杉板を嵌めていた。書院南面と西面の榑縁は化粧屋根裏天井、南縁の西に立てた杉戸は石灰摺仕上げである。南榑縁と次の間東の三畳敷（平縁天井）の外側は一筋雨戸を立てていた。

次の間四畳半敷の北側にある三畳敷茶室は西面北に床を備え、東側一畳を点前座として炉を向切りにする。床柱は栂の二寸八分角、相手柱は杉丸太面付三寸五分である。四畳半敷と同じ高さに丸太長押をまわし、北側を低くした勾配のある平縁天井を張る。東側にある三畳敷の水屋との境は鴨居内法高さ四尺九寸二分に襖障子二枚を立て、鴨居と長押の間に「縄枢」の額を掛けていた。襖障子は奉書紙を裏に張った太鼓張りである。

以上、孤篷庵書院は表座敷の奥に茶室を付属する。上の間六畳敷、次の間四畳半敷よりなる表座敷は杉丸太面付柱と面取角柱を用い、杉丸太面付長押を四周にまわし、平縁天井を張った「数寄屋風書院」であった。座敷飾は随所に遠州好みが見られ、特に四畳半敷の違棚と三畳敷茶室境の欄間に施した七宝の透彫は書院座敷に華やかな雰囲気を添えていた。この透彫装飾は遠州の伏見奉行屋敷における鎖の間西面棚や奥向小座敷の違棚にみられる。正保以降の武家住宅における奥向書院は座敷飾の自由な組合せと華やかな装飾細部に特徴があり、大徳寺孤篷庵書院直入軒及び遠州伏見奉行屋敷における鎖の間、奥小座敷はそれの初期例として注目される。

Ⅲ　近世初期の武家住宅における「数寄屋風書院」

一　『匠明』当代「屋敷ノ図」にみえる数寄屋施設

平内政信の『匠明』（慶長十三年）に載せる当代「屋敷ノ図」は、その当時の武家屋敷における建物構成と配置の例を示したと考えられる。当代「屋敷ノ図」は屋敷の東面に三つの門を描く。南の門は数寄屋へ到る入口、中央の御成門は広間より御成御殿に到る正門、北の平棟門は遠侍に到る平常の正門である。数寄屋施設は屋敷の東南にあり、東門の内にある塀の中くぐりを入ると、広い露地庭と数寄屋があり、数寄屋の西側に鎖の間、その西北に書院が続き、鎖の間と書院の西南に料理の間を配する。当代「屋敷ノ図」はまた、広間及び対面所の奥に書院を描く。数寄屋の書院と奥向殿舎である書院の規模を比べると、数寄屋の書院の方が大きく、周囲の庭も広くとられている。

元和から寛永年間の武家住宅に数寄屋施設があり、そこに数寄屋と鎖の間が設けられたが、書院を伴う例は少ないようである。管見では、創建期の二条城御殿、江戸城本丸御殿、大坂城本丸御殿、紀伊中納言徳川頼宣の竹橋邸の四例に数寄屋の書院が知られる。(19)

仙台城二丸指図（寛永十七年築造）によると、表向き書院の西南に数寄屋と鎖の間及び数寄屋台所があった。数寄屋は四畳半台目で、西側に勝手が付き、それより東北にある鎖の間と廊下で繋いでいた。鎖の間は桁行四間半、梁行四間の規模で、南面榑縁に面して中央に八畳敷の鎖の間、西側に次の間を設ける。鎖の間は南面西隅に一畳の上段とその南面に付書院を備え、北面東隅に一間の出床、それと矩折れに東面に一間棚を備えていた。

二　武家住宅における「数寄屋風書院」

近世初期の武家住宅では、奥向書院に数寄屋（囲）あるいは数寄屋と鎖の間を付属した数寄屋風書院の例が知られる。北野隆氏は大名屋敷における数寄屋風書院の平面と機能を考察し、つぎの点を指摘された(20)。

1　元和から寛永期にかけての数寄屋風書院の特徴は、主室の座敷飾が床のみのものが多く、次の間にも床を設ける場合もある。室内意匠も簡素で、数寄屋の影響を受けて面皮柱や天井、建具などに色付が行われ、天井を化粧屋根裏とするものもある。数寄屋風書院では、主に茶の湯が行われた。

2　正保から宝永期の数寄屋風書院は、主室に座敷飾が多く設けられる。その配置は自由で、床と付書院の多用が目立ち、座敷飾に凝った意匠が表れている。室内の意匠は花欄間、唐紙障子などが使用され、前期に比べ華美である。この期の数寄屋風書院は、庭、茶屋と一緒に使用され、振舞が中心で、その中で茶もたてられた。宝永期までには、数寄屋風書院の要素が出尽くしたものと考えられる。

これによると、武家住宅における数寄屋風書院は、正保以降に座敷飾の組合せが多様化し、意匠も装飾的になったことが窺える。つぎに、北野氏の研究をもとに正保以降の数寄屋風書院のうち、座敷飾の組合せに自由な形が採用された書院についてその特徴を記す(21)。

（1）熊本藩白金下屋敷の小書院（正保元年）

正保期の熊本藩白金下屋敷の主要殿舎は広間−桧書院−小書院−栂書院（御座間）の構成であった。奥向書院である小書院は東面し、その西面北寄りに鎖の間と勝手をともなう棟を張出していた。

小書院は梁間三間の一列系平面で、南より上の間（六間半に三間）、次の間（四間半に三間）を並べ、その北に西へ折れる三の間（三間に六間）が続く。上の間は南側に九畳敷の上段があり、その上南面に間口一間半の床と付書院を西と東に並べ、床と矩折れに西面に一間棚を備える。上の間の東面と南面東一間半は一間の土庇に落縁を付け、南面付書院は落縁に張出していた。上の間の座敷飾は上段の中心に床と付書院を並べる格式にとらわれない自由な組み合わせである。次の間は東面に梁間一間半の入側縁をつける。上の間と次の間の柱は、背面の鎖の間などと同様、面皮柱であったと推定されている。

（2）毛利家桜田上屋敷の色付書院（明暦二年以前）

第七章第二節に述べたように、明暦二年頃の長州藩毛利家江戸上屋敷の主要殿舎は広間―色付書院―新書院―御座間の構成であり、色付書院は御成書院として造営されたと考えられる。

広間の南にある東向の色付書院は東入側縁に面して中央に主室（四間半に三間半）、北に次の間（三間に六間）、南に「唐松原間」（三間四方）を並べる。主室は対面所と考えられ、西面に二間半床と棚を備え、次の間は南面西に二間半の大床を設ける。主室南側の「唐松原間」は御座間と考えられ、南面西に一間半付書院を備える。その西側にある「墨絵山水間」（三間半に二間）は休息所と推定され、西面南に一間半床、東北隅の一畳に棚を備えていた。

色付書院は部屋の四隅柱が角柱のほか面皮柱を用いていたと考えられている。また、天井の仕様は主室が組入天井塗縁、桧板、次の間が塗棹縁天井、杉の色付板、「墨絵山水間」が杉小丸太あやげ天井、杉の柾板であった。各室境の欄間及び「唐松原間」の付書院の欄間はともに「花らんま」であった。

（3）宇和島藩麻布中屋敷の小書院（明暦四年）

明暦四年（一六五八）に再建された宇和島藩伊達家麻布中屋敷の主要殿舎は、書院―小書院―御座間および御寝間の構成であった。南向の小書院は、南入側縁に面して西より上の間（三間に二間半）、次の間（三間に二間半）を並べ、その東側に南入側をとり入れた三の間（二間に五間半）を配する。小書院は上の間と次の間の北側に囲と勝手を付属する。

上の間は西面中央に付書院を備え、北西隅に床と棚を矩折れに造る。床は西面北端に花灯窓を付けていた。上の間と次の間の間仕切は唐紙障子、長押上に透彫欄間を嵌めていた。

なお、近世初期の公家住宅における奥向書院について、数寄屋の意匠及び手法を採り入れた数寄屋風書院の例は未詳である。奥向書院ではないが、延宝二年（一六七四）に再建された東福門院御所の御休息所は典型的な数寄屋風書院とされている。(22)

図65は延宝二年に作られた東福門院御所の休息所指図である。(23)御休息所は常御殿の南方にあって東面し、常御殿の西南より南に延びる廊下により結ばれる。休息所は桁行（東西）五間、梁行（南北）三間の主屋の四周に一段低い庇をめぐらした総桁行七間、梁行五間の規模である。東面及び北面東二間の庇は土庇であった。平面はやや複雑で、東南隅の母屋東西三間、南北一間部分と東南隅の

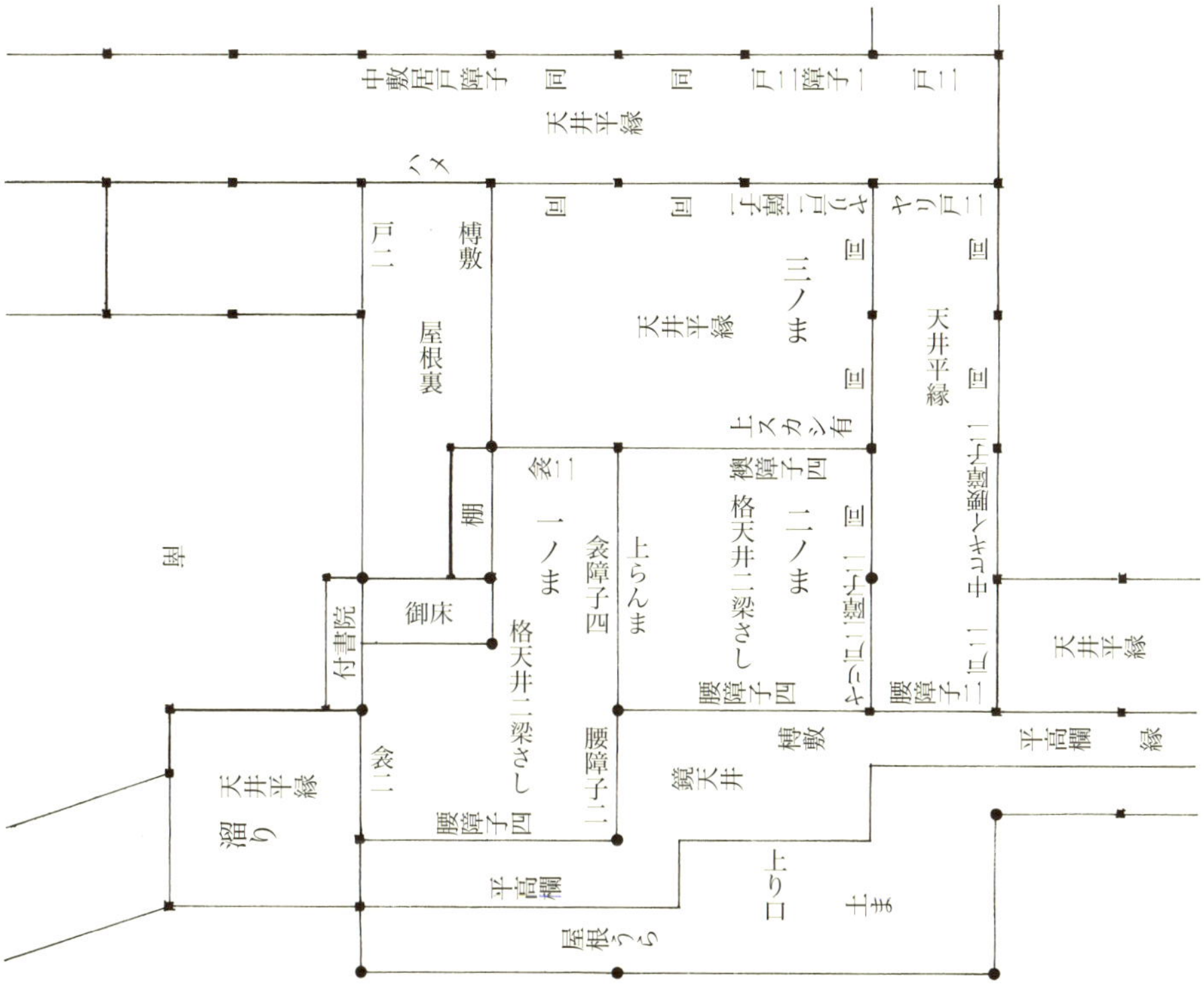

図 65　延宝度東福門院御所休息所指図

庇を取入れてＬ字形九畳敷の一の間を作る。一の間は東側六畳敷の南西に一間床とその南面に一間付書院を備える。また西側三畳敷の南面に一間の棚を設けていた。一の間の北側にある二の間は八畳敷、一の間と二の間の西側にある三の間は三間に二間の十二畳敷である。

一の間と二の間は柱に杉丸太を用い、天井を格天井二梁さし（吹寄せ格縁）とする。三の間は面皮柱で、平縁天井である。座敷は襖障子で仕切られ、内法上の欄間は一の間と二の間境に花形欄間、二の間と三の間境に透彫欄間を入れていた。床及び棚の内壁は張付壁で、一の間と北面板縁境の建具は腰障子である。二の間東面板縁境の建具は腰障子、北面入側縁境と三の間入側縁境は遣戸二枚と障子一枚立てである。二の間東側板縁は鏡天井、東面土庇は丸太柱を用いた化粧屋根裏天井である。北面入側縁と西面入側縁は平縁天井、南入側縁は化粧屋根裏天井である。

結城氏によると[24]、東福門院御所の御休息所は寄棟造板葺「しころ」屋根の形式で、柱は全て色付の杉丸太や面皮柱（三寸六分角）が使われ、長押上小壁を色土壁とし、内法長押の釘隠に真鍮の「くさらかし」や七宝製十文字形のものを用いた数寄屋風書院であった。

この御休息所は、延宝四年の火災により焼失した。その後、延宝五年に再建された東福門院御所の奥対面所（御休息所）は現在、修学院離宮中御茶屋客殿として存続する。それによると、南向に立つ客殿は一の間北面の一間半違棚（霞棚）や釘隠金具に装飾的な意匠がみられるが、書院造の建物である。

以上、近世初期の武家住宅では、正保から明暦頃より奥向書院において座敷飾である框床、違棚、付書院を自由に組み合わせた座敷がつくられていた。座敷飾の細部意匠は不明であるが、伊達家麻布中屋敷の小書院は床と違棚を矩の手に組合せ、床の明かりとりに花灯窓を用いていた。また、奥向書院は囲や鎖の間などを付属し、面皮柱など「わび茶」の手法を採用していた。これは数寄屋の影響である。一方、框床、違棚、付書院は書院造の構成要素である。近世初期の武家住宅及び公家住宅の例からすると、座敷飾の自由な組み合わせや違棚などの装飾化は書院造における奥向書院の発展と考えられる。座敷飾や欄間、長押・襖障子の飾金具などの意匠を格式にとらわれず自由にデザインするのは、近世初期の茶匠、公家、武家及び各種工匠の数寄思想によると考えてよいかもしれない。

Ⅳ　八条宮の桂離宮御殿

京都の西南下桂にある桂離宮は、八条宮智仁親王により創立された別荘である。桂離宮の御殿については先学による多くの研究がある。(25) 一九七六年から六年の歳月をかけて桂離宮御殿の修理工事が行われ、その報告書が『桂離宮御殿整備記録』（一九八四〜八七年）として宮内庁より刊行された。この調査により桂離宮古書院、中書院、楽器の間、新御殿よりなる各御殿の造営経過及びそれらの造営時期別の形態が明らかにされた。

桂離宮御殿は近世初期における別荘建築の代表作の一つである。従来、桂離宮御殿の住宅様式については数寄屋造、数寄屋風書院造あるいは数寄屋風書院、草庵風書院、綺麗座敷などの名称が用いられ一定しない。つぎに、先学の研究と整備記録をもとに各御殿の意匠的特徴とその住宅様式について考察する。

一　古書院

八条宮家の知行地が丹波国から山城国の下桂村を含む土地に移ったのは慶長三年（一五九八）八月以後、元和三年（一六一七）九月以前であり、その間の慶長末年頃と推定されている。(26) 元和四年（一六一八）六月頃、八条宮の下桂に「瓜畠のかろき茶屋」と呼ばれる茶屋があった。その茶屋に翌月の七月四日、右大臣近衛信尋の御成があるので、御供を四辻中納言と飛鳥井中将に依頼したことが、智仁親王書状から知られる。(27) また、『智仁親王御年暦』に「六月十八日女御入内。下桂茶屋普請スル。度々客アリ。」とあり、徳川秀忠の娘和子が入内した年の元和六年（一六二〇）六月十八日頃に茶屋の普請が始められたらしい。その後、寛永元年（一六二四）六月には、桂離宮に御殿や亭（茶屋）、築山、池などが出来ていた。

寛永元年六月十八日、桂離宮を訪れた相国寺の昕叔顕晫は、『居諸集』同日条に「赴桂八条親王別墅、庭中築山鑿池、池中有船、有橋、有亭。亭上見四面山、天下絶景也。及暮而帰矣。」と記す。また、翌寛永二年九月、南禅寺金地院の以心崇伝は智仁親王の招きにより桂山荘を訪れ、親王から山荘の勝景を記すことを命ぜられ「桂亭記」を撰した。「桂亭記」に「是に於いて梵釈に命じ、茆舎に額せしめ、兼ねて山荘勝概の一二を記せしむ、」とあり、「桂亭記」の額は茆舎（亭）に掛けられたらしい。

「桂亭記」によると、この日、山荘に堂上の英傑、叢社の緇徒が招かれ、各題を賜い詩歌を賦した。その後、郭外の茆舎に到ると、大河を引いて舎下に通じ、その流れを郭内と池水の余流に引いていた、という。詩会があったのは郭内にある御殿で、「桂亭記」に記す「華殿」であったと推察される。すなわち、「桂亭記」に、

王城の坤維に当りて、賜邑の地有り、桂殿と号す、光源氏の古、花に往き、月に来たるの地也、（中略）、今聖代に際し、万夫百工に課して、流を引き山為り、華殿を構え玉楼を築く、盤々たり、囷々たり、

とある。桂殿は華殿と玉楼のまわりに水流と池及び築山がめぐり景勝であった。玉楼は月波楼のような茶屋であろうか。「桂亭記」は華殿と茆舎について、「郭を出ること数歩にして別に一茆舎を構え、茶店と為す、其の営甚だ質素也、采椽斲らず、茆茨剪らず、帝堯三尺の土階也、前の華構は文也、今の素宮は質也、」と記す。華殿は杮葺屋根の古書院、茆舎は茅葺屋根の茶屋であろう。

以上、初期の桂離宮は郭内と郭外よりなり、郭内の中心建物は「華殿」と呼ばれた古書院である。郭外にある茆舎は亭あるいは茶店と呼ばれ、下桂の瓜畠にあった「かろき茶屋」と同じ建物と推定される。

古書院は桁行六間半、梁行五間半、入母屋造杮葺屋根で、東妻を正面として池に臨んで立っている。平面は東面幅一間の広縁に面

して南に一の間（九畳敷）、北に二の間（十三畳敷）を並べ、その北入側を畳縁とする。東面の広縁は化粧屋根裏小舞天井で、北東隅一間に庭園より登る階段を設け、それより南、二の間前に月見台の竹簀子縁を張出す。一の間は西面南に一間の出床を備える。出床は床脇壁の下部を明けた形式である。古書院の座敷飾はこの出床のみである。一の間の西側にある四畳半敷は茶湯間であったと推定されている。一の間と四畳半敷の南面は半間の榑縁が付く。榑縁は化粧屋根裏天井である。

二の間の西側にある十畳敷は、『桂御殿拝見之記』（文政四年）に「御鑓之間」と記され、その北に玄関が続くので、応接間と推定される。その南側、古書院の西南隅に十畳敷の部屋があった。

古書院の柱間寸法は、四寸角柱と六尺三寸に三尺一寸五分の畳を用いた畳割制によっている。柱は床柱に杉の面皮柱を用いるほか、松材の四寸糸面取角柱を用いる。床框は黒漆塗り仕上げである。長押を付けず、天井を平縁天井に作り、鴨居内法高さは五尺七寸五分、天井高さは二の間が八尺八寸である。木部は数寄屋風に黒の色付が施されていた。一の間と二の間及び西十畳敷の各座敷間仕切の襖障子は桐紋を散らした模様の唐紙を用いていた。欄間は一の間と二の間境に筬欄間をはめる。一の間と二の間の入側縁境の建具は板戸二枚と明障子一枚の組合せ、東面広縁北端に杉戸を立てる。壁は大坂土の土塗仕上げ、一の間の床内のみ張付壁とする。古書院の様式は、数寄屋の手法をとり入れた「数寄屋風書院」である。

桂離宮古書院の室内意匠及び仕様は、慶長から寛永初め頃の禅院書院や鎖の間のそれに共通し質素である。また、座敷飾は一の間の出床のみであり、これも建仁寺正伝院書院（元和四年）、南禅寺金地院書院（寛永四年）に類例がある。また、近衛殿の表方御書院は上の間に一間の出床を備えていた。初代智仁親王は桂山荘に滞在された時、古書院の一の間を御座間に充てたと推察される。寛永二年九月に公卿、僧侶などを招いた詩会は一の間と二の間が用いられたのであろう。

二　中書院

八条宮智仁親王は寛永六年（一六二九）四月七日に薨御され、宣旨により相国寺慈照院に葬られた。それ以後、慈照院は八条宮家の菩提所となった。

二代智忠親王は、寛永三年十二月に親王宣下あり、同六年に中務卿に任ぜられた。智仁親王薨御後、桂離宮御殿は一時、荒廃したらしい。「居諸集」寛永八年八月二十四日条に、

（前略）。帰路赴八条殿御殿。桂光院甍御之後。無修補故荒廃甚。感慨懐旧太切也。就縁喫酒茶而帰。

と記す。智忠親王は寛永十九年九月、二十四才の時に前田利常の女富姫と結婚された。中書院はその頃新造されたと考えられている。中書院の造営年代については、今回の修理工事時の調査により寛永十八年から十九年頃で、この時期に狩野探幽、尚信（右京）、安信（主馬）の三兄弟が京都に滞在していて、中書院の襖絵と障壁画を描いたことが明らかになった。また、中書院の増築にあたり、古書院西南部の部屋が改築され、新たに焼火の間と役席が設けられた。

中書院は南北四間、東西三間半の母屋の東・西・南三面に幅半間の榑縁をめぐらした桁行四間半、梁行四間半、入母屋造柿葺屋根の東向建物である。平面は田字形四室よりなり、母屋西側南に六畳敷の主室「山水の間」、東側南に八畳敷の「七賢の間」、その北に八畳敷の「雪の間」を配し、主室北側に五畳敷の茶湯所を設けていた。「山水の間」は北面に一間違棚を備える。違棚はもと化粧間に用いられていたものを移したという。

中書院は、古書院に対して床が五寸高い。古書院は土壇を築き、その上に母屋柱の礎石を据える。古書院の床高さは南面地盤より測って三尺である。中書院の東面地盤は古書院南面地盤より一尺七寸程下がっている。しかも、中書院の床が五寸高いので、中書院の床高さは東面地盤より測って六尺二寸になる。そのため母屋床下入側通りは土壁塗りとし、竹透戸を付けて床下通気と目隠しを図っている。

中書院の室内意匠は古書院に準ずるが、柱はすべて杉の四寸角面皮柱である。書院に面皮柱を用いた初期の例は熊本城内の加藤平左エ門屋敷の書院（寛永九年以前）が知られ、松の三寸八分角面皮柱であった[(28)]。中書院は長押を付けず、天井を平縁天井に作る。鴨居内法高さは古書院と同じ五尺七寸五分、天井高さは古書院二の間より低く八尺二寸ほどである。榑縁は化粧屋根裏小舞天井、外廻り柱間を吹放しとして勾欄を付け、座敷と入側通り境に板戸四枚と明障子二枚を立てる。壁は大坂土の塗壁仕上げ、三座敷の襖絵と障壁画は狩野派の水墨画である。「山水の間」と「七賢の間」境の欄間は木瓜形に刳り抜いた杉板をはめる。襖障子の引手などの飾金物は木瓜形や花菱などの幾何学的模様が選ばれ、古書院に比べ意匠が多様化している。座敷飾は主室の違棚のみで、古書院と同じく質素である。中書院の様式は寛永期の茶の湯思想をとり入れた「数寄屋風書院」と考えられる。

中書院の主室「山水の間」は親王の御座間と考えられ、西面の榑縁に接して西側に湯殿が設けられた。「雪の間」は古書院の焼火の間より床が五寸高く、上段の間の形式であり、焼火の間との間仕切りに戸襖四枚を立てていた。焼火の間は親王側近の控の間と考えられ、親王による各種の伝達や内向の享応などに用いられたと推定される。

三　新御殿

中書院の西南に続く楽器の間と新御殿は智忠親王の代に後水尾上皇の御幸を迎えるために新造されたと考えられている。その時期は寛文元年以降、寛文三年三月の間であるとされている[29]。智忠親王は寛文二年七月七日に逝去されたので、それ以前に新御殿は完成していたと推定される。親王は御子がなかったので、御水尾院の第九皇子穏仁親王を承応三年（一六五四）に御養子とされた。後水尾院の桂離宮御幸は穏仁親王の時、寛文三年（一六六三）三月六日に実現された。この日、御幸に供奉した鳳林承章は『隔蓂記』に、桂離宮の様子を記している。それによると、桂山荘には玄関のある古書院のほかに書院があり、上皇と御供の諸宮門跡、女官などは書院方々を見物し、その後、御庭、御茶屋、泉水を徒歩で見物した。処々の佳景、桜木奇石、方地百里、言語を絶つ佳境であり、また、御茶屋処々の飾・御菓子は凡眼を驚かせた、という。書院において麦切・切麦があり、ついで桂河の船遊び及び庭の泉水にて舟遊びがあった。「泉水亦三町余也。」と記す。舟を下りて御殿にもどり振舞の御膳が出た。相伴は照御門主（照高院）と承章ばかりで、宮様達、御櫛笥殿が給仕し、御茶を二度点ぜられた。上皇は承章が舟中で叡覧に呈した詩に和して御製を詠み、八条宮がそれを執筆して承章に渡した。承章は誹諧の発句を仕り、御製の御脇、第三を照高院宮が和した。これは新御殿において行われたのであろう。今回の修理工事によると、この時期に茶屋は現在の月波楼と松琴亭が出来ていたという。

新御殿は東向き桁行七間、梁行七間、入母屋造柿葺屋根の建物である。平面は表向に南より北に上段の間、二の間、取付の間を並べ、その南・東二面に幅一間、内側半間に畳を敷いた入側縁をまわす。上段の間の奥向には南に鏡台の間と手水の間、北に御寝の間と衣紋の間及び物置があり、二の間の奥に御献の間があった。また、手水の間の西に張出して厠と御湯殿が造られた。

上段の間は八畳敷で、その西南隅の二畳と西に一畳入り込んで三畳敷の上段を造り、その上南面に櫛形窓のある一間付書院を備え、その奥に南面から西面に折れる袋棚と厨子棚・違棚を組合せた他に例のない飾り棚（桂棚）が造られた。二の間は変形の八畳敷であり、方二間の西面南に一間の出床を作り、北面西に一畳敷を張出す。

新御殿の技法と意匠をみると、柱間は古書院、中書院と同じ畳割制である。新御殿は柱に杉の四寸角面皮柱を用い、主要座敷に杉丸太の内法長押を付ける。天井は上段の上部を漆塗の格天井に作り、ほかを平縁天井、南・東両面入側縁を化粧屋根裏小舞天井とする。鴨居内法高さは五尺七寸五分、平縁天井高さ八尺三寸である。木部はすべて色付を施し、壁は内法下が土壁の上に桐小紋を散らした唐紙を張り、内法上を土壁仕上げとする。上段の間と二の間境及び入側縁境の建具は壁と同じ唐紙張りの襖障子、二の間と入側縁境の建具は腰障子である。上段の間と二の間境の内法上に月字形の欄間をはめる。東面及び南面外側建具は板戸と明障子引違の三本溝形式であった。木部色付や唐紙は、すでに古書院に用いられ、また、寛永年間の武家住宅における奥向書院にみられる手法である。一方、新御殿は欄間の形や襖障子の引手及び長押の釘隠などの飾金具に水仙や月字などの事物を象った意匠を用いている。こうした細部の自由な意匠は曼殊院小書院（明暦二年、一六五六）及び西本願寺黒書院（明暦三年）にも例があり、寛永末以降に発達したと推察される。

新御殿及び楽器の間の増築に伴い中書院は室内が改修され、「山水の間」の西面に二間の框床、「雪の間」の西面に一間の出床が新たに設けられた。また、中書院東・南両面の吹放し榑縁は畳敷に改修され、外廻りに三本溝の中敷居と鴨居を新設し、そこに板戸四枚と明障子二枚の組合わせになる建具が立てられた。これは新御殿の入側縁外廻りの建具構えに倣うものである。

なお、新御殿と中書院の入側縁外廻り建具は中古に一筋雨戸と引違明障子に改められた。桂離宮御殿にみられる吹放し榑縁から入側縁外廻りに引違い板戸と明障子を立てた構成へ、さらにそれを一筋雨戸と引違明障子の建具構えに改めた変化は近世初期の武家及び公家住宅における書院の外廻り建具の発達によるものである。桂離宮御殿の外観にみられる特徴の一つは古書院広縁の陰影ある構成に対して、その西南に雁行する中書院と新御殿の明障子による平明な構成である。

新御殿は奥向にある御幸御殿であり、奥向書院の細部に数寄屋の意匠と手法をとり入れた「数寄屋風書院」と考えられる。

注

1　中村昌生『茶室の研究』三「利休聚楽屋敷について」河原書店、一九七一年。

2　注1に同じ。

3　中村昌生『茶室の研究』三の四及び六、八の三（前掲）。

4　注1に同じ。

5　中村昌生『茶室の研究』三の四「利休聚楽屋敷について」（前掲）註十三に、垂木勾配は四寸と推定されている。

6　『石山本願寺日記』所収順興寺実従の「私心記」天文十四年正月十三日条に「床ノ間ニテ式三献アリト云々」とあり、「床ノ間」にて式三献があった。「床ノ間」は書院、押板、床を備え、床に東坊による花が飾られた。立て花を飾るので、床は畳床（框床）である。
7 中村氏の復原図では、入側縁の天井高さを八畳敷と同じ八尺の平縁天井とするが、側桁高さはそれより低かったと考えられる。
8 『古田織部茶書』二、市野千鶴子校訂『茶湯古典叢書』三、思文閣出版、一九八四年。
9 中村昌生『茶室の研究』五の四（前掲）。
10 森蘊『小堀遠州の作事』奈良国立文化財研究所学報第18冊、一九六六年。
11 注10に同じ。
12 『松屋会記』同日条に数寄屋、鎖の間、書院、亭がみえる。
13 『隔蓂記』による。
14 佐藤巧『近世武士住宅』第一編第一章第二節、「肯山公治家記録」元禄元年二月十二日条。
15 「甫公伝書」に載せる同日の会記によると、鎖の間で薄茶を点て、会食したらしい。何れを是とするか未詳であるが、小書院は鎖の間と同様、茶会後の書院振舞に用いられたであろう。
16 「中井家目録」第111号（1）「小堀遠江守殿御好伏見御座敷之内鎖の間図附茶屋之図共」。
17 小堀氏所蔵の「鎖の間指図」、森蘊・恒成一訓『小堀遠州』所収。
18 堀口捨己「密庵席と山雲床並びに直入軒」『茶室おこし絵図集』第三集、墨水書房、一九六四年。
19 『東武実録』寛永五年九月廿六日条。中井家蔵「大坂御城惣絵図」。『南紀徳川史』第14冊、寛永十七年五月十四日、将軍御成記事に「桜之御書院」が見える。
20 北野隆「近世武家住宅における数寄屋風書院について――大名屋敷の数寄屋風書院の平面と機能――」『日本建築学会論文報告集』第267号、一九七八年五月。
21 北野隆「近世武家住宅における数寄屋風書院について」『日本建築学会論文報告集』第263号、一九七八年一月による。
22 結城英嗣「延宝度（1次）造営女院御所の御休息所について――数寄屋風書院に関する研究――」『日本建築学会大会学術講演梗概集』昭和五十年十月。後藤久太郎「曼殊院と公家の数寄屋風書院」『日本古寺美術全集』9、集英社、一九八一年。
23 平井聖編『中井家文書の研究』第四巻　内匠寮本図面篇四　中央公論美術出版、一九七九年による。
24 結城英嗣「延宝度（1次）造営女院御所の御休息所について――数寄屋風書院に関する研究――」（前掲）。
25 森蘊『新版桂離宮』創元社、一九五六年。川上貢「桂離宮」『桂離宮と茶室』原色日本の美術第15巻、小学館、一九六七年。内藤昌『新桂離宮論』鹿島出版会、一九六七年。
26　川上貢「桂離宮」(前掲)。
27　太田博太郎「和辻博士〈桂離宮〉への疑問」『建築史研究』24、彰国社、一九五八年。
28　北野隆「近世武家住宅における数寄屋風書院について」(前掲)。
29　斉藤英俊「桂離宮の建築様式の系譜」新編『名宝　日本の美術』22、小学館、一九九〇年。

まとめ

1　日本住宅様式の一つとされる数寄屋造あるいは数寄屋風書院については、様々な解釈があり様式概念が混乱している。その主な原因は「数寄屋」の概念が不明確であり、人によりその解釈が異なることによると思われる。さらに、数寄屋風書院に対比される書院造の定義が曖昧であることも数寄屋風書院の解釈を混乱させている。従来、書院造に対比して数寄屋風書院の特色としてあげられる、(一)間取りや座敷飾の自由な配置、(二)違棚、欄間の装飾的な形などは寛永以後の武家住宅あるいは公家住宅の奥向書院に共通してみられる特色である。これらの特色は、書院造の発展過程において形成された書院造の特色と考えられる。これにより、「数寄屋風書院」は千利休が大成した草庵茶室の手法及び意匠をとり入れた書院の形式と解するのがよいと思われる。

2　天文から天正頃の公家や僧侶の日記などにみられる「数寄座敷」は奥向の接客座敷であり、框床あるいは付書院を備え、唐物などの名物を飾っていた。「数寄座敷」では茶の湯や茶の湯後の振舞・音曲、あるいは連歌、聞香などが行われた。「数寄座敷」は開放的な書院であり、近世初期の公家住宅における奥向書院に継承されたと推察される。

3　書院に草庵茶室の技法をとり入れた初期の建物は、天正十六年に造営された千利休聚楽屋敷の色付九間書院である。色付書院は西面入側縁(畳敷)に面して南より八畳敷の上の間と次の間を並べ、上の間の東入側に二畳の上段床と付書院を備えた中段を設けていた。また、次の間の東側に茶立所を付属する。色付書院は木部を色付した「数寄屋風書院」で、柱は三寸四分角柱、長押を用いず、上段床框に丸太面皮材を用いていた。

『匠明』にのせる当代「屋敷ノ図」によると、慶長頃の武家住宅は対面所の奥に書院があり、また数寄屋施設として数寄屋、鎖の間、書院と料理間があった。元和元年(一六一五)ころの二条城御殿は書院(小広間)の西方に「数寄屋の書院」と数寄屋(茶室)を設けていた。「数寄屋の書院」は「数寄屋」とも称されたので「数寄屋風書院」であった可能性がある。しかし、一般の武家住宅では、数寄屋施設として数寄屋と鎖の間及び台所を設けたものが多い。「古田織部正殿聞書」によると、鎖の間は上段と付書院及び炉を備えた書院であり、数寄屋の手法を用いた「数寄屋風書院」である。寛永年間の小堀遠州伏見奉行屋敷にあった鎖の間は同じく上段に付書院を備えるとともに、書院座敷に草庵茶の点前座の手法をとり入れた建物である。

4　近世初期の禅院における書院（小書院）は表向に上の間と次の間を並べ、内向に院主の居間と眠蔵を設ける。また、書院は数寄屋もしくは茶立所を付属したものがある。禅院の書院は書院造を基調とし、上の間に框床を備える例が多く、室内意匠に数寄屋の手法を採用する。

寛永頃までの武家住宅における数寄屋を付属した奥向書院は禅院の書院に類似する。一方、正保以降の武家住宅における奥向書院は主室に座敷飾を多く備える。座敷飾は床、付書院、棚を自由に組み合わせた形式で、その意匠も多彩である。奥向書院は多く数寄屋（茶室）を付属し、細部意匠に数寄屋の手法をとり入れていた。

近世初期の公家住宅における「数寄屋風書院」の例は未詳であるが、延宝二年（一六七四）に再建された東福門院御所の休息所は座敷飾を自由に組み合わせ、細部意匠に数寄屋の手法を多用していた。これは「数寄屋風書院」の例である。

5　桂離宮古書院は、初代智仁親王により元和六年から造営がはじめられ、寛永元年には出来ていた。古書院は入母屋造杮葺の建物で、一の間に出床を備える。古書院の様式は書院造を基調とし、細部に数寄屋の技法をとり入れた「数寄屋風書院」である。中書院は、二代智忠親王が寛永十八年から十九年に古書院の西南に増築した入母屋造杮葺の建物である。主室「山水の間」は一間違棚を備えた親王の御座間と考えられる。室内の仕様は古書院に準じるが、柱はすべて杉の四寸角面皮柱である。表向三座敷の襖絵と障壁画は狩野派の画家による水墨画であった。

新御殿は、後水尾上皇を迎えるために智忠親王により造営された御幸御殿であり、寛文二年には出来ていたと考えられている。新御殿は入母屋造杮葺の建物で、東面入側縁に面して上段の間と二の間を並べる。上段の間は八畳敷で、その西南隅二畳と西に一畳入り込んで三畳の上段を造り、その上南面に櫛形窓をもつ付書院と、その奥に袋棚と厨子棚及び違棚を組み合わせ技巧を凝らした飾り棚を備える。こうした座敷飾を自由に組み合わせた装飾的な意匠は正保から寛文年間の武家住宅における奥向書院や公家住宅あるいは禅院の書院で発達していた。中でも新御殿上段の間の座敷飾は御幸御殿らしくはなやかな意匠である。新御殿は、古書院、中書院にくらべると、座敷飾の組合せが自由であり、さらに柱、長押、欄間などの細部に数寄屋のくだけた技法を多くとり入れている。

後記

日本住宅史における書院造および数寄屋造あるいは数寄屋風書院という様式概念は極めて曖昧であり、日本住宅史の理解を難しくしている。これは常々感じていたことで、その様式概念を明確にするため非力を顧みずこのような書名とした次第である。書院造及び数寄屋の意味と様式について考えたことが、日本住宅をよりよく理解するうえに役立てれば望外の喜びである。以下に、書院造の様式に関連して本文で触れなかったことを補足する。

書院造は寝殿造が変化・発展して成立した形式であると考えられてきた。これは、古く江戸時代末の学者である沢田名垂が天保十三年（一八四二）に著した『家屋雑考』の中で述べていることであり、以来、無反省にその考えを引き継いできたのである。けれども、本文で明らかにされたように、書院は中世の禅宗寺院において発祥し、室町時代末から近世初頭に上層住宅の奥向書院として発達してきたと考えられる。すなわち、書院は寝殿あるいは主殿と系統を異にする建築である。

書院造の基本形は通説と異なり、明暦江戸大火以後に普及する大書院―小書院―御座間の構成であるとする平井聖説が妥当であるとした。これは現在少数意見であるが、古くは沢田名垂が説いていたことである。『家屋雑考』（巻一）家作沿革のところに、

さて、かの書院造りといふは玄関、広間、書院、客座敷、居間、奥の屋などといふ造り方にて、中昔の武士の第宅とも、大いに異様なるものなり。

という。ここにいう広間は表御殿である対面座敷ではなく、玄関に続く番士の詰める部屋である。つぎにあげる書院は表向の対面座敷である大書院に相当する。また、客座敷は奥向の接客座敷である小書院に相当する建物である。居間は御座間、奥の屋は武士の家の奥にある夫人の御殿である。

書院造における大書院が奥向の書院から発達したと考えられることは、寛永十七年（一六四〇）に完成した仙台城二丸書院（大書院ともいわれた）の形式から窺うことができる。また、明暦江戸大火後の毛利家桜田上屋敷再興について、『毛利十一代史』万治二年（一六五九）十二月二十九日条にのせる江戸老臣より国許へ出した通牒に対する国許役よりの回報によると、火災後の桜田上屋敷は大広間を再興せず、書院（大書院）を中心殿舎とすること、書院における振舞と観能のために書院前庭に新しく舞台を設けることを述べている。大広間を再興せず書院（大書院）を中心殿舎としたのは、江戸老中を招請した時の振舞が重視されたのである。これは大書院が大広間を縮小した建物ではなく、表向の接客対面座敷として計画されたことを示唆する。

なお、太田博太郎著『書院造』第Ⅵ節に、明暦江戸大火後、大名屋敷の表向殿舎が大広間と小広間（あるいは対面所）の組み合せから大書院と小書院へと変わることについて、つぎのように述べている。

こうした名称の変化は、ただ名称だけのことではない。金堂→本堂、寝殿→主殿→広間という名称の変化が実態の発展によったものであったのと同様である。その発展とは先に述べたように、形式だけのものとして残っていた納戸の消滅であった。そして、平面は単純化され、上段・二の間・三の間という一列型の平面が一般に行われるようになる。

寝殿から主殿、広間への変化は実態の発達によったものと考えられるが、広間から書院への変化は広間が発展・変化したのではなく、書院（大書院）が広間あるいは小広間に取って代ったと考えられる。同書では、広間から大書院への変化についてその原因を殿舎平面の機能分化の進展に求めているが、これは様式の変更とみる方がよいように思われる。

近世初期の大名屋敷において成立した書院造についてはその建築遺構がほとんどなく、大書院、小書院などの細部仕様や室内障壁画について明らかにできなかった。また、武家住宅における主殿と会所を中心とする中世住宅の発達過程とその様式についても明らかでない点が多い。これらは日本住宅史における大きな問題であり、今後の課題である。

室町時代後期から近世初期の武家・公家・茶匠住宅及び禅院住坊など上層住宅における主要建物については先学による多くの研究があり、本書はそれらの研究成果に負う所が多い。その学恩に対して心より感謝いたします。本書の内容のうち、研究誌にすでに発表したものを次に記す。

本書の章節	旧題目	発表誌と年次
前編　第三章第四節	室町時代における相国寺雲頂院の松泉軒について	『建築史学』第四十九号　二〇〇七年九月
後編　第二章	近世初期の幕府関係居城における小広間（白書院）と黒書院の住宅様式	『建築史学』第五十八号　二〇一二年三月

本書は刊行にあたり、独立行政法人日本学術振興会平成二十六年度科学研究費助成事業（科学研究費補助金）の交付を受けた。本書を出版することができたのは、ひとえに中央公論美術出版小菅勉社長のご助言とご配慮によるところが大きい。文末になりましたが、記して深く感謝の意を表し、心よりお礼申しあげます。また、編集担当の佐藤遥氏には編集と校正などでお世話になったことを厚く感謝いたします。

最後に私事になりますが、私は昨年六月に名大付属病院において肝臓の手術を受けた。入院中から現在まで言葉に尽くせない心配をかけ、介護をしてくれた妻に心から感謝し、本書を捧げたい。

平成二十六年十一月　　鈴木　亘

ま行

や行

ら行

な行

は行

た行

さ行

本文索引